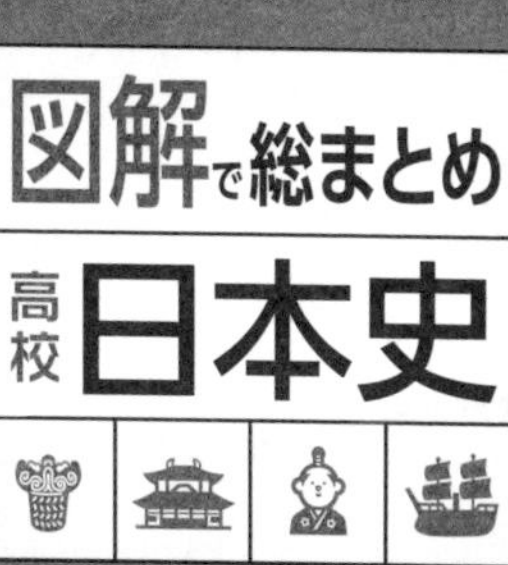

受験研究社

本書の特長と使い方

本書は，定期テストや大学入試に向けて，日本史探究で学習する重要ポイントを図解や表解，写真を用いながら簡潔にまとめた学習参考書です。要点をわかりやすくまとめているので，定期テスト対策用・大学入試準備用として必携の本です。

通史編

通史となるように，原始・古代，中世，近世，近代・現代の4章に分けられています。教科書のページ構成に近いため，日常学習や定期テスト対策に向いています。

▼重要度を3段階で表示

入試重要度 A　入試重要度 B　入試重要度 C

★★　★☆　☆☆

節見出しの下に，大学入試での重要度を3段階で示しました(Aが最重要)。また，項目ごとの入試重要度を3段階で示しました(★★が最重要)。

▼重要語句などをわかりやすく解説

脚注には，解説文の内容や重要語句についての補足説明や詳細な解説を入れています。

▼プロセスや考え方を理解しよう！

各章の最後には，「表現力PLUS」として，論述問題を設けました。「解説」を読んで，解答に至るまでのプロセスや考え方を理解しましょう。

通史編　第1章　原始・古代

1.旧石器時代の文化

01　旧石器時代の日本

① **人類の誕生と進化**…人類は，およそ700万年前にアフリカで誕生したと考えられている。約250万年前から始まる**更新世**は**氷河時代**とも呼ばれ，寒冷な氷期と比較的温暖な間氷期が交互に訪れた。人類は**猿人**・**原人**・**旧人**・**新人**(ホモ=サピエンス)の順に出現した❶。更新世に人々が**打製石器**を用い，狩猟・採集生活を営んでいた時代を**旧石器時代**と呼ぶ。

② **旧石器時代の日本と大陸**

✓氷期には海面が100 m以上下降し，日本列島はアジア大陸と陸続きとなり，ナウマンゾウやオオツノジカなどが来た。動物を追って，人類も日本列島に渡来した。

✓**日本列島で発見された更新世の化石人骨**　静岡県の**浜北人**や沖縄県の**港川人**・**山下町第一洞人**(いずれも新人段階のもの)など。

▲大型動物の渡来

③ **日本人の形成**…日本人の原型はアジア大陸南部に住んでいた人々の子孫の**縄文人**であり，弥生時代以降，中国や朝鮮半島などから渡来した人々と混血を繰り返して，現在の日本人が形成されたとされる。

02　旧石器時代の人の生活　★

① **岩宿の発見**…1949年，群馬県の**岩宿遺跡**で**相沢忠洋**の調査により，更新世に堆積した火山灰の関東ローム層から**打製石器**が発見された。このことにより日本での旧石器時代の存在が明らかになった。

❶猿人の代表は，約420万年前に出現したアウストラロピテクスである。その後，約250万年前に原人，約35万年前にネアンデルタール人らの旧人，30～25万年前に新人が現れた。

6

表現力 PLUS.1　ヤマト政権の外交

Q　日本の中央政府は7世紀後半から，蝦夷に対する制圧とともに，朝鮮半島にも影響力を及ぼそうとしていた。7世紀後半における朝鮮半島の情勢と，それに対して日本の中央政府が取った行動について，70字以内で説明せよ。

【北海道大】

解説

① 朝鮮半島の情勢

朝鮮半島では，4世紀に中国東北部からおこった高句麗，馬韓からおこった百済，辰韓からおこった新羅が勢力を競い合っていた。7世紀に入ると，王権の強化をはかった**新羅が唐と結んで力を強め，660年に百済を攻め滅ぼした。**百済の王一族は唐へと連行されたが，再興をめざす百済は交流の深い日本(ヤマト政権)に支援を求めてきた。

② 日本の外交政策

日本は朝鮮半島南部の**加耶**に拠点を置いていたが，6世紀後半までに百済や新羅に支配され，日本の朝鮮半島での影響力は低下していた。一方，百済の聖(明)王から仏像・経典を授けられるなど，百済とは深い関係にあった。日本は

▼繰り返し解いて覚える

消えるフィルターで赤文字が消えるので，何度でもチェックできます。

▼図解が豊富でわかりやすい

図表や写真を豊富に掲載しています。解説文とともに，これらを確認し，理解を深めましょう。

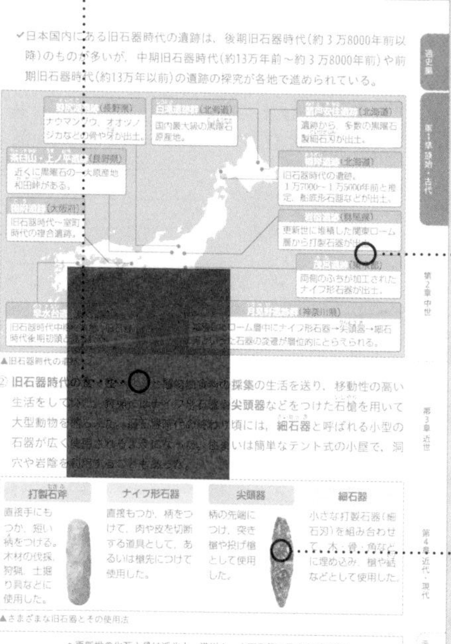

▶ FOCUS!

各章に設けた「FOCUS!」では，特定の重要なテーマなどについて，図表・写真を織り交ぜながら，くわしく解説しています。

CHECK TEST

各章に設けた「CHECK TEST」は，知識の総整理のための，一問一答式の空欄補充問題です。定期テストや大学入試直前の確認に活用しましょう。

思考力問題にTRY

「CHECK TEST」に設けた「思考力問題にTRY」では，思考力が問われる記号選択問題を取り上げました。自分の力を試しましょう。

▼ポイントをおさえる

重要なポイントを簡潔な文でまとめており，内容をすばやく理解できます。

1 | 日中関係史　入試重要度 ▶ A

前1C頃　倭には100余りの小国が存在(『漢書』地理志)
57　倭の奴国が後漢に朝貢(『後漢書』東夷伝)
239　邪馬台国の卑弥呼が魏に朝貢(『魏志』倭人伝)
478　倭王武が宋に遣使・上表(『宋書』倭国伝)
607　厩戸王(聖徳太子)が小野妹子を遣隋使として送る(『隋書』倭国伝)
630　最初の遣唐使として犬上御田鍬を派遣
754　鑑真が律宗を伝える
894　菅原道真の建議で遣唐使中止

1 『漢書』地理志(左)と『後漢書』東夷伝(右)

2 『魏志』倭人伝

テーマ史編

- 特定のテーマ別にまとめています。
- 図表や写真とともに，多くの節が充実した年表を伴っています。
- 通史とは違った観点から日本史を学習するため，応用力を身につけることができます。

目次

通史編

第1章 原始・古代

第2章 中 世

第3章 近 世

第4章 近代・現代

テーマ史編

●国名を，次のように表記した場合があります。

日	日本	米	アメリカ
中	中国	韓	韓国
英	イギリス	仏	フランス
独	ドイツ	伊	イタリア
墺	オーストリア	蘭	オランダ
露	ロシア		
ソ	ソヴィエト社会主義共和国連邦		

本書に関する最新情報は，小社ホームページにある**本書の「サポート情報」**をご覧ください。（開設していない場合もございます。）なお，この本の内容についての責任は小社にあり，内容に関するご質問は直接小社におよせください。

1.旧石器時代の文化

入試重要度 C

01 旧石器時代の日本 ★★

① **人類の誕生と進化**…人類は，およそ700万年前にアフリカで誕生したと考えられている。約250万年前から始まる**更新世**は**氷河時代**とも呼ばれ，寒冷な氷期と比較的温暖な間氷期が交互に訪れた。人類は**猿人**・**原人**・**旧人**・**新人**(ホモ=サピエンス)の順に出現した❶。更新世に人々が**打製石器**を用い，狩猟・採集生活を営んでいた時代を**旧石器時代**と呼ぶ。

② **旧石器時代の日本と大陸**

- ✔氷期には海面が100 m以上下降し，日本列島はアジア大陸と陸続きとなり，ナウマンゾウやオオツノジカなどが来た。動物を追って，人類も日本列島に渡来した。
- ✔**日本列島で発見された更新世の化石人骨**　静岡県の**浜北人**や沖縄県の**港川人**・山下町第一洞人(いずれも新人段階のもの)など。

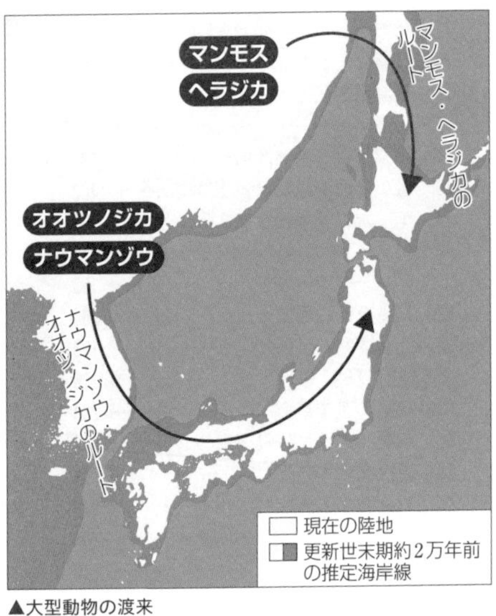

▲大型動物の渡来

③ **日本人の形成**…日本人の原型はアジア大陸南部に住んでいた人々の子孫の**縄文人**であり，弥生時代以降，中国や朝鮮半島などから渡来した人々と混血を繰り返して，現在の日本人が形成されたとされる。

02 旧石器時代の人の生活 ★★

① **岩宿の発見**…1949年，群馬県の**岩宿遺跡**で**相沢忠洋**の調査により，更新世に堆積した火山灰の関東ローム層から**打製石器**が発見された。このことにより，日本での旧石器時代の存在が明らかになった。

❶猿人の代表は，約420万年前に出現したアウストラロピテクスである。その後，約250万年前に原人，約35万年前にネアンデルタール人らの旧人，30〜25万年前に新人が現れた。

☑日本国内にある旧石器時代の遺跡は，後期旧石器時代（約３万8000年前以降）のものが多いが，中期旧石器時代（約13万年前～約３万8000年前）や前期旧石器時代（約13万年以前）の遺跡の探究が各地で進められている。

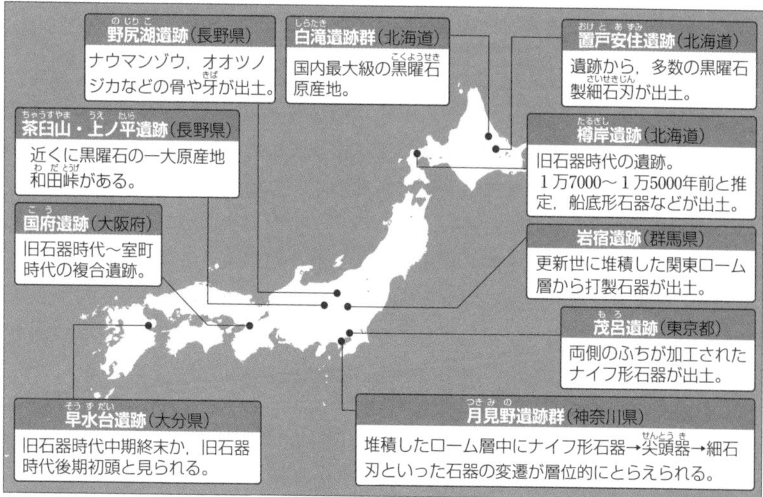

▲旧石器時代の遺跡

② **旧石器時代の食・住**…**狩猟**と植物性食料の**採集**の生活を送り，移動性の高い生活をしていた。狩猟にはナイフ形石器や**尖頭器**などをつけた石槍を用いて大型動物を捕らえた。旧石器時代の終わり頃には，**細石器**と呼ばれる小型の石器が広く使用されるようになった。住まいは簡単なテント式の小屋で，洞穴や岩陰を利用することもあった。

打製石斧	ナイフ形石器	尖頭器	細石器
直接手にもつか，短い柄をつける。木材の伐採，狩猟，土掘り具などに使用した。	直接もつか，柄をつけて，肉や皮を切断する道具として，あるいは槍先につけて使用した。	柄の先端につけ，突き槍や投げ槍として使用した。	小さな打製石器（細石刃）を組み合わせて，木・骨・角などに埋め込み，槍や銛などとして使用した。

▲さまざまな旧石器とその使用法

重要ファイル
CHECK

- 更新世の化石人骨は浜北人，港川人，山下町第一洞人などである。
- 岩宿遺跡の発見により，日本での旧石器時代の存在が明らかになった。
- 打製石斧→ナイフ形石器→尖頭器→細石器の順に出現。

通史編

第1章 原始・古代

2. 縄文時代の文化

入試重要度 B

01 縄文文化の成立 ★★

① 縄文文化の特色

- ✔**気候**　**完新世**(約1万年前)になると地球も温暖になり，氷河がとけて海面が上昇し，大陸から切り離されてほぼ現在に近い**日本列島**が形成された。
- ✔**植物**　東日本では落葉広葉樹林，西日本では照葉樹林が広がった。
- ✔**動物**　大型の動物は絶滅し，かわってイノシシやニホンジカなどが増えた。
- ✔**道具**　**弓矢**や食物を煮る**土器**，**磨製石器**を使うようになった。

② 縄文土器の変遷

…表面に縄文と呼ばれる文様をもつ土器が多いので**縄文土器**といわれる。厚手で黒褐色のものが多い。縄文土器の変化から，縄文時代は草創期❶・早期・前期・中期・後期・晩期の6期に区分されている。

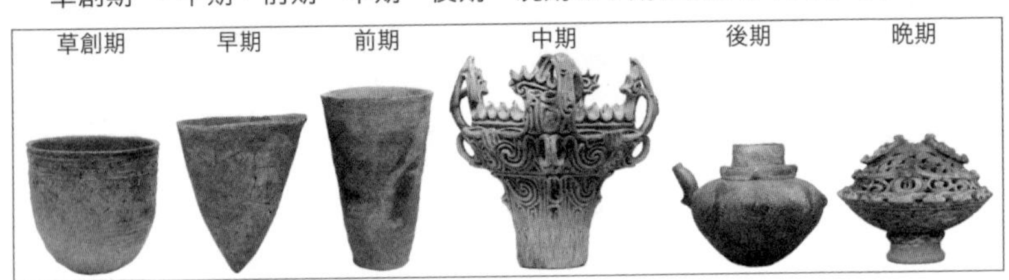

▲縄文土器の変遷

02 縄文人の生活と信仰 ★

① 縄文人の生活

- ✔**植物性食料**　クリやドングリなどの木の実，ヤマノイモを採集した。また，クリ林の管理・増殖，マメ類などの栽培も行われていた❷。
- ✔**狩猟**　イノシシやニホンジカを狩るために弓矢を使用した。
- ✔**漁労**　各地に残る**貝塚**❸から，漁労がさかんだったと推測できる。釣針や銛などの**骨角器**，石錘，網も使用されていた。丸木舟も発見されており，縄文人が外洋航海を行っていたことがわかる。

---

❶草創期の土器は，現在のところ世界で最も古い土器の一つである。

❷一部にコメ・ムギ・アワ・ヒエなどの栽培も始まっていた可能性が指摘されているが，本格的な農耕の段階には達していなかった。

❸[貝塚]　古代人が捨てた貝殻などが堆積した遺跡。アメリカ人の生物学者**モース**が1877年に行った**大森貝塚**(東京都)の発掘調査は，日本における科学的な考古学の出発点となった。

② **縄文人の住居**

✓**定住の始まり**　いろいろな食料を得ることにより，徐々に定住が広まった。身分の上下や貧富の明確な差はなかったと考えられている。

✓**竪穴住居**　地面を掘り下げ，その上に屋根をかけた住居。縄文時代の一般的な住居で，食料を保存する場所もあった。

✓**三内丸山遺跡**　青森県で発見された，縄文時代を代表する大集落遺跡。紀元前3500年頃から約1500年間にわたって存在した。

③ **縄文人の交易**…石器の原材料である**黒曜石**や装身具用の**ヒスイ**(硬玉)などの分布から，各地の集団との交易が行われていたことがわかる。

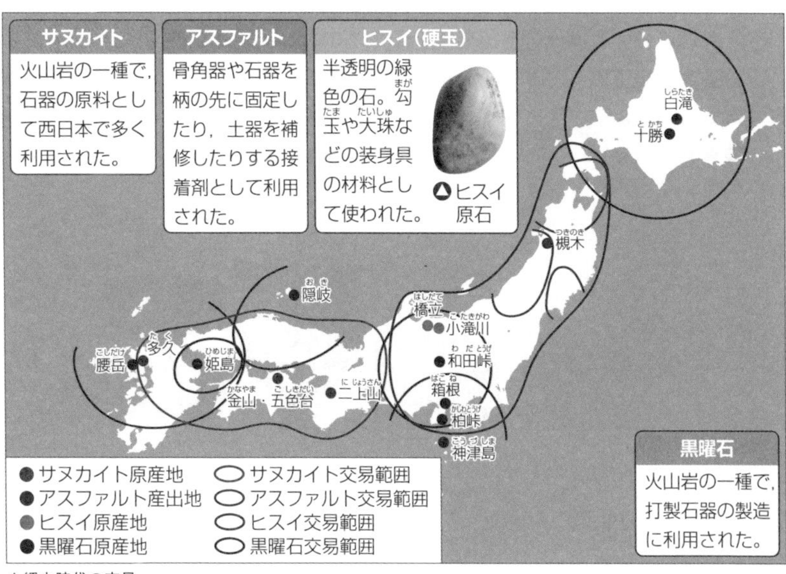

▲縄文時代の交易

④**縄文人の信仰と風習**…縄文人は，あらゆる自然物や自然現象に霊威が存在すると考えた。これを**アニミズム**という。こうした呪術的遺物に，女性をかたどった**土偶**や，男性の生殖器をかたどった**石棒**などがある。この頃にさかんになった**抜歯**は成人の通過儀礼と考えられる。**屈葬**が多く見られるが，これは死者の霊が生者に災いを及ぼすことを恐れたためと考えられている。

重要ファイル CHECK

- 縄文文化の特徴は，弓矢，縄文土器，磨製石器の出現。
- 縄文人の風習…アニミズム，土偶や石棒，抜歯や屈葬。
- 代表的遺跡…三内丸山遺跡，大森貝塚，上野原遺跡(鹿児島県)。

3.弥生時代の文化

入試重要度 B

01 弥生(やよい)文化の成立 ★★

① 弥生文化の成立

☑**弥生時代**　縄文(じょうもん)時代の末期に九州北部で始まった稲作は，紀元前5～前4世紀頃に東日本にも広まった。**水稲耕作**❶による農耕文化が形成されてから，古墳(こふん)が出現する3世紀半ばまでを**弥生時代**❷という。

☑**北海道と南西諸島**　北海道では**続(ぞく)縄文文化**，南西諸島では**貝塚(かいづか)後期文化**と呼ばれる食料採集文化がそれぞれ続いていた。

② **弥生文化の特色**…水田による米づくりが拡大し，石包丁(いしぼうちょう)・石斧(せきふ)類(磨製石器(ませいせっき))などの農具，甕(かめ)・壺(つぼ)・鉢(はち)・高杯(たかつき)などの**弥生土器**❸が使われた。中・後期には，**金属器**の**鉄器(てっき)**(鍬(くわ)・鋤(すき)など)や**青銅器(せいどうき)**(祭祀(さいし)用)も普及した。

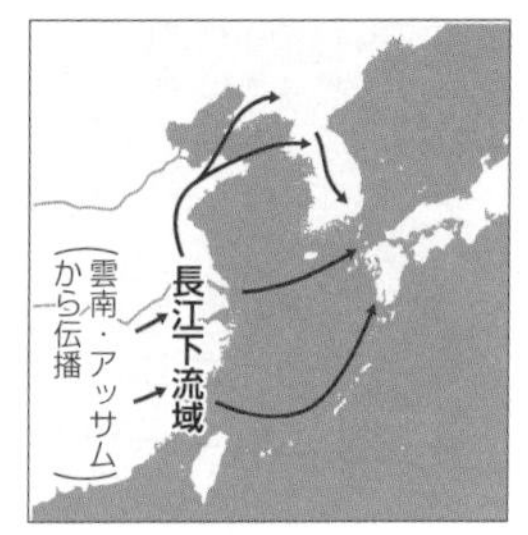

▲稲作技術の伝来

❶ ❷ ❸

❶は壺形土器，❷は甕形土器，❸は高杯形土器。

▲弥生土器

02 弥生人の生活 ★★

① 弥生時代の農耕

☑**農具**　木製の鍬や鋤，木臼(きうす)・竪杵(たてぎね)など。稲の収穫には**石包丁**を使った穂首(ほくび)刈(が)りが行われ，収穫物は**高床倉庫(たかゆかそうこ)**におさめられた。

☑**田の多様性**　**湿田(しつでん)**や**半乾田(はんかんでん)**など，土地の条件に応じて多様だった。

② **弥生人の住居**…竪穴(たてあな)住居が一般的。高床倉庫や平地式建物もしだいに増えた。

---

❶[**水稲耕作**]　イネは雲南(うんなん)(中国)，アッサム(インド)地方を原産とし，中国の長江(ちょうこう)(チャンチャン)下流域から山東(さんとう)(シャントン)半島付近を経て朝鮮半島の西海岸に至り，日本にもたらされたとする説が有力である。

❷[**弥生時代**]　土器の変化をもとに早期・前期・中期・後期に区分されている。

❸[**弥生土器**]　弥生土器の名称は，東京都の本郷(ほんごう)弥生町(現在の文京区弥生)で，この様式の土器が発見されたことにちなんでつけられた。

③ **弥生時代の墓制**…死者は，集落の近くの共同墓地に葬られ，**伸展葬**が普及した。各地に見られる**方形周溝墓**，九州北部に見られる**支石墓**，**甕棺墓**，吉備(岡山)地方の**楯築墳丘墓**，山陰地方の**四隅突出型墳丘墓**など，特色ある墳丘墓が出現した。

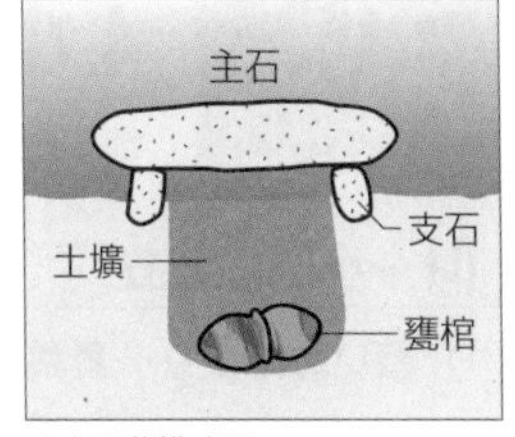

▲支石墓模式図

✔**副葬品**　遺体とともに青銅製の武器や銅鏡などが埋葬された。多くの副葬品を伴う大きな墓は，各地域の王のものと考えられる。

④ **豊作祈願**…集落では，豊かな収穫を祈願・感謝する祭りが行われた。シカの骨などに火箸を当て，割れ目の入り方で吉凶を占う卜骨が各地で出土している。

⑤ **青銅製祭器**…弥生時代後半，祭祀に青銅製祭器が用いられた。**銅鐸**(主に近畿)・**銅剣**(主に瀬戸内中部)・**銅矛**・**銅戈**(主に九州北部)が，西日本各地から出土している。**荒神谷遺跡**(島根県)からは銅鐸 6 点，銅矛16本，銅剣358本，加茂岩倉遺跡(島根県)からは銅鐸39点が出土している。

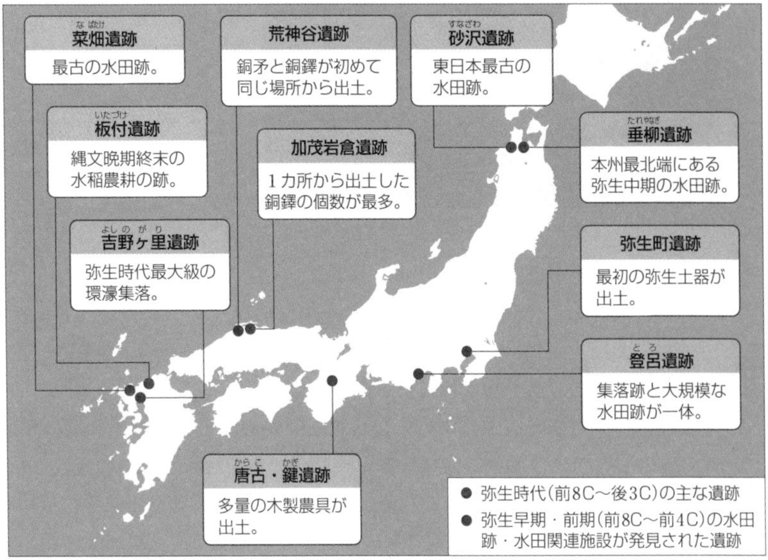

菜畑遺跡
最古の水田跡。

荒神谷遺跡
銅矛と銅鐸が初めて同じ場所から出土。

砂沢遺跡
東日本最古の水田跡。

板付遺跡
縄文晩期終末の水稲農耕の跡。

加茂岩倉遺跡
1カ所から出土した銅鐸の個数が最多。

垂柳遺跡
本州最北端にある弥生中期の水田跡。

吉野ヶ里遺跡
弥生時代最大級の環濠集落。

弥生町遺跡
最初の弥生土器が出土。

登呂遺跡
集落跡と大規模な水田跡が一体。

唐古・鍵遺跡
多量の木製農具が出土。

● 弥生時代(前8C～後3C)の主な遺跡
● 弥生早期・前期(前8C～前4C)の水田跡・水田関連施設が発見された遺跡

▲弥生時代の主な遺跡

重要ファイル CHECK

- 弥生文化の特徴は，水稲耕作，金属器，弥生土器の使用。
- 弥生時代の埋葬方法は，手足を伸ばしたまま葬る伸展葬が一般的になった。
- 代表的遺跡…吉野ヶ里，菜畑，板付，唐古・鍵，登呂，垂柳。

4. 小国の分立と邪馬台国

入試重要度 A

01 小国の分立 ★★

① **戦いの始まり**…**農耕社会**が成立し，土地や水，貯蔵された生産物をめぐる戦いが始まった。各地に「**クニ**」という政治的まとまり(小国)が形成された。

② **環濠集落と高地性集落**…激しい争いの時代であったことが想像できる。

- ✔**環濠集落**　周囲に濠などをめぐらせた集落。**吉野ヶ里遺跡**が代表的。
- ✔**高地性集落**　弥生時代の中期〜後期に西日本の山頂・丘陵に多くつくられた集落。

▲吉野ヶ里遺跡(佐賀県)　弥生時代最大級の環濠集落の遺跡。

環濠集落
周囲を濠や土塁で囲んだ集落。防御的な機能をもつ。
高地性集落
生活に不便な山上に位置し，逃げ城的な機能をもつ。

▲環濠集落と高地性集落

③ **中国の歴史書から見た日本**

- ✔**『漢書』地理志**　班固によって書かれた前漢の歴史書。紀元前１世紀頃，「**倭人**」の社会が100余りの国に分かれていること，**楽浪郡**に使者を定期的に送っていたことが記されている。
- ✔**『後漢書』東夷伝**　范曄によって書かれた後漢の歴史書。57年に倭の**奴国**[1]の王の使者が後漢の都洛陽に行き，**光武帝**から印綬を与えられたことが記されている。その印と考えられる**金印**[2]は福岡県**志賀島**で発見された。107年に倭国王帥升等が生口(奴隷)160人を安帝に献じたこと，また桓帝・霊帝の頃(２世紀後半)，倭国で大乱がおきたことなども記されている。

❶[奴国]　須玖岡本遺跡(福岡県春日市)は，奴国の中心地と考えられている。甕棺墓からは銅鏡，銅剣など多数の副葬品が発見された。

❷[金印]　1784年，農夫が偶然発見した。印面には「**漢委奴国王**」と刻まれている。

02 邪馬台国連合 ★★

① **邪馬台国連合の成立**…『魏志』倭人伝によると，倭国では2世紀後半に大乱が続いたので，諸国は共同して**邪馬台国**の**卑弥呼**を女王に立てたところ大乱はおさまり，邪馬台国を中心に29国ばかりの連合をつくったとある。239年，卑弥呼は魏に使いを送り，「**親魏倭王**」の称号と金印，銅鏡などをおくられた。

② **邪馬台国の社会制度**…大人と下戸などの身分差があり，奴隷もいた。租税・刑罰の制度があり，市が開かれていた。

③ **邪馬台国のその後**…狗奴国と争ったが，卑弥呼は247年頃に亡くなった。その後内乱がおこったが，卑弥呼の一族の女性**壱与**(台与？)が王となるとおさまった。266年，倭の女王(壱与？)が晋に使いを送ったのを最後に，以後約150年間，倭国に関する記事が中国の歴史書から消える。

④ **邪馬台国の所在地**…近畿説と九州説があり，論争が続いている。

✓**近畿説**　邪馬台国は**ヤマト政権**の前身と考えられ，3世紀前半にはヤマト政権が近畿から九州北部にかけて成立していたという説❸。

✓**九州説**　邪馬台国は九州北部を中心とする小範囲の連合国だったという説。ヤマト政権はこれとは別に，東方で形成されたことになる。

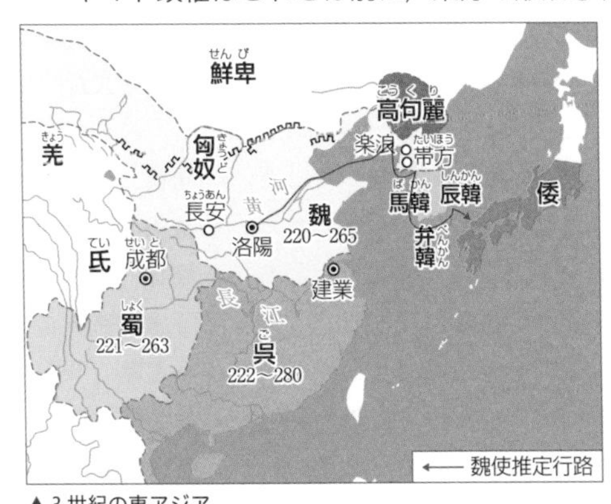

▲3世紀の東アジア

『漢書』地理志	100余りの国が存在。**楽浪郡**に使者を送る。
『後漢書』東夷伝	57年，光武帝が奴国の王に**金印**を与える。
『魏志』倭人伝	女王**卑弥呼**が治め，鬼道と呼ばれる呪術を用いて政治を行う。

▲中国の歴史書に見られる倭国

重要ファイル CHECK

- 最大規模の環濠集落は吉野ヶ里遺跡。高地性集落も出現。
- 『後漢書』東夷伝…57年，奴国の王の使者が光武帝から印綬を受ける。
- 『魏志』倭人伝…卑弥呼が呪術で統治。魏の国王から金印，銅鏡を授かる。

❸奈良県桜井市の**纒向遺跡**で3世紀前半の大型建物群が発見されている。遺跡内の**箸墓古墳**は，出現期の前方後円墳として最大の規模をもち，邪馬台国との関連を指摘されている。

CHECK TEST

□① 約420万年前以降，アフリカ大陸の各地で［　　］に代表される猿人が出現した。	アウストラロピテクス
□② 打製石器を使い，狩猟・採集生活をしていた時代を，［　　］という。	旧石器時代
□③ 沖縄県で発見された更新世の化石人骨は，［　　］・山下町第一洞人・白保竿根田原洞人などである。	港川人
□④ 1949年，相沢忠洋による打製石器の発見をきっかけに，［　　］の発掘調査が進められた。	岩宿遺跡
□⑤ 旧石器時代の末期，［　　］という小型の石器が広まった。	細石器
□⑥ 今から約１万年前に温暖な気候の［　　］が始まった。	完新世
□⑦ 縄文時代には，狩猟具の弓矢や，石材をみがいてつくった［　　］が使われるようになった。	磨製石器
□⑧ 縄文時代には漁労が発達し，釣針・銛・ヤスなどの［　　］や網が使われた。	骨角器
□⑨ 1877年，アメリカ人モースによって［　　］が発掘された。	大森貝塚
□⑩ 青森県の［　　］は，縄文時代の大規模な集落跡である。	三内丸山遺跡
□⑪ 縄文人は，あらゆる自然物や自然現象に精霊が宿るという［　　］の考えをもっていた。	アニミズム
□⑫ 縄文人は女性をかたどった［　　］(土製品)をつくった。	土偶
□⑬ 成人になるための通過儀礼として，［　　］が行われた。	抜歯
□⑭ 縄文時代は,手足を折り曲げて葬る［　　］が広く行われた。	屈葬
□⑮ ［ a ］を基礎とする農耕文化が形成されてから，［ b ］の建造が始まる３世紀半ばまでを弥生時代という。	a 水稲耕作 b 古墳
□⑯ 弥生時代には，稲の穂摘みに［　　］が用いられた。	石包丁
□⑰ 稲などの収穫物は［　　］や貯蔵穴におさめられた。	高床倉庫
□⑱ 弥生時代，九州北部では，巨大な土器を棺として用いる［　　］や，大型の石を支石で支える支石墓が広がった。	甕棺墓
□⑲ 弥生時代後期には，岡山県の［　　］に代表される，大規模な墳丘をもつ墓が出現した。	楯築墳丘墓
□⑳ 島根県の［　　］からは，358本の銅剣，６点の銅鐸，16本の銅矛が出土している。	荒神谷遺跡

□㉑ 弥生時代中期以降，丘陵の上には［　　］が現れた。 ： 高地性集落

□㉒ 佐賀県の［ a ］は，弥生時代最大級の［ b ］の遺跡である。 ： a 吉野ヶ里遺跡　b 環濠集落

□㉓ 倭に関する最古の記録が残る中国の歴史書は［　　］である。 ： 『漢書』地理志

□㉔ 『後漢書』東夷伝には，57年に倭の［ a ］の王の使者が，後漢の［ b ］から印綬を受けたことが記されている。 ： a 奴国　b 光武帝

□㉕ 魏の皇帝は卑弥呼に［　　］の称号を与えた。 ： 親魏倭王

□㉖ 卑弥呼の死後しばらくして，宗女である［　　］(台与？)が女王の地位を引き継いだ。 ： 壱与

思考力問題にTRY

☑右の資料1は，神子柴遺跡から出土された石器で，旧石器時代なのか縄文時代なのかという時代観をめぐる論争や，生活で使われた実用品か象徴的な儀礼品かという論争がある。資料2は，この石器について高校生がまとめたメモである。これらを参考に，考古学で用いられる方法について述べたあとの文のa～dのうち，X・Yの論争を考えるために有効と考えられるものの正しい組み合わせをあとのア～エから1つ選べ。【共通テスト】

資料1

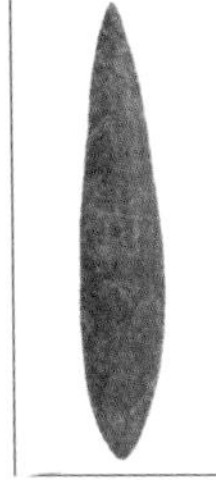

X. 遺跡の性格について，墳墓説，住居説，石器の集積所説などがある。
Y. 石器の性格について，実用品なのか，儀礼品なのか議論がある。

a. この石器の材質を分析して産出地を確定する。
b. この石器と一緒に出土した遺物を検討する。
c. この石器の科学的な年代測定を実施する。
d. この石器の形状や使用の痕跡を調査する。

ア X―a　Y―c　　イ X―a　Y―d
ウ X―b　Y―c　　エ X―b　Y―d

資料2

神子柴遺跡(長野県上伊那郡南箕輪村)出土
・全長25.1 cm(注1)
・約1万6000年前
・下呂石(注2)製
・神子柴遺跡からは他に黒曜石でつくられた尖頭器や，石斧などの大型の石器が，狭い空間からまとまって出土している。

(注1)全長25.1 cm：通常の尖頭器は，10 cm前後である。
(注2)下呂石：岐阜県地域で産出する石。

解説 **資料1**の石槍は，大型の打製石器である。**X**について，遺跡の性格を知るためには，この石器(石槍)と一緒に出土した遺物を検討すればよい。**資料2**を見ると，尖頭器や石斧などの大型の石器が出土している。**Y**については，使用状況を調査すればよい。

解答 エ

5. ヤマト政権の成立と政治制度

入試重要度 A

01 古墳とヤマト政権の関係 ★★

① **古墳の出現とヤマト政権**… 3世紀後半から4世紀末にかけて，近畿中部から瀬戸内海沿岸に**前方後円墳**などの大規模な**古墳**が出現した❶。古墳の多くは，墳丘の形や埋葬施設，**埴輪**や副葬品などに画一的な特徴をもつ。最大規模のものは奈良県の大和地方に見られることから，大和の首長を中心とした政治連合である**ヤマト政権（大和王権）**が成立したと考えられる。

② **巨大古墳とヤマト政権**

☑**ヤマト政権の拡大**　5世紀後半から6世紀にかけ，東北地方から九州中部にまで勢力圏を拡大した。

▶**『宋書』倭国伝　倭の五王**❷が南朝に朝貢したことや，**倭王武**の上表文に倭の王権が地方の豪族を従えたという記事が記されている。

▶**稲荷山古墳出土鉄剣銘・江田船山古墳出土鉄刀銘**

それぞれの鉄剣銘と鉄刀銘に見られる「**獲加多支鹵大王**」は，倭王武（**雄略天皇**）と考えられている。

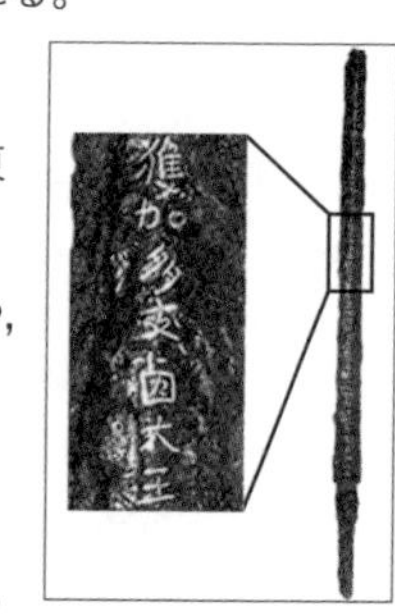

▲稲荷山古墳出土鉄剣

☑**河内平野の巨大古墳**　5世紀になると，濠をめぐらした巨大な古墳が河内平野（大阪）につくられるようになった。**大仙陵古墳**（大阪府堺市）は日本最大の規模をもち，2番目の規模の**誉田御廟山古墳**（大阪府羽曳野市）などとともに，この時期にヤマト政権の**大王**（だいおう）の権力が河内平野を拠点に強大化したことを示す。

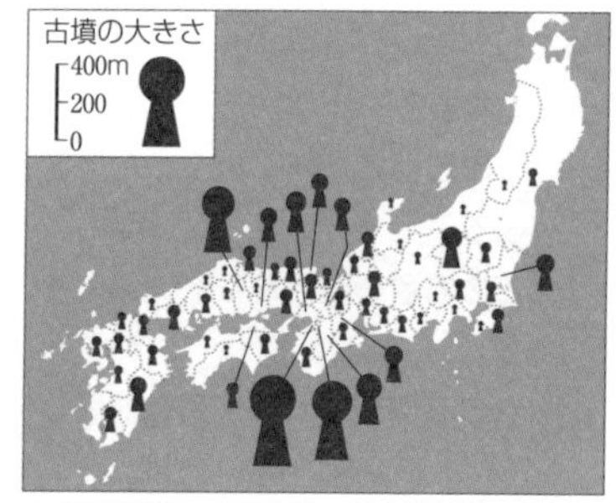

▲4世紀後半～5世紀末の前方後円墳の分布

▶**前方後円墳の分布**　南は鹿児島県（塚崎古墳群）から北は岩手県（角塚古墳）にまで広まり，ヤマト政権の勢力圏が拡大したことがわかる。

---

❶出現期の古墳は，西日本では前方後円墳，東日本では前方後方墳が多かった。

❷［**倭の五王**］　讃・珍・済・興・武の五王で，讃は応神・仁徳・履中のいずれか，珍は仁徳・反正のいずれかの天皇，済は允恭，興は安康，武は雄略の各天皇と推測されている。

02 ヤマト政権と政治制度 ★★

① **氏姓制度**…5～6世紀に成立した，ヤマト政権の政治・社会制度で，大王を中心とする豪族支配の政治的秩序のことをいう。

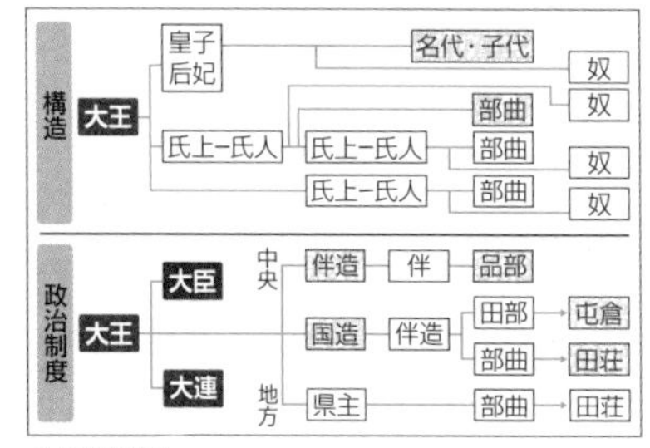

▲氏姓制度

✔**氏**　豪族が血縁を中心に構成した同族集団。蘇我・葛城・平群など地名によるものと，大伴・物部など職名によるものがある。

✔**姓**　ヤマト政権が氏単位に家柄や地位を示す称号として与えた身分序列。大王家から分かれた皇別氏族には**臣**，特定職能の氏族には**連**の姓が与えられた。地方の有力豪族には君，一般の地方豪族には直の姓が与えられた。

② **中央政治**…臣・連の中からとくに有力な氏の代表者が**大臣**・**大連**に任じられ，政治の中枢を担った。その下で，伴造が実務を担った。

✔**伴造**　ヤマト政権内部の軍事や祭祀，手工業生産などの職務を分担し代々継承した氏たちで，**伴**や**品部**(ともべ)を統率していた。

③ **ヤマト政権と豪族の経済基盤**…ヤマト政権の直轄地として**屯倉**を各地に設け，有力な豪族は**田荘**と呼ぶ私有地をもっていた。地方豪族には**国造**，または県主などの地位を与え，地方政治にあたらせた。

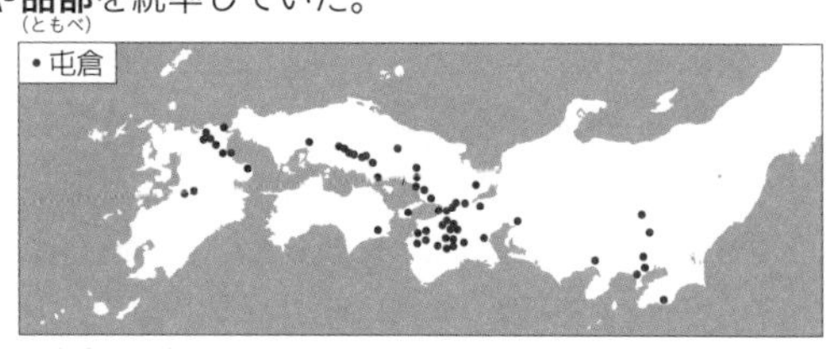

▲屯倉の分布

④ **部**…大王家や豪族に隷属して，生産に従事した人々の集団を**部**という。大王家や豪族は，**ヤツコ**(奴婢)というさらに身分の低い隷属者を所有した。

✔**名代・子代**　大王家に属していた部民。

✔**部曲**　豪族に属していた私有民。

✔**品部**　伴造に従い，農業・漁業や各種の手工業に従事した部。

⑤ **磐井の乱**…527年，**筑紫国造磐井**(ちくし)が新羅(しんら)と結んで反乱をおこした。ヤマト政権は2年がかりでこれを鎮圧した。これ以降，政権の西日本支配が確立された。

> **重要ファイル CHECK**　3世紀後半頃，ヤマト政権が大和地方に成立したと考えられ，5世紀後半から6世紀にかけて西日本全域から東北地方南部に勢力圏を拡大した。

第1章 原始・古代

6. 大陸文化の伝来

入試重要度 B

01 東アジア諸国との外交 ★★

① **4世紀の朝鮮・中国**

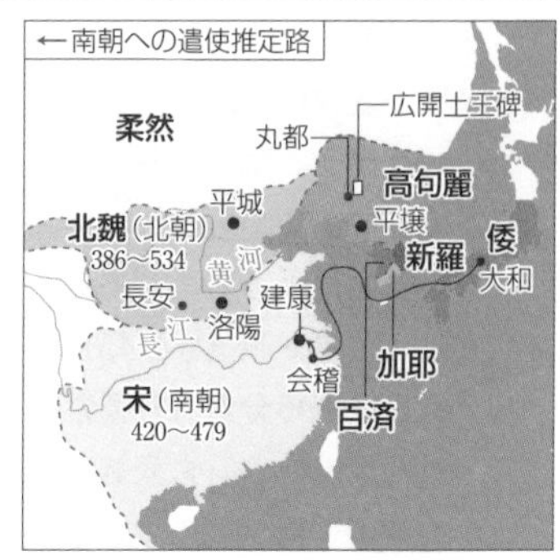

▲4〜5世紀の東アジア

✔**朝鮮半島**　中国東北部からおこった**高句麗**が313年に楽浪郡，次いで帯方郡を滅ぼし，朝鮮北部を支配した。半島南部では，多くの小国連合からなる**馬韓**・**弁韓**・**辰韓**が形成された。

✔**中国**　3世紀後半に晋が国内を統一した。しかし，4世紀初め，匈奴をはじめとする五胡(北方民族)の侵入により南へ移り，南北朝時代に突入した。

② **倭と朝鮮半島**…ヤマト政権は朝鮮半島南部の鉄資源を確保するために，早くから弁韓の地の**加耶(加羅)諸国**と密接な関係をもっていた。4世紀には馬韓から**百済**(ひゃくさい)，辰韓から**新羅**(しんら)が建国された。4世紀後半に高句麗が南下策を進め，百済・新羅を圧迫した。4世紀末，倭が高句麗と交戦したことが高句麗の**広開土王(好太王)碑**の碑文に残されている。

▲広開土王碑

③ **倭の朝貢**…**『宋書』倭国伝**によると，5世紀初めから約1世紀の間に，讃・珍・済・興・武の**倭の五王**が中国の南朝に朝貢し，朝鮮半島南部の支配権を示す称号を得ようとしたことが記されている。

> **重要ファイル CHECK**
> - 倭国は鉄資源の確保のために，早い時期から朝鮮半島南部の加耶(加羅)諸国との関係をもっていた。
> - 倭の五王は，朝鮮半島南部に影響力をもつため中国の南朝に朝貢した。

02 大陸文化の伝来 ★★

① **渡来人**…朝鮮半島から渡ってきた**渡来人**は，当初は4〜5世紀初めにかけて楽浪・帯方に住んでいた漢民族で，さまざまな技術を伝えてヤマト政権に貢献した。5〜6世紀には百済系の人々が渡来し，飛鳥文化の成立に寄与した。

② **技術の伝来**…渡来人によって**須恵器**や鉄器の生産，土木・機織りなどの諸技術が伝えられた。ヤマト政権は渡来人を各地に居住させ，韓鍛冶部・錦織部・陶作部・鞍作部などの技術をもつ者の集団に組織した。

- ✔**王仁**　『論語』『千字文』を伝えたとされる西文氏の祖先。
- ✔**阿知使主**　文筆に優れ，史部を管理したとされる東漢氏の祖先。
- ✔**弓月君**　養蚕や機織りを伝えたとされる秦氏の祖先。

③ **漢字の伝来**…百済の王仁が『論語』『千字文』を伝えたことにより，**漢字**の使用が始まり，漢字の音で人名や地名などを書き表すことが可能になった。史部と呼ばれる渡来人が記録・文書の作成にあたった。

④ **儒教・仏教の伝来**…6世紀には，百済から**五経博士**や医・易・暦の諸博士が渡来し，**儒教**やその他の学術を伝えた。**仏教**については，538年(または552年)に百済の**聖明王**が欽明天皇に仏像・経典を伝えたとの記録がある。

▲仏教伝来の道すじ

⑤ **伝承の編纂**…のちの『**古事記**』『**日本書紀**』編纂の資料となった次の伝承が，6～7世紀の欽明天皇の頃にまとめられた。

- ✔「**帝紀**」　大王家の系譜を中心とする古代の伝承などをまとめたもの。
- ✔「**旧辞**」　朝廷の伝承・説話をまとめたもの。

	渡来人	事績	その他
5世紀	王仁	『論語』『千字文』を伝えたとされる。	西文氏の祖
	阿知使主	文書記録を担当する史部を管理したとされる。	東漢氏の祖
	弓月君	養蚕・機織りを伝えたとされる。	秦氏の祖
6世紀	五経博士	儒教を伝える。 ＊五経＝『易経』『書経』『詩経』『春秋』『礼記』	
	司馬達等	大和国高市郡に草堂を建て，仏像を礼拝。 孫は鞍作鳥(止利仏師)。	鞍作氏の祖
	医・易・暦博士	医学・易学(陰陽道)・暦法を伝える。	

▲5～6世紀の渡来人とその事績

重要ファイル CHECK

- 朝鮮半島から渡ってきた渡来人により，土木・機織りなどの優れた技術や漢字・儒教・仏教などの新しい文化が伝えられた。
- 渡来人は，ヤマト政権の政治制度に組み入れられて貢献した。

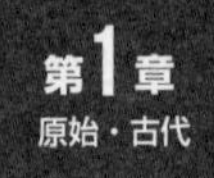

7.古墳文化

入試重要度 B

01 前期・中期の古墳文化 ★★

① **古墳**…古墳の墳形には，**前方後円墳**・前方後方墳・円墳・方墳などがあり，規模もさまざまである。斜面を葺石でふき，濠をめぐらせた古墳も存在する。埋葬施設・副葬品・墳丘上に並べられた**埴輪**などは，つくられた時期によって特徴が異なる。

② **前期古墳(3世紀中頃～4世紀後半)**

✔**埋葬施設**　**竪穴式石室**や**粘土槨**。

✔**副葬品**　銅鏡(**三角縁神獣鏡**)・碧玉製腕飾り・鉄製武器や農工具など，呪術的・宗教的な色合いが強い。被葬者は司祭者的性格をもっていたと考えられる。

✔**埴輪**　**円筒埴輪**や家形埴輪・器財埴輪(**形象埴輪**)が用いられている。

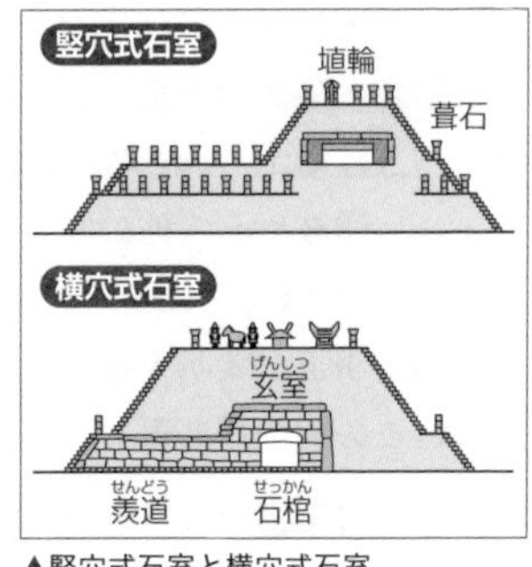

▲竪穴式石室と横穴式石室

③ **中期古墳(4世紀末～5世紀末)**

✔**埋葬施設**　**竪穴式石室**や**粘土槨**に加えて横穴式石室も出現する。

✔**副葬品**　鉄製武器・武具が多くなっていることから，被葬者は武人的性格をもつようになったと考えられる。

✔**埴輪**　前期の埴輪に加え，人物・動物埴輪(形象埴輪)も用いられている。

02 後期・終末期の古墳文化(6～7世紀) ★★

① **後期古墳(6～7世紀)**

九州や東日本の一部には，壁画をもつ**装飾古墳**が現れ，古墳の地域的特色が強くなった。また，各地で**群集墳**と呼ばれる小規模な円墳や横穴墓(おうけつぼ)も数多くつくられた。

古墳の変遷▶

時期	前期(3世紀中頃～4世紀後半)	中期(4世紀末～5世紀末)	後期(6～7世紀)
分布	近畿・瀬戸内海沿岸	全国に拡大	全国に分布
形態	**前方後円墳**など	巨大な**前方後円墳**など	**群集墳**の増加
埴輪	**円筒埴輪**など	**人物・動物埴輪**など	**人物・動物埴輪**など
内部	**竪穴式石室，粘土槨**など	**竪穴式石室，横穴式石室**など	**横穴式石室，装飾古墳**など
副葬品	銅鏡・碧玉製腕飾りなど＝呪術的・宗教的色合いが強い→被葬者は**司祭者的性格**	鉄製武器・武具などの軍事的なもの→被葬者は**武人的性格**	土器(**土師器・須恵器**)・馬具・金銅製装身具・日用品など
代表的な古墳	ホケノ山古墳(奈良県桜井市) **箸墓古墳**(奈良県桜井市)	**誉田御廟山古墳**(大阪府羽曳野市) **大仙陵古墳**(大阪府堺市)	**高松塚古墳**(奈良県明日香村) 新沢千塚古墳群(奈良県橿原市)

- ✔**埋葬施設**　入口を開いて追葬ができる墓室構造の**横穴式石室**が広く採用され，全国に普及した。
- ✔**副葬品**　土器などの日常生活用具の副葬が始まった。
- ✔**埴輪**　人物・動物埴輪などの**形象埴輪**が多く見られる。

② **終末期古墳**… 6 世紀末から 7 世紀初めになると前方後円墳の造営が終わり，7 世紀後半に，天武(てんむ)・持統(じとう)両天皇の合葬陵(がっそうりょう)とされる**八角墳(はっかくふん)**がつくられた。

> **重要ファイル CHECK**　古墳時代は前期・中期・後期に区分。石室は「竪穴式→横穴式」へと変化。
> 副葬品は「呪術的なもの→軍事的なもの→日常的なもの」へと変化した。

03 古墳時代の人々の生活 ★☆

① **住居**…支配者である豪族(ごうぞく)と民衆の居住空間は明確に分離されていた。
- ✔**豪族**　民衆の集落とは離れた，環濠(かんごう)や柵をめぐらせた**居館(きょかん)**を営んだ。
- ✔**民衆**　多くの人々は，**竪穴住居**に住んだ。集落は竪穴住居や平地建物，高(たか)床倉庫(ゆかそうこ)などで構成された。

② **土器**…古墳時代前期から中期初めにかけては，弥生(やよい)土器の流れをくむ赤焼きの**土師器(はじき)**が用いられた。5 世紀前後には，朝鮮半島から伝来した硬質で灰色の**須恵器(すえき)**も用いられた。

▲土師器（左）と須恵器（右）

③ **衣装**…上下に分かれ，男女とも筒袖(つつそで)の衣をつけ，男は下に**袴(はかま)**，女性は**裳(も)**をつけた。人物埴輪にも表現されている。

④ **祭り**…農耕に関する祭祀(さいし)は，古墳時代の人々にとって最も重要視された。
- ✔**祈年(としごい)の祭り**　春に豊作を願って神に祈った。
- ✔**新嘗(にいなめ)の祭り**　秋に収穫を感謝して神に祈った。

⑤ **呪術**…当時の人々は，太陽・山・川などを神の宿るところとして畏(おそ)れあがめ，祭祀の対象とした。次のような呪術的な風習も行われた。
- ✔**禊(みそぎ)・祓(はらえ)**　身に着いたけがれを落とし清め，災いを免(まぬか)れるために行った。
- ✔**太占(ふとまに)の法**　鹿の骨を焼き，そのひび割れの形で吉凶を占った。
- ✔**盟神探湯(くかたち)**　熱湯に手を入れ，火傷の有無で真偽を確かめた。

> **重要ファイル CHECK**
> - 古墳時代の豪族と一般民衆は，生活空間がはっきりと区別されていた。
> - 農耕儀礼は古墳時代の人々にとって最も重要なもので，呪術的な太占の法や盟神探湯も行われた。

8. 推古朝の政治

入試重要度 A

01 東アジアの動向とヤマト政権 ★★

① **6世紀の東アジア**…朝鮮半島では**高句麗**(こうくり)と**百済**(くだら)(ひゃくさい)・**新羅**(しらぎ)(しんら)の対立が続いていた。中国では，隋(ずい)が南北朝を統一し，周辺国にも進出していた。

- ✔**朝鮮半島**　南下した百済・新羅が562年までに加耶(かや)(加羅(から))諸国を支配下に置くと，ヤマト政権の朝鮮半島での影響力は低下した。国内では大連(おおむらじ)の**大伴金村**(おおとものかなむら)❶が朝鮮政策の失敗により失脚した。
- ✔**中国**　楊堅(ようけん)(文帝(ぶんてい))が**隋**を建国し，589年には南北朝を統一した。しかし，2代皇帝**煬帝**(ようだい)の大運河建造や外征で国力が衰え，618年に**唐**(とう)の李淵(りえん)に滅ぼされた。

▲6世紀の朝鮮半島

② **蘇我氏と物部氏の対立**…6世紀中頃，大臣(おおおみ)の**蘇我稲目**(いなめ)(崇仏(すうぶつ)派)と大連の**物部尾輿**(おこし)(排仏派)が対立し，仏教の受容をめぐる崇仏論争がおきた。

③ **蘇我氏の権勢**…蘇我稲目が斎蔵(いみくら)・内蔵(うちつくら)・大蔵(おおくら)の三蔵(みつのくら)を管理して，朝廷の財政権を握っていたとされる。稲目は，政治機構の整備を進めて蘇我氏興隆の基礎を築く一方，排仏派の物部氏と対立した。

- ✔**蘇我馬子**(うまこ)❷　蘇我稲目の子で，敏達(びだつ)天皇～推古(すいこ)天皇の大臣を務めた。587年，物部尾輿の子で排仏派の**物部守屋**(もりや)を滅ぼした。仏教の受容を積極的に進め，飛鳥寺(あすかでら)を建立(こんりゅう)した。592年に**崇峻天皇**(すしゅん)を暗殺して政治権力を握った。

> **重要ファイル CHECK**
> - 6世紀中頃，対立する蘇我稲目と物部尾輿の間で崇仏論争がおきた。
> - 蘇我馬子は物部氏を滅ぼし，崇峻天皇も暗殺した。その後，姪(めい)にあたる推古天皇を即位させて，権力を握った。

❶[大伴金村]　6世紀初めに，継体(けいたい)天皇を擁立して全盛期を築いた。しかし，「加耶4県」の百済への割譲を弾劾されて540年に失脚した。

❷[蘇我馬子]　奈良県明日香(あすか)村の石舞台古墳(いしぶたいこふん)は，蘇我馬子の墓とされる。7世紀前半の古墳で約30の巨石からなる玄室(げんしつ)が露出している。

02 推古朝の政治 ★★

崇峻天皇の暗殺後，**推古天皇**が初の女帝として即位した。甥の**厩戸王（聖徳太子）**と蘇我馬子が協力して政治改革を進めた。

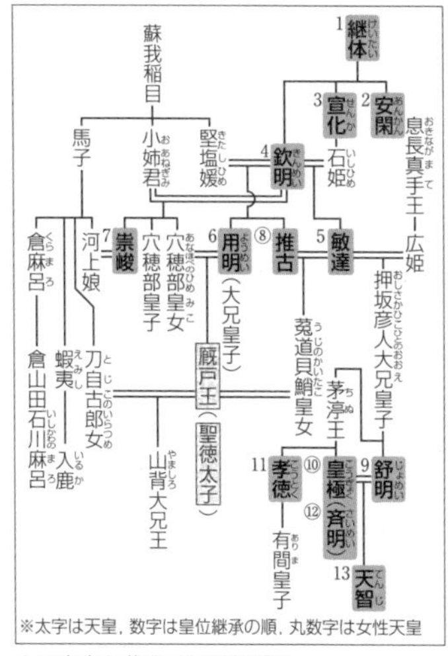

▲天皇家と蘇我氏の関係系図

① **冠位十二階**…603年に定められた。12階に分けられた冠位を才能や功績に応じて個人に与える制度。世襲化した氏姓制度の打破をはかり，人材登用の道を開くことを目的とした。

② **憲法十七条**…604年に定められた。豪族に対する天皇への服従，官吏に対する道徳的訓戒に加え，仏教（仏・法・僧の三宝）を政治理念として取り入れた。

③ **遣隋使**…600年に第１回遣隋使を派遣した。607年には**小野妹子**を派遣したが，このときの国書は隋の皇帝に臣従しない形式だったため，煬帝から無礼とされた。しかし翌608年，煬帝は**裴世清**を答礼使として倭に遣わした❸。『**隋書』倭国伝**にも当時のことが記されている。

④ **歴史書の編纂**…厩戸王は蘇我馬子とともに『天皇記』『国記』を編纂したとされるが，蘇我氏の滅亡とともに大部分が焼失した。

⑤ **留学生・学問僧の派遣**…遣隋使とともに留学生や学問僧も派遣された。留学生の**高向玄理**，学問僧の**南淵請安**・**旻**らにより，中国の制度・思想・文化に関する新知識が伝えられ，のちの政治改革に大きな影響を与えることになった。

▲７世紀初頭の東アジアと遣隋使の航路

> **重要ファイル CHECK**
> - 厩戸王（聖徳太子）は蘇我馬子と協力し，天皇中心の中央集権国家をめざして，冠位十二階，憲法十七条を定めた。
> - 中国の制度・思想・文化を吸収するため，遣隋使や留学生を派遣した。

❸答礼使を派遣したのは，敵対していた高句麗が倭と結びつくのを恐れたためとも考えられる。

9.飛鳥文化

入試重要度 B

01 飛鳥文化 ★★

① **担い手**…王族や蘇我氏などの中央豪族，**渡来人**が中心となった。

② **仏教中心**…奈良盆地南部の飛鳥・斑鳩地方を中心とした最初の仏教文化。

③ **中国・朝鮮の影響**…渡来人の活躍もあり，百済(ひゃくさい)や高句麗，中国南北朝の文化の影響を受けている。

④ **西方の要素**…**西アジア・インド・ギリシア**の文化との共通性が見られる。

▲忍冬唐草文様

⑤ **氏寺の建立**…豪族たちは，古墳の築造のかわりに氏寺を建立し，寺院建立が古墳にかわる支配者の権威の象徴となった。

- ✔**飛鳥寺(法興寺)**　蘇我馬子が創建した。
- ✔**四天王寺**　厩戸王(聖徳太子)が創建した。四天王寺式伽藍配置❶。
- ✔**法隆寺(斑鳩寺)**❷　厩戸王が創建した。西院伽藍は現存する世界最古の木造建築群である。
- ✔**中宮寺**　厩戸王が創建した。法隆寺に隣接する尼寺。
- ✔**広隆寺**　秦河勝が創建した。秦氏の氏寺で弥勒菩薩半跏思惟像が有名。

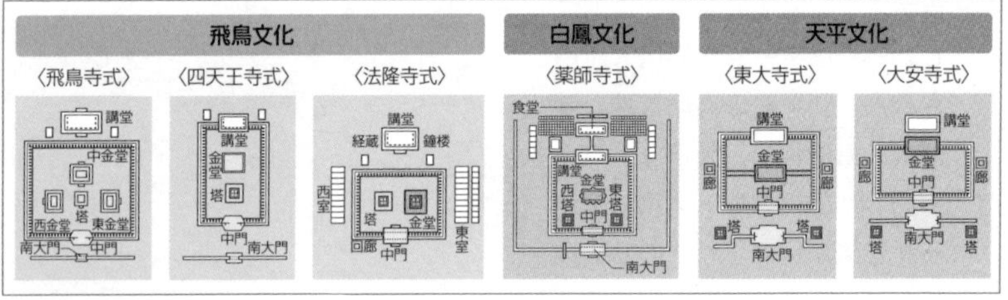

▲伽藍配置の変遷

> **重要ファイル CHECK**　7世紀頃には，従来の権威の象徴であった古墳はつくられなくなり，かわって寺院が豪族の権威を示すようになった。

❶伽藍配置は，当初は塔が中心だったが，しだいに金堂が中心的位置を占めるようになった。

❷[法隆寺]　『日本書紀』に670年焼失の記事があり，法隆寺の再建・非再建をめぐる論争があったが，若草伽藍跡の発掘で現存の金堂・五重塔などの再建説が有力となった。

02 飛鳥建築 ★★

① **法隆寺金堂**…西院の中心で，7世紀に建造。世界最古の木造建築物。

② **法隆寺五重塔**…金堂に続く建立と見られ，金堂と左右対称に建てられている。初層に8世紀初頭の塑像群が安置されている。

▲法隆寺西院伽藍

03 飛鳥彫刻 ★★

① **北魏様式**…**鞍作鳥(止利仏師)**の一派。杏仁形の目と仰月形の唇，左右対称の衣文，力強い端正な顔立ちが特徴。

- ✔**飛鳥寺釈迦如来像**　鞍作鳥作の金銅像で飛鳥大仏とも呼ばれる。
- ✔**法隆寺金堂釈迦三尊像**　鞍作鳥作の金銅像で，北魏様式の典型。
- ✔**法隆寺夢殿救世観音像**　明治時代にフェノロサと岡倉天心によってその姿が解明された木像仏。

▲法隆寺金堂釈迦三尊像　▲中宮寺半跏思惟像

② **百済・中国南朝様式**…非止利派。柔和な顔立ち，自然な衣文が特徴。

- ✔**法隆寺百済観音像**　日本でつくられたと見られ，体の丸みが特徴の木像。
- ✔**中宮寺半跏思惟像**　片足をもう一方の足の上にのせる半跏の姿勢の木像。
- ✔**広隆寺弥勒菩薩半跏思惟像**　半跏の姿勢の弥勒菩薩像と考えられる木像。

04 飛鳥工芸・絵画 ★★

① **工芸**

- ✔**法隆寺玉虫厨子**　本尊を納めた宮殿と須弥座・台脚部からなる工芸品。
- ✔**中宮寺天寿国繡帳**　厩戸王の妃が刺繡させたものと伝えられる。

② **絵画**

- ✔**法隆寺玉虫厨子須弥座絵**　仏教説話を描いたもの。古墳などを除いた最古の絵画。

▲法隆寺玉虫厨子

10. 大化改新と壬申の乱

入試重要度 A

01 大化改新 ★★

① **7世紀の東アジア**…中国では618年，隋にかわって**唐**がおこり，周囲の国を圧迫しはじめた。この東アジアの動向に対して，倭は**遣唐使**❶を派遣するとともに，中央集権化に向けた動きを進めた。

② **乙巳の変**…厩戸王(聖徳太子)の死後，**蘇我蝦夷**，**入鹿**親子が権力を強め，643年に蘇我入鹿は厩戸王の子**山背大兄王**一族を滅ぼした。これに対し，645年，天皇中心の中央集権国家体制をめざす**中大兄皇子**が，蘇我倉山田石川麻呂や**中臣鎌足**の協力を得て蘇我蝦夷・入鹿を滅ぼした。

③ **新政権の組織**…新政権の中枢は，**孝徳天皇**，皇太子に中大兄皇子，左大臣に阿倍内麻呂，右大臣に蘇我倉山田石川麻呂，内臣に中臣鎌足，国博士❷に**旻**と**高向玄理**がなった。さらに，**大化**という年号を定め，都を飛鳥から**難波長柄豊碕宮**に移した。

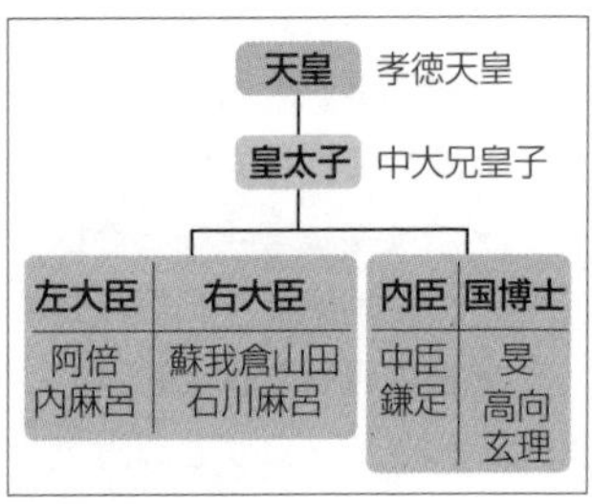

▲新政権の中枢

④ **改新の詔**❸…646年に孝徳天皇が宣布し，改新の基本政策を明示した。

- ✔**公地公民制**　皇室の屯倉・子代の民，豪族の田荘・部曲を廃止して，朝廷が土地と人民を直接支配する制度の導入が示された。
- ✔**地方行政の整備**　各地に，評(郡)という地方行政組織を設置した。
- ✔**班田制**　戸籍・計帳の作成と班田収授法の実施をめざす。ただ，このとき実際に施行されたのか疑問視されている。
- ✔**税制**　調などの統一的な税を課すことがめざされた。

⑤ **大化改新**…645年の蘇我氏打倒に始まる，孝徳天皇時代の一連の政治改革。中大兄皇子・中臣鎌足を中心に，天皇中心の中央集権国家の建設をめざした。

重要ファイル CHECK
- 645年の乙巳の変以降の一連の改革を，大化改新という。
- 改新の詔の基本方針は，公地公民・地方制度・班田収授・税制の4項目。

❶[遣唐使]　630年に，第1回の遣唐使として犬上御田鍬が渡航した。
❷[国博士]　唐の制度を導入し，制度化するための政治顧問として，大化改新の際に設置された。
❸[改新の詔]　『日本書紀』に収録される際に大宝令(701年施行)を参照して修正がなされている。

02 天智朝 ★★

① **朝鮮半島**…**新羅**が唐と結んで660年に**百済**を滅ぼした。さらに668年には**高句麗**を滅ぼして朝鮮半島を統一した。

② **斉明朝**…孝徳天皇の死後，都は飛鳥に戻り，皇極天皇が重祚(退位した天皇が再び即位すること)し**斉明天皇**となった。天皇は百済の救援などを行った。

③ **白村江の戦い**…百済復興のために，663年，倭が朝鮮半島に大軍を派遣したが，唐・新羅連合軍に敗れた。以後，倭は国内統治に専念し，唐・新羅の来襲に備え，**水城**や**朝鮮式山城**を築くなどの防衛政策を進めた。

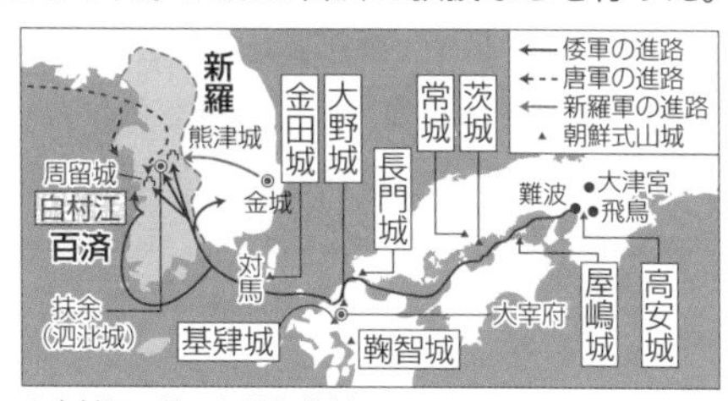

▲白村江の戦いと防衛体制

④ **天智朝**…667年，中大兄皇子は都を飛鳥から**近江大津宮**に移し，翌年即位して**天智天皇**となった。**近江令**(完成していないという説もある)を制定し，670年には最初の戸籍である**庚午年籍**を作成した。

03 天武・持統朝 ★★

① **壬申の乱**…天智天皇の死後，弟の**大海人皇子**と，子の**大友皇子**が皇位継承をめぐって対立し，672年に大海人皇子が大友皇子を倒した。

② **天武朝**…673年，大海人皇子が**飛鳥浄御原宮**で即位して**天武天皇**となり，中央集権国家の形成が進展した。それまでの大王にかわって，「**天皇**」という称号が用いられたのもこの頃とされる。

✔**八色の姓**　豪族を新しい身分秩序に編成するために，684年に制定された。

✔**富本銭**　天武朝期に鋳造された銅銭で，飛鳥池遺跡から多数出土した。国内最古の鋳造貨幣であるが，どの程度流通したかは明らかではない。

◀富本銭
「富本」とは，「民を富ませる基本は，食と貨幣にある」という中国の故事による。

③ **持統朝**…天武天皇の死後，皇后の**持統天皇**があとを継いだ。689年に**飛鳥浄御原令**を施行し，690年には**庚寅年籍**を作成した。さらに694年には，初めての本格的な条坊制をもつ**藤原京**に遷都した。

> **重要ファイル CHECK**
> - 天智天皇…近江大津宮・近江令(？)・庚午年籍→中央集権化
> - 天武天皇…飛鳥浄御原宮・八色の姓・富本銭→律令制の整備
> - 持統天皇…藤原京・飛鳥浄御原令・庚寅年籍→律令国家の基礎づくり

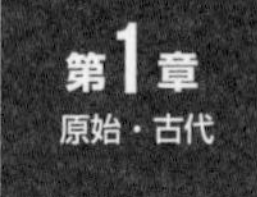

11. 白鳳文化

入試重要度 C

01 白鳳文化 ★★

① **白鳳文化**…律令国家形成期の天武・持統朝を中心とする7世紀後半から8世紀初頭にかけ，**藤原京**を中心として展開した文化を**白鳳文化**という。

② **特徴**…**唐初期の文化**の影響を受けた仏教文化を基調とする，明るく清新な若々しい文化。古代の祭りや神話が整備され，伊勢神宮の地位が高まった。

③ **仏教興隆の推進**…仏教興隆が国家的に推進され，**大官大寺**(のちの大安寺)，**薬師寺**などの寺院が，国家の安泰を祈ることを重要な使命として建立された。また，郡司らの地方豪族層によって郡寺も建立された。

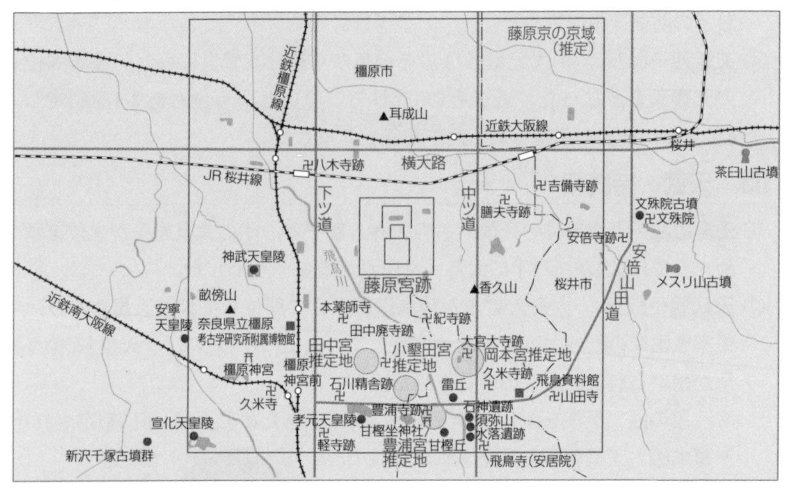

▲藤原京と飛鳥地方

02 白鳳文化の建築・美術 ★★

① **建築**…仏教興隆の推進策により多くの寺院が建立された。

✔**薬師寺東塔**　730年の建立とされる。白鳳様式を伝える裳階・水煙をもつ三重塔。律動的な美しさがあり，「凍れる音楽」の異称がある。

② **彫刻**

✔**法隆寺阿弥陀三尊像**　丸顔で柔らかな表情をした金銅像。

✔**法隆寺夢違観音像**　唐初期の様式を伝える金銅像。

✔**興福寺仏頭**　興福寺東金堂の本尊台座下から発見され，白鳳精神を示す童顔で明るい顔をした金銅像。もと山田寺[1]にあった薬師如来像の頭部と推定されている。火災にあい，頭部だけが残った。

✔**薬師寺東院堂聖観音像**　天平仏の内面性への推移が見られる。技巧に優れた金銅像。

✔**薬師寺金堂薬師三尊像**　本尊の薬師，日光・月光の脇侍の金銅像。台座の唐草文様などに西アジアの影響が見られる。

③ **絵画**…壁画が多く描かれた。その多くには，インドのアジャンター壁画や中国の敦煌石窟壁画，朝鮮の高句麗の壁画の影響が見られる。

✔**法隆寺金堂壁画**　断層的なぼかしの技法などインドや西域の影響が見られる。12面あったが1949年に焼失した。

✔**高松塚古墳壁画**　明日香村で発見された**高松塚古墳**の壁画。石棺式石室の内壁に，高句麗の影響を受けた男女群像などが極彩色で描かれている。

④ **漢詩文**…中国的教養に影響を受けた貴族たちにより，中国の漢詩をもとにした，五・七調の漢詩文が生まれた。

⑤ **和歌**…長歌や短歌などの形式が整えられ，**柿本人麻呂**や**額田王**[2]などの歌人が格調の高い歌を残した。

◀薬師寺東塔

▲興福寺仏頭

高松塚古墳壁画▶

重要ファイル CHECK

- 白鳳文化は，律令国家形成期の明朗さと清新さをもち，唐初期の文化の影響を受けた仏教文化を基調としている。
- 薬師寺東塔・興福寺仏頭・法隆寺金堂壁画・高松塚古墳壁画などが代表。

❶[山田寺]　蘇我石川麻呂が創建。1982年の調査発掘で，東回廊が倒壊した状態で発見された。
❷[額田王]　大海人皇子の寵を受けたのち天智天皇に召された女流歌人。『万葉集』に12首が収録。

12.律令制度

入試重要度 A

01 律令制度の確立 ★★

① **律令制度**… 7 世紀後半から 8 世紀頃，天武・持統朝から奈良時代初めに中央集権的官僚制の**律令制度**が確立された。**律**は現在の刑法，**令**は行政法・民法に相当し，官制・民政・税制などを含む。

✔**大宝律令**　701(大宝元)年，**刑部親王**や**藤原不比等**らによって完成した。

✔**養老律令**　718(養老 2)年に制定され，757年に藤原仲麻呂が施行した。

② **中央官制**…神祇・祭祀をつかさどる**神祇官**と行政全般を管轄する**太政官**の**二官**が置かれ，太政官に所属する**八省**が政務を分担した。重要な問題では**公卿**[1]による合議がなされた。

中央官制　二官八省一台五衛府

神祇官　神祇・祭祀をつかさどる

太政官　律令行政をつかさどる

〔太政官〕国政を統轄

太政大臣－左大臣・右大臣（公卿の合議）－大納言－少納言

左弁官－中務省（詔書の作成など）・式部省（文官の人事など）・治部省（仏事・外交事務など）・民部省（民政・財政など）

右弁官－兵部省（軍事・武官の人事など）・刑部省（裁判・刑罰など）・大蔵省（収納・貨幣など）・宮内省（宮中の事務など）

弾正台　五衛府〔衛門府，左・右衛士府，左・右兵衛府〕

地方官制

〔要地〕
左・右京職〔京〕－坊（坊令）・東西市司
摂津職〔難波〕
大宰府〔九州〕――防人司など

〔諸国〕
国（国司）－郡（郡司）－里（里長）
　　　　　　軍団

▲律令官制表

③ **地方官制**…全国を**畿内**・**七道**(**東海**・**東山**・**北陸**・**山陰**・**山陽**・**南海**・**西海**)に行政区分し，さらに**国**・**郡**・**里**(のち**郷**)に区分して，**国司**・**郡司**・**里長**(さとおさ)が統治した。

✔**国司・郡司**　国司は中央から派遣され，**国府**(**国衙**)で政務をとった。郡司には旧国造など在地豪族が任命され，**郡家**(**郡衙**)で政務をとった。

✔**要地の役所**　京には**左京職・右京職**，難波には**摂津職**，九州には「**遠の朝廷**」とも呼ばれた**大宰府**が置かれた。

④ **官僚制と貴族の特権**

✔**官位相当制**　官吏が，その位階に相当する官職に任命される制度。位階・官職に応じた給与が与えられ，調・庸・雑徭などの税は免除された。

✔**蔭位の制**　五位以上の子，三位以上の子・孫に，父・祖父の位階に応じた一定の位を与える制度。世襲する上層貴族の官位独占を生んだ。

[1]**[公卿]**　公(太政大臣・左・右・内大臣)と，卿(大・中納言，参議，三位以上)で公卿という。

⑤ **司法制度**…刑罰には，**笞・杖・徒・流・死**の**五刑**があった。天皇・国家・尊属に対する罪は**八虐**として，とくに重く罰せられた。

⑥ **身分制度**…律令制下の人民の身分は，貴族，下級官人，公民，品部・雑戸の**良民**と，官有の陵戸・官戸・公奴婢(官奴婢)と私有の家人・私奴婢の**五色の賤**といわれる5種類の**賤民**の2階級に大別されていた。

> **重要ファイル CHECK** 中央は二官八省と弾正台・五衛府。地方には国(国司)・郡(郡司)・里(里長)，要地の京には左・右京職，難波には摂津職，九州には大宰府を設置。

02 土地制度と税制・兵役 ★★

① **土地制度**…民衆は戸に編成され，6年ごとに**戸籍**に登録され，課税台帳となる**計帳**が毎年作成された。6歳以上の男女に**口分田**を班給し，本人が死ぬと収公した。これを**班田収授法**という。

② **税制**

- ✔**租**　田1段につき稲2束2把(収穫の約3%)を納入。
- ✔**調**　絹・布や地域の特産品を納入。
- ✔**庸**　労役10日にかわり布を納入。調・庸は**運脚**の義務により都へ送られた。
- ✔**雑徭**　国司の命令による60日以下の労役。
- ✔**出挙(公出挙)**　国が春と夏に稲を貸し付け，秋に利息とともに徴収する制度。

区分		負担者：正丁(21～60歳の男性)	次丁(老丁)(61～65歳の男性)	中男(少丁)(17～20歳の男性)
租		田地にかかる租税。田1段につき稲**2束2把**(収穫の約3%)を納入		
課役	調	絹・絁・糸(絹糸)・綿(絹綿)・布(麻布)や海産物など郷土の産物の一種を納入	正丁の½	正丁の¼
課役	庸(歳役)	労役年間10日のかわりに**布**(麻布)**2丈6尺**(約8m)を納入	正丁の½	―
課役	調副物	染料(紫・紅・茜)・胡麻油・塩・漆・麻などのうち1種を納入	―	―
課役	雑徭	年間60日を限度とする労役	正丁の½	正丁の¼
兵役		正丁3～4人に1人(国内の正丁の3分の1)を徴発 軍団兵士(諸国の常備軍)：10番交代で勤務 **衛士**(宮城の警備)：1年間 **防人**(九州沿岸の警備)：3年間	―	―
仕丁		50戸につき正丁2人を3年間徴発	―	―
出挙(公出挙)		国が春と夏に稲を貸し付け，秋の収穫時に高い利息とともに徴収する。当初は勧農救貧政策であったが，のちに強制的な貸し付けに変質		
義倉		親王を除く全戸が貧富に応じて粟などを納める		

▲公民の税負担

③ **兵役**…正丁の3～4人に1人の割合で兵士となり**軍団**に配属され，一部は都の警備にあたる**衛士**や九州防衛の**防人**として配置された。

> **重要ファイル CHECK**
> - 班田収授法により，6歳以上の男女に口分田が班給された。
> - 民衆には，租・調・庸の税の他にも，雑徭・出挙などがあった。さらに兵士として徴発され，一部は防人として九州に配置された。

13.奈良時代の始まり

入試重要度 B

01 日本と東アジア諸国の交流 ★★

① **遣唐使**…唐は領域を広げ，周辺の諸地域に大きな影響を与えた。702年，669年以来となる**遣唐使**が派遣された❶。以降，約20年に1度の割合で派遣され，次の留学生・学問僧が多くの書物と知識を伝えた。

✔**吉備真備**　聖武天皇に重用され，右大臣となった学者政治家。

✔**玄昉**　聖武天皇に重用され，護国仏教の確立に努めた法相宗の僧。

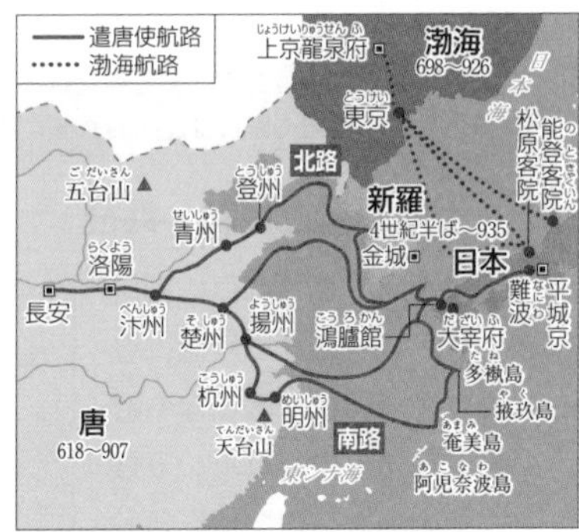

▲8世紀中頃の東アジアと日唐交通路

② **新羅**（しんら）…676年に朝鮮半島を統一し，日本ともしばしば使節を交換した。しかし，8世紀以降，日本が従属国として扱おうとしたため，関係が悪化した。

③ **渤海**…7世紀末，ツングース系の靺鞨族や旧高句麗人を中心に建国された。唐や新羅との対抗上，日本に通交を求め，日本も応じて使節を交換した。

02 平城京 ★★

① **平城京遷都**（へいぜいきょう）…710年，**元明天皇**は藤原京から奈良盆地北部の**平城京**に遷都した。以後，長岡京・平安京に遷都するまでを**奈良時代**という。

② **平城京**…唐の都**長安**をモデルとし，**条坊制**❷をもつ都市。中央を南北に走る**朱雀大路**により左京と右京に分かれ，中央北部には**平城宮**が位置した。当時の人口は約10万人とされる。

▲平城京図

✔**平城宮**　天皇の居所である内裏，政務・儀礼などを行う大極殿・朝堂院，二官八省の官庁などが置かれた。

❶遣唐使「井真成」の墓誌に「国号日本」とあり，唐が「日本」を国号と認めていたことがわかる。

❷[**条坊制**]　古代の都城制において，土地を東西・南北に走る道路で碁盤目状に区画する制度。

✓**市**　左京に**東市**，右京に**西市**という官営の**市**が置かれ，市司の管理の下に各地の産物や布などが取り引きされた。

✓**寺院**　大安寺・薬師寺・元興寺・興福寺・東大寺・西大寺などが建立された。

③ **和同開珎**…唐の開元通宝にならい，708年に**和同開珎**が鋳造された[3]。711年には**蓄銭叙位令**を発布し，その流通を奨励した。しかし，畿内以外の地域では，稲や布などの物品による交易が中心だった。

03　地方社会　★★

① **官衙**…都から派遣された国司が政務を行う**国府**(国衙)には，国庁を中心に，役所群，国司居館，倉庫群などが置かれ，地方の政治・経済・文化の中心となった。郡司が政務を行う**郡家**(郡衙)も郡内の中心となった。

② **交通路の整備**…都から7つの官道(駅路)が諸地域へのび，約16 kmごとに**駅家**を置く駅制がしかれて官吏の公用に利用された。地方では，駅路と離れて郡家間を結ぶ道(伝路)が網目状に構成された。

04　支配領域の拡大　★★

① **東北地方**

✓**蝦夷**　東北地方に広く居住し，大化改新以後，政府と抗争を続けた。

✓**日本海側の支配**　朝廷は7世紀半ばに渟足柵・磐舟柵を置き，斉明天皇下では，**阿倍比羅夫**が秋田・津軽方面まで進出した。さらに712年に**出羽国**を置き，次いで**秋田城**を築いて東北経営の拠点とした。

▲多賀城政庁(復元模型)

✓**太平洋側の支配**　8世紀には陸奥国府の**多賀城**を築き，蝦夷征討のための役所である**鎮守府**を置いた。

② **南九州**…朝廷は8世紀初めに薩摩国・大隅国を置き，**隼人**と呼ばれる人々を服属させた。

> **重要ファイル CHECK**
> - 和同開珎が鋳造され，平城京では，市での交易が活発化した。
> - 7世紀半ばから，朝廷による東北の蝦夷征討が進展し，8世紀には日本海側に出羽国を置いて秋田城を築き，太平洋側には多賀城を築いた。

❸和同開珎以後，12回にわたって鋳造された銅銭を**本朝(皇朝)十二銭**という。

14. 奈良時代のあいつぐ政争

入試重要度 A

01 藤原氏の進出 ★★

① **奈良時代初期の動向**…皇族や貴族間の勢力の均衡が保たれ，律令制度の確立が進んだ。やがて中臣鎌足を祖とする藤原氏の進出により，他の有力貴族は衰退した。

② **藤原不比等**…藤原氏発展の基礎を築いた。娘の宮子を**文武天皇**に嫁がせ，のちに聖武天皇となる皇太子にも娘の光明子を嫁がせた。

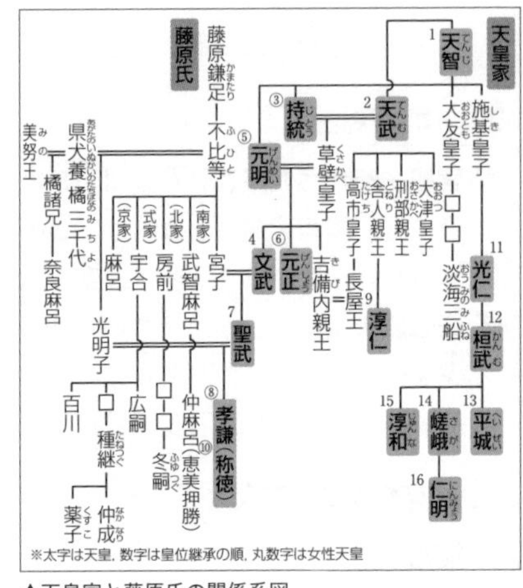

▲天皇家と藤原氏の関係系図

02 政権の動揺 ★★

① **聖武天皇の時代**…あいつぐ戦乱や災害に動揺し，**聖武天皇**は**恭仁京**，**難波宮**，**紫香楽宮**と遷都を繰り返した。さらに仏教のもつ**鎮護国家**の思想で社会を立て直そうと考え，741年に**国分寺建立の詔**を出して，諸国に国分寺・国分尼寺の建立を命じた。また，743年には**大仏造立の詔**を出した。

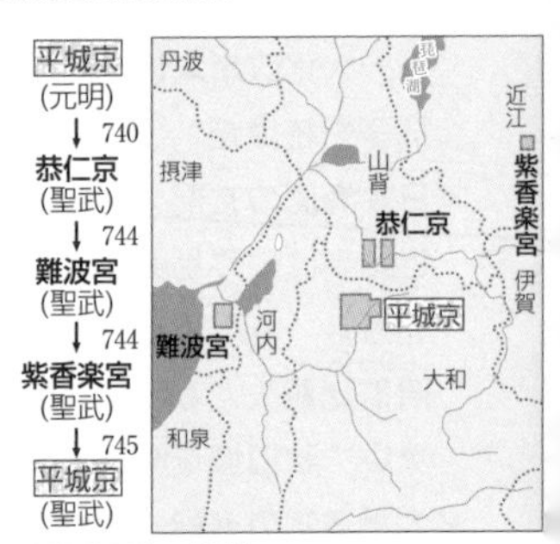

▲聖武天皇の遷都

✓**長屋王の変**　藤原不比等の死後，皇族の**長屋王**が政治の実権を握った。729年，不比等の子**武智麻呂・房前・宇合・麻呂**の4兄弟が長屋王に謀反の疑いをかけて自殺に追い込んだ。これを**長屋王の変**という。さらに4兄弟は不比等の子の光明子を聖武天皇の皇后に立てた。

✓**藤原広嗣の乱**　藤原4兄弟の天然痘による死後，**橘諸兄**が政権を握った。唐から帰国した**吉備真備**と**玄昉**が活躍するなか，740年に**藤原広嗣**が二人の排除を求めて九州で反乱をおこしたが，鎮圧された。

② **藤原仲麻呂の台頭**…聖武天皇は745年に平城京（へいぜいきょう）に戻ると，752年に大仏の開眼供養の儀式を行った。また，光明皇太后の信任を得た**藤原仲麻呂**が台頭した

✔橘奈良麻呂の変　藤原仲麻呂の台頭に対し，757年に**橘奈良麻呂**が反乱を企てたが鎮圧された。仲麻呂は**淳仁天皇**を即位させ**恵美押勝**の名を賜った。

③ **称徳天皇の時代**…光明皇太后の死後，僧の**道鏡**が孝謙太上天皇の病を治して信任を得た。道鏡は政治の発言力を高めたため，仲麻呂（恵美押勝）と対立した。

✔恵美押勝の乱　危機感をもった恵美押勝が764年に反乱をおこしたが，太上天皇側に滅ぼされた。その後，孝謙太上天皇が重祚して**称徳天皇**となった。

✔道鏡　道鏡は称徳天皇の下で太政大臣禅師，さらに法王の地位につき，権勢を誇った❶。しかし称徳天皇の死後勢力を失い，下野薬師寺に追放された。次の皇位には，**藤原百川**らによって**光仁天皇**が立てられた。

03　土地政策の推移　★★

① **農民の動向**

✔家族　竪穴住居にかわる掘立柱住居が普及した。結婚は**妻問婚**を経て夫婦が家をもったが，女性は別姓のままで発言力も強かったとされる。

✔生活　口分田以外にも公の田（**乗田**）や貴族・大寺院などの田地を借りて耕作（**賃租**）し，**地子**をおさめるなど生活は苦しかった。飢饉もしばしばおこり，農民の**浮浪**・**逃亡**が増えた。

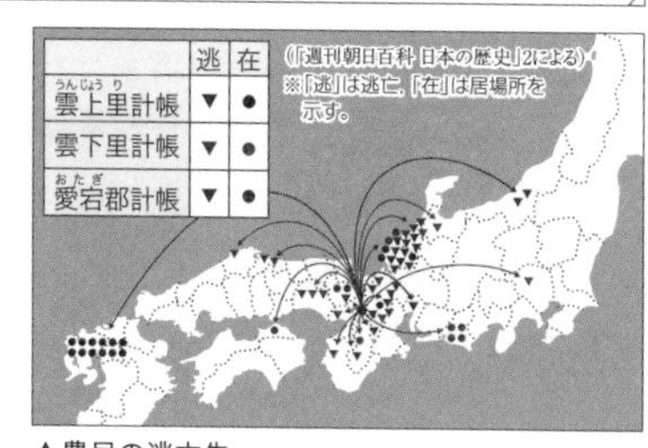

▲農民の逃亡先

② **土地政策**…口分田が不足してきたため，政府は次のような政策を実施した。

✔百万町歩の開墾計画　722年に出された，良田100万町歩を開墾する計画。農民に食料・道具を支給して開墾させようとしたが，失敗に終わった。

✔三世一身法　723年に施行。新しい灌漑施設で開墾した者には三代，旧来の灌漑施設を利用した者には本人一代に限り，田地の私有を認めた。

✔墾田永年私財法　743年に制定。開墾した土地の永久私有を認めた。これによって，律令体制の基礎である土地公有の原則が崩れた。

③ **初期荘園**…墾田永年私財法により，貴族・寺院・地方豪族が灌漑施設をつくって大規模な開墾を行った。こうして拡大した私有地を**初期荘園**という。

重要ファイル CHECK
- 長屋王の変→藤原広嗣の乱→橘奈良麻呂の変→恵美押勝の乱→道鏡追放。
- 口分田不足から，三世一身法，墾田永年私財法が制定された。

❶称徳天皇が宇佐神宮の神託により道鏡に皇位を譲ろうとしたが，**和気清麻呂**らが阻止した。

15. 天平文化

入試重要度 B

01 天平文化 ★★

① **天平文化**…聖武天皇・光明皇后の時代，皇族や貴族を担い手とする仏教中心の文化。遣唐使が伝えた盛唐文化の影響を強く受け，シルクロードを通して，西アジア・南アジアの影響もうかがえる国際色豊かな文化でもある。

② **国史編纂**…律令国家確立により国家意識が高まり，国史が編纂された。

- ✔『**古事記**』 712年に完成。天武天皇の命で，『帝紀』『旧辞』をもとに**稗田阿礼**が誦習した伝承を**太安万侶**が筆録した。神代から推古天皇時代までを収録。
- ✔『**日本書紀**』 720年に完成。**舎人親王**を中心に編纂された。漢文の編年体で書かれた最初の官撰史書で，**六国史**の最初の作品でもある。

六国史	巻数	対象とする時代	成立年代	天皇	編者
日本書紀	30	神代～持統	720（養老 4）	元正	舎人親王
続日本紀	40	文武～桓武	797（延暦16）	桓武	藤原継縄
日本後紀	40	桓武～淳和	840（承和 7）	仁明	藤原緒嗣
続日本後紀	20	仁明一代	869（貞観11）	清和	藤原良房
日本文徳天皇実録	10	文徳一代	879（元慶 3）	陽成	藤原基経
日本三代実録	50	清和・陽成・光孝	901（延喜元）	醍醐	藤原時平

▲六国史

③ **地誌**…713年に各地の伝説・地理・産物などの筆録が命じられ，『**風土記**』が編纂された。常陸・出雲・播磨・豊後・肥前の 5 カ国のものが現存するが，完本は『**出雲国風土記**』のみ。

④ **文学**…漢詩文は官人の教養とされ，和歌も多くの人々に詠まれた。

- ✔**漢詩文** 751年に漢詩集『**懐風藻**』が編纂され，大津皇子はその代表的詩人。文人として淡海三船・石上宅嗣らが有名である。
- ✔**和歌** 759年までの約4500首をおさめた歌集『**万葉集**』が編纂された。**大伴家持**が編者といわれる。漢字の音・訓を用いて日本語を表す**万葉仮名**が使用されている。**東歌**・**防人歌**などの民衆の歌も多数採録されている。

⑤ **教育機関**…官吏養成のために，中央に**大学**，地方に**国学**が置かれた。

⑥ **国家仏教**…仏教の教えによって国家の安定をはかるという**鎮護国家**の思想により，奈良仏教の諸宗派は朝廷に厚く保護された。

- ✔**南都六宗** 奈良の大寺院によって，**三論宗**・**成実宗**・**法相宗**・**倶舎宗**・**華厳宗**・**律宗**という 6 つの仏教理論の学系が形成された。
- ✔**僧侶** 法相宗の義淵は聖武天皇に重んじられた**玄昉**や**行基**らの弟子を育て華厳宗の良弁は**東大寺**の建立に貢献した。唐の**鑑真**はたびたび渡航に失敗しながら来日を果たし，日本に**戒律**を伝え，**唐招提寺**を創建した。

⑦ **仏教の影響・社会事業**…仏教が保護される一方，僧尼が寺院以外で布教することは禁じられていた。民衆は**現世利益**を求めて仏教を信仰した。また，日本古来の神々に対する信仰を仏教と結びつける**神仏習合**の思想もおこった。

✔**行基**　当初，朝廷から迫害を受けたが，社会事業に尽くし，民衆に支持された。のちに東大寺大仏の造立に協力したことで**大僧正**に任じられた。

✔**光明皇后**　**悲田院**や**施薬院**を設け，貧窮民や病人の救済にあたった。

> **重要ファイル CHECK**
> - 天平文化は盛唐文化の影響を強く受けた国際色豊かな文化で，工芸作品などには西アジア・南アジアの影響も見られる。
> - 鎮護国家思想の下，朝廷の保護を受けた仏教は南都六宗を中心に発展した。

02 天平建築・美術・工芸 ★★

① **建築**…均整のとれた，礎石・瓦を使用した壮大な寺院が建てられた。

✔**東大寺法華堂**　三月堂とも呼ばれる。寄棟造の正堂が天平建築。

✔**法隆寺伝法堂・夢殿**　伝法堂は東院の講堂，夢殿は八角円堂形式。

▲東大寺正倉院宝庫

✔**正倉院宝庫**　**校倉造**が用いられ，東大寺宝庫群で唯一現存するもの。

✔**唐招提寺金堂・講堂**　金堂は天平期の金堂として唯一の遺構。講堂は平城宮朝集殿を移築したもの。

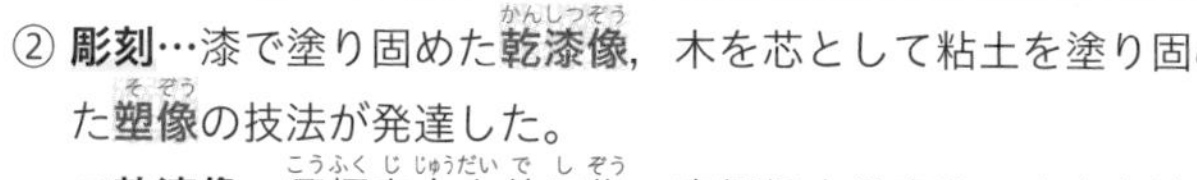

② **彫刻**…漆で塗り固めた**乾漆像**，木を芯として粘土を塗り固めた**塑像**の技法が発達した。

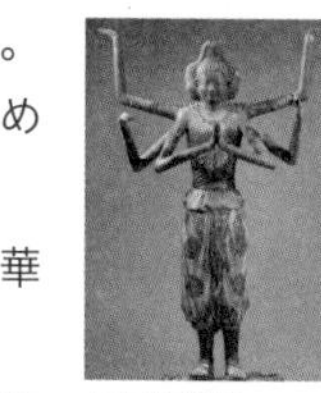
▲阿修羅像

✔**乾漆像**　興福寺十大弟子像・唐招提寺鑑真像・東大寺法華堂不空羂索観音像・興福寺八部衆像(阿修羅像など)。

✔**塑像**　東大寺法華堂の日光・月光菩薩像，執金剛神像，東大寺戒壇院四天王像。

③ **絵画**…唐の影響を受けた，豊かな体躯とみずみずしい顔立ちの華麗な表現。

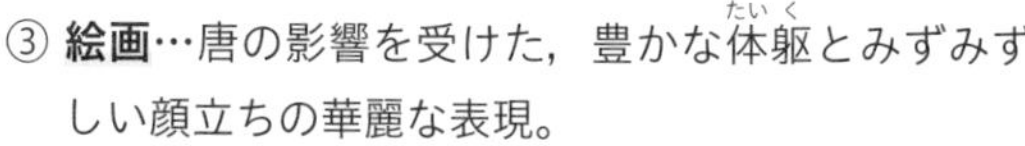

✔**『鳥毛立女屛風』**　正倉院に伝わる6枚の樹下美人図。

✔**薬師寺吉祥天像**　吉祥天が描かれた仏教絵画。

④ **工芸**…西アジア・南アジアの影響を受けたものも多い。正倉院の**螺鈿紫檀五絃琵琶**，漆胡瓶，白瑠璃碗などがその代表である。百万塔におさめられた百万塔陀羅尼は，現存最古の印刷物とされる。

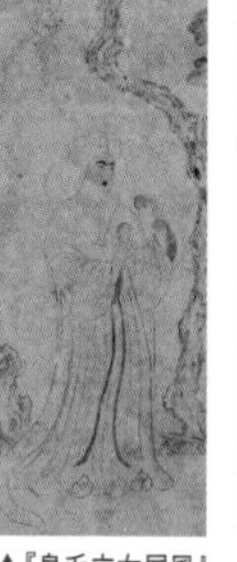
▲『鳥毛立女屛風』

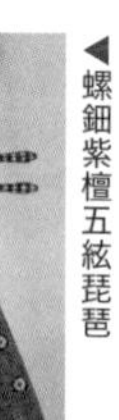
◀螺鈿紫檀五絃琵琶

CHECK TEST

□① 4世紀頃までに，大和地方を中心として，大王を首長とする[　　]が成立した。	ヤマト政権（大和王権）
□② 5〜6世紀に成立した，①が豪族を支配するための政治的秩序を[　　]という。	氏姓制度
□③ 倭の五王が南朝に朝貢したこと，倭の王権が地方の豪族を従えたことなどが，中国の[　　]に記されている。	『宋書』倭国伝
□④ 538年（または552年），百済の[a]が日本の[b]天皇に仏像・経典を伝えたとされる。	a 聖明王 b 欽明
□⑤ 前期古墳時代は，[　　]石室や粘土槨を特徴とする。	竪穴式
□⑥ 前期古墳時代には，赤焼きの[a]が用いられ，5世紀には朝鮮から伝わった硬質で灰色の[b]も広まった。	a 土師器 b 須恵器
□⑦ 6世紀半ば，有力な豪族の間で仏教の受容をめぐって対立がおこり，大臣の[　　]が排仏派を退けた。	蘇我稲目
□⑧ 厩戸王（聖徳太子）は世襲化した②を打破するため，603年に[　　]を定め，能力・実績主義を導入した。	冠位十二階
□⑨ 推古朝の6〜7世紀頃，仏教中心の[　　]が栄えた。	飛鳥文化
□⑩ 法隆寺金堂釈迦三尊像は，[　　]の作による金銅像である。	鞍作鳥（止利仏師）
□⑪ のちに天智天皇となる[a]と中臣鎌足らが，645年に蘇我蝦夷・入鹿を滅ぼした事件を[b]という。	a 中大兄皇子 b 乙巳の変
□⑫ 改新の詔により，屯倉・子代の民，田荘・部曲が廃止され，朝廷が土地と人民を直接支配する[　　]が導入された。	公地公民制
□⑬ 663年，日本は百済復興のために朝鮮半島に大軍を派遣したが，唐・新羅の連合軍に[　　]で敗れた。	白村江の戦い
□⑭ 670年，国内最初の戸籍である[　　]が作成された。	庚午年籍
□⑮ 672年，皇位継承をめぐって[a]がおこり，勝利した[b]が天武天皇として即位した。	a 壬申の乱 b 大海人皇子
□⑯ 持統天皇の下で，689年に[a]が施行され，694年には条坊制をもつ[b]への遷都が行われた。	a 飛鳥浄御原令 b 藤原京
□⑰ 701年，藤原不比等らにより，[　　]が完成した。	大宝律令
□⑱ 律令制の導入によって，中央には神々の祭祀をつかさどる[a]と行政をつかさどる[b]の二官が置かれた。	a 神祇官 b 太政官

□⑲ 律令体制下，人々は[a]に登録され，毎年作成される[b]に基づいて，調・庸の税を徴収された。 ： a 戸籍　b 計帳

□⑳ 3年間，九州沿岸の警備にあたった兵士を[ ]という。 ： 防人

□㉑ 平城京では708年に鋳造された[ ]が使用された。 ： 和同開珎

□㉒ 藤原不比等の死後，729年に[ ]がおこった。 ： 長屋王の変

□㉓ 朝廷は723年に[a]を制定して墾田の三代の私有を認め，743年に[b]を制定して永久私有を認めた。 ： a 三世一身法　b 墾田永年私財法

□㉔ 奈良時代の仏教は，国家の安泰を祈願する[ ]の思想によって保護された。 ： 鎮護国家

思考力問題にTRY

☑右の史料は，正倉院に残る古代の計帳である。この史料について述べたa～dの文のうち，正しいものの組み合わせをあとのア～エから1つ選べ。【共通テスト】

> 戸主於伊美吉子首戸手実(注1)　天平五年(七三三)
> 去年の計帳に定むる良賤の口十五人　男六人　女四人　奴四人(注2)　婢一人
> 今年の計帳に現に定むる良賤の大小口十五人
> 不課口(注3)十四人
> 男五人　一人六位　四人小子
> 女四人
> 賤口五人　奴四人　婢一人
> 課口一人
> 現に輸す　一人　正丁
> 課戸主従六位上於伊美吉子首　年七十九　下野国薬師寺造司工
> 嫡子於伊美吉豊人　年十四　小子
> 男於伊美吉伊賀麻呂　年四十七　正丁　左下唇黒子
> 女於伊美吉酒刀自売　年三十二　正女　左頬黒子
> (中略)
> 戸主の奴大伴　年六十三　和銅七年(七一四)逃
> 奴尼麻呂　年六十一
> 奴黒栖　年八
> 奴小黒栖　年七
> 婢乎売　年七十三　和銅七年逃
> 天平五年七月十二日文を進むるは伊賀麻呂
>
> (注1)手実：各戸から提出する申告書。
> (注2)奴・婢：賤民。奴は男性，婢は女性。
> (注3)不課口：調・庸等を負担する人を課口といい，負担しない人を不課口という。

a. この戸で，調・庸を納めるのは5人であることがわかる。
b. 計帳からは，年ごとに戸の人数の変動がわかる。
c. 逃亡した奴と婢は，計帳から削除されており，解放されたと考えられる。
d. 黒子の位置が記されているのは，本人を特定するためと考えられる。

ア a・c　イ a・d　ウ b・c　エ b・d

解説 a. (注3)に「調・庸等を負担する人を課口といい」とある。史料に「課口1人」とあり，「5人」は間違い。b. 史料に「去年の計帳に」「今年の計帳に」とあるように，計帳は毎年作成されている。c. 史料には「奴」「婢」の記載もある。d. 「左下唇黒子」「左頬黒子」など，黒子の位置で本人を特定していた。

解答 エ

16. 平安時代初期の政治

入試重要度 B

01 桓武天皇の政治 ★★

① **平安京遷都**…光仁天皇の死後即位した**桓武天皇**は，寺院勢力の強い平城京を離れ，天皇権力の強化や律令制の再建をめざして遷都を断行した。

- ✓**長岡京**　784年，山背国の**長岡京**に遷都した。しかし，造営を主導した**藤原種継**が暗殺される事件❶や洪水などがおきて，造営は中止された。

- ✓**平安京**　794年，長岡京の北東の**平安京**に再び遷都した。平安京遷都以降，鎌倉幕府が開かれるまでの約400年間を**平安時代**という。

② **蝦夷との戦い**…朝廷は東北地方の行政拠点を整備したが，蝦夷の反発を招いた。780年には蝦夷の豪族**伊治呰麻呂**が反乱をおこし，**多賀城**が焼き払われた。この後，30年以上にわたり，朝廷と蝦夷の戦いが繰り返された。

- ✓**阿弖流為との戦い**　蝦夷の族長**阿弖流為**が朝廷軍を破ると，桓武天皇から**征夷大将軍**❷に任命された**坂上田村麻呂**が802年に**胆沢城**を築き，阿弖流為を服属させた。さらに翌年，東北前進の拠点として**志波城**を築いた。多賀城に置かれていた鎮守府は胆沢城に移された。

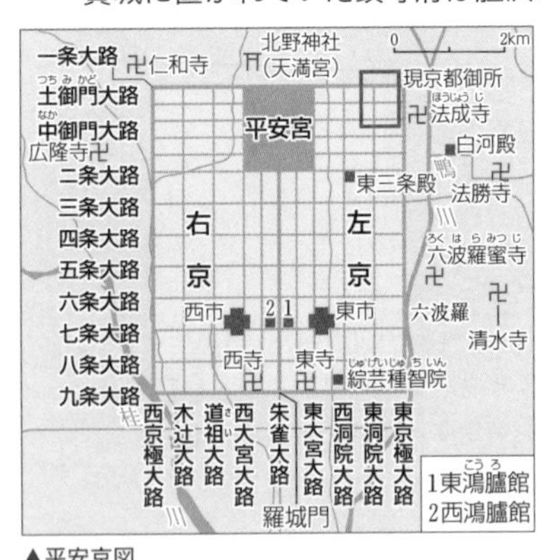

▲平安京図

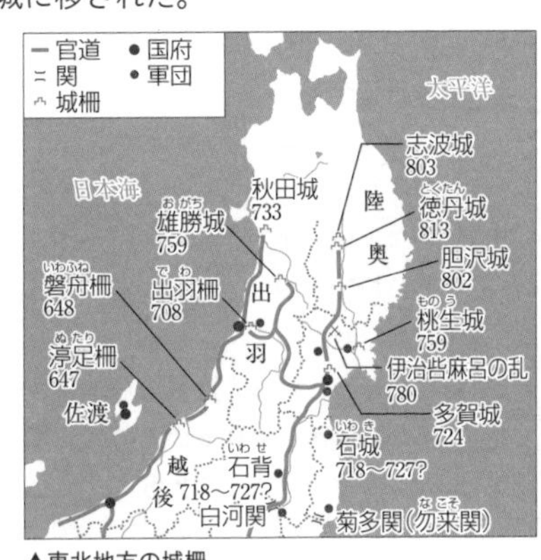

▲東北地方の城柵

❶造長岡宮使で藤原式家の種継が長岡京で射殺された。容疑は皇太子早良親王(桓武天皇の弟)らにかけられたが，親王は潔白を主張し絶食死した。

❷[征夷大将軍]　蝦夷を征討する将軍(令外官)の称号で，794年の大伴弟麻呂が初見。坂上田村麻呂は797年に任官した。

③ **徳政相論**…805年，打ち続く蝦夷との戦い(軍事)と，新都の造営(造作)は民衆の苦しみであるとする藤原緒嗣の進言を受け，桓武天皇は事業を停止した。

02 平安時代初期の政治改革 ★★

① **桓武天皇の改革**…桓武天皇は強い権力によって，大胆な制度改革に着手した。

✔**勘解由使の設置**　令制にない**令外官**[3]である**勘解由使**を設置した。国司の交替時の文書(解由状)を厳しく管理させ，地方政治の不正を防いだ。

✔**軍事**　民衆から徴発する兵が十分でないことから，有力農民・郡司の子弟の志願兵による，少数精鋭の**健児**という兵士を確保した。

✔**租税**　6年に1回であった班田の期間を12年に1回に変更した(一紀一班)。また，雑徭の日数を年間60日から30日とし，農民の負担を軽減した。

② **平城太上天皇の変(薬子の変)**…桓武天皇のあとを継いだ**平城天皇**は早期に弟の**嵯峨天皇**に譲位したが，その後平城京への遷都を画策し，再び皇位につこうとした。しかし810年，嵯峨天皇側の迅速な対応により阻止され，平城太上天皇の寵愛を受けていた**藤原薬子**[4]も自殺した。この政変に際して，**蔵人頭**として**藤原冬嗣**が活躍し，以後の藤原北家台頭のきっかけとなった。また，嵯峨天皇は平安京内の警察を担当する**検非違使**を新設した。

③ **私的土地所有の拡大**…9世紀には律令制度による国家財政の維持が困難になり，官人や皇族・貴族らが私的に土地を所有するようになった。

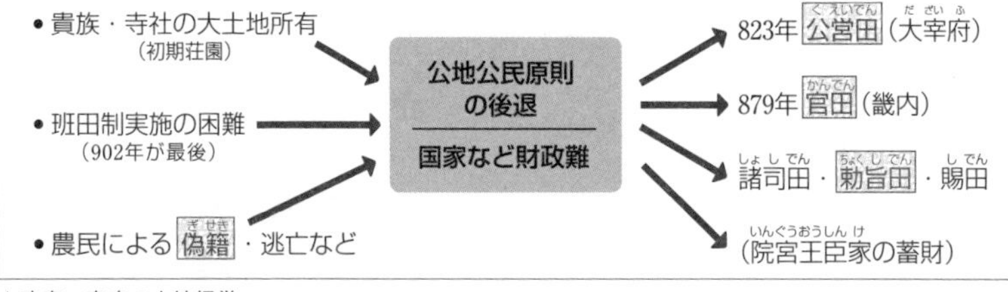

▲政府・官庁の土地経営

重要ファイル CHECK

- 桓武天皇は仏教政治を改め，権力を強化するために都を移した。
- 平安初期には，勘解由使や検非違使，蔵人頭など令外官が多く設置された。
- 9世紀には国家財政の維持が困難になり，皇族や貴族が私的な土地所有に乗り出すことになった。

---

❸[令外官]　令に規定のない官職。奈良時代の中納言・参議・内大臣，平安時代の勘解由使・検非違使・蔵人頭・征夷大将軍・押領使・追捕使・関白などが有名である。

❹[藤原薬子]　藤原式家，種継の娘。既婚者であったが平城天皇の寵愛を受け，天皇の復位を勧めたとされた。しかし，復位は平城太上天皇自身が主導したというのが事実である。

17.弘仁・貞観文化

入試重要度 B

01 唐風文化の繁栄 ★★

平安時代初期(平安京遷都〜9世紀末)の文化を，嵯峨・清和天皇の頃の年号をとって**弘仁・貞観文化**と呼ぶ。唐の文化を消化吸収した貴族文化であり，**漢文学**や**密教**を背景とした神秘的な密教芸術が栄えた。

① **文章経国の思想**…嵯峨天皇の唐文化への傾倒によって，政治においても漢詩文が奨励され，文人貴族が重用された。

- ✔**勅撰漢詩集**　『**凌雲集**』(814年)，『**文華秀麗集**』(818年)，『**経国集**』(827年)。
- ✔**文人の輩出**　**空海**(『**性霊集**』)，小野篁，菅原道真(『菅家文草』)など。
- ✔**学問の重視**❶　有力貴族は一族子弟の寄宿施設として**大学別曹**を設置した。藤原氏の勧学院，和気氏の弘文院，在原氏の奨学院，橘氏の学館院など。

② **法典の編纂**…社会の変化に対応して律令を補足・修正する法令や，律令の注釈書が必要となり，9世紀を通じてさまざまな法典・書籍が編纂された。

- ✔**格式の編纂**　律令を補足・修正する法令を**格**，施行細則を**式**という。
- ✔**三代格式**　『**弘仁格式**』(嵯峨)，『**貞観格式**』(清和)，『**延喜格式**』(醍醐)。このうち，格を集成した『類聚三代格』と『延喜式』のみが現存する。
- ✔**律令の注釈書**　養老令の公的な注釈書『**令義解**』が清原夏野らによって，私的注釈を集成した『**令集解**』が惟宗直本によって編まれた。

02 平安仏教と密教芸術 ★★

▲最澄(伝教大師)

▲空海(弘法大師)

① **新しい仏教**…桓武・嵯峨天皇は南都奈良の寺院を平安京に移転させず，唐から帰国した**最澄**と**空海**による新しい仏教を支援した。

- ✔**最澄**　比叡山に**延暦寺**を建て，法華経の信仰に基づく**天台宗**を開いた。大乗戒壇の創設をめざし，『顕戒論』を著した。
- ✔**空海**　高野山に**金剛峯寺**を建て，**密教**の秘奥による**真言宗**を開いた。都では，嵯峨天皇から与えられた**教王護国寺**(**東寺**)を根本道場とした。主著に『三教指帰』などがある。

❶儒教を学ぶ明経道や，中国の歴史・文学を学ぶ紀伝道(文章道)がさかんになった。

② **密教の拡大**…天台宗も**円仁**[2]・**円珍**[3]らが密教を受容した。**加持祈禱**による国家護持，幸福追求の**現世利益**という面から，真言宗とともに皇族や貴族に広く信仰された。密教は山岳信仰とも結びつき，**修験道**の源流ともなった。また，奈良時代から日本古来の神々への信仰と仏教を結びつける**神仏習合**の風潮が見られ，平安時代にこの傾向はさらに広まっていった。

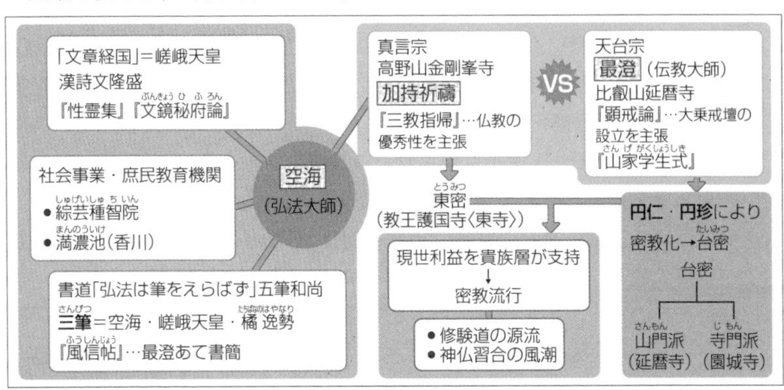

▲空海・最澄と密教の広がり

③ **密教芸術**…真言宗（密教）は，経典以外の儀式や呪法を重んじるため，荘厳な寺院の中に神秘的で幻想的な仏像・絵画が数多くつくられた。

建築	寺院の多くは，山中に自由な伽藍配置…室生寺五重塔・金堂など
彫刻	①神秘的で迫力豊か…観心寺如意輪観音像 ②**一木造**が主流に。**翻波式**（波型の衣文）…室生寺弥勒堂釈迦如来坐像 ③神仏習合の像…薬師寺僧形八幡神像
絵画	①強烈な力感…園城寺不動明王像（黄不動） ②密教の世界観を表した曼荼羅…神護寺・教王護国寺の**両界曼荼羅**（両界は金剛界と胎蔵界）
書道	**三筆**（唐風の楷書体）…**空海『風信帖』・嵯峨天皇・橘逸勢**

重要ファイル CHECK
- **平安初期には，貴族中心・唐文化を消化吸収した弘仁・貞観文化が栄えた。**
- **最澄の天台宗と空海の真言宗は，その後の日本仏教の主流となった。**
- **平安仏教は密教化して，貴族社会に深く定着した。**

[2] **[円仁]** 慈覚大師ともいう。入唐後，第3世天台座主として天台宗の密教化を促進した。『入唐求法巡礼行記』は，貴重な旅行記として知られる。

[3] **[円珍]** 智証大師ともいう。入唐後，第5世天台座主として園城寺を復興した。のちに円珍派は園城寺に入って寺門派とされ，山門派（延暦寺）と対立することになった。

18. 摂関政治

入試重要度 B

01 藤原北家の発展 ★★

9世紀を通じて，**藤原氏（北家）**は天皇家との結びつきを深め，他の氏族や藤原他家を政変や陰謀によって追い落としていった。

① **摂政・関白の開始**…**藤原良房**は842年の**承和の変**で伴（大伴）氏・橘氏を退け，858年には幼少の**清和天皇**を即位させ，事実上の**摂政**になった。866年の**応天門の変**では，伴氏・紀氏を没落させた。良房のあとを継いだ**藤原基経**は884年，光孝天皇を擁立し，事実上の**関白**になった。

② **菅原道真の左遷**…基経の死後，**宇多天皇**は摂政・関白を置かず，宮中の警護に**滝口の武者**を置き，さらに文人貴族の**菅原道真**を重用した。しかし，次の醍醐天皇のとき，道真は**藤原時平**の策謀によって大宰府に左遷された。

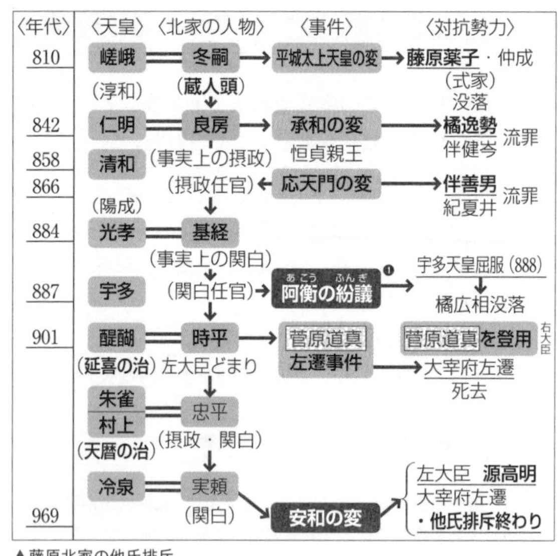

▲藤原北家の他氏排斥

▲菅原道真

学者の家系で，学問で朝廷に仕えた。『類聚国史』，詩文集『菅家文草』を編纂した。宇多天皇に重用され，のちに右大臣にまで登ったが，陰謀により左遷され，大宰府で死去した。墓所の上には太宰府天満宮が，祟りを鎮めるため，京都に北野天満宮が創建され，「学問の神様」として各地で信仰を集めている。

> **重要ファイル CHECK**
> • 9世紀半ば，藤原北家が摂政・関白につき，律令体制下の権力を強めた。
> • 藤原氏は有力貴族を排斥し，有能な菅原道真も政界から追放した。

❶［阿衡の紛議］ 887年，宇多天皇が詔で関白を「阿衡」（職掌を伴わない位）と表記したことに基経が怒り，出仕を拒否した。翌年，天皇は起草者である橘広相を処分して詔を改めた。

③ **延喜・天暦の治**…10世紀前半，**醍醐天皇**とその子・**村上天皇**の治世をいう。摂政・関白を置かずに親政を行い，のちに**延喜・天暦の治**としてたたえられた。しかし実態としては，律令制の崩壊を阻止できず，地方政治も乱れた。

✔**延喜の治**　醍醐天皇は律令体制の復興をめざし，班田を命じるとともに**延喜の荘園整理令**を出した。また，『延喜格』『延喜式』という律令の補足的な法典を出し，『**古今和歌集**』の編纂も進めた。

✔**天暦の治**　村上天皇は貧民救済に力を入れるとともに，本朝(皇朝)十二銭の最後となる**乾元大宝**を発行した。死の直後には，『延喜式』が施行された。

02　摂関政治の全盛　★★

摂政・関白が政治の実権を握っていた10世紀後半から11世紀頃の政治を**摂関政治**，摂政・関白を出す家を**摂関家**という。969年に醍醐天皇の子で左大臣の源高明が左遷された**安和の変**以降は，藤原北家の**氏長者**が摂関につくことが常態となり，以後は北家の親族間で摂関の地位を争うようになった❷。争いは**藤原道長**のときにおさまり，**道長・頼通**父子は摂関政治の最盛期を築いた。

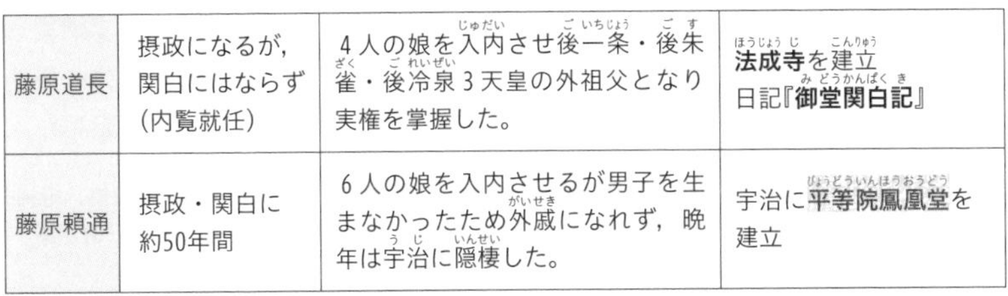

藤原道長	摂政になるが，関白にはならず(内覧就任)	4人の娘を入内させ後一条・後朱雀・後冷泉3天皇の外祖父となり実権を掌握した。	**法成寺**を建立 日記『**御堂関白記**』
藤原頼通	摂政・関白に約50年間	6人の娘を入内させるが男子を生まなかったため外戚になれず，晩年は宇治に隠棲した。	宇治に**平等院鳳凰堂**を建立

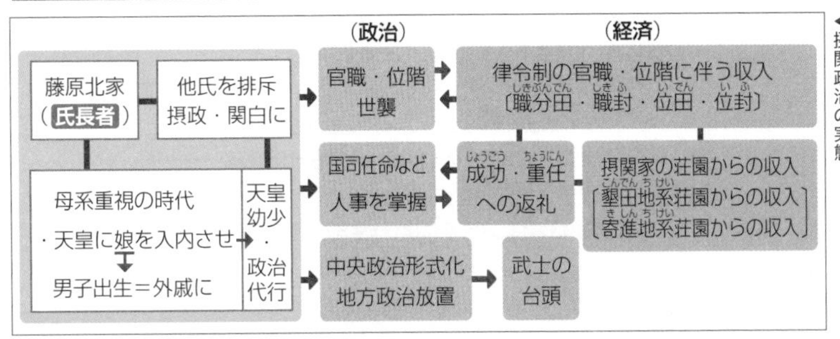

◀摂関政治の実態

重要ファイル CHECK
- 11世紀の藤原道長・頼通父子の時代が，摂関政治の絶頂期であった。
- 摂関家は高位高官について多くの荘園を集積し，栄華を極めた。

❷とくに藤原兼通・兼家兄弟の関白の位をめぐる争いが激しかった。藤原道長と伊周(中関白家)の争いでは，伊周が左遷されて道長の実権が確立した。

19.国風文化

入試重要度 A

01 国風文化の形成 ★★

① **国際関係の変化と国風文化**

✔**遣唐使の停止** 10世紀前半，**唐**が滅亡し(907年)，渤海は**契丹**(**遼**)に滅ぼされた。朝鮮半島では，新羅(しんら)が**高麗**に滅ぼされた。こうした国際情勢を背景に，894年，**菅原道真**の建議によって遣唐使派遣が停止された。以降，日本は中国を再統一した**宋**や東アジアの国々と正式な国交を開かなかった。

✔**貿易・交流** 断絶後も中国商人の往来，文物の交易，僧侶の渡航は止まらず，中国文化の流入はむしろ増大する傾向にあった。

✔**文化の融合・成熟** 10世紀には大陸文化の影響を消化し，在来文化と融合した独自の日本的な感性・美意識にあふれた**国風文化**が形成された。

② **国文学の隆盛**…人々の感情をいきいきと伝える**かな文字**の発達が，日記・随筆・物語・和歌など国文学の隆盛を促した。とくに**紫式部**や**清少納言**ら，宮廷に仕えた貴族の女性たちの才能が開花した。万葉仮名の草書体を簡略化した**平がな**と漢字の一部分をとった**片かな**は，11世紀の初めに定着した。

詩歌	**『古今和歌集』**905年，醍醐天皇の命で**紀貫之**が編纂した勅撰和歌集。繊細で技巧的な作風。以後の8つの勅撰和歌集を「八代集」という。六歌仙の活躍。 『和漢朗詠集』藤原公任編。和歌・漢詩文の名句を朗詠用に抜粋。
物語	**『竹取物語』**かぐや姫の物語。伝奇文学。「物語」のはじめ。 **『伊勢物語』在原業平**を主人公とした歌物語。 **『源氏物語』紫式部**(中宮彰子に出仕)による壮大な物語文学。全54帖。 『宇津保物語』『落窪物語』
日記	**『土佐日記』**紀貫之による「かな日記」。**『蜻蛉日記』**藤原道綱の母。 **『更級日記』**菅原孝標の女。『紫式部日記』『和泉式部日記』
随筆	**『枕草子』清少納言**(皇后定子に出仕)宮廷生活を活写。

02 浄土信仰と国風美術 ★★

平安時代中期以後，末法の乱世が到来するという**末法思想**が広がり，従来の仏教にはない，より個人的な信仰が成立し普及した。また，日本固有の神々と仏を結びつけた**本地垂迹説**が生まれ，**御霊会**もさかんに催された。

① **浄土信仰の発達**…平安時代中期の貴族社会で，**浄土信仰**が広まった。

✔**空也** 10世紀に京都市中で浄土の教えを説法し，「市聖」と呼ばれた。

✔**源信**(**恵心僧都**)　比叡山で『**往生要集**』を著し，浄土思想を確立した。

✔**慶滋保胤**　往生伝の『日本往生極楽記』を著した。

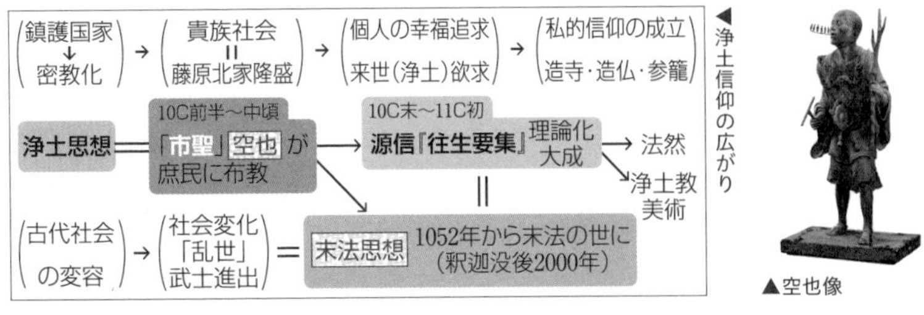

◀浄土信仰の広がり

▲空也像

② **国風美術**…建築・美術・工芸の分野でも国風化が進んだ。

✔**建築・彫刻**　**藤原頼通**が建立した**平等院鳳凰堂**は阿弥陀堂建築の代表。摂関家邸宅の東三条殿は**寝殿造**の代表。鳳凰堂の**阿弥陀如来像**は**定朝**の作で，別々につくった部分を寄せ合わせる**寄木造**の手法でつくられた。

▲寝殿造(東三条殿)

✔**絵画・工芸**　日本の風物を題材とする**大和絵**が発達した。また，『高野山聖衆来迎図』など，阿弥陀仏の来臨の様子を表した**来迎図**も多く描かれた。屋内の調度品には，漆工芸の**蒔絵**や貝殻を埋め込んだ**螺鈿**が用いられた。

✔**書道**　唐風に対して，優美で柔らかい筆致の**和様**の書が広まり，**小野道風**・**藤原佐理**・**藤原行成**は**三跡**(**蹟**)と呼ばれた。

03 貴族の生活 ★★

① **衣服**…男性の正装は**束帯**やそれを簡略した**衣冠**で，通常服は直衣・狩衣であった。女性の正装は**女房装束**(**十二単**)で，通常服は小袿と袴であった。

▲束帯と女房装束

② **儀式・行事**…10〜15歳くらいで男性は**元服**，女性は**裳着**の式を挙げ，成人となった。年中行事が発展し，大祓や賀茂祭などの神事，灌仏などの仏事が催された。七夕や相撲などもさかんになった。

> **重要ファイル CHECK**
> - 平安中期，唐の文化を吸収し，日本の風土に合った国風文化が発達した。
> - 貴族の間で，極楽浄土への往生を願う浄土信仰が広まった。

20. 荘園の発達

入試重要度 B

01 律令制の行き詰まり ★★

① **律令制下の荘園**…奈良時代の律令制下，743年に**墾田永年私財法**が制定され，公地公民の原則が見直された。その後，大寺社・有力貴族が開墾を進め，墾田地系の**荘園**(**初期荘園**)が拡大した(35ページ)。

② **律令体制の再建**…律令体制がしだいに行き詰まると，藤原時平の主導で口分田の不足を阻止するため，902年に**延喜の荘園整理令**が出された。この法令で貴族らの違法な土地所有は禁じられ，班田が命じられた(45ページ)。

③ **受領と負名**…しかし，国司の下で実務を担う郡司が弱体化し，戸籍・計帳の作成や班田収授も実施できなくなった。９世紀末から10世紀前半にかけて，朝廷は任国に赴任する国司の最上級者(守)に大きな権限・責任を与えた。

☑**受領**　権限を得た国司は，**受領**と呼ばれた。受領は有力農民の**田堵**❶に**名**という田地の耕作を請け負わせ，官物(税)や臨時雑役を課した。

☑**負名**　課税の対象となる田地には，**負名**と呼ばれる請負人の名がつけられた。これにより，戸籍を基本とする課税制度は崩壊し，受領が負名から税を徴収するしくみへと移行した。

④ **地方政治の乱れ**…国司に任命されても現地に赴任せず，かわりに**目代**を任国に派遣して実務を任せ，収入を得る**遙任**が増えた。また，朝廷や摂関家に財物を納めて，任期後に条件のよい官職を得る**成功**や官職の再任を得る**重任**も増え，多くの受領は私財を蓄えていった。尾張国の**藤原元命**のように，「**尾張国郡司百姓等解**」(988年)によって暴政を告発された受領もいた。

02 荘園の発達 ★★

① **開発領主の成長**…10世紀後半から11世紀にかけて，国司の子孫や有力豪族，田堵のなかから，現地での権限を強め，**開発領主**に成長する者が現れた。

荘園の変化・発達▶

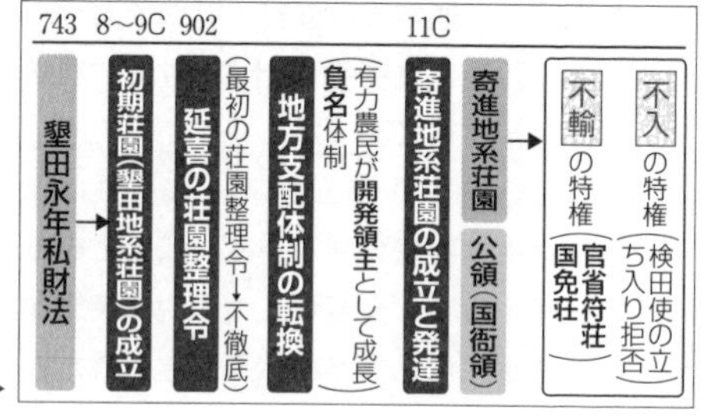

❶[田堵]　名(名田)の経営を請け負った有力農民のこと。田堵と負名は同義で用いられることも多い。やがて田堵は「名の持ち主」という意味から，名主と呼ばれるようになった。

② **寄進地系荘園の増大**…開発領主は「名を借りて実を取る」と考え，国衙からの干渉を免れるため，広大な土地を中央の貴族や大寺社に寄進した。

✔**不輸の特権**　貴族や大寺社の権威を後ろ盾に，開発領主はこうした土地を，**不輸**(官物や臨時雑役の免除)を認めてもらう**官省符荘**❷という荘園にし，みずからは**荘官**(下司や預所)となって，実質的に荘園を経営した。

✔**寄進地系荘園の誕生**　寄進を仲介した中下流の貴族は**領家**となり，皇室・摂関家・大寺社などの**本家**(上級の領主)のもとで，荘園を管理・経営した。こうしてできた荘園を**寄進地系荘園**という。領家・本家という荘園領主のうち，実質的な支配権をもつものを**本所**という。

✔**寺社領荘園の増加**　畿内やその周辺では，有力寺社が農民の寄進を受け，小規模の荘園を増やしていった。

③ **荘園の開発**…寄進地系荘園内での開発が進展すると，不輸の範囲や対象をめぐって，荘園側と国衙が対立するようになった。

✔**不入の特権**　こうした状況のなか，荘園領主の権威を利用して，検田使(国衙の使者)の立ち入りを拒否する**不入**の特権を得る荘園も増えた。受領は荘園を整理しようとしたが，成果はあがらなかった。

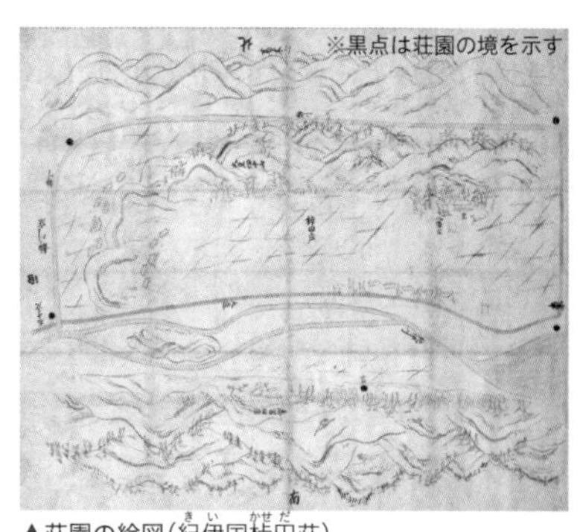

▲荘園の絵図(紀伊国桛田荘)

✔**荘園の拡大**　11世紀後半になると，受領から中央に送られる税収が減少し，天皇家は収入が不安定になった。そのため，摂関家・大寺社とともに，さらに積極的な土地の寄進を受け，荘園の拡大をはかるようになった。

✔**在庁官人**　この頃になると，受領も交代のときを除いて任国に行かなくなり，かわりに**目代**を留守所(受領不在時の国衙)に派遣した。目代は現地の有力者が世襲する**在庁官人**たちを指揮し，地方の行政を担った。

重要ファイル CHECK
- 大きな権限をもつ受領が地方の政治を担ったが，不正・暴政も見られた。
- 皇室・摂関家・大寺社が本家の寄進地系荘園が増えた。
- 不輸や不入の特権を得る荘園が増えるなか，目代が地方の政治を行った。

❷[官省符荘]　国が出した太政官符や民部省符によって，諸義務の免除が認められた荘園。永代領有と税を免除される不輸の特権が与えられた。なお，受領によって独自に税の免除を認められた荘園は，**国免荘**と呼ばれる。

21. 武士の成長

入試重要度 B

01 武士の誕生 ★★

① **地方政治の乱れ**…9世紀末から10世紀，土着した国司の子孫や有力な田堵，地方豪族などの開発領主は互いに競い合い，農民の支配や所領の拡大をはかるため，武装するようになった。

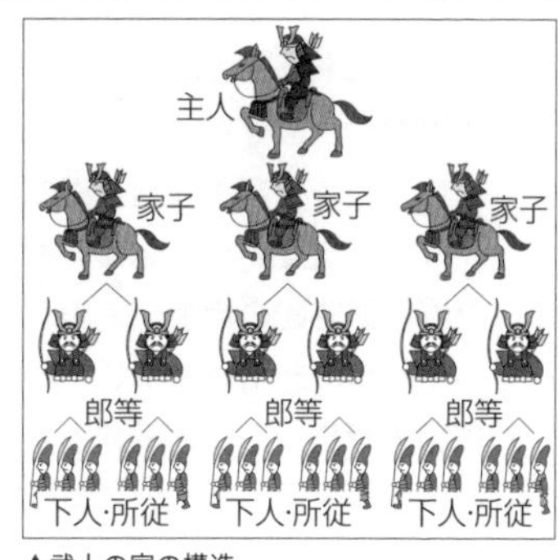

▲武士の家の構造

② **武士の誕生**…こうした開発領主たちの紛争を鎮圧するため，中央から**押領使・追捕使**❶が送られた。そのなかには，都に戻らず，地方行政の実務を担う**在庁官人**などとして現地に残り，やがて**武士**（**兵**）へと成長する者が現れた。

③ **武士団の構造**…武士は有力な領主として，交通の要地などに館（たち）を構えた。武士の長は**家子**と呼ばれる血縁集団や，**郎等**（**郎党・郎従**）と呼ばれる血縁関係のない家来たちを従え，勢力を拡大していった。武士団の多くは，開発地の地名を名字として名乗った。

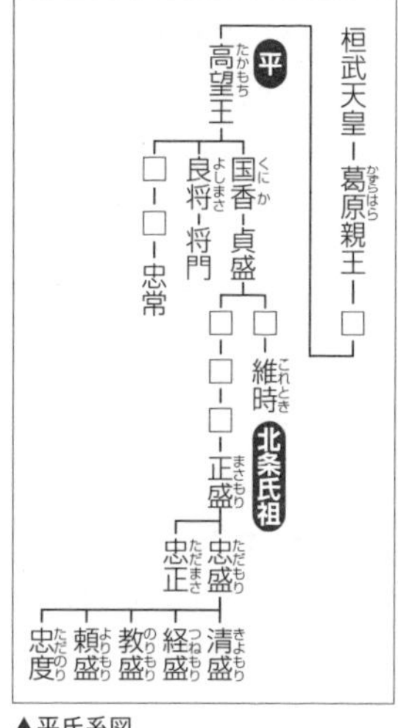

▲平氏系図

④ **武士団の形成**…武士たちは争いを繰り返し，ときには国司の命令にも従わなくなった。やがて**棟梁**をリーダーとする**武士団**という大きな集団を形成し，朝廷や摂関家に仕えるようになった。武士団のなかでも，皇族・中央貴族の血を引く**桓武平氏**と**清和源氏**は，他の武士団からも一目置かれ，勢力を拡大していった。

> **重要ファイル CHECK**
> • 土着した国司の子孫や地方豪族が武装し，互いに争った。
> • 中央から派遣された押領使・追捕使からも武士(兵)になる者が現れた。

❶[押領使・追捕使] どちらも令外官。盗賊の追捕や内乱鎮圧のために派遣される臨時の職だったが，10世紀中頃以降，常置されるようになった。

02 承平・天慶の乱 ★★

① **武士の反乱**…10世紀前半，朝廷で藤原氏の権力が高まるなか，地方では武士の反乱があいついだ。同時期におこった**平将門の乱**と**藤原純友の乱**をあわせて，**承平・天慶の乱**という。

② **承平・天慶の乱**

✔**平将門の乱**　939～940年。**桓武平氏**の**平将門**が関東各地の国府を攻め落とし，関東の大半を占領した。将門は新皇と称して朝廷から独立を宣言したが，同族の**平貞盛**と下野の**藤原秀郷**に討たれた。

✔**藤原純友の乱**　939～941年。伊予の前国司**藤原純友**が海賊討伐の恩賞が少ないことへの不満から，逆に海賊を率いて反乱をおこした。瀬戸内沿岸の国府や大宰府を襲撃したが，清和源氏の**源経基**らに鎮圧された。

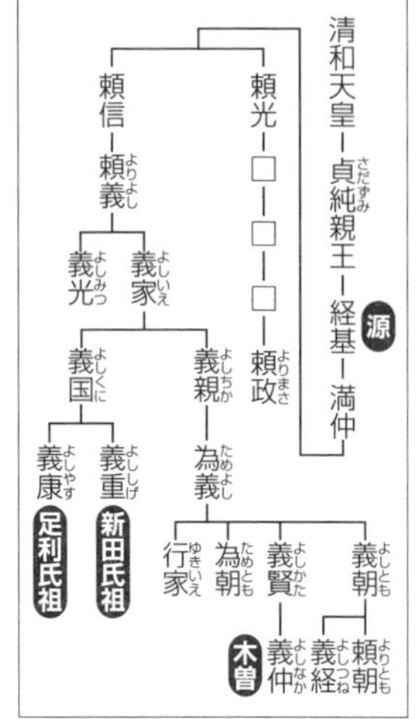

▲源氏系図

03 武士の勢力拡大 ★★

① **軍事貴族の成立**…承平・天慶の乱の平定をきっかけに，武士の実力を知った摂関家や朝廷(院)は，清和源氏と桓武平氏を身辺警護に登用するようになった。彼らは**侍**として取り立てられ，やがて**兵の家**(軍事貴族)が成立した。

② **清和源氏**…摂津に土着していた清和源氏の源満仲と，その子の頼光・頼信兄弟は，藤原兼家・道長らに仕えた。また，各地の受領を歴任するなどして，摂関家を支えた。**源頼信**は1028年，上総でおこった**平忠常の乱**を鎮圧し，源氏の東国進出のきっかけをつくった。

③ **地方の武士**…地方では11世紀になると，土着した貴族の郎等や在庁官人が武士として活動するようになった。彼らは各地で武士団を形成❷しながら，血統のよい清和源氏や桓武平氏の武士団に従った。

> **重要ファイル CHECK**
> • 承平・天慶の乱を平定したことで，武士の地位が高まった。
> • とくに清和源氏と桓武平氏は，地方の武士から棟梁として仰がれた。

❷地方でも武士団が形成されたことは，**刀伊の入寇**からもうかがえる。1019年，大陸から刀伊(女真人)が来襲したとき，大宰権帥・藤原隆家の指揮を受けた九州の武士団がこれを撃退した。

CHECK TEST

□① 長岡京の造営は，［　　］が暗殺されたことで頓挫した。 藤原種継

□② 朝廷に従わない東北地方の［ a ］を鎮圧するため，桓武天皇は［ b ］を征夷大将軍に任命した。 a 蝦夷 b 坂上田村麻呂

□③ 桓武天皇は，国司の交代時の文書を管理するため，［　　］という令外官を設置した。 勘解由使

□④ 蔵人頭の藤原冬嗣は，810年におこった［　　］を収めて，朝廷からの信を得た。 平城太上天皇の変（薬子の変）

□⑤ 平安時代初期の密教の影響が強い文化を［　　］という。 弘仁・貞観文化

□⑥ 律令を補足・修正する法令を［ a ］といい，その施行細則を［ b ］という。 a 格 b 式

□⑦ ［ a ］を開いた空海は，嵯峨天皇から平安京の［ b ］（東寺）を授かり，都における密教の道場とした。 a 真言宗 b 教王護国寺

□⑧ 藤原良房は858年に清和天皇が即位すると，事実上の［　　］となり，政治の実権を握った。 摂政

□⑨ 良房は866年におこった［　　］をきっかけに，伴（大伴）氏・紀氏を没落させた。 応天門の変

□⑩ 遣唐使の停止を提言した［ a ］は，宇多天皇に重用されたが，［ b ］の策謀によって大宰府に左遷された。 a 菅原道真 b 藤原時平

□⑪ 醍醐・村上天皇が行った親政を［　　］という。 延喜・天暦の治

□⑫ ［　　］は４人の娘を天皇に嫁がせ，３人の天皇の外祖父として，藤原氏の全盛時代を築いた。 藤原道長

□⑬ 摂関期，仏法が衰えて乱世が来るという［　　］が流行した。 末法思想

□⑭ 藤原頼通は宇治に，極楽浄土を具現した阿弥陀堂の［　　］を建立した。 平等院鳳凰堂

□⑮ 定朝は阿弥陀如来像を［　　］という手法で制作した。 寄木造

□⑯ 平安時代後期の和様の書道では，小野道風・藤原佐理・藤原行成が［　　］と呼ばれた。 三跡（蹟）

□⑰ 醍醐天皇は律令体制の復興をめざし，班田を命じるとともに，延喜の［　　］を出した。 荘園整理令

□⑱ 強い権限を与えられた国司は，やがて［　　］と呼ばれるようになった。 受領

□⑲ 国司に任命されても現地に赴任せず，かわりに[a]を任国へ派遣して実務を任せ，収入を得る[b]も増えた。 a 目代 b 遙任

□⑳ 太政官符や民部省符によって，不輸の特権を得た荘園を[ ]という。 官省符荘

□㉑ 9～10世紀，武士は[a]という一族や[b]という血縁関係のない家来を従え，武士団を形成した。 a 家子 b 郎等(郎党・郎従)

□㉒ 939年，関東で[a]が反乱をおこし，瀬戸内～北九州では[b]が反乱をおこした。 a 平将門 b 藤原純友

□㉓ ㉒の2つの乱をあわせて[ ]という。 承平・天慶の乱

思考力問題にTRY

✓藤原氏は道長の時代に栄華を極めた。その栄華を説明するのに，右の史料1『大鏡』は文徳天皇の御代から，史料2『読史余論』は清和天皇の御代から語っている。この時代に藤原氏が繁栄したわけをふまえながら，両者が起点についての見解を異にしている理由をまとめた次の文中のa・bにあてはまる語句の正しい組み合わせをあとのア～エから1つ選べ。 【法政大－改】

『大鏡』は婚姻による藤原氏と文徳天皇の(a)関係が成立したときを起点としているが，『読史余論』は良房が清和天皇の(b)につき，政治の実権を掌握したときを起点としている。

ア a－外戚 b－摂政
イ a－外戚 b－関白
ウ a－主従 b－摂政
エ a－主従 b－関白

史料1 『大鏡』

五十五代 文徳天皇と申けるみかどは，仁徳天皇御第一の皇子也。御母，太皇太后藤原順子と申き。その妃，左大臣贈正一位太政大臣冬嗣のおとゞの御女なり。(中略)
五十六代 つぎのみかど，清和天皇と申けり。文徳天皇の第四皇子なり。御母，皇太后宮明子と申き。太政大臣の良房のおとゞの御女なり。

史料2 『読史余論』

一．本朝天下の大勢，九変して武家の代となり，武家の代また五変して当代におよぶ総論の事。
(中略)
五十六代清和，幼少にて，外祖良房，摂政す。是，外戚専政の始〈一変〉。基経，外舅の親によりて陽成を廃し光孝を建てしかば，天下の権，帰於藤氏。そののち関白を置き或は置かざる代ありしかど，藤氏の権，おのづから日々盛也〈二変〉。六十三代冷泉より，円融・花山・一条・三条・後一条・後朱雀・後冷泉，凡八代百三年の間は，外戚，権を専にす〈三変〉。

解説 『大鏡』について，文徳天皇の皇后(清和天皇の母)は，藤原良房の娘(明子)であることが書かれている。良房は天皇と外戚関係を築き，清和天皇が即位すると，外祖父として政治を執り行った。『読史余論』について，「清和，幼少にて，外祖良房，摂政す」とある。清和天皇が幼かったので，良房は摂政となり，政治の実権を握った。

解答 ア

▶ FOCUS!

奈良時代の人々はどんな生活をしていたのか？

▲復元された大極殿

710年，**元明天皇**が藤原京から**平城京**に遷都し，奈良時代が始まった。平城京は**条坊制**の計画都市で，南北に走る朱雀大路が東の左京と西の右京に分けていた(32ページ)。中央北部の平城宮(宮城)には，天皇が儀式・政務を行う**大極殿**や各官庁，天皇が生活する内裏などが建てられていた。

平城京には，さまざまな身分の人が約10万人暮らしていた。このうち官人は1万人，貴族(五位以上の上級官人)は100人前後と推定されている。貴族と庶民とでは，暮らしに大きな差があった。

▶ 格差社会の平城京

▲貴族の衣服

律令制の下，同じ貴族でも，**藤原不比等**ら高位の大臣は膨大な給与を得ており，**太安万侶**ら低位の従五位下とは数十倍の収入差があった。京内で割りあてられる宅地の面積も位によって差があり，三位以上の高級貴族の宅地面積は4町(約6万7000m^2)に及び，100～200人の従者も生活していた。

着用する衣服も，**令**(**衣服令**)によって位ごとに定められていた。主な素材は**絹**と**麻**。綿が普及するのは江戸時代以降である。1日2食の食事も，皇族や高位の貴族は，

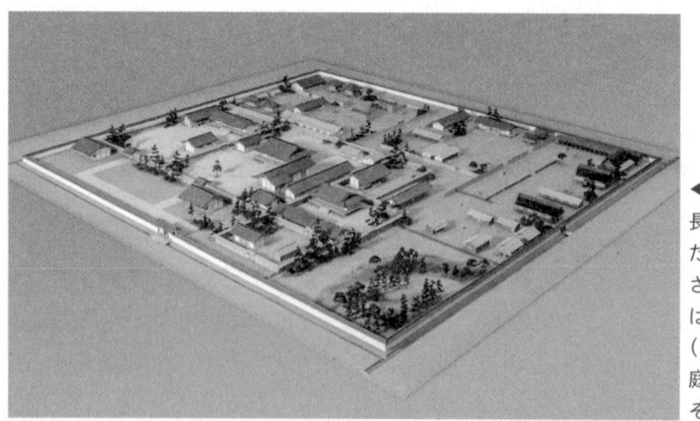
◀長屋王の邸宅(復元模型)
長屋王は天武天皇の孫にあたる。左京3条2坊で発見された長屋王の邸宅の敷地は，東京ドームの約1.3倍(約6万m^2)にも及んだ。庭では馬や鶴，犬が飼われ，それぞれに飼育係がいた。

右の写真のように豪華であった。また，薬用に牛乳や乳製品も飲食されていた。一方，写経などに従事する下級官人に配給された食事は，白米・野菜・豆・海藻などに限られていた。

庶民は平織の布を身につけ，**掘立柱**の建物に住み，食事も玄米と一菜(野菜や海藻)だけという粗末なものだった。地方や東日本の庶民は，まだ古墳時代と変わらない**竪穴住居**に住んでいた。物資供給や労働力として都の暮らしを支えながら，庶民の生活は「**貧窮問答歌**」に描かれたようにきわめて過酷だった。

(料理復元　奥村彪生)

▲貴族の食事
❶鴨とセリの汁　❷塩　❸醤(醤油に似た調味料)　❹ハスの実入りご飯　❺生鮭・大根・紫菜のなます　❻鹿肉の塩辛　❼生牡蠣　❽干蛸　❾いりこ　❿車エビの塩焼　⓫タケノコ・フキ・菜の花の炊き合わせ　⓬焼アワビ　⓭蘇(牛乳を煮詰めた乳製品)　⓮発酵させた漬物　⓯ナスと瓜の漬物　⓰菓子(干し柿・草餅・煮あずき)　⓱ハスの葉で包んだ❹のご飯

▶役人たちの政務

貴族や官人はただ優雅に暮らしていただけというわけではない。**二官八省**の役所に出向き，税務や祭礼，軍兵などに関する書類づくりなどの政務をしていた。平城京跡からは，墨，筆，硯のほか，小刀，算木(計算用具)も発掘されている。夜明けとともに出勤し，労働時間は1日4～5時間であった。こうした官人の生活・仕事ぶりは多量に発掘された**木簡**からうかがい知ることができる。

今より労働時間は少なく，ワーク・ライフ・バランスがそこそこ実現されているように思われそうだが，都では**和同開珎**(かいほう)の流通で貨幣経済が広がっていたため，下級官人の生活は楽ではなかった。役所から借りた多額の借金を返済するため，泊まり込みで働く者も少なからずいたようだ。奈良時代も現代と変わらない「格差社会」だったのである。

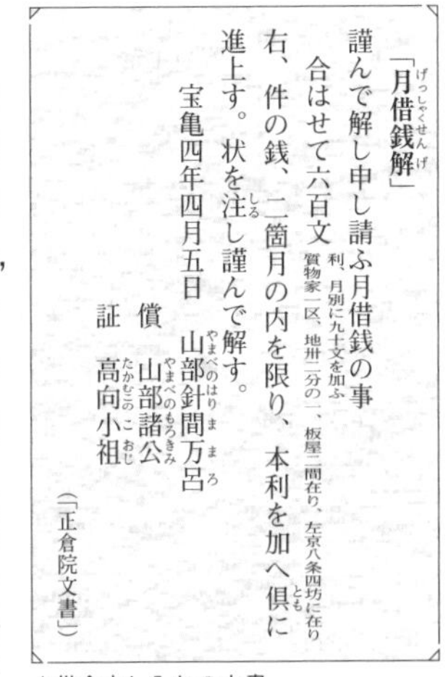

「月借銭解」
謹んで解し申し請ふ月借銭の事
合はせて六百文(利、月別に九十文を加ふ　質物家一区、地卅二分の一、板屋二間在り、左京八条四坊に在り)
右、件の銭、二箇月の内を限り、本利を加へ倶に進上す。状を注し謹んで解す。
宝亀四年四月五日　山部針間万呂
償　山部諸公
証　高向小祖
(「正倉院文書」)

▲借金申し入れの文書
下級官人の山部針間万呂が役所(写経所)に借金を申し入れた文書。「月借銭」は1カ月ごとの利息を定めた借金で，この文書での利率は月15%という高利になっている。

表現力
PLUS.1

ヤマト政権の外交

Q 日本の中央政府は7世紀後半から，蝦夷に対する制圧とともに，朝鮮半島にも影響力を及ぼそうとしていた。7世紀後半における朝鮮半島の情勢と，それに対して日本の中央政府が取った行動について，70字以内で説明せよ。

【北海道大】

解説

① 朝鮮半島の情勢

朝鮮半島では，4世紀に中国東北部からおこった高句麗，馬韓からおこった百済，辰韓からおこった新羅が勢力を競い合っていた。7世紀に入ると，王権の強化をはかった**新羅が唐と結んで力を強め，660年に百済を攻め滅ぼした。**百済の王一族は唐へと連行されたが，再興をめざす百済は交流の深い日本(ヤマト政権)に支援を求めてきた。

② 日本の外交政策

日本は朝鮮半島南部の**加耶**に拠点を置いていたが，6世紀後半までに百済や新羅に支配され，日本の朝鮮半島での影響力は低下していた。一方，百済の聖(明)王から仏像・経典を授けられるなど，百済とは深い関係にあった。日本は百済の要請に応じて大軍を送ったが，半島南西部の**白村江の戦い**で**新羅・唐の連合軍に敗れた**。その後，676年に新羅は朝鮮半島を統一した。

③ 防衛対策の強化

中大兄皇子は防衛体制の強化に努め，九州北部に**水城**や**大野城**を築き，防人を配置した。また，瀬戸内海沿岸部に山城(朝鮮式山城)を築き，667年には都を内陸の**近江大津宮**に移した。翌年，**天智天皇**として即位し，法令の編纂を試み，670年に最初の戸籍である**庚午年籍**を作成するなど，内政の改革に注力した。

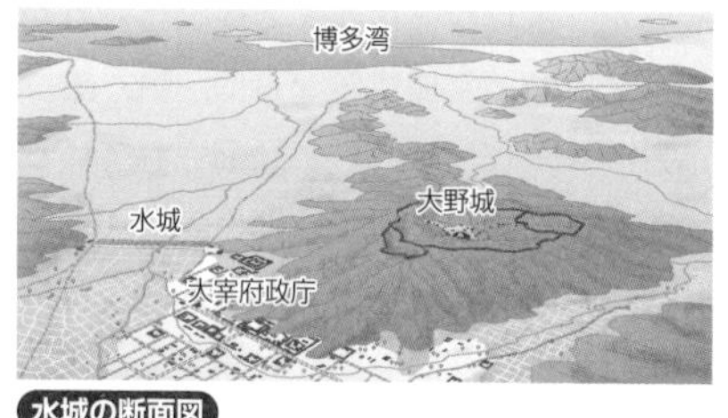

▲水城と大野城

A 新羅と唐が結んで百済を滅ぼすと，日本は百済の再興支援のため，大軍を送った。しかし唐・新羅連合軍に白村江の戦いで敗れ，国内の防衛を強化した。(69字)

表現力
PLUS.2

摂関期の受領

Q 院政期に成立した説話集には，地方官となった藤原陳忠のエピソードが載っている。そこでの陳忠の貪欲さは「(　＊　)ハ倒ルル所ニ土ヲツカメ」と揶揄されたが，(　＊　)になれば蓄財に励むのが当たり前であった。藤原道長の日記には，諸国の(　＊　)からの贈り物の記載が多くある。また，長和2(1013)年12月26日条には，欠員となった近江守への就任を希望した12人の中から，藤原惟憲を選んだことが記されている。惟憲は，道長の家のさまざまな経費を進んで負担した，道長の家司(けいし)だった。藤原惟憲のような中級貴族は摂関家に対してどのようなことを行ったのか。摂関がどのような権限をもっていたかを明らかにしながら，(　＊　)に入る語を用いて，50字程度で説明せよ。

【南山大】

解説

① 摂関期の国衙

道長が実権を握っていた藤原摂関の最盛期，国衙では国司の最高責任者である**受領**が名(田地)から税を徴収し，蓄財に励んでいた。地方の政治は受領に任せきりになっていたのである。受領の強欲さは「**受領ハ倒ルル所ニ土ヲツカメ**」と揶揄された。転んでも土をつかむくらい，受領はどんなときでも利益を得ようとする，という意味である。

② 成功と重任

中級貴族のなかには，摂関家に財物を納めたり，家司として摂関家の実務を請け負ったりする者もいた。その見返りに，摂関家から受領などの重職を得たのである。これを**成功**といい，同じように摂関家に尽くして受領に再任されることを**重任**という。

③ 受領の強欲さ

藤原惟憲も家司として道長を支え，成功によって近江守の位を得たのだった。惟憲は近江守の後，播磨守，大宰府長官を歴任したが，その強欲さは受領の例に漏れず，大宰府の任を終えたとき，「九州9国2島のすべての財物を奪いつくした」(『小右記』)と評されたほどである。

A **人事の任命権を握る藤原摂関家に家司として支え，その見返りとして成功や重任によって受領に任じられた。**(49字)

第2章 中世

22.荘園公領制と院政

入試重要度 B

01 後三条天皇の政治と荘園公領制 ★★

① **社会の変化**…11世紀，拡大した荘園に公領(国衙領)を圧迫された国司は，不入の権利を取り消すなどの荘園の整理を進めたため，荘園領主との対立を深めた。地方では，豪族や開発領主から成長した**武士**が勢力を伸ばした。

② **後三条天皇の政治**…藤原氏を外戚としない**後三条天皇**が1068年に即位すると，学識豊かな**大江匡房**らを登用し，政治改革に取り組んだ。

- **不法な荘園の没収**　1069年，後三条天皇は**延久の荘園整理令**を出し，記録所(**記録荘園券契所**)を設けて基準に合わない荘園を没収した。
- **耕地の調査**　後三条天皇は耕地の調査を行うとともに，不ぞろいだった枡の大きさを統一した。これを**宣旨枡**という。

③ **荘園公領制**…延久の荘園整理令は，審査を中央の記録所が一括して行ったので一定の成果をあげ，荘園と公領の区分が明確化した。

- **公領の再編**　荘園整理によって，公領は**郡**・**郷**・**保**などの新たな単位に再編成された。国司は，支配下の豪族や開発領主を**郡司**・**郷司**・**保司**(ほし)という地方官に任命し，徴税を請け負わせた❶。
- **荘園公領制**　在庁官人や郡司らは公領を自分の領地のように管理し，荘園領主に寄進した。こうして，荘園と公領が並立する**荘園公領制**が確立されていった。
- **名主の成長**　荘園・公領では，**名**(田地)を経営する有力農民の**負名**(**田堵**)(48ページ)が権利を強め，**名主**と呼ばれるようになった。名主は，下人や作人などに耕作させ，領主に**年貢**(米や絹布)・**公事**(手工業製品や特産物)・**夫役**(労役の奉仕)を納めた。

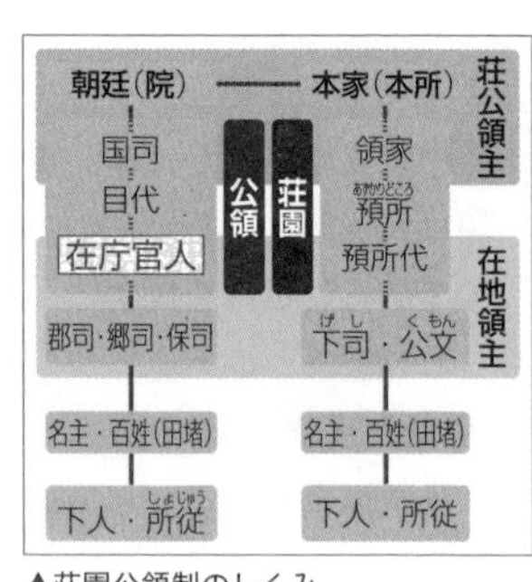

▲荘園公領制のしくみ

> **重要ファイル CHECK**
> - 延久の荘園整理令により，荘園と公領の区分が明確化した。
> - 荘園公領制が確立され，権利を強めた名主は年貢・公事・夫役を納めた。

❶国司は国衙の行政機構も整え，目代に仕える在庁官人に実務を担わせた。

02 院政の開始 ★★

① **奥州の戦乱と奥州藤原氏**

✔**前九年合戦**　1051～62年。陸奥北部の豪族**安倍氏**が国司に反抗した。陸奥守の**源頼義**と子の**義家**が出羽の豪族清原氏の助けを得て，安倍氏を滅ぼした。

✔**後三年合戦**　1083～87年。その後，勢力を強めた清原氏一族の中で内紛がおこると，陸奥守を継いだ**源義家**は**藤原（清原）清衡**を助け，内紛を平定した。これにより，源氏は東国の武士団からの信頼も得た。

✔**奥州藤原氏**　その後，藤原清衡は**平泉**を拠点に支配権を拡大した。**奥州藤原氏**は**清衡**・**基衡**・**秀衡**の３代にわたり，金・馬の交易で栄華を誇った。

② **白河上皇の院政**…白河天皇は力をつけた武士を登用し，父の後三条天皇にならって親政を行った。さらに1086年，堀河天皇に譲位したあと，みずから**上皇**（院）となって**院庁**を開き，政治の実権を握り続けた。これを**院政**という。

✔**北面の武士**　白河上皇は院の御所に**北面の武士**を組織して，武士を身辺に置いた。堀河天皇の死後も，幼い鳥羽天皇を即位させ，院政を続けた。

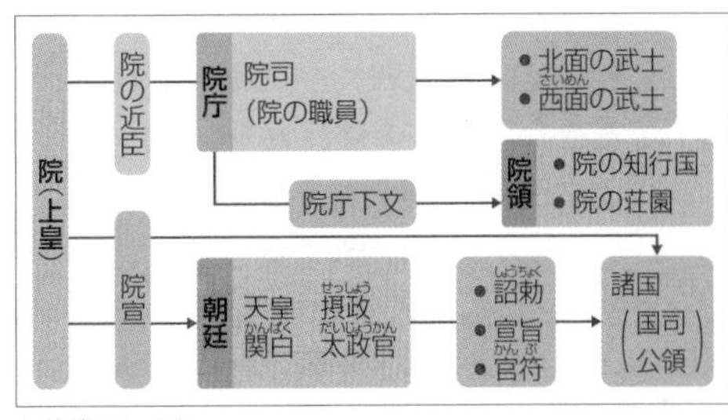

▲院政のしくみ

✔**院政のしくみ**　摂関家におさえられてきた中下級貴族を**院司**（院の職員）に任命した。院庁の決定事項や命令は，**院庁下文**という公文書や**院宣**という命令によって伝達された。

✔**院政の継承**　上皇と**院近臣**による，従来の法や慣例にこだわらない院政は，鳥羽上皇，後白河上皇に引き継がれ，100年余り続いた。

③ **院政期の社会**…強権的な院に荘園が集中し，荘園からの収益は院の財政を支えた。不輸・不入の権をもつ荘園も一般化し，荘園の独立性が高まった。

✔**知行国制**　やがて高位の貴族が**知行国主**に任命され，その国から収益を得るようになった。これを**知行国**の制度という。また，上皇自身が知行国主として収益を得る**院分国**の制度も広まった。

✔**大寺院**　大寺院も多くの荘園を所有し，権益を守るため，所属する僧侶を**僧兵**として武装させた。とくに**興福寺**（南都）は神木，**延暦寺**（北嶺）は神輿を立て，朝廷に要求を押し通そうとした。これを**強訴**という。

23. 平氏政権

入試重要度 B

01 保元・平治の乱 ★★

① **保元の乱**…鳥羽法皇が長男の**崇徳上皇**を冷遇し，一方で摂関家でも藤原忠通と頼長兄弟が対立した。鳥羽法皇の死後，崇徳上皇は頼長と組んで弟の**後白河天皇**と対立した。1156年，源氏・平氏を巻き込んだ争いは天皇方が勝利し，武士の影響力が強まった。

	天皇家	藤原氏	平氏	源氏
天皇方 勝	弟 **後白河天皇**	兄 忠通(関白)	甥 清盛	長男 **義朝**
上皇方 負	兄 **崇徳上皇** (讃岐配流)	弟 **頼長(左大臣)** (傷死)	叔父 **忠正** (斬首)	父 **為義**(斬首) 八男 **為朝**(伊豆大島配流)

▲保元の乱関係図

② **平治の乱**…保元の乱後の処遇をめぐって**源 義朝**と**平 清盛**が対立し，貴族の**藤原通憲**(信西)と**藤原信頼**も対立していた。1159年，義朝が通憲を自殺に追い込んだが，清盛は後白河上皇を確保して戦いに勝利した。信頼や義朝は滅ぼされ，義朝の子の**頼朝**は伊豆に流された。貴族社会に武士の力が浸透し，棟梁としての清盛の地位と権力は急速に高まった。

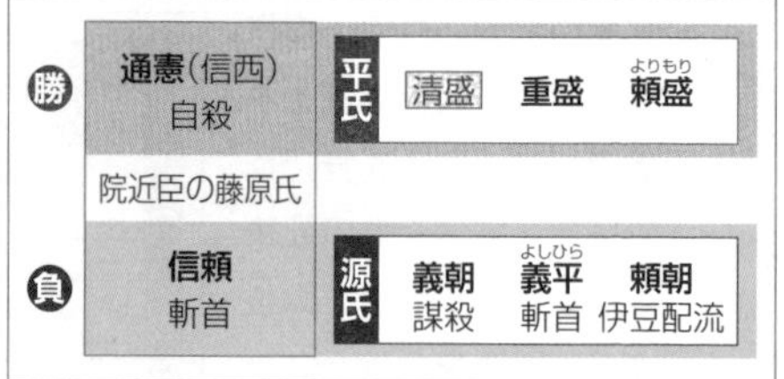

▲平治の乱関係図

02 平氏政権の成立 ★★

① **平氏政権**…清盛は1167年，**太政大臣**となり，子の重盛ら一族も高位高官についた。清盛の娘の徳子(建礼門院)は高倉天皇の中宮となり皇子を生んだ。1180年，幼い安徳天皇が即位すると，清盛は外祖父として権勢を極めた。平氏政権は武士でありながら，貴族的な性格の強い政権であった。

② **財政基盤**…平氏は30余カ国の知行国を独占し，500カ所の荘園を領有した。

③ **地頭**…清盛は地方の武士団を**地頭**に任命して荘園・公領に派遣し，西国一帯の武士を家人とした。

重要ファイル CHECK
- 朝廷内の対立でおこった保元の乱で，介入した武士の影響力が強まった。
- 貴族・武士内の対立が絡んだ平治の乱で，勝利した平氏の権力が高まった。
- 2つの乱を通して，平氏が強大な権力を確立した。

03 平氏と日宋貿易 ★★

① **日宋貿易**…南宋の建国[1](1127年)以後，日本と高麗間で商船の往来が活発になった。平氏は忠盛以来，貿易に力を入れ，瀬戸内海航路を確保した。貿易の収益は平氏の重要な経済基盤となり，院・貴族らへの贈物として利用した。

☑清盛は，摂津の**大輪田泊**(現在の神戸港の一部)の修築や，安芸の音戸瀬戸(広島湾東部)の開削を行うなどして宋商人の畿内への招来をはかり，貿易を推進した。

② **厳島神社(安芸)**…清盛は航海の守護神として，平氏は氏神として崇敬した。

☑**『平家納経』** 1164年，清盛が一門の繁栄を祈願して厳島神社に奉納した。

③ **日宋貿易の品目**…**(輸出)**金，水銀，硫黄，木材，米，刀剣，漆器，扇など。
(輸入)宋銭，陶磁器，香料，薬品，書籍など。

大量の**宋銭**の輸入は，国内の貨幣経済の発達を促した。

▼平氏政権

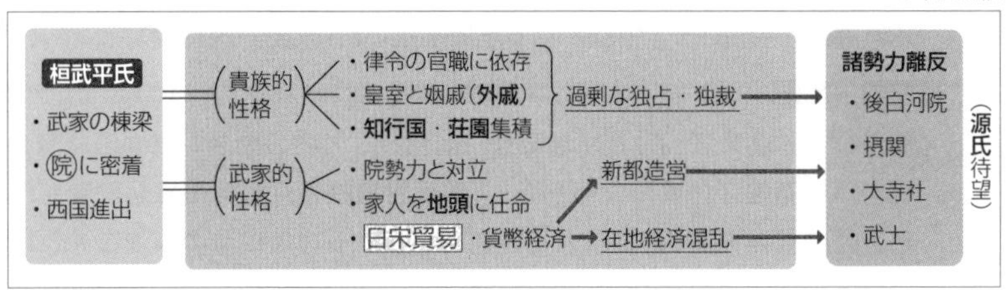

04 平氏打倒の動き ★

① **鹿ヶ谷の陰謀**…後白河法皇の近辺では，平氏の専横に対する反感が強く，1177年には，**藤原成親**や僧の**俊寛**らが京都の鹿ヶ谷で平家打倒の陰謀を企てた。しかし，事前に摘発された(俊寛らは鬼界ヶ島に流罪となった)。

② **後白河法皇幽閉**…清盛は法皇を鳥羽殿に幽閉し，多数の貴族の官職を剝奪した。強圧的手段で国家権力を集中し独裁体制を構築した。

③ **反平氏勢力の結集**…「平家にあらずんば人にあらず」(平時忠)という状況は院・貴族・寺社などの反対勢力の結集を促し，地方でも平氏に対抗する源氏の復活を待望する声を強めた。

> **重要ファイル CHECK**
> - 平氏は日宋貿易を積極的に展開し，重要な財源とした。
> - 貿易による宋銭や文物は，日本の経済・文化に影響を及ぼした。
> - 平氏の権力独占は，やがて反対勢力の結集を招いていった。

[1] 宋が北方の女真人の建てた金に圧迫され，江南に移って南宋となった。

第2章 中世

24.院政期の文化

入試重要度 C

01 貴族文化の発展 ★★

① **王朝・貴族文化**…院政期の文化は，皇族・上級貴族が中心だったが，台頭してきた武士や庶民の文化が取り入れられ，豊かで新鮮な文化も生まれた。

② **文学**

✔**説話集** 和漢混淆文で書かれた説話集『**今昔物語集**』が編纂された。インド・中国・日本の1000余りの説話が収録されている。

✔**軍記物語** 平将門の乱(51ページ)を描いた『**将門記**』，奥州の前九年合戦(59ページ)を描いた『**陸奥話記**』など，多くの軍記物語が書かれた。

✔**歴史物語** 藤原道長(45ページ)を中心とする藤原氏の栄華を描いた『**栄花(華)物語**』や摂関家を中心とする歴史を描いた『**大鏡**』が書かれた。

③ **絵巻物・絵画**

✔**絵巻物** 説話文(詞書)と絵を交互に配列し，人物の動きや場面の展開を表現する**絵巻物**が多くつくられた。『**源氏物語絵巻**』『**信貴山縁起絵巻**』『**伴大納言絵巻**』『**鳥獣戯画**』は四大絵巻物と呼ばれる。大和絵の手法をもとに，右から左へ時間軸に沿って展開する，画期的な芸術作品として発展した。

絵巻物	『**源氏物語絵巻**』 室内を吹抜に描き，顔を引目鉤鼻に描く。異時同図法で物語を象徴的に表現する。
	『**信貴山縁起絵巻**』 僧命蓮の奇跡譚を描く。大仏殿の場面と飛び倉が有名。庶民の豊かな表情が見事である。
	『**伴大納言絵巻**』 事件発覚につながる子供の喧嘩，応天門炎上に驚く人々など群衆描写にも優れる。
	『**鳥獣戯画**』 高山寺の鳥羽僧正覚猷らの作という。兎や蛙などを擬人化して，人間の世俗生活の堕落を風刺している。
絵画	『**扇面古写経**』 扇に法華経を写経。下絵は市中の庶民生活を情感豊かに描写。

▲院政期の絵画

▲『源氏物語絵巻』

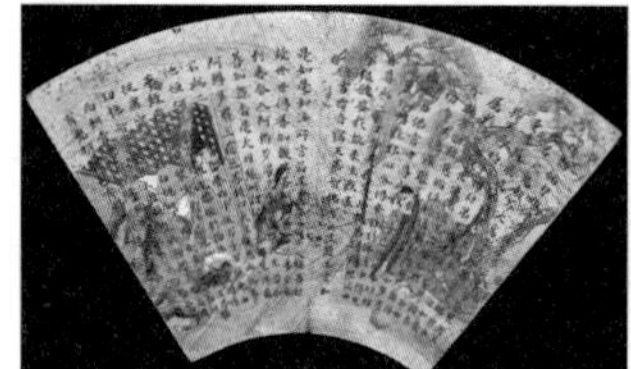

▲『扇面古写経』

✔**絵画**　扇の紙に描いた風俗絵に法華経の写経をそえた『**扇面古写経**』からは，庶民の生活や地方の様子がうかがえる。また，厳島神社に奉納されている『**平家納経**』からは，平氏の繁栄がうかがえる。

④ **歌謡・芸能**

✔**歌謡**　民衆の流行歌である**今様**がさかんになり，**後白河上皇**は庶民の哀感をうたった歌謡に魅了され，今様集の『**梁塵秘抄**』を編んだ。また，古代の歌謡から発達した宮廷歌謡の**催馬楽**も広まった。

✔**芸能**　大陸の民間音楽を元とする**猿楽**，豊作祈願の田遊びから発展した**田楽**は，庶民だけでなく貴族の間でも流行した。**祇園祭**などの御霊会や大寺院の法会などでも演じられ，能(91ページ)の源となった。

02　王朝文化の拡大　★★

① **六勝寺と浄土教寺院**…都では**六勝寺**[1]など多くの寺院が造営された。貴族に信仰された**浄土教**は，寺院に籍を置かない**聖**や**上人**によって全国に広がった。地方の有力豪族は豊富な財力をもとに，浄土教寺院や**阿弥陀堂**を建立した。

② **奥州藤原氏三代の栄華**…**平泉**にある**中尊寺金色堂**や**毛越寺**の庭園は，奥州藤原氏三代の栄華をしのばせる。これらを含む5つの寺院・遺跡群は，極楽浄土を再現した史跡として**世界文化遺産**に登録されている。

✔**中尊寺金色堂**　1124年に藤原清衡が建立した。金蒔絵と螺鈿細工を施した豪華な仏壇の下には，奥州藤原氏三代の遺体が納められている。

✔**毛越寺**　円仁(43ページ)が開き，1108年に藤原基衡が再建した。極楽浄土の世界を再現した浄土式庭園が残る。寺院や堂塔などの建物は焼失した。

▲毛越寺の浄土式庭園

③ **各地の阿弥陀堂**…藤原秀衡の妹が建てたと伝えられる陸奥の**白水阿弥陀堂**，豊後の豪族が建てた**富貴寺大堂**など，各地に阿弥陀堂が建てられた。また，末法思想の流行を背景に，経典を地中に埋めた**経塚**も各地に築かれた。

> **重要ファイル CHECK**
> - 院政期には，台頭してきた武士や庶民に影響を受けた文化も誕生した。
> - 浄土信仰が地方に拡大し，平泉では奥州藤原氏が中尊寺などを建立した。

[1][六勝寺]　白河・鳥羽・後白河上皇は仏教への信仰が厚く，法勝寺をはじめとする「勝」を含む6つの寺院(六勝寺)などを建立した。造営には，受領の成功(48ページ)が貢献した。

25.鎌倉幕府の成立

入試重要度 A

01 源平の争乱 ★★

① **平氏への不満**…鹿ヶ谷の陰謀のあと，平清盛は権力の頂点を極めたが，貴族や大寺院，地方の武士は平氏への不満を募らせていた。

② **治承・寿永の乱**…1180年，**以仁王**(後白河法皇の皇子)と**源頼政**は，平氏打倒の兵を挙げた。伊豆に配流されていた**源頼朝**や木曽の**源義仲**がこれに応じ，5年にわたって平氏と戦った。これを**治承・寿永の乱**という。

③ **平氏の滅亡**…清盛は**福原**(神戸市)への遷都を進めた。しかし断念して京に戻ると，1181年に亡くなった。頼朝は弟の**範頼・義経**を平氏討伐にあたらせ，**一の谷の戦い**，**屋島の戦い**を経て，1185年の**壇ノ浦の戦い**で平氏を滅ぼした。

02 鎌倉幕府の成立 ★★

① **鎌倉幕府の体制**…源頼朝は東国の武士を**御家人**として組織し，主従関係を結んだ。源平合戦の最中，鎌倉に**侍所**・**公文所**(のちの**政所**)・**問注所**を設置し，京都から招いた**大江広元**や**三善康信**ら下級貴族をその長官に登用した。

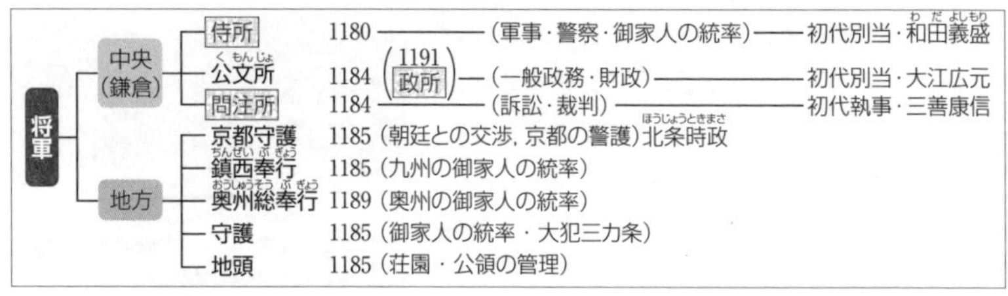

▲鎌倉幕府の職制(初期)

守護(諸国に設置)	地頭(全国の荘園・公領に設置)
有力御家人	御家人
●国内御家人の統率 ●在庁官人の統轄 ●大犯三カ条(大番催促・謀叛人逮捕・殺害人逮捕)	●荘園・公領の管理 ●年貢の徴収・納入 ●治安維持

▲守護と地頭

✔**東国の支配権**　頼朝は1183年，後白河法皇と交渉し，東国(東海道・東山道諸国)の支配権を勝ち取った(寿永二年十月宣旨)。

✔**守護・地頭**　頼朝は平氏滅亡後の1185年，敵対した**義経の追討**を名目に，全国に**守護**を置くこと，荘園・公領に**地頭**を置くことを朝廷に認めさせた。

✓**奥州平定**　頼朝は1189年，義経をかくまったことを口実に平泉に攻め入り，奥州藤原氏を滅ぼした。これにより，源氏の東国支配は盤石なものになった。

② **幕府の役割**…1191年，後白河法皇は**新制**❶を発令し，頼朝を中心とする**鎌倉幕府**に全国の治安維持の役割を担わせることにした。翌1192年，後白河法皇が亡くなったあと，頼朝は朝廷から**征夷大将軍**に任じられた。

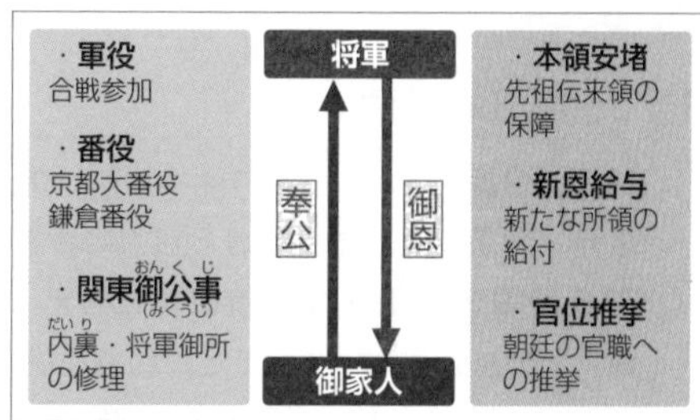

▲将軍と御家人の関係

③ **幕府と御家人**…将軍が御家人に与える**本領安堵**と**新恩給与**などの**御恩**に対し，御家人は軍役や京都大番役・鎌倉番役などを**奉公**として務めた。こうして将軍と御家人(当初は東国武士)の主従関係からなる**封建制度**が成立した。

重要ファイル CHECK
- 治承・寿永の乱の最中，源頼朝は東国での支配権を確立していった。
- 守護・地頭の任命権を得たことで，鎌倉幕府という武家政権が成立した。
- 将軍と御家人は，御恩と奉公による封建的主従関係で結ばれた。

03 幕府と朝廷 ★★

① **公武二元支配**…鎌倉幕府は東国を実質支配し，東国以外でも国衙の任務は，守護を通じて幕府に吸収されていった。一方，京都の朝廷の力も西国では揺るぎなく，また，貴族や大寺社も受領・荘園領主として多くの土地を支配していた。鎌倉初期はこのように，**公家**❷と**武家**の**二元的な支配**が行われていた。

② **地方での対立**…幕府は支配の実権を全国に拡大しようとしたため，地方では，幕府が任命した守護・地頭と国司・荘園領主との対立が深まった。

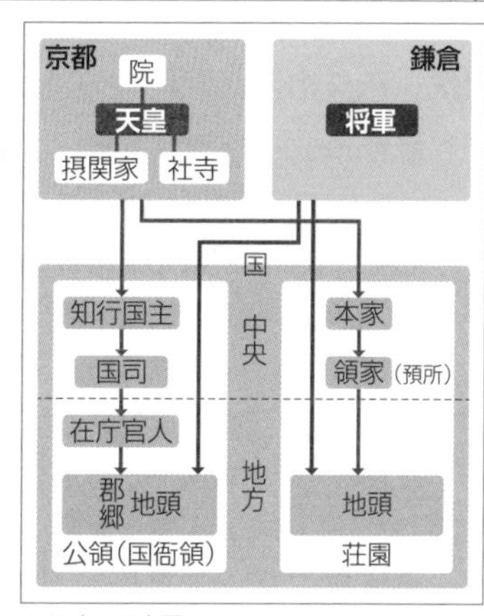

▲公武二元支配

❶[新制]　朝廷によって発布された法令のことで，律令・格式が編纂された10世紀以降，こう呼ばれるようになった。やがて鎌倉幕府も新制と呼ばれる法令を出すようになった。

❷[公家]　鎌倉幕府の成立後，武家に対して，朝廷と上級貴族のことを公家と呼ぶようになった。

26. 執権政治

入試重要度 B

01 北条氏の台頭 ★★

① **13人の合議制**… 源頼朝の死(1199年)後，２代将軍**源頼家**の時代には，大江広元，北条時政，比企能員ら13人の合議制によって政治が行われた。

② **源氏将軍の断絶**…**北条時政**は1203年，２代将軍頼家を廃し，頼家の弟の**源実朝**❶を３代将軍に立てた。和歌を好む実朝は，後鳥羽上皇と良好な関係を築いたが，1219年，頼家の子**公暁**に暗殺され，源氏将軍は３代で断絶した❷。

③ **執権政治の開始**…この間，北条時政は有力御家人の**比企能員**を倒し(比企氏の乱)，さらに時政の子**北条義時**は**和田義盛**を滅ぼした(和田合戦)。時政・義時は，将軍を補佐する**執権**の地位につき，幕府の実権を握った。その後，執権の地位は北条一門が世襲した。

▼執権政治の確立

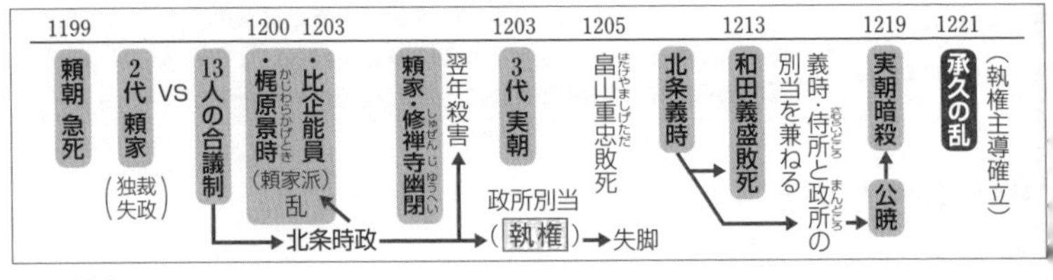

02 承久の乱 ★★

① **院政の強化**…**後鳥羽上皇**は分散していた皇室領の荘園を手に入れ，院政を強化した。さらに**西面の武士**を新設し，軍事力も増強した。

② **承久の乱**…実朝が暗殺されたことで，朝幕関係が悪化した。1221年，上皇は**北条義時追討**の命令を出した。しかし上皇軍は，**北条政子**の呼びかけで結集した東国武士の幕府軍に敗れた。これを**承久の乱**という。

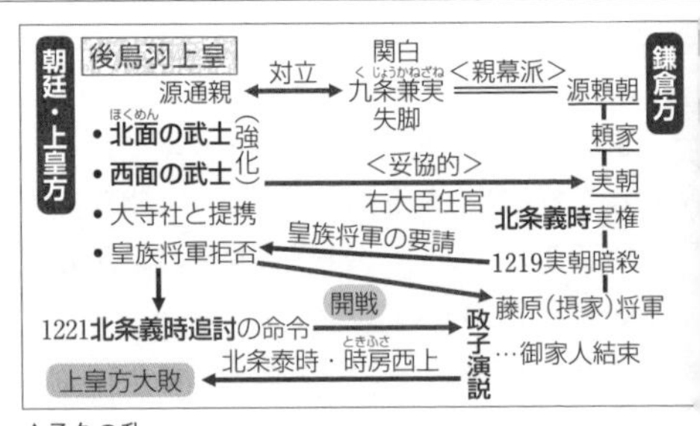

▲承久の乱

❶[**源実朝**]　源頼朝と北条政子の子，３代将軍。京の公家文化を好み，後鳥羽上皇を敬愛した藤原定家の指導の下，『金槐和歌集』を編むなど，文化人としての評価が高い。

❷その後，幕府は摂関家出身で頼朝の遠縁の幼い藤原頼経を将軍につかせた(**藤原〈摂家〉将軍**)。

③ **乱後の処置**…幕府は院の勢力を排除し，全国に支配を広げた。

✓**上皇の処分**　後鳥羽上皇ら3上皇を配流し，**後堀河天皇**を即位させた。

✓**監視の強化**　京都守護にかわって**六波羅探題**❸を設置し，朝廷を監視した。

✓**御家人への恩賞**　上皇方についた貴族・武士の所領を没収し，戦功をあげた御家人をその土地の**地頭**に任命した。**新補地頭**の給与も保障した。

> 重要ファイル CHECK
> ● 承久の乱後，北条氏が率いる鎌倉幕府の支配は西国まで及んだ。
> ● 幕府は京都に六波羅探題を設置し，朝廷や西国の御家人を監視した。

03 執権政治の確立・隆盛 ★★

① **執権政治の確立**…3代執権**北条泰時**は政子の死後，執権を補佐する**連署**を設置した。さらに有力な御家人から**評定衆**を選び，執権・連署を中心とする会議(**評定**)での合議制によって政治を行った。

② **武家法の制定**…泰時は，御家人同士の紛争を公正に処理・解決するための基準として，1232年に**御成敗式目**(**貞永式目**)を制定した。

✓**式目の内容**　初の成文化した武家法典で，全51カ条からなる。武士の慣習や先例をもととし，内容は平易・簡潔。女性の法的地位も保障した。

✓**効力の拡大**　公家には律令・公家法が適用されたが，幕府勢力の拡大に伴い，効力の範囲が社会全体に広がり，公家法にも影響を及ぼした。

③ **執権政治の隆盛**…5代執権**北条時頼**は，さらに裁判を迅速に進めるため，1249年，評定の下に**引付**を置いて**引付衆**を任命した。

④ **宝治合戦**…時頼は1247年，**宝治合戦**で有力御家人の**三浦泰村**を倒し，三浦一族を滅ぼした。

⑤ **独裁体制**…後嵯峨上皇の院政下に**院評定衆**が置かれ，幕府は院政にも影響力をもつようになった。また，藤原(摂家)将軍のかわりに，上皇の皇子**宗尊親王**を将軍として迎えた(**皇族〈親王〉将軍**)。こうして，北条氏による独裁体制が強まった。

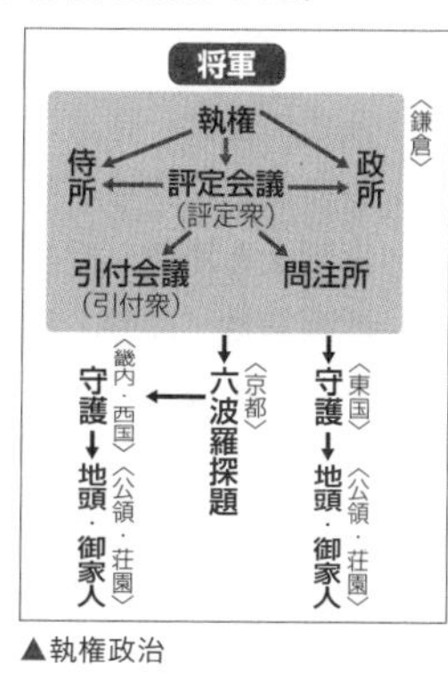

▲執権政治

> 重要ファイル CHECK
> ● 御成敗式目の効力は社会全体に及び，のちの武家法の手本となった。
> ● 泰時と時頼により執権政治は安定したが，北条氏の独裁が顕著になった。

❸[六波羅探題]　朝廷の監視，西国御家人の統率，京都の内外の警備を担った。初代は北条時房・北条泰時で，以後は北条一門の有力者が務め，鎌倉幕府が滅びる1333年まで続いた。

27. 武士の生活と支配の拡大

入試重要度 C

01 惣領制の役割 ★★

① **惣領制**…鎌倉幕府の基盤となる武士の血縁共同体のことをいう。

✓**惣領**　武士の一族の宗家(本家)の長を**惣領**(**家督**)と呼んだ。

✓**惣領の義務**　戦時には指揮官。平時には先祖を祀り，氏神の祭祀を行った。

✓**惣領と幕府**　惣領が御家人として幕府に奉公し，御家人に列せられた。

② **分割相続**…一族のすべての子弟に所領を相続する制度のことをいう。

✓惣領(嫡子)以外の庶子らも相続し，庶子が分家となり結束は守られた。

✓**女性にも相続権**があり，財産を分与され，女性が御家人・地頭になることもあった。

✓**分割相続**の繰り返しは所領を細分化し，武士を弱体化させた(やがて**単独相続**へ)。

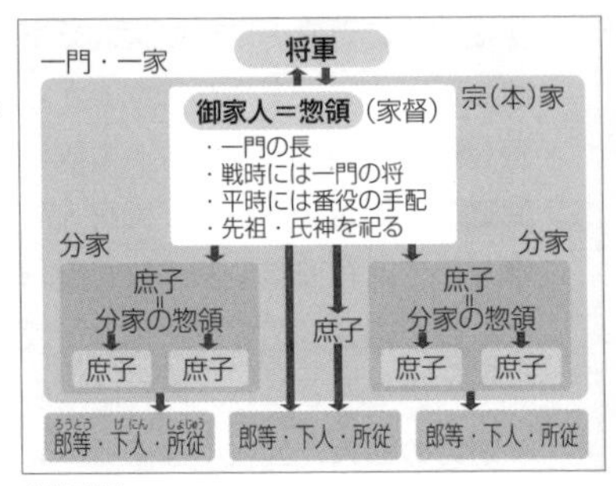

▲惣領制

02 武士の生活 ★★

① **所領の経営**…鎌倉時代の武士は，土地の管理者として，**下人**と呼ばれる従者や農民に耕作をさせた。荒野を開発することもあった。

✓**武士と所領**　開発領主以来の本領を守り，精力的に経営・開発を行った。

✓**直営地・開発**　**直営地**(**門田**・**佃**など)では下人を使い耕作をさせた。

✓**地頭の職務**　公領・荘園の管理者として年貢を徴収・納入し，加徴米を得た

② **武士の生活**…質実剛健で簡素な生活を営んでいた。

✓**武士の館**　堀や塀をめぐらし矢倉を設け，馬屋・武器庫も含んでいた。

✓**武士の修練**　実戦に備え，**流鏑馬**・**笠懸**・**犬追物**(騎射三物)や**巻狩**などで武芸を磨いた。

✓**武家のならい**　武勇と名誉を重んじ一門の団結を尊重した。「**弓場の道**」などと呼ばれる道徳は，その後の武士道の源流となった。

重要ファイル CHECK
- 鎌倉幕府は，武士の血縁関係(惣領制)を基盤にしていた。
- 鎌倉時代の女性の地位は比較的高く，御家人や地頭になることもあった。

03 地頭の支配権拡大 ★★

① **地頭の荘園侵略**…幕府の力を背景に地頭の現地支配が強まった。

- ✔**地頭の権限**　当初，地頭の権限は，武士領以外の荘園・公領では農地管理・治安維持に限定されていた。
- ✔**地頭の勢力拡大**　鎌倉中期以後，地頭のなかには年貢を横領したり農民を使役したりする者が現れた。権限を超えて勢力を拡大し，荘園領主や荘官・名主らと争うようになった。
- ✔**地頭の非法**　これらの行為を荘園領主側は幕府に「非法」として訴えた。右の史料は「**紀伊国阿氐河荘民の訴状**」で，荘園領主の寂楽寺が地頭湯浅氏の残虐な所業を訴えたものである。

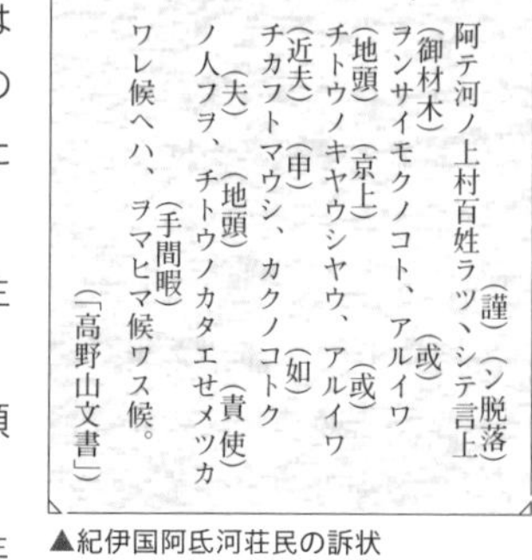

阿テ河ノ上村百姓ラツ、シテ言上（謹）（ン脱落）
一、ヲンサイモクノコト（御材木）、アルイワ（或）
チトウノキヤウシヤウ（地頭）（京上）、アルイワ（或）
チカフトマウシ（近夫）（申）、カクノコトク（如）
ノ人フヲ（夫）、チトウノカタエせメツカ（地頭）（責使）
ワレ候ヘハ、ヲマヒマ候ワス候。（手間暇）
（「高野山文書」）

▲紀伊国阿氐河荘民の訴状

② **地頭請所**…地頭の権限の拡大は，地頭の領主化を招いた。

- ✔現地を支配する地頭の勢力は強く，荘園領主は訴訟によっても排除できなかった。
- ✔荘園領主は荘園の管理を地頭に委任し，年貢の一定額の納入を請け負わせた。これを**地頭請**という。
- ✔契約後も結果的に地頭が年貢を横領し，地頭が領地を奪うこともあった。

③ **下地中分**…13世紀半ば，荘園領主と地頭の間で結ばれた契約をいう。荘園(下地)を2つに分ける(中分)という意味。互いに干渉しないことを約束するものだったが，これによって，地頭は現地の支配者としての性格を強めた。

- ✔**和与**　荘園領主と地頭の話し合いによるものを和与中分という。
- ✔**地頭領主制**　地頭分の領地は地頭の一円支配となり，地頭の領主化が進んだ。

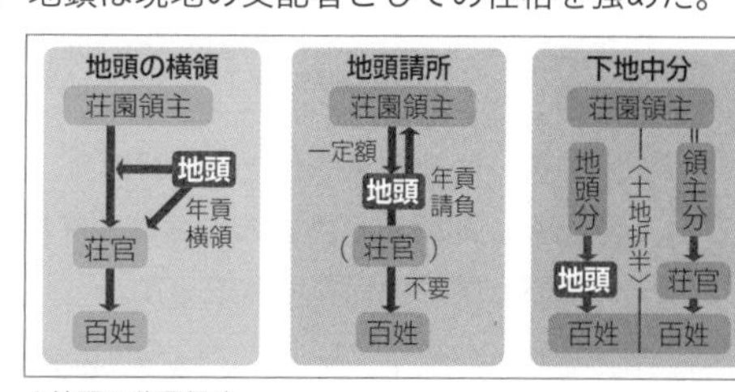

▲地頭の荘園侵略

重要ファイル CHECK
- 地頭請・下地中分によって，地頭の荘園侵略が進んだ。
- 鎌倉時代を通じて地頭の領主化が進んだ。
- やがて百姓・下人は自立し団結した。

28. モンゴル襲来と琉球・アイヌ

入試重要度 B

01 モンゴル襲来 ★★

① **モンゴル帝国**…13世紀初め，**チンギス=ハン**がモンゴル帝国を建てた。孫の**フビライ=ハン**は1271年に都を**大都**(北京)に移し，国号を**元**とした。

② **2度の襲来**…フビライは**高麗**を服属させる❶と，東アジア経済圏の拡大をめざし，日本にも朝貢を求めてきた。以下の2度にわたる元軍の襲来を，**モンゴル襲来**(**蒙古襲来**，**元寇**)という。

✔**文永の役**　鎌倉幕府の8代執権**北条時宗**はフビライの要求を黙殺した。これに対し，元は1274年に高麗の軍を従えて，北九州の**博多湾**に上陸した。幕府軍は元の**集団戦法**や**火器**(**てつはう**)に苦戦したが，元軍は内部対立もあって退却した。

▲元軍と御家人の戦い(『蒙古襲来絵詞』)　肥後の御家人の竹崎季長が描かせた。

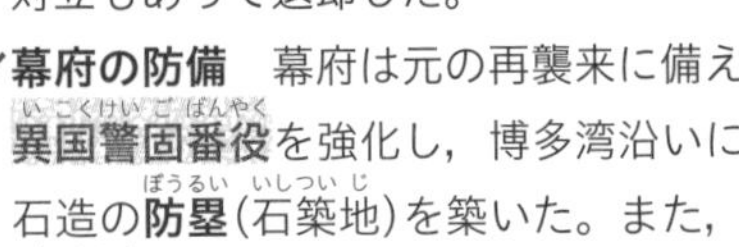

✔**幕府の防備**　幕府は元の再襲来に備え，**異国警固番役**を強化し，博多湾沿いに石造の**防塁**(石築地)を築いた。また，御家人以外の武士を動員する権利を朝廷から獲得し，寺社には異国降伏の祈禱を命じた。

▲防塁(復元)

✔**弘安の役**　南宋を滅ぼした元は1281年，約14万の大軍を送ってきた。しかし，恩賞に期待する御家人の奮戦や突然の暴風雨❷などによって，士気に欠ける寄せ集めの元軍は撤退した。

重要ファイル CHECK
- フビライ=ハンは日本に朝貢を要求したが，北条時宗は黙殺した。
- 幕府に統制された御家人は，士気に欠ける寄せ集めの元軍を退けた。

❶高麗はモンゴルに服属したあとも，三別抄が乱をおこすなど，元に抵抗し続けた。旧南宋の抵抗や大越(ベトナム)侵略の失敗もあって，フビライは3度目の日本侵攻を断念した。

❷後世，「神風」(暴風雨)が日本を救ったと伝えられたが，実際は御家人の活躍が大きかった。

02 モンゴル襲来後の幕府 ★★

① **鎮西探題**（ちんぜいたんだい）…幕府は3度目のモンゴル襲来に備え，博多に北条一門を**鎮西探題**として送った。

② **得宗**（とくそう）…北条氏の嫡流（ちゃくりゅう）の当主（**得宗**）の権力が強大化するとともに，**御内人**（みうちびと）（得宗の家臣）と御家人の対立が激しくなった。

③ **霜月騒動**（しもつきそうどう）…1285年，御内人の中心（内管領（うちかんれい））の**平頼綱**（たいらのよりつな）が有力御家人（ごけにん）の**安達泰盛**（あだちやすもり）を倒した（**霜月騒動**）。

④ **平頼綱の乱**…権勢を強めた平頼綱が実子を将軍職につけようとしたため，1293年，9代執権**北条貞時**（さだとき）は頼綱を滅ぼした。北条氏の**得宗専制政治**はさらに強化され，北条一門が全国の守護の半数以上を占めることになった。

モンゴル帝国
チンギス=ハン即位1206
→西夏滅亡1227
→金滅亡1234
→高麗服属1259
→南宋滅亡1279
→日本（南宋攻撃のため，交易の拡大）
5代・**フビライ=ハン**（1271**元**建国）

1268 高麗使来日・国書拒否←8代執権 **北条時宗**
1270 三別抄の乱（～1273）　・西日本に総動員令
1271 元使来日←拒絶
1274 文永の役「てつはう」集団vs個人ー苦戦
1279 南宋滅亡
1279 元使斬られる
強硬〈1275 **異国警固番役**強化　1276 **防塁**設置〉
1281 弘安の役 南宋軍大量参加←奮戦→勝利
1286 3回目攻撃計画（断念）←9代貞時　1285 霜月騒動　1293 **鎮西探題**
1293『蒙古襲来絵詞』完成
1294 フビライ死去
（～1301）ハイドゥの乱
平頼綱の乱→北条氏の得宗専制政治の強化

▲モンゴル襲来の経過

03 琉球（りゅうきゅう）と蝦夷ヶ島（えぞがしま） ★★

① **琉球**…現在の沖縄にあたる琉球では，**貝塚後期文化**（かいづか）の時代を経て，12世紀頃から農耕が始まった。やがて各地の**按司**（あじ）（首長）が**グスク**[3]を拠点として勢力を競いあった。14世紀頃から，**山北**（さんほく）（**北山**（ほくざん））・**中山**（ちゅうざん）・**山南**（さんなん）（**南山**（なんざん））という三山（さんざん）（3つの王統）が沖縄本島を支配するようになった。

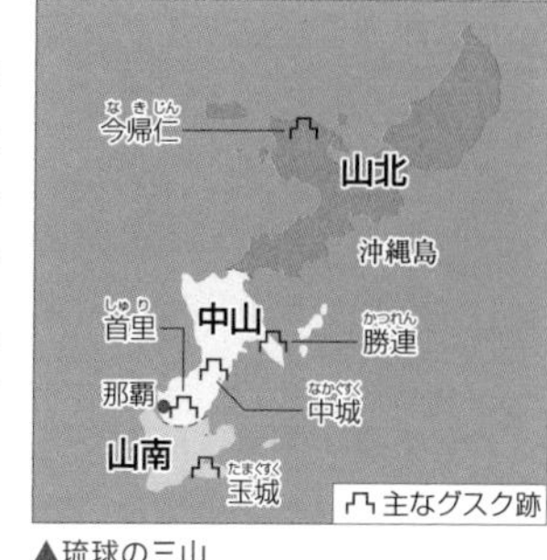

▲琉球の三山

② **蝦夷ヶ島**…現在の北海道にあたる蝦夷ヶ島では，古代の**続縄文文化**（ぞくじょうもん）の時代を経て，独自の模様の土器に特徴がある**擦文文化**（さつもん）や**オホーツク文化**が発達した。13世紀には，独自の文化をもつ**アイヌ**が，本州日本海側最北端の十三湊（とさみなと）を拠点とする**安藤**（あんどう）（**安東**）**氏**と交易を行った。

❸［グスク］ 石垣で囲まれた集落・聖地（礼拝場）として発展し，三山の成長に伴って城が築かれるようになった。現在は，「城」と同義で用いられることが多い。

第2章 中世

29. 社会の変動と幕府の動揺

入試重要度 B

01 社会の変動 ★★

① **諸産業の発達**…鎌倉時代になると，**日宋貿易**で輸入された**宋銭**が普及し，**貨幣経済**が少しずつ広まった。モンゴル襲来の前後から農業技術も進歩し，農作物の生産量が増えた。一方，地球規模の寒冷化によって飢餓が頻発した。

- **農業**　西日本で裏作に麦をつくる**二毛作**が普及した。肥料には**刈敷**❶・**草木灰**❷が使われ，耕作には鋤・鍬など鉄製の農具や**牛馬**が使われた。
- **手工業**　鍛冶・鋳物師・紺屋などの専門職人が現れた。
- **商業**　荘園・公領の中心地や交通の要地，寺社の門前などに**市**が立った。鎌倉時代中期以後は，月3回の**定期市**（**三斎市**）も開かれるようになった。都市では**見世棚**（小売店）が開かれ，地方に産品を運ぶ**行商人**も現れた。こうした商工業者は，**座**という同業者団体をつくった。

▲見世棚（『一遍上人絵伝』）

▲借上に金を借りる女性（『山王霊験記絵巻』）

- **金融**　貨幣経済の進展に伴い，金銭の輸送を手形で代用する**為替**や，銭を貸して利子をとる**借上**などの金融業者が現れた。
- **交通・運輸**　陸上交通の要地には**宿**が設けられ，**馬借**と呼ばれる運送業者も現れた。港では，運送・倉庫業を営む**問**（**問丸**）が現れた。

② **農民の抵抗**…農民の多くは，荘園領主や地頭の横暴に苦しんだ。これに対し，団結して訴訟をおこしたり，集団で逃亡したりする農民も増えた。

重要ファイル CHECK
- 二毛作や草木灰，牛馬耕などの普及で，農業生産が向上した。
- 貨幣経済の進展により，商業・金融・運輸業などが発達した。

❶［刈敷］　草木の茎や葉を田畑に敷き込んで肥料としたもの。
❷［草木灰］　草木を焼いて灰にした肥料。

02 幕府の動揺・衰退 ★★

① 御家人の窮乏

✓**所領の細分化**　当初，御家人の相続は，子どもに所領を均等に分配する**分割相続**が一般的だった。しかし，分割相続の繰り返しで所領が細分化されたため，御家人は困窮していった(鎌倉後期に**単独相続**に移行)。

✓**女性の地位低下**　女性の相続は，死後，惣領に財産を返還するという約束付きの相続(**一期分**)が一般的になり，女性の地位は低下していった。

✓**恩賞の不満**　幕府は，元との戦いで新たな土地を獲得できたわけではなく，御家人に十分な恩賞を与えることができなかった。そのため，所領を質に入れたり，手放したりする御家人が増えた。

② 幕府の救済策…幕府は困窮した御家人を救済するため，1297年に**永仁の徳政令**を出した。

✓**徳政令の内容**　御家人の所領の質入れ・売買を禁止した。また，それまで御家人が質入れ・売却した所領を無償で取り戻させた。今後，御家人が関与する金銭貸借の訴訟は受け付けないことにした。

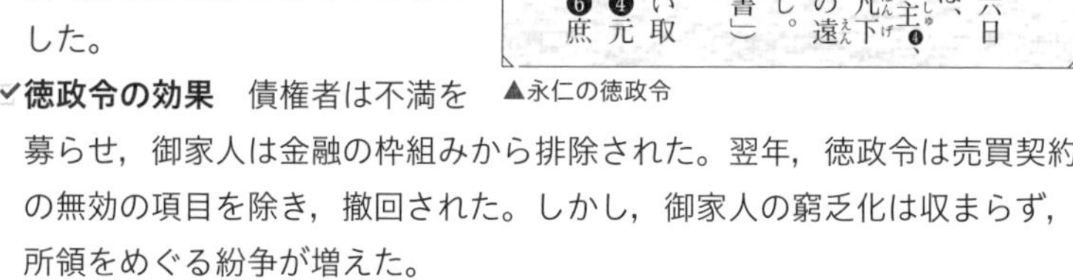

関東御事書の法

一、質券・売買地❶の事、永仁五年三月六日

右、地頭御家人の買得地❷に於ては、本条❸を守り、廿箇年を過ぎれば、本主❹、取返すに及ばず。非御家人❺並びに凡下の輩❻の買得地に至りては、年紀❼の遠近を謂はず、本主、これを取返すべし。

（「東寺百合文書」）

❶質入れや売却された土地　❷買い取った土地　❸御成敗式目の規定　❹元の所有者　❺御家人以外の武士　❻庶民。ここでは借上　❼知行二〇年

▲永仁の徳政令

✓**徳政令の効果**　債権者は不満を募らせ，御家人は金融の枠組みから排除された。翌年，徳政令は売買契約の無効の項目を除き，撤回された。しかし，御家人の窮乏化は収まらず，所領をめぐる紛争が増えた。

③ 悪党の横行

✓**新興武士の拡大**　御家人の多くが没落するなか，畿内とその周辺の地頭や非御家人は，烏帽子や袴などをつけない異形の風体で，横領・強奪などを繰り返すようになった。こうした新興の武士を**悪党**という。

✓**得宗専制政治の強化**　北条氏は悪党の横行をおさえるため，**得宗**の専制政治を強化した。そのため，御家人はさらに不満を募らせた。

重要ファイル CHECK
- 分割相続や元寇(恩賞なし)によって，多くの御家人は窮乏していった。
- 幕府は永仁の徳政令で御家人を救済しようとしたが，逆効果となった。

30. 鎌倉文化 ①

入試重要度 A

01 鎌倉文化 ★★

① **武士の気風**…伝統文化の担い手は，これまで通り公家や寺社が中心だった。大番役などで京の文化に触れた武士が地方にその文化を広げ，また，武士の気風を反映した文化や庶民による新しい文化も生まれた。

② **新しい仏教**…戒律や祈禱などを中心とする仏教だけでなく，人々の願いにこたえようとする宗派，または武士の気風に合った宗派など，新しい仏教(**鎌倉仏教**)が生まれた。

02 新しい仏教 ★★

① **浄土教の一派**…平安後期，貴族に広まった浄土信仰の流れから，阿弥陀仏(阿弥陀如来)の本願を唱える浄土教の諸宗派がおこった。

☑**法然**　**浄土宗**の開祖。源平争乱の頃，阿弥陀仏の本願を信じ，**念仏**(南無阿弥陀仏)を唱えるだけで成仏できるという**専修念仏**を説いた。公家から武士，庶民まで広く支持を得たが，旧仏教の反発を受けて四国に流された。

☑**親鸞**　**浄土真宗**(**一向宗**)の開祖。法然の弟子として越後に流されたが，法然の教えを進め，煩悩の深い悪人こそ阿弥陀仏に救われるという**悪人正機**を唱えた[1]。地方武士や農民に信仰された。

☑**一遍**　**時宗**の開祖。諸国を遊行しながら念仏札を配布して歩き，信心の有無にかかわらず極楽往生できると説き，**踊念仏**によって教えを広めた。

▲踊念仏(『一遍上人絵伝』)

② **法華経**…**日蓮**が法華信仰[2]をもとに**日蓮宗**(**法華宗**)を開いた。他宗を激しく攻撃しながら，**題目**(南無妙法蓮華経)を唱えることで国家も民衆も救われると説いた。関東の武士や商工業者を中心に信者を集めた。

---

❶悪人正機は，親鸞の弟子・唯円の著書『歎異抄』に紹介されている。

❷仏教の多くの経典の中で，日蓮は「法華経」だけが釈迦の真の教えであると考えた。

③ **禅宗**…南宋から帰国した二人の僧によって，**坐禅**による厳しい鍛練を重ねることで，釈迦の境地に近づけるとする**禅宗**が伝えられた。厳しい修行は武士の気風に合ったことから，武家を中心に信者を獲得した。

✔**栄西**　**臨済宗**の祖。坐禅をするなか，師から与えられた問題を解決していくという**公案問答**を唱えた。幕府は臨済宗を厚く保護し，南宋から**蘭溪道隆**や**無学祖元**ら多くの禅僧を招き，鎌倉に**建長寺**・**円覚寺**などの大寺院を建立した。

✔**道元**　**曹洞宗**の祖。問答することなく，ただひたすら坐禅をすることで悟りを開くという**只管打坐**を唱えた。越前の**永平寺**で修行を積んだ多くの弟子が，地方の武士を中心に布教した。

宗派	開祖	主要著書	中心寺院
浄土宗	**法然**	『選択本願念仏集』	知恩院(京都)
浄土真宗(一向宗)	**親鸞**	『教行信証』	本願寺(京都)
時宗	**一遍**	(『一遍上人語録』)	清浄光寺(神奈川)
臨済宗	**栄西**	『興禅護国論』	建仁寺(京都)
曹洞宗	**道元**	『正法眼蔵』	永平寺(福井)
日蓮宗(法華宗)	**日蓮**	『立正安国論』	久遠寺(山梨)

▲新仏教の宗派

重要ファイル CHECK
- 浄土宗は旧仏教から批判されながらも，しだいに信者を増やした。
- 坐禅を求める禅宗は武士の気風に合い，とくに臨済宗は幕府に保護された。

03 旧仏教と伊勢神道 ★★

① **旧仏教の動き**…鎌倉前〜中期，まだ旧仏教(南都諸宗)は強い影響力を保持していたが，新仏教への支持が広がると，旧仏教側でも新たな動きがおこった。

✔**法相宗・華厳宗**　法相宗の**貞慶**や華厳宗の**明恵**(高弁)らは，法然を激しく批判した。戒律を重んじ，南都仏教の刷新に努めた。

✔**律宗**　西大寺の**叡尊**とその弟子の**忍性**は戒律を重んじるとともに，病人の救済や架橋工事など慈善・土木事業にも尽くした。

② **神道の動き**…**神仏習合**の考えが広まる一方，伊勢外宮の神官**度会家行**が，「神を主，仏を従」とする神本仏迹説を唱えて，**伊勢神道**(**度会神道**)を大成した。家行の著『類聚神祇本源』は後世の神道に大きな影響を与えた。

31. 鎌倉文化 ②

入試重要度 B

01 中世文学と学問 ★★

① **中世文学**…仏教と同様，文学にも新しい動きがおこった。技巧を凝らした和歌集が編まれ，武家の台頭を背景に軍記物語や史論が書かれた。

- **和歌** **後鳥羽上皇**の命を受けて，**藤原定家**・藤原家隆らが『**新古今和歌集**』を編纂した。技巧的な表現と観念的な美を特徴とする。作歌に励む武士も多く，武士出身の**西行**は歌集『**山家集**』を残し，後鳥羽上皇の影響を受けた**源実朝**は『**金槐和歌集**』を残した。
- **軍記物語** 平氏の興亡を描いた『**平家物語**』は，仏教的な無常観を基調とする。中世を代表する軍記物語で，**琵琶法師**[1]によって**平曲**という語りもので庶民に伝えられた。この他に『保元物語』『平治物語』などがある。
- **説話** 儒教的な教訓を含む『十訓抄』や『古今著聞集』などが書かれた。仏教説話集としては無住の『沙石集』がある。

▲琵琶法師(『慕帰絵詞』)

- **随筆** 源平争乱や天災が続く平安末期，**鴨長明**は深い無常観・厭世観に根ざす『**方丈記**』を書いた。鎌倉後期には，**兼好法師**が宮廷社会や世俗を鋭く見つめ，『**徒然草**』を書いた。
- **紀行文** 訴訟のために鎌倉に赴いた阿仏尼の『十六夜日記』などがある。

② **学問の成果**…戦乱で失われる文化を保存・継承しようとする動きがおこり，朝廷の儀式・先例を研究する**有職故実**や古典の研究もさかんになった。

- **史書・文庫** 天台座主の**慈円**は『**愚管抄**』を書き，武家政権の出現を歴史の必然とした。鎌倉後期には鎌倉幕府の歴史を記した『**吾妻鏡**』が編まれた。また，金沢(北条)実時とその子孫は和漢の書を集め，六浦(横浜市)に**金沢文庫**をつくった。
- **宋学** 宋の朱熹が唱えた**宋学(朱子学)**が伝えられた。身分社会や主従関係を肯定する**大義名分論**は，のちの朝廷や江戸幕府にも影響を与えた。

[1] [琵琶法師] 僧形の盲人たち。平安時代から，琵琶を弾きながら，和歌・今様などをうたい，各地をめぐっていた。鎌倉時代に入り，『平家物語』などの軍記物語を語り伝えるようになった。

02 新しい美術 ★★

① **新しい傾向**…**東大寺**復興をはじめ，源平争乱によって焼失した寺院の再建事業を通して，美術の新しい動きがおこった。洗練された**公家文化**に，雄大・豪放な**武家の気風**や大陸から伝えられた**禅宗文化**の要素が加わった。

② 建築・彫刻

✔**建築**　浄土宗の僧侶**重源**が宋の陳和卿の協力を得て，東大寺復興を成し遂げた。**大仏様**という雄大・豪放な建築様式による**東大寺南大門**も建造された。また，**円覚寺舎利殿**に代表される**禅宗様**(**唐様**)や，和様に大陸の新様式を取り入れた**折衷様**の建築もさかんになった。

✔**彫刻**　慶派(奈良仏師)の**運慶**・湛慶父子や**快慶**が，東大寺南大門の**金剛力士像**に代表される，勇壮な仏像をつくった。

大仏様	**東大寺南大門**　**重源**が宋から導入した豪放で力強い新様式
禅宗様(唐様)	**円覚寺舎利殿**　木材を精巧に用い自然に調和した清楚な様式
折衷様	観心寺金堂　諸様式の折衷
和様	蓮華王院本堂(三十三間堂)

▲東大寺南大門

◀さまざまな建築様式

③ 絵画・書道

✔**絵画**　『蒙古襲来絵詞』『春日権現験記絵』『一遍上人絵伝』などの**絵巻物**がつくられた。また，藤原隆信・信実父子が写実的な肖像画の**似絵**を描いた。中国から伝えられた，禅僧の師の肖像を描いた**頂相**も広まった。

✔**書道**　和様に宋の書風を取り入れた**青蓮院流**の書が，尊円入道親王(伏見天皇の皇子)によって創始された。

④ 武具・陶器

✔**武具**　甲冑など武具の制作がさかんになり，刀剣では備前の長光，京都の藤四郎吉光，鎌倉の正宗らによって名刀がつくられた。刀剣は金や硫黄，漆器などとともに，日宋貿易の重要な輸出品になった。

✔**陶器**　尾張の**瀬戸焼**・**常滑焼**，備前の**備前焼**など，各地で陶器づくりがさかんになった。これらの陶器には，宋・元の影響がうかがえる。

重要ファイル CHECK
- 無常観を基調とする『平家物語』『方丈記』『徒然草』などが書かれた。
- 東大寺再建をもとに，宋や禅宗の影響を受けた美術作品がつくられた。

CHECK TEST

□① 1069年，[a]天皇が延久の荘園整理令を出したことで，荘園と公領が並立する[b]が確立されていった。	a 後三条 b 荘園公領制
□② 白河天皇は1086年，堀河天皇に譲位したあと，みずから[a](院)になり，[b]を始めた。	a 上皇 b 院政
□③ 平清盛は1159年の[　]で，源義朝を打ち破った。	平治の乱
□④ 1177年，藤原成親や僧の俊寛らが，京都の[　]で平氏打倒の陰謀を企てたが，事前に摘発された。	鹿ヶ谷
□⑤ 後白河上皇は今様を集め，『[　]』を編んだ。	梁塵秘抄
□⑥ 藤原清衡は，奥州支配の拠点を置いた[a]に，金蒔絵と螺鈿細工を施した[b]を建てた。	a 平泉 b 中尊寺金色堂
□⑦ 1180年，後白河法皇の皇子の[　]と源頼政は，平氏打倒の兵を挙げた。	以仁王
□⑧ ⑦の挙兵から平氏滅亡までの源平の戦いを[　]という。	治承・寿永の乱
□⑨ 守護の権限は[　]と呼ばれ，御家人への京都大番役の催促，謀反人・殺害人の逮捕を内容とする。	大犯三カ条
□⑩ 将軍が，御家人の代々の所領を保障することを[a]といい，御家人に新たな所領を与えることを[b]という。	a 本領安堵 b 新恩給与
□⑪ 1219年，北条実朝は頼家の子の[　]に暗殺された。	公暁
□⑫ 1221年，[　]上皇は北条義時追討の命令を出した。	後鳥羽
□⑬ 3代執権北条泰時は執権を補佐する[a]を設け，1232年には初めての武家法典である[b]を制定した。	a 連署 b 御成敗式目(貞永式目)
□⑭ 5代執権北条時頼は裁判を迅速に進めるため，評定衆の下に[　]を設置した。	引付衆
□⑮ 鎌倉時代，武士一族の宗家(本家)の長は[　](家督)と呼ばれた。	惣領
□⑯ 13世紀半ば，荘園領主と地頭は[　]という契約を結び，互いに干渉しないことを約束した。	下地中分
□⑰ 1274年の[a]と1281年の[b]をあわせて，モンゴル襲来(蒙古襲来，元寇)という。	a 文永の役 b 弘安の役
□⑱ 1285年，有力御家人の安達泰盛が内管領の平頼綱に滅ぼされた事件を[　]という。	霜月騒動

□⑲ 琉球では，[　　　](首長)がグスクを拠点に勢力を争った。 按司
□⑳ 西日本では，裏作に麦をつくる[　　　]が広まった。 二毛作
□㉑ 御家人は[a]によって所領が細分化され，また元寇では十分な[b]を得られず，窮乏化していった。 a 分割相続 b 恩賞
□㉒ 法然は[a]を開き，念仏を唱えるだけで成仏できるという[b]を説いた。 a 浄土宗 b 専修念仏
□㉓ [　　　]が開いた臨済宗は，幕府に厚く保護された。 栄西
□㉔ 『平家物語』は盲目の[　　　]によって語り伝えられた。 琵琶法師
□㉕ 鎌倉の円覚寺舎利殿は，[　　　](唐様)という建築様式で建てられた。 禅宗様

思考力問題にTRY

✔次の史料は，『一遍上人絵伝』という絵巻物の一部で，鎌倉時代の市場の様子が描かれている。この史料について述べたa～dの文のうち，正しいものの組み合わせをあとのア～エから1つ選べ。 【共通テスト】

参考写真：江戸時代の銭さし

a. 当時の日本では，宋などの銭貨が海外から大量に流入しており，この場面のような銭貨の流通は一般的であったと考えられる。
b. 当時の日本では，国家による銭貨鋳造は停止しており，この場面のような銭貨の流通は例外的であったと考えられる。
c. この場面に描かれている建物は，頑丈な瓦葺きの建築である。
d. この場面には，銭貨のほかにも，古代に貨幣として通用していたものが描かれている。

ア a・c　イ a・d　ウ b・c　エ b・d

解説 a・b. 鎌倉時代には「国家による銭貨鋳造」は停止していたが，日宋貿易で大量の宋銭(銅銭)が流入したことで銭貨の流通は一般的になり，貨幣経済が拡大していた。c. 建物の屋根は「瓦葺き」ではなく，「茅葺き」である。d. 律令制下で，稲(右の米俵)や布・絹(人々の衣服)は貨幣のかわりに使われていた。

解答 イ

32. 建武の新政と南北朝の動乱

入試重要度 B

01 鎌倉幕府の滅亡 ★★

① **両統迭立**…後嵯峨天皇のあと，皇統は**持明院統**と**大覚寺統**に分かれ，皇位の継承などをめぐって争いがおこった。そこで，幕府の調停によって，両統が交互に皇位につくことになった。

② **後醍醐天皇**…1318年に即位した**後醍醐天皇**は親政を開始し，討幕を志した。

③ **幕府政治のゆるみ**…この頃，執権**北条高時**の下，内管領の**長崎高資**の専横に対する御家人の反発が強まっていた。

④ **幕府の滅亡**…後醍醐天皇は2度の討幕失敗後，1333年に鎌倉幕府を滅ぼした。

- 1 後嵯峨
  - 3 亀山（大覚寺統）
    - 4 後宇多
      - 9 後醍醐（南朝）
        - 懐良親王
        - 護良親王
        - 10 後村上
      - 7 後二条
  - 2 後深草（持明院統）
    - 5 伏見
      - 8 花園
      - 6 後伏見（北朝）
        - 光明
        - 光厳
    - 久明親王－守邦親王
  - 宗尊親王－惟康親王

※数字は皇位継承の順

▲両統迭立関係系図

☑ **2度の失敗**　1324年，討幕の企てが事前に漏れ失敗した。これを**正中の変**という。1331年にも事前に発覚し，後醍醐天皇は**隠岐**に流され，持明院統の光厳天皇が即位した。これを**元弘の変**という。

☑ **討幕の成功**　**護良親王**（後醍醐天皇の皇子）や**楠木正成**は**悪党**などの勢力を結集し，幕府に抵抗した。1333年，有力御家人の**足利高氏**❶が幕府を裏切って六波羅探題を攻め落とし，**新田義貞**も鎌倉を攻め，幕府を滅ぼした。

02 建武の新政 ★★

① **公武一統**…幕府滅亡後，**後醍醐天皇**は京都に帰還し，光厳天皇を廃して天皇に復帰した。元号を改め，**建武の新政**を開始した。公家，武家を問わず，すべての土地支配権を**綸旨**❷で確認することを宣言した。

② **新政のしくみ**…**記録所**を置いて重要政務を担当させ，鎌倉幕府の引付にあたる**雑訴決断所**を設けた。諸国に国司・守護を併置した。

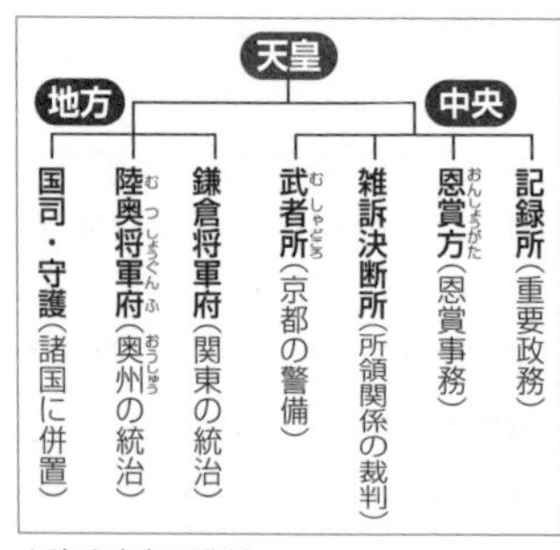

▲建武政府の職制

❶［足利高氏］　討幕後，後醍醐天皇の諱，「尊治」から一字を与えられ「尊氏」となった。

❷［綸旨］　天皇の命令文書。「**二条河原落書**」には，にせ綸旨や都の混乱の様子が書かれている。

③ **地方の支配**…後醍醐天皇は鎌倉・奥州の支配のため，**鎌倉将軍府**と**陸奥将軍府**を置き，皇子を派遣した。しかし，実態は旧幕府の武士を重用した。

> **重要ファイル** CHECK
> - 後醍醐天皇は武士を味方につけ，3度目の正直で討幕に成功した。
> - 建武の新政は，武士の慣習を無視したため，反発を招いた。

03 南北朝の動乱 ★★

① **南北朝の成立**…後醍醐天皇の政治は，武士の慣習を無視するものだった。討幕の恩賞も不十分だったため，武士の多くは**新政への不満**を高めていった。

✔**中先代の乱**　1335年，北条高時の子時行が反乱をおこし，鎌倉を占拠した(**中先代の乱**)。足利尊氏は，後醍醐天皇の勅許を得ぬまま鎌倉に下って時行を討ち，建武政権に反する態度を明らかにした。

✔**幕府の復興**　その後，尊氏は京都に向かって朝廷側と戦ったが，敗れて九州に逃れた。しかし1336年，再び京都に攻め入り制圧。持明院統の**光明天皇**を立て，**建武式目**という武家政権の政治方針を示した。

✔**南北朝の成立**　後醍醐天皇は吉野に逃れ，自身の正統性を主張した。こうして，**吉野の南朝**(**大覚寺統**)と**京都の北朝**(**持明院統**)が対立する**南北朝の動乱**が始まった。南朝は劣勢だったが，**北畠親房**を中心に抗戦した。

② **観応の擾乱と動乱の長期化**…1338年，尊氏は北朝から**征夷大将軍**に任じられた。当初，尊氏は弟の**足利直義**と幕政を分担した。

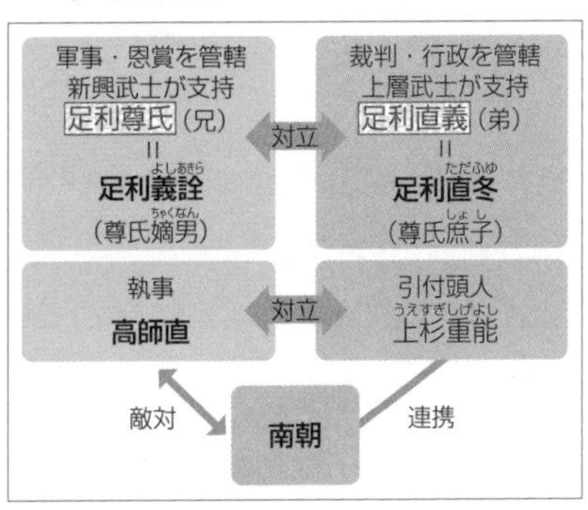

▲観応の擾乱の対立図

✔**観応の擾乱**　やがて，政治の方針をめぐって尊氏の執事**高師直**と直義とが対立。1350年に**観応の擾乱**という全国的争乱に発展した。

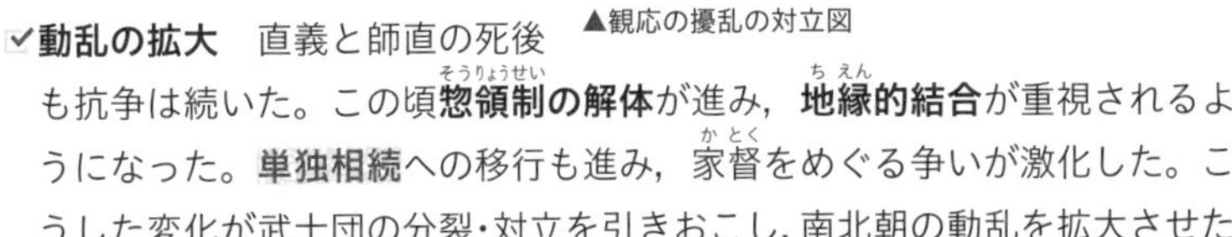

✔**動乱の拡大**　直義と師直の死後も抗争は続いた。この頃**惣領制の解体**が進み，**地縁的結合**が重視されるようになった。**単独相続**への移行も進み，家督をめぐる争いが激化した。こうした変化が武士団の分裂・対立を引きおこし，南北朝の動乱を拡大させた。

> **重要ファイル** CHECK
> - 武家政権の復興をめざす足利尊氏が，後醍醐天皇を京都から追放した。
> - 地縁的結合や単独相続などへの変化が，南北朝の動乱を拡大させた。

33. 室町幕府の成立

入試重要度 A

01 守護大名の成立 ★★

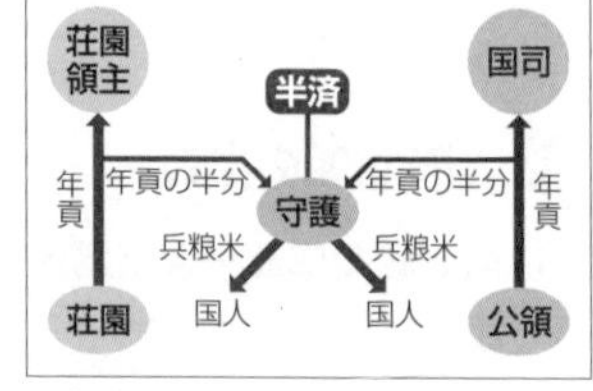

▲半済のしくみ

① **守護の権限拡大**…幕府は従来の大犯三カ条に加え，守護に下記の権限を新たに付与した。

- ✓**刈田狼藉の取り締まり権**　所領紛争の際，自らの所領であると主張して田地の稲を一方的に刈り取る行為を取り締まる警察権限。
- ✓**使節遵行の執行権**　幕府による所領裁定を現地で実際に執行する権限。
- ✓**半済**❶　任国の荘園・公領の年貢の半分を兵粮米として徴発できる権限。

② **守護大名の登場**…守護は拡大された権限を使って管轄下の荘園や公領を侵略し，地域の武士にその支配権を与えて被官(家臣)化していった。荘園・公領の年貢徴収を守護が請け負う**守護請**も始まり，守護は土地支配権を強めた。こうして，守護は一国を支配する**守護大名**となった。

▼主な守護大名

02 国人の成長 ★★

① **国人の台頭**…鎌倉時代の地頭の系譜を引き，南北朝の動乱を通じて，地元の農民への支配力を強めた在地領主が現れた。これを**国人**という。

② **国人一揆**…経済の先進地域では，国人たちが地縁に基づく**一揆**❷を組織し，守護の支配に対抗することもあった(89ページ)。

❶[半済]　最初の半済令(1352年)は近江，美濃，尾張で一年限りで行われた。やがて全国で恒常的に行われるようになり，年貢半分の徴収から土地の分割にまで拡大した。

❷[一揆]　中世では目的を同じくする人々が神仏の前で誓約をかわし(**一味同心**)行動した。このような平等な構成員による結合を「揆(方法)を一つにする」という意味で一揆と呼んだ。

03 室町幕府 ★★

① **動乱の終結**…1392年，３代将軍**足利義満**が**南北朝の合体**を実現した。

② **義満の政権**…当初は管領細川頼之の補佐を受けたが，のちに親政を進めた。

- ✔京都の治安維持権や，**土倉**や**酒屋**への商業課税権，荘園・公領の別なく課されていた**段銭**の徴収権など，朝廷が保持していた権限を獲得した。
- ✔京都室町に**花の御所**という将軍公邸を造営した（室町幕府呼称の由来）。
- ✔強大となった守護大名の統制をはかった。
  - ▶**土岐康行の乱**　1390年，尾張，伊勢，美濃の守護**土岐康行**を討伐。
  - ▶**明徳の乱**　1391年，西国11カ国の守護を一族で占める**山名氏清**を討伐。
  - ▶**応永の乱**　1399年，周防，長門を拠点に勢力を伸ばした**大内義弘**を討伐。

③ **室町幕府のしくみ**

- ✔**管領**　将軍を補佐する**管領**を置いた。細川，斯波，畠山（**三管領**）の足利一門から任命した。
- ✔**侍所所司**　京都市中の警備を担当した。山名，一色，赤松，京極の４氏（**四職**）から任命した。
- ✔**守護**　主な守護は常に在京し，幕政に関与した。かわりに，家臣の中から任じられた**守護代**が領国を治めた。

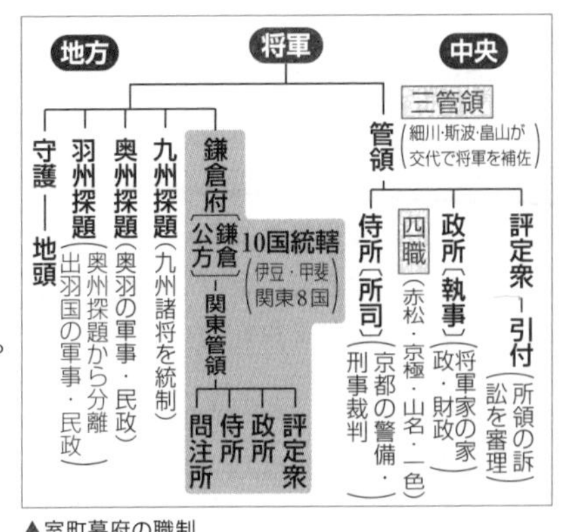

▲室町幕府の職制

- ✔**奉公衆**　将軍直属の軍事力であり，将軍の直轄領である**御料所**を管理した。
- ✔**財政**　御料所の年貢や**段銭**，**棟別銭**，守護の分担金，地頭・御家人への賦課金など。土倉や酒屋に**土倉役**・**酒屋役**を課し，関銭・津料など通行税も設置した。また，京都五山の商業活動にも課税した。
- ✔**鎌倉府**　東国を管轄する半独立政権で，のちに奥州も管轄した。足利尊氏の四男基氏が初代長官でその子孫が世襲した。長官を，京都の公方[3]に対して**鎌倉公方**と呼ぶ。補佐役の**関東管領**は上杉氏が世襲した。

重要ファイル CHECK
- 南北朝の動乱は，守護大名が地域権力を確立したことで終息に向かった。
- 室町幕府の財政は，京都を中心とした商業経済に大きく依存していた。

❸［公方］　日本の統治権者を意味する朝廷用語。足利尊氏が称することを許され，義満の代から積極的に使用されるようになった。

第2章
中世

34. 東アジアとの交流

入試重要度 B

01 14世紀後半の東アジア ★★

① **中国の情勢**…1368年に**朱元璋**(太祖洪武帝)が，モンゴル民族の元を倒して，漢民族の**明**を建国した。

② **倭寇の活動**…南北朝の動乱期，対馬・壱岐や北九州の漁民が，朝鮮半島や中国の沿岸で略奪を繰り返し，**倭寇**(**前期倭寇**)と呼ばれて恐れられた。

③ **朝鮮の情勢**…1392年に倭寇の討伐に名をあげた**李成桂**(イソンゲ)が高麗を倒し，**朝鮮**を建てた。

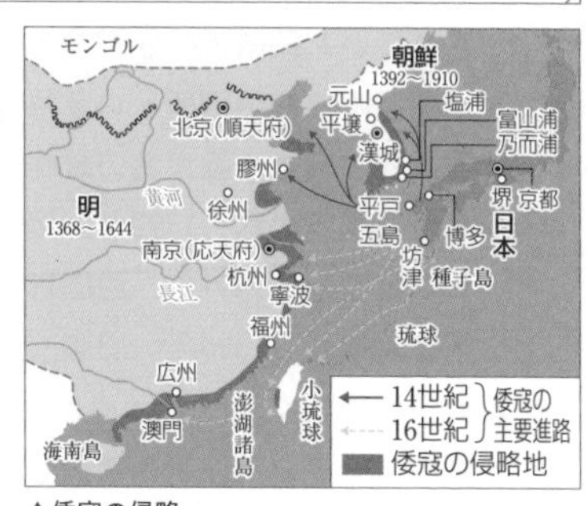

▲倭寇の侵略

④ **モンゴル襲来後の交易**…モンゴル襲来後，日本と中国の正式な国交はなかったが，民間貿易は続いていた。鎌倉幕府は建長寺の再建費を得るため**建長寺船**を元に送り，足利尊氏も天龍寺の建造費を得るため**天龍寺船**を派遣した。

02 日明貿易 ★★

① **明の貿易形態**…倭寇のなかには中国大陸に出自をもつ者も多かったため，明は**海禁政策**をとり，中国人の海外渡航や海上交易を禁止した。一方，明を中心とする国際秩序の再構築をめざし，周辺国と**朝貢貿易**❶を進めた。

② **日明貿易の開始**…**足利義満**は15世紀初頭，明に使者を送り，明の皇帝(永楽帝)から，「**日本国王源道義**」の返書や明の暦などを与えられた。

✔**勘合貿易**　**日明貿易**は，明から交付された**勘合**という証票を使ったので，**勘合貿易**とも呼ばれる。明が滞在・運搬費をすべて負担したため，日本の利益は大きかった。

▲勘合

✔**貿易品目**　日本からの主な輸出品は，扇・屏風・**刀剣**・**銅**・硫黄など。主な輸入品は，**銅銭**・**生糸**・高級織物・陶磁器・書籍などで，**唐物**と呼ばれた。大量に輸入された銅銭は，日本の貨幣経済をいっそう発展させた。

❶[朝貢貿易]　周辺国の君主は明の皇帝に貢ぎ物をもたせた使者を送り，周辺国はその見返りに明から返礼品を受け取るという形式の貿易。この朝貢貿易による明の外交を冊封体制という。

③ 日明貿易のその後

- ✔4代将軍**足利義持**は朝貢形式を嫌い，貿易を一時中断した。その後，6代将軍**足利義教**が再開すると，諸大名はこぞって**遣明船**を送った。
- ✔15世紀後半，幕府が弱体化すると，**堺商人**と密接な**細川氏**や**博多商人**と密接な**大内氏**が貿易の実権をめぐって争い，1523年に中国の寧波で衝突した(**寧波の乱**)。これに勝った大内氏が日明貿易を独占した❷。

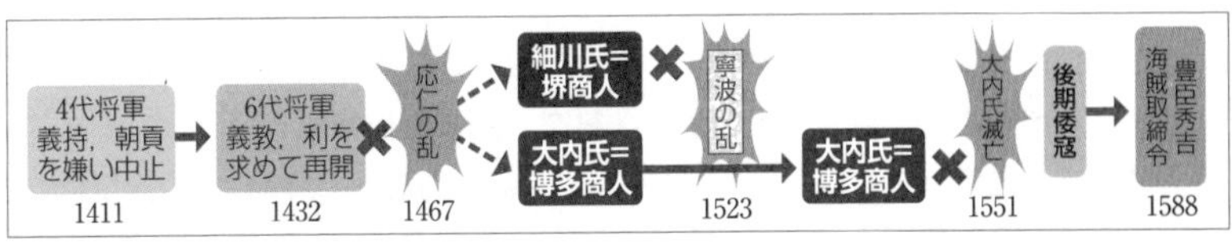

▲日明貿易の推移

> **重要ファイル CHECK**
> - 明の冊封を受けた足利義満は朝貢による勘合貿易を始め，利益をあげた。
> - 明から輸入した銅銭は，日本の貨幣経済をいっそう発展させた。

03 朝鮮・琉球・蝦夷ヶ島との貿易 ★★

① 朝鮮の交易

- ✔**日朝貿易の開始**　朝鮮も，日本に倭寇禁止と通商開始を求めてきた。足利義満はこれに応じ，**日朝貿易**が始まった。日本からの主な輸出品は，工芸品・銅・硫黄などで，主な輸入品は**木綿**を中心とした衣料だった。
- ✔**貿易の衰退**　貿易統制には**対馬**の**宗氏**があたったが，朝鮮は倭寇の拠点があるとして，1419年に対馬を襲撃した。これを**応永の外寇**という。1510年には，在朝鮮の日本人が**三浦の乱**という暴動をおこし，貿易は衰退した。

② 琉球王国の交易

- ✔**琉球の統一**　1429年，中山王の**尚巴志**が争っていた三山を統一し，**琉球王国**を成立させた。都は沖縄本島の**首里**に置かれた。
- ✔**中継貿易**　琉球王国は明や日本・朝鮮・東南アジアとの**中継貿易**で栄えた。

③ 蝦夷ヶ島の動き

- ✔**和人の進出**　畿内と津軽の**十三湊**を結ぶ海上ルートをもつ安藤(安東)氏の支配下，**和人**が港や館(道南十二館)を拠点に道南に進出した。
- ✔**アイヌの反乱**　和人に圧迫されたアイヌは1457年，大首長の**コシャマイン**を中心に蜂起した。しかし，蠣崎(武田)氏によって制圧された。

---

❷大内氏はキリスト教の布教を認めたが，まもなく滅亡した。これにより勘合貿易が断絶すると，倭寇の活動が再び活発になった。倭寇の活動は，豊臣秀吉が海賊取締令を出すまで続いた。

第2章 中世

35. 惣村の形成と幕府の動揺

入試重要度 B

01 惣村の形成 ★★

① **惣村の形成**…鎌倉時代後期から，荘園・公領のなかに農民の村が自然発生的に生まれた。南北朝の動乱期には，戦乱から村を守り農業を進めるため，有力な農民を中心に地域ごとにまとまり，自治のしくみをつくっていった。こうして形成された自立的・自治的な村を，**惣**または**惣村**という。

✓**構成・運営**　惣村は，古くからの名主層(有力農民)や新しく力をつけた小農民を含む**惣百姓**によって構成された。惣村の運営は，おとな(長・乙名)・沙汰人などと呼ばれる指導者によって行われた。

✓**惣村の自治**　指導者は**寄合**を開いて**惣掟**(**村法**・**村掟**)を定め，鎮守社の祭礼や入会地(共有地)・灌漑用水の管理などについて話し合った。また，領主への年貢納入も，**地下請**(**村請**・**百姓請**)として請け負うようになった。

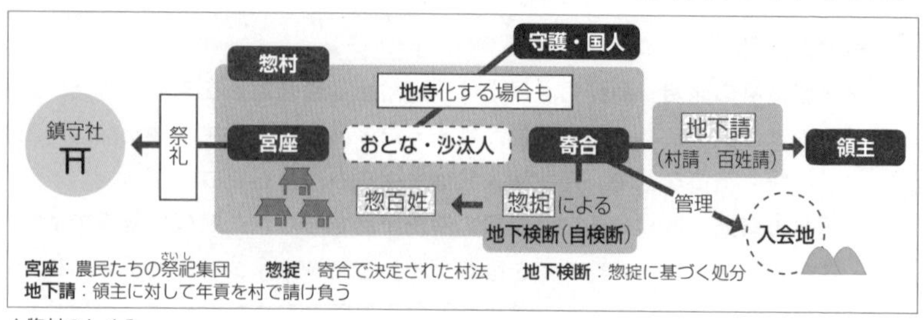

▲惣村のしくみ

② **村民の実力行使**…惣村は自力救済の考えを基盤とし，村民は強い連帯意識で結ばれていた。やがて不正を働く代官・荘官の罷免や年貢の軽減などを求めて**一揆**を結ぶようになった。領主へ集団で訴える**強訴**や，耕作を放棄して他領・山林に逃げる**逃散**など，実力行使に出るようになった。

> **重要ファイル CHECK**
> - 惣村では，指導者が寄合を開いて惣掟を定めた。
> - やがて惣村は一揆を結び，強訴や逃散など実力行使に出るようになった。

02 幕府の動揺と土一揆 ★★

① **幕府の安定**…足利義満のあと，1394年に義満の子**足利義持**が4代将軍に就任した。義持は有力守護と良好な関係を築き，比較的安定した政治を行った。

② **義教の専制政治**…しかし，５代将軍義量が急死したため，後継者争いがおこった。1429年，義持の弟**足利義教**がくじ❶によって６代将軍になると，専制的な恐怖政治を行った。

- ✔**永享の乱**　1438年，幕府に反抗的だった鎌倉公方**足利持氏**が関東管領**上杉憲実**と対立すると，義教は関東に軍を送り，憲実を支援して翌年，持氏を自害に追い込んだ。これを**永享の乱**という。
- ✔**嘉吉の変**　義教はその後も，結城氏朝ら敵対勢力を謀殺・弾圧したため，多くの守護大名から反発を買った。1441年，義教は有力守護の**赤松満祐**によって殺害された。これを**嘉吉の変**という。

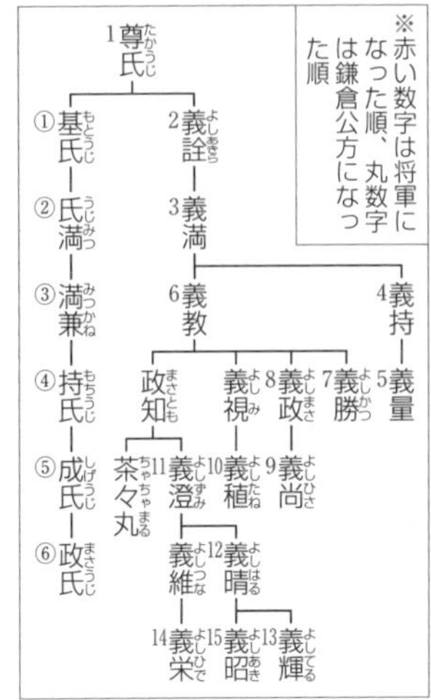

▲足利氏系図

③ **土一揆の発生**…15世紀前半，足利義教が専制政治を行っていた頃，近畿地方では，惣村の農民が困窮した武士らと結び，幕府に**徳政令**の発布を求めて蜂起するようになった。これを**土一揆（徳政一揆）**という。

- ✔**正長の徳政一揆（土一揆）**　1428年，近江の**馬借**が徳政を求めて蜂起したことをきっかけに，京都周辺の農民が**土倉・酒屋**などを襲撃した。この**正長の徳政一揆**は，公家や大寺院などの権力層に衝撃を与えた。
- ✔**嘉吉の徳政一揆**　1441年に義教が暗殺された直後，京都とその周辺の数万に及ぶ一揆勢が，７代将軍義勝の就任に際して代始めの徳政を求めて蜂起し，京都を占拠した。これを**嘉吉の徳政一揆**という。幕府は要求を受け入れ，徳政令を発布した。嘉吉の徳政一揆後も各地で土一揆がおこり，幕府は徳政令を乱発するようになった。

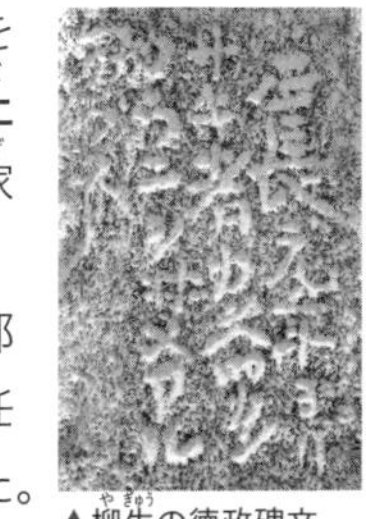
▲柳生の徳政碑文

④ **分一徳政令**…幕府が**分一銭**の納入を条件に，債務の保護や破棄を決定した。

> **重要ファイル CHECK**
> - 守護大名は足利義教の専制に反発を強め，赤松満祐が義教を殺害した。
> - 将軍の権威低下と並行し，正長の徳政一揆をはじめ各地で土一揆が続いた。

❶義持は子の義量に将軍職を譲り出家したが，義量が急死し再び政務を執った。しかし，義持もまもなく死去したため後継者争いがおこり，禅僧の提案でくじで将軍を決めることになった。

36. 応仁の乱と経済の発展

入試重要度 A

01 応仁の乱 ★★

① **足利義政の政治**…嘉吉の変ののち，義教のあとを継いだ7代将軍義勝が若死にすると，1449年に**足利義政**が8代将軍になった。幕府の弱体化に伴い，将軍家や有力守護家で家督争いがおこり，1467年に**応仁の乱**へと発展した。

② **応仁の乱**

✔**将軍家**　義政は当初，弟の**義視**に将軍職を譲渡すると約束していた。しかし，義政の妻の**日野富子**が**義尚**を生んだため，後継争いがおこった。

✔**守護家**　有力守護大名の**細川勝元**と**山名持豊(宗全)**が，将軍の後継争いに介入したことで，激しく対立するようになった。これに，**畠山氏**や**斯波氏**の家督争いも絡んでいった。

③ **乱の経過**…1467年に畠山氏の内紛をきっかけに争乱に発展した。守護大名は細川方(東軍)と山名方(西軍)に分かれ，**足軽**を動員して**京都**を主戦場に戦った。長期化した争乱は，厭戦気分が高まるなか，1477年に両軍の間で和議が結ばれて終結した。

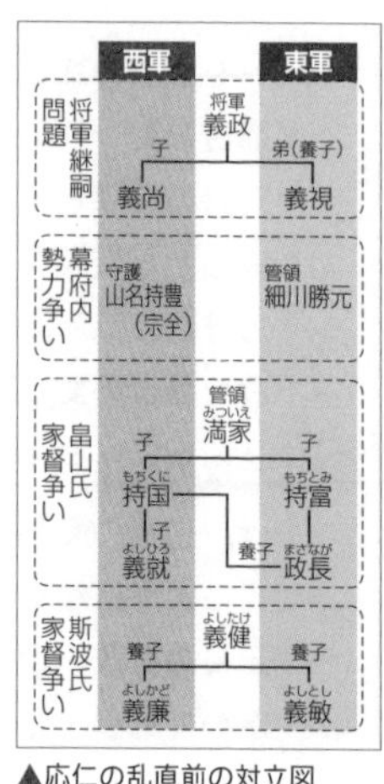

▲応仁の乱直前の対立図

▼応仁の乱初期の勢力分布

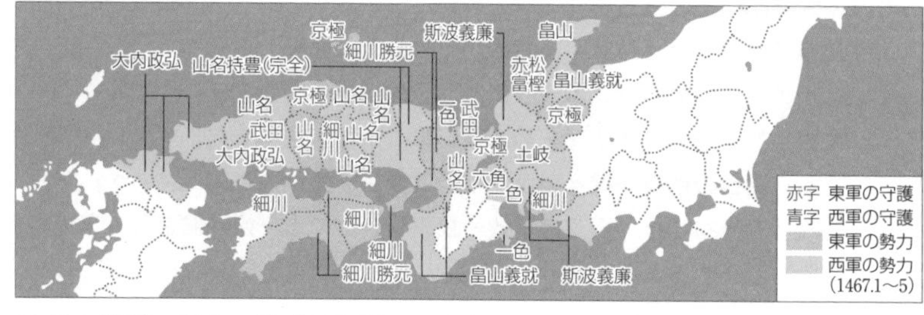

④ **乱の影響**…幕府の権威は失墜し，有力な守護大名が京に在住して幕政に参加するという体制も崩れた。地方では戦乱が続き，守護大名の支配力も低下した。同時に，公家・寺社の財政を支えていた**荘園制の解体**も進んだ。

> **重要ファイル CHECK**
> - 将軍家・守護家の継承問題をきっかけに応仁の乱がおこった。
> - 争乱は長期化し，幕府・守護大名の権威失墜や荘園制解体をもたらした。

02 国人の成長 ★★

① **守護代と国人**…守護大名が京都で戦っている間，地方では**守護代**や有力な**国人**が台頭した。応仁の乱後は，守護大名から領国の実権を奪う守護代や，**国一揆**をおこして領国を支配する国人も現れ，**下剋上**の風潮が広まった。

② **国一揆**…国人と地域住民がおこした一揆。山城国では1485年，国人らが争っていた畠山氏の軍勢を追放し，8年間にわたり自治を行った(**山城の国一揆**)。

③ **一向一揆**…**蓮如**の布教によって広まった**浄土真宗の信者**(**門徒**)がおこした一揆。加賀では，浄土真宗本願寺派の門徒が国人と手を結び，守護の富樫政親を倒して約100年間にわたり領国を支配した(**加賀の一向一揆**)。

03 産業の発達 ★★

① **農業技術の発展**…農業の集約化が進み，畿内では二毛作に加えて，**三毛作**も行われるようになった。肥料も刈敷・草木灰に加えて，**下肥**が普及した。

② **手工業の原料**…手工業の原料として，桑(生糸)・苧(からむし)(麻糸)・楮(紙)・藍(染め物)・漆・茶などの栽培もさかんになり，各地で特産物がつくられた。

③ **商工業の発達**

- **市と小売店**　定期市は応仁の乱後，月に6回開く**六斎市**が一般化した。京都では，**見世棚**(店棚)を常設する小売店が多く見られるようになった。
- **座の拡大**　手工業者・商人が結成した同業者団体の**座**は活動を拡大し，**関銭の免除**や広範囲の独占販売権を得て，全国展開する座も現れた。

④ **貨幣経済の浸透**

- **貨幣の流通**　従来の宋銭や日明貿易で輸入された**永楽通宝**などの**明銭**が使われた。一方，需要の拡大により，粗悪な**私鋳銭**も出回るようになった。
- **撰銭令**　その後，悪銭を排除し良質の銭を選ぶ**撰銭**が広まったため，流通が滞るようになった。幕府や戦国大名は，**撰銭令**を出して流通を促した。
- **金融業**　**土倉**(高利貸し)を兼ねる**酒屋**らの経済力が高まると，幕府は土倉・酒屋から営業税(土倉役・酒屋役)を徴収した。遠隔地取引もさかんになり，**割符**(為替手形の一種)が利用されるようになった。

⑤ **流通の発達**…大都市や交通の要地には，**問屋**が生まれた。陸上輸送を担う**馬借**・**車借**の活動もさかんになり，海上輸送では**廻船**の往来が活発になった。

重要ファイル CHECK
- 地方では，守護代や国人が台頭し，国一揆や一向一揆がおこった。
- 農業技術・手工業・貨幣経済がさらに発達し，経済活動は活発になった。

37. 南北朝文化と北山文化

入試重要度 A

01 南北朝時代の文化 ★★

① **歴史書**…公家，武士，南北朝それぞれの立場からの歴史観が示された。

- ✔『**増鏡**』❶ 源平争乱以後，南北朝時代までの歴史を公家の立場から叙述した。
- ✔『**神皇正統記**』 **北畠親房**が南朝の正統性を，伊勢神道の理論と宋学の大義名分論に基づいて主張した。
- ✔『**梅松論**』 幕府の立場から北朝の正統性を叙述した。

② **軍記物語**…南北朝の動乱を背景に登場した。

- ✔『**太平記**』 後醍醐天皇の即位から3代将軍足利義満の初期まで，南北朝の動乱の全体を描いた。史実を基本にしているが，脚色も多い❷。
- ✔『**曽我物語**』 源頼朝が行った富士の巻狩のときの仇討ち事件の伝承をまとめたもの。日本三大仇討ちの一つとして，江戸時代以後に演劇化された。

③ **連歌**…和歌の上の句(五・七・五の長句)と下の句(七・七の短句)を別人が詠み，多人数が句をつなぐ**連歌**が生まれた。詠み手が一同に会して行われる。

- ✔『**菟玖波集**』 **二条良基**が編纂した連歌集。勅撰集と同格とされ，連歌を芸術として確立した。
- ✔『**応安新式**』 二条良基が制定した連歌の規則集。全国に普及した。

④ **茶寄合**…喫茶の風習が広がり，茶の産地をあてる賭事として**闘茶**が流行した。

▲闘茶(『慕帰絵詞』) 部屋奥に賞品が飾ってある。

⑤ **有職故実**…建武の新政による朝儀の復興に伴い，南朝方で重視された。

- ✔『**職原抄**』 北畠親房の著。朝廷の官職についての起源を考証した。
- ✔『**建武年中行事**』 後醍醐天皇の著。朝儀の復興を目的に，朝廷儀式を詳細に記述した。

⑥ **バサラ**❸…新興武士たちは既成の秩序を嫌い，派手でぜいたくな新奇を好んだ。バサラが生み出した流行は庶民にも広く受け入れられた。

---

❶[増鏡] 『大鏡』・『今鏡』・『水鏡』とともに四鏡の一つ。
❷今川了俊(貞世)は，『太平記』の前半部分の内容の間違いを批判した『難太平記』を著した。
❸[バサラ] 婆娑羅と書く。幕政に深く関与した佐々木導誉(高氏)はバサラ大名として知られる。

02 北山文化 ★★

① **北山文化**…室町時代前期，公家文化と武家文化の融合した文化で，**禅宗**の影響が強い。**足利義満**が北山に建てた大邸宅「北山殿」が発信の中心だったことから，のちの足利義政の東山文化と対比して，**北山文化**と呼ばれる。

② **鹿苑寺金閣**…鹿苑寺の境内に建つ**金閣**は，**寝殿造**と**禅宗様**の折衷による舎利殿。絢爛豪華な北山文化を象徴している。

▲鹿苑寺金閣

③ **禅宗文化**…南北朝の動乱期，後醍醐天皇や足利尊氏が臨済宗の禅僧**夢窓疎石**を重んじた❹ことで，禅宗文化が広まった。

✔**五山の保護**　幕府は南宋の官寺の制にならい，**京都五山・鎌倉五山**とそれに次ぐ十の寺を官寺として保護した。この**五山・十刹の制**は，義満の時代にほぼ完成した。

✔**五山文学**　京都五山の禅僧を中心に，宋学の研究や漢詩文の創作が行われた。夢窓疎石の弟子の**絶海中津**や**義堂周信**らは，「五山版」という印刷物を刊行するとともに，幕府の政治・外交にも顧問として加わった。

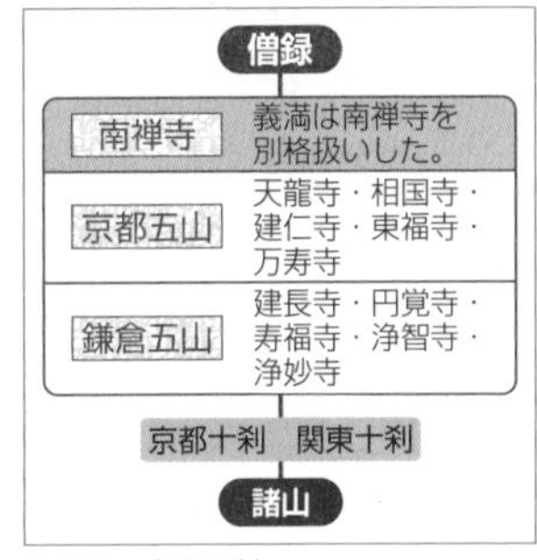

▲五山・十刹の制

✔**水墨画**　禅宗の経典の内容をもとに，**如拙**の『瓢鮎図』など，墨の濃淡で自然を描く**水墨画**が描かれた。明兆や周文も，禅の精神を水墨画に描いた。

④ **能**…猿楽や田楽に起源をもつ**能**が，芸術として大成された。

✔**大和猿楽四座**　興福寺を本所とする**大和猿楽四座**(金春・金剛・観世・宝生座)が専門集団(座)に成長し，興行で多くの客を集めた。

✔**観阿弥・世阿弥**　観世座の**観阿弥・世阿弥**父子は，足利義満の保護を受け，芸術性の高い猿楽能を完成した。美の追求にあきたらない世阿弥は，能の真髄を芸術論『**風姿花伝**(**花伝書**)』として著した。

重要ファイル CHECK

- 京都に室町幕府が置かれたことで，公家文化と武家文化の融合が進んだ。
- 幕府は禅宗を重んじ，臨済宗の五山・十刹を官寺として保護した。
- 足利義満の保護を受けた観阿弥・世阿弥が猿楽能を完成した。

❹尊氏は夢窓疎石の提言を受け，後醍醐天皇の菩提寺として，天龍寺を建立した。

第2章 中世

38. 東山文化と庶民文化

入試重要度 A

01 東山文化 ★★

① **東山文化**…室町時代中・後期の文化で，禅の精神と伝統文化の**幽玄**が融合した美意識に根ざす。**足利義政**が東山に造営した山荘にちなみ**東山文化**という。

② **建築文化**…書院造と枯山水(せんずい)の庭園❶。

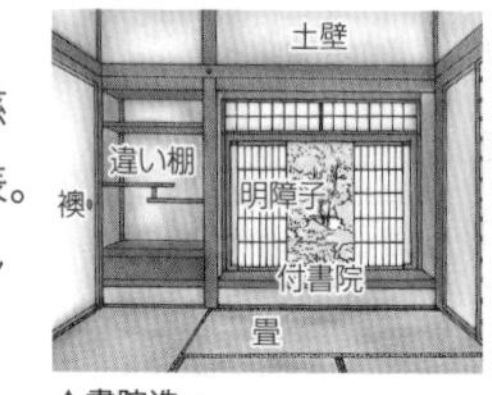

▲書院造

☑**書院造**　近代の和風住宅の原型。東山山荘内の慈照寺**銀閣**の第１層，隣接する**東求堂同仁斎**が代表。

☑**枯山水**　岩石と砂利だけで自然を象徴的に表現した庭園。**龍安寺庭園**や**大徳寺大仙院庭園**が代表。

③ **絵画**…書院造の部屋に飾る絵画や襖絵が発達した。

☑**雪舟**　明で学び帰国後，従来の禅画の制約を乗り越えた**水墨画**の独自の技法を大成した。主な作品に『四季山水図巻』『天橋立図』などがある。

☑**土佐光信**　宮廷の絵所預や幕府の絵師を務め，**土佐派**を確立した。

☑**狩野派**　**狩野正信**が幕府の御用絵師として登用され**狩野派**を開いた。水墨画の描線と大和絵の彩色を融合させた画風を創造し，子の**元信**とともに活躍した。主な作品は『周茂叔愛蓮図』(正信)，『大徳寺大仙院花鳥図』(元信)。

④ **侘茶**…**村田珠光**(じゅこう)は，闘茶などの賭事も含んでいた茶の湯を一新し，精神性を重視する**侘茶**の基礎を固めた。戦国期に堺の**武野紹鷗**が受け継いだ。

⑤ **その他**…立花の名手**池坊専慶**❷や彫金の名手**後藤祐乗**❸が現れた。

02 公家文化の継承 ★★

① **一条兼良**…『**公事根源**』で宮中行事を解説した。足利義政の求めにより，『**樵談治要**』で統治の心得を９代将軍足利義尚に教授した。

② **唯一神道**…吉田神社の神官の**吉田兼倶**が，反本地垂迹説(神本仏迹説)をもとに仏教や儒学を総合して，**唯一神道**を完成した。

③ **古今伝授**…東常縁が『古今和歌集』の解釈を秘伝として弟子に授けた。

重要ファイル CHECK
- 東山文化は，公家文化が上層武士や商人によって洗練されて成立した。
- 書院造は和風住宅の原型で，簡素を評価する日本的美意識をもたらした。

❶義政の同朋衆となった河原者(賤民身分)の善阿弥は，東山山荘などの作庭に従事した。
❷立花では戦国期に池坊専応が出た。　❸これより後藤家は刀剣装飾工芸を世襲した。

03 庶民文芸 ★★

① **狂言**…猿楽能の一演目であった**狂言**は，その風刺性や民衆生活をもとにした内容で，庶民の人気を得て独自に興行されるようになった。

② **小歌**…庶民の間で歌われた流行歌。歌集『**閑吟集**』が編集された。

③ **連歌の展開**…南北朝時代に二条良基によって確立された**連歌**が普及した。

- ✔**宗祇**　正風連歌を確立した。『新撰菟玖波集』を編集し，弟子たちと『水無瀬三吟百韻』を詠んだ。
- ✔**宗鑑**　滑稽を重んじた俳諧連歌を中心に活動した。『犬筑波集』を編集した。

04 文化の地方への普及 ★★

① **山口**…日明貿易で栄えた**大内氏**の城下町。京都から多くの文化人が移住し，文化の再現と普及が行われた。

② **桂庵玄樹**…明に留学経験をもち，薩摩の島津氏に招かれて**薩南学派**をおこした。

③ **関東**…関東管領**上杉憲実**によって**足利学校**が再興され，禅僧・武士に対して高等教育が施された。

▲足利学校の校門

④ **教育の普及**…地方武士の間では，『**庭訓往来**』『御成敗式目』などが教科書として使われた。都市の商工業者や上層農民の間では，読み・書き・計算の必要性が生まれた。『**節用集**』という国語辞書も刊行された。

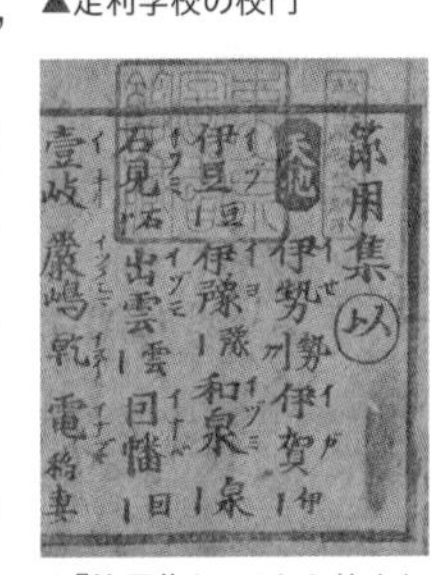

▲『節用集』 イから始まり，伊勢国の説明が記述されている。

05 仏教界の変化 ★★

① **林下**…幕府に保護された五山以外の禅宗諸派の総称。曹洞宗の**永平寺**や臨済宗の**大徳寺**が中心。大徳寺の**一休宗純**も活躍し，地方の武士に信者を獲得していった。

② **法華宗**…足利義教の頃，**日親**が京都の町衆に布教し，商工業者に広まった。

- ✔1532年に**法華一揆**を結び，一向一揆と対決。山科本願寺を破壊した。
- ✔1536年に**天文法華の乱**で延暦寺の僧兵と戦い敗北。一時京都を追われた。

③ **一向宗**…本願寺(浄土真宗)の**蓮如**が**御文**を布教手段とし，**講**を組織として惣村に教えを広め，多くの信者(門徒)を獲得した。その結果，地域権力の大名と門徒集団が対立し，各地で**一向一揆**が頻発した。

> **重要ファイル CHECK**
> - 狂言・小歌など庶民の文化が広がり，教育も普及しはじめた。
> - 法華宗が都市の商工業者に，一向宗が惣村に信者を増やした。

39.戦国大名の登場

入試重要度 B

01 群雄割拠の戦国大名 ★★

① **戦国大名の登場**…応仁の乱後，室町幕府では有力守護大名の主導権争いが続いていた。守護大名の力が弱まった地方では，実力によって独自の支配体制を築き，**領国**(**分国**)を統治する**戦国大名**が現れた。

② **各地の戦国大名**…**下剋上**の世のなか，**守護代**や**国人**が戦国大名に成長し，領国を支配した。また，有力守護大名の**今川氏**(駿河)や**武田氏**(甲斐)らも，幕府の権威に頼らず，戦国大名として独自に領国を支配するようになった。

- **関東**　15世紀末，京都から下ってきた**北条早雲**(伊勢宗瑞)❶が堀越公方を滅ぼした。**小田原**を拠点にし，氏綱・氏康の代には関東の大半を支配した。
- **中部**　越後の守護代から**上杉謙信**(長尾景虎)が頭角を現し，甲斐の**武田信玄**(晴信)と，信濃の**川中島**でしばしば戦った。
- **中国**　周防の守護大名**大内氏**が重臣の陶晴賢に国を奪われ，陶晴賢も安芸の国人からおこった**毛利元就**に国を奪われた。その後，毛利氏は，出雲の守護代からおこった**尼子氏**と争った。
- **九州**　九州の南部では，薩摩の**島津氏**が長らく支配を続けていた。北部では，豊後の**大友氏**が勢力を拡大した。
- **その他**　東北では，ひしめく小規模な国人の中から**伊達氏**が台頭した。四国では，土佐の国人からおこった**長宗我部氏**が支配地域を広げた。

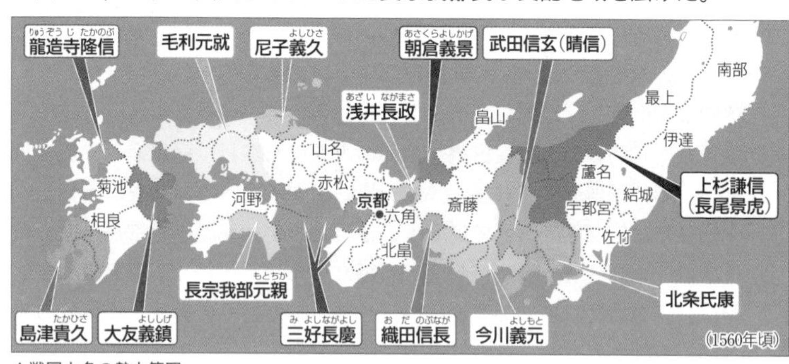

▲戦国大名の勢力範囲

❶伊勢宗瑞は出家して，早雲と名乗った。子の氏綱が関東を支配する際，鎌倉幕府執権の北条氏の名を利用した。この執権の北条氏と区別するため，戦国大名の北条氏は後北条氏ともいう。

③ **家臣の統率**…戦国大名は領国内の国人や有力な地侍を家臣に組み入れていった。

- ✔**貫高制**　国人や地侍の収入額を**貫高**という基準で把握して，貫高に見合った**軍役**を負担させる制度。戦国大名の軍事制度の基礎となった。
- ✔**寄親・寄子制**　国人や地侍を有力な家臣に預け，兵士として組織化する制度。これによって，集団戦法が拡大していった。

④ **領国の支配**…領土紛争の際，戦国大名は将軍や天皇に調停を仰ぐこともあったが，独自の法の制定や土地政策によって，領国の支配体制を強化した。

- ✔**分国法**　戦国大名のなかには，**喧嘩両成敗**や分割相続の禁止，領国外との姻戚関係の禁止などを定めた**分国法**(**家法**)を制定[2]する者もいた。
- ✔**検地**　家臣である領主や農民に，その支配地や耕作地の面積・収入額などを自己申告させ，**検地帳**に登録した。これを**指出検地**という。

⑤ **経済振興と城下町**…多くの戦国大名は領国の経済振興をはかり，市場の開設，**楽市**の実施，**宿駅**や**伝馬**の整備，**関所の廃止**などを行った。毛利氏や武田氏などの有力な戦国大名は，**城下町**の建設や**鉱山開発**，大規模な**治水**や**灌漑事業**などにも取り組んだ[3]。

▲武田信玄の治水(信玄堤)

> **重要ファイル CHECK**
> - 下剋上の世のなか，守護代や国人が上位の者を実力で倒し戦国大名に成長した。
> - 戦国大名は，独自の分国法制定や経済振興策を進め，領国を支配した。

02　都市の発展と町衆　★★

① **都市の発達**…商工業の発展とともに，城や寺社を中心に都市が発達した。

- ✔**城下町**　北条氏の小田原，今川氏の府中，大内氏の山口など。
- ✔**門前町**　伊勢神宮の宇治・山田，善光寺の長野など。
- ✔**寺内町**　摂津の石山(大坂)，加賀の金沢，河内の富田林など。

② **自治都市**…富裕な商工業者が自治を行う都市・町も現れた。

- ✔**豪商の合議**　堺と博多は**日明貿易**で栄え，自由都市へと成長した。**堺**は**会合衆**(えごうしゅう)，**博多**は**年行司**と呼ばれる豪商の合議によって自治が行われた。
- ✔**京都**　京都では，富裕商人の**町衆**が各地に**町**をつくり，独自の町法を定めた。さらにいくつかの町からなる**町組**が生まれ，**月行事**(つきぎょうじ)によって運営された。応仁の乱で断絶していた**祇園祭**も町衆によって再興された。

---

[2] 武田氏の「甲州法度之次第」，今川氏の「今川仮名目録」，朝倉氏の「朝倉孝景条々」など。
[3] 毛利氏は石見大森銀山を開発。武田氏は甲斐金山を開発し，釜無川の沿岸に「信玄堤」を築いた。

CHECK TEST

□① 後嵯峨天皇のあと，皇統は［　　］と大覚寺統に分かれ，幕府の調停で両統が交互に皇位を継承した。	持明院統
□② 鎌倉幕府の滅亡後，後醍醐天皇は建武の新政を始め，すべての土地支配権を［　　］で確認することを宣言した。	綸旨
□③ 高師直と足利直義の対立がきっかけで，1350年に［　　］という争乱に発展した。	観応の擾乱
□④ 守護は，荘園・公領の年貢の半分を兵粮米として徴発できる［　　］や守護請によって，守護大名に成長していった。	半済
□⑤ 地頭の系譜を引く在地領主は，南北朝の動乱を通じて農民への支配力を強め，［　　］と呼ばれるようになった。	国人
□⑥ 足利義満は［ a ］の乱で山名氏清を討伐し，［ b ］の乱で大内義弘を討伐した。	a 明徳 b 応永
□⑦ 1392年，［　　］が高麗を倒し，朝鮮を建てた。	李成桂
□⑧ 日明貿易は，日本が冊封体制の明に［ a ］するという形式で行われ，正式の貿易船には証票の［ b ］を所持させた。	a 朝貢 b 勘合
□⑨ 1429年，中山王の［　　］が琉球王国を成立させた。	尚巴志
□⑩ 蝦夷ヶ島に進出した和人がアイヌを圧迫したため，1457年，アイヌの大首長の［　　］が蜂起した。	コシャマイン
□⑪ 惣村の指導者は［　　］を開き，合議で村を運営した。	寄合
□⑫ 専制的な政治を行った6代将軍［ a ］は有力守護の反発を買い，1441年の［ b ］の変で赤松満祐に殺害された。	a 足利義教 b 嘉吉
□⑬ 1428年，近江の馬借の蜂起をきっかけに，京都とその周辺で［　　］がおこった。	正長の徳政一揆 (土一揆)
□⑭ 1467年，8代将軍［ a ］の後継争いに有力守護大名の内紛が絡み，東軍・西軍に分かれて戦う［ b ］に発展した。	a 足利義政 b 応仁の乱
□⑮ ⑭b 後，定期市は月に6回開く［　　］が一般化した。	六斎市
□⑯ 室町時代後期，明銭と同時に粗悪な私鋳銭も増えたため，商取引のときに［　　］が行われるようになった。	撰銭
□⑰ 北畠親房は史論書『［　　］』で，南朝の正統性を主張した。	神皇正統記
□⑱ 後醍醐天皇や足利尊氏が禅宗の一派である［ a ］を重んじたことで，義満の時代には［ b ］の制がほぼ完成した。	a 臨済宗 b 五山・十刹

□⑲ 猿楽能を完成した[　　　]は，『風姿花伝』を著した。 世阿弥
□⑳ 銀閣に隣接する[　　　]は，書院造の代表とされる。 東求堂同仁斎
□㉑ 浄土真宗の[　　　]は，御文によって門徒を増やした。 蓮如
□㉒ 下剋上の世のなか，上杉氏に代表される[　　　]や，毛利氏に代表される⑤が力をつけ，戦国大名に成長した。 守護代
□㉓ 戦国大名は⑤や地侍の収入額を[　　　]という基準で把握した。 貫高
□㉔ 堺では，[　　　]という豪商の合議で自治が行われた。 会合衆

思考力問題にTRY

☑右の史料の「落書」と，この「落書」が掲げられた前後の年表を見て，この「落書」について述べたa～dの文のうち，正しいものの組み合わせをあとのア～エから１つ選べ。

a.「落書」には，天皇が綸旨を出し，勲功をあげた者を大名に昇進させたことが書かれている。

b.「落書」には，本領安堵や恩賞欲しさに，架空の合戦を申し立てた者がいたことが書かれている。

c.「落書」は，京の混乱の様子とそれを招いた，にわかづくりの朝廷を厳しく批判している。

d.「落書」は，武士や僧兵の横暴とそれをおさえられない将軍の無能さを厳しく批判している。

ア a・c　イ a・d
ウ b・c　エ b・d

史料

此比都ニハヤル物　夜討強盗謀綸旨
召人早馬虚騒動　生頸還俗自由出家
俄大名迷者　安堵恩賞虚軍
本領ハナルヽ訴訟人　文書入タル細葛
追従讒人禅律僧　下克上スル成出者
器用ノ堪否沙汰モナク　モルヽ人ナキ決断所
キツケヌ冠上ノキヌ　持モナラハヌ笏持テ
内裏マジハリ珍シヤ　賢者カホナル伝奏ハ
我モ我モトミユレトモ　巧ナリケル詐ハ
ヲロカナルニヤヲトルラム　……

年表

1333年５月　足利高氏が幕府を裏切り，京都の六波羅探題を落とす。
1333年６月　後醍醐天皇が光厳天皇を廃し，建武の新政権を樹立する。
1334年８月　上記の史料(落書)が御所に近い鴨川の二条河原に掲げられる。
1336年８月　足利尊氏が京都で光明天皇を即位させ，12月後醍醐天皇は吉野へ移る。

解説　「落書」(二条河原落書)は，後醍醐天皇の建武の新政への批判が記されており，京都の二条の河原に掲げられた。冒頭から「都では夜討ちや強盗，にせの綸旨が横行している……」と，新政がもたらした京の混乱の様子が記されている。天皇は所領をめぐる紛争を解決するため，「決断所」(雑訴決断所)を設置したが，無能な人間を登用したため，「決断所」は機能しなかった。

解答　ウ

▸FOCUS! 上皇はなぜ出家したのか？

源平の争乱が続く平安時代末期，**後白河上皇**は，5代の天皇にわたって**院政**を行った。当初は平清盛を側近につけ，平氏が劣勢になると源頼朝に接近した。権謀術数の限りを尽くし，頼朝から「日本第一の大天狗」といわれた後白河上皇はその間，1169年に**出家**して**法皇**になっている。清盛には全長約120mの長大な寺院，**蓮華王院**の建造を命じた。

出家とは，俗世界を離れて仏門に入ることをいう。後白河上皇の曽祖父の白河天皇，父の鳥羽天皇も出家し，法皇として院政を行った。この時代の天皇・上皇は，なぜ出家したのだろうか。

▲後白河法皇

▲蓮華王院（三十三間堂）

▸神仏習合と本地垂迹説

存命中に出家しながらも，寺に入らずに世俗の活動をすることを**在俗出家**という。神話において，天皇の始祖は天照大神であり，出家して仏に仕える身分になるのは不思議に思われる。しかし，推古朝は積極的に仏教を受容し，聖武天皇も鎮護国家の思想に傾倒した。さらに仏教と神社の融和を進めたのが，奈良時代におこった**神仏習合**の動きである。

当初の神仏習合は**仏が主**，**神が従**で，日本の神々が仏教に救済を求めるという**本地垂迹説**が主流だった。平安時代半ばになると，神前で読経したり，神に八幡大菩薩のような菩薩号をつけたりすることも一般的になっていった。白河上皇（法皇）らに仕えた学者**大江匡房**は，伊勢，熊野，春日，日吉などの神宮・神社の本地の仏を確定し，上皇（法皇）の神仏習合施策を思想面で支えた。また，寺社も領内荘園の農民に向け，年貢をきちんと納めれば仏に救われる，と説いていた。こうして，仏教は地方にも広がっていったのである。

なお，南北朝時代になると，**北畠親房**らによって，神が主，仏が従とする反本地垂迹説（神本仏迹説）が唱えられるようになる。

▶浄土信仰の流行

神仏習合に加え，在俗出家に影響を与えたのが**浄土信仰**（**浄土教**）である。平安時代半ば以降，諸宗派のなかでも，とりわけ皇族・貴族を引きつけたのだった。

浄土教は，阿弥陀仏をひたすら信仰すると，来世において極楽浄土に往生できる（悟りを得て苦から逃れられる）という教えで，**空也**や**源信**（**恵心僧都**）らによって唱えられた。天皇の一族や栄華を誇った貴族の**藤原道長**も，現世の不安から逃れようと，阿弥陀仏に手を合わせたのである。

『浄土厳飾抄』延暦寺僧（一一〇〇年頃）
凡夫の人（煩悩をもつ普通の人）も極楽に生まる也。……十悪五逆の罪人も，本願力・念仏力に乗じて生まるることを得。
『中右記』藤原宗忠（一一二〇年）
弥陀（阿弥陀仏）の本願は重罪人も捨てざるなり。これによりて往生に志ある人は，ただ念仏を修すべきなり。

▲平安時代後期の仏教の教え

さらに浄土信仰は，釈迦の没後1万年を経ると悟りを得られない世（11世紀半ばがあたる）が到来するという**末法思想**の流行によって，いっそう強化された。上皇も末法の世をおそれ，阿弥陀仏にすがろうとしたのである。

▲平等院鳳凰堂
藤原道長の別荘を子の頼通が1052年に寺院（平等院）にした。鳳凰堂は翌年に落成。中央のお堂には，定朝作の阿弥陀如来像が鎮座している。

▶武士と百姓の在俗出家

在俗出家したのは，上皇や貴族だけではない。**平清盛**は太政大臣になった翌1168年に出家している。清盛は日宋貿易にも力を注ぎ，世俗まみれの実業の世界でも活躍した。清盛のライバル**源頼朝**も死の直前に出家している。病床中，仏の加護で治癒されること，あるいは極楽に往生できることを願い，出家したのだった。妻の**北条政子**も頼朝の没後に出家し，のちに「**尼将軍**」と呼ばれた。

▲読経する平清盛

仏教の広がりとともに，**百姓の在俗出家**も増えていった。14世紀前半には，百姓の43％が僧名をもっていた，という村もあった。室町時代半ばの1420年に朝鮮から来日した使節が著した日本紀行詩文集『老松堂日本行録』には，「良人の男女半ばは僧となる」という記事が見られる。

表現力
PLUS.3

院の政治と経済基盤

Q 次の史料の内容と関わる時期における政治形態と経済的基盤について，100字以内で説明せよ。

「白河に法勝寺たてられて，国王のうぢでらにこれをもてなされけるより，代々みなこの御願をつくられて，六勝寺といふ白河の御堂，大伽藍うちつづきありけり。」【慶應義塾大】

解説

① 院政期の寺院

史料は，**慈円**の史論書『**愚管抄**』の一部である。天台座主を務めた慈円は朝廷ともつながりが深く，この書で古代からの王朝史を論じた。とりわけ慈円が生きた院政期から承久の乱までの記述が詳しい。「**法勝寺**」は**白河上皇**が白河(左京区岡崎)に建てた寺院で，**六勝寺**の先駆けとなった(63ページ)。なお，六勝寺は応仁の乱などの兵火によって廃絶した。

② 院政のしくみ

白河上皇は，個人的に親しい貴族や僧侶を**院の近臣**として側近に置き，従来の秩序・慣習を無視した政治を断行した。**院庁**で政務を執ったことから，上皇の政治は**院政**と呼ばれる。また上皇は仏教を深く信仰し，写経や法会，法勝寺をはじめとする造寺，熊野参詣なども行った。

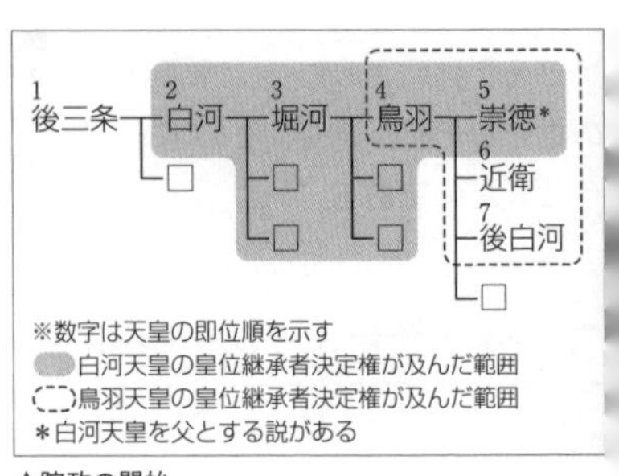

▲院政の開始

③ 院の経済基盤

地方の領主は強い権力をもつ上皇の保護を求め，上皇に**荘園**を次々と寄進した。これにより，上皇は強大な荘園領主になった。さらに**知行国制**(59ページ)の下，知行国主に任命された有力貴族・寺社も，多くの収益をあげ，院の財政を支えた。

A 天皇退位後も実権を握り続けた上皇によって，従来の秩序・慣習を無視した院政と呼ばれる独善的な政治が行われた。強権的な上皇の下に多くの荘園が寄進され，知行国からの収益とあわせて院の財政を支えた。(95字)

表現力 PLUS.4

琉球王国の繁栄

Q 15世紀，尚巴志が三山を統一して琉球王国を建てた。1458年に尚氏によって鋳造された半鐘には，「琉球国は南海の勝地で，三韓の秀を集め，明とも日本とも密接な関係にあり，この二国の間に湧き出でる蓬莱(海中にある仙人が住むような所)の島である。船を操って万国の架け橋になり，至宝は国内に満ちている」と記されている。15世紀以降，琉球王国が貿易によって繁栄した理由について，日本，明との関係をふまえて，120字以内で説明せよ。

【東京都立大】

解説

① 万国津梁の鐘

問題文の半鐘は，琉球王国の王城**首里城**の正殿に掲げられていたもので，「**万国津梁の鐘**」と呼ばれる。半鐘に記されている「南海の勝地」とは，**東シナ海の海上交通の要地**のこと。また，「三韓」とは朝鮮のこと，「至宝」とはこの上もない貴重な産物・宝物のことで，琉球王国ではこうした多くの「至宝」が取り引きされた。

万国津梁の鐘▶

② 明の外交政策

当時の明は**海禁政策**を取り，貿易は**冊封関係**にある国に限っていた。朝貢した日本とは**勘合貿易**を行っていたが，あらゆる国と冊封関係を結んでいたわけではなかった。明に朝貢した琉球王国は，中国人商人のかわりに，中国では入手しづらい東南アジアの産品を明に輸出した。

③ 中継貿易による繁栄

明や東南アジアだけでなく，琉球王国は地理的な条件を生かし，朝鮮や日本とも積極的に貿易を行った。それぞれの国の産品を取り次ぎ，**那覇港**を通して，各国に輸出した。15～16世紀，琉球王国は「万国の架け橋」となり，こうした**中継貿易**によって繁栄した。

A **明と朝貢関係を結んだ琉球王国は，明の海禁政策によって貿易が制限されていた中国人商人にかわり，中国では入手しづらい東南アジアの産品を明に輸出した。友好関係にあった日本や朝鮮の産品も扱い，それらを各国に取り次ぐ中継貿易によって繁栄した。**(116字)

40. 大航海時代と日本

入試重要度 A

01 大航海時代と鉄砲伝来 ★★

① **密貿易と銀**…16世紀，明は**海禁政策**(84ページ)を継続していたが，日中の商人による密貿易は活発に行われていた。

✔**後期倭寇**　明の取り締まりに対抗し，中国人の商人は武装して密貿易を行った。こうした中国人中心の密貿易商人を**後期倭寇**という。

✔**銀の交易**　日本では1530年代以降，**石見銀山**を中心に銀が増産された。日本からは大量の**銀**が明に輸出され，明からは**生糸**が輸入された。

② **大航海時代**…15世紀末，オスマン帝国が地中海交易を支配したため，**ポルトガル**と**スペイン**はアフリカ西部やアメリカ(新大陸)，アジアへと進出した。こうして，ヨーロッパを中心に諸地域が広く交流する**大航海時代**が始まった。

✔**ポルトガル**　1510年に**ゴア**(インド)，翌年に**マラッカ**(マレーシア)を占領し，1540年代には九州各地に漂着・来航するようになった。

✔**スペイン**　アメリカ大陸から太平洋を横断し，**フィリピン**へ進出した。**カトリック**の**イエズス会**も布教のため，アジアへ向かった。

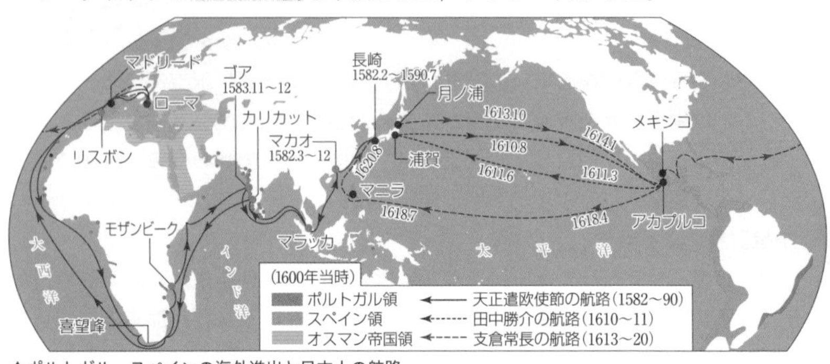

▲ポルトガル，スペインの海外進出と日本人の航路

③ **鉄砲の伝来**…1543年，中国人密貿易商人(王直)の船に乗った**ポルトガル人**が大隅の**種子島**に漂着し，**鉄砲**をもたらした。

✔**生産地**　島主の**種子島時尭**は，家臣に鉄砲の使用法・製造法を学ばせた。その技術は各地に広まり，**堺**(和泉)や**国友**(近江)が主産地になった。

✔**鉄砲の影響**　鉄砲は戦国大名に注目され，急速に普及した。鉄砲をもたせた足軽隊の編成などの戦術，城郭の構造などにも影響を与えた。

02 キリスト教の伝来 ★★

① **キリスト教の伝来**…1549年，イエズス会の宣教師**フランシスコ=ザビエル**が中国人商人の船で**鹿児島**に来航し，日本に初めてキリスト教を伝えた。大内氏の**山口**や大友氏の**豊後府内**(大分)などで布教し，信者を増やしていった。

② **宣教師の来日**…その後，ガスパル=ヴィレラやルイス=フロイスなど，多くの宣教師が来日し，各地に**南蛮寺**(教会)や**セミナリオ**(神学校)を建てた。

③ **キリシタン大名**…イエズス会の布教は貿易と一体化していた。九州の戦国大名のなかには，貿易による利益を求めてキリスト教徒になる者もいた。**キリシタン大名**の**大友義鎮**(**宗麟**)・**大村純忠**・**有馬晴信**は1582年に４人の少年をヨーロッパに派遣し，ローマ教皇に謁見させた(**天正遣欧使節**)。

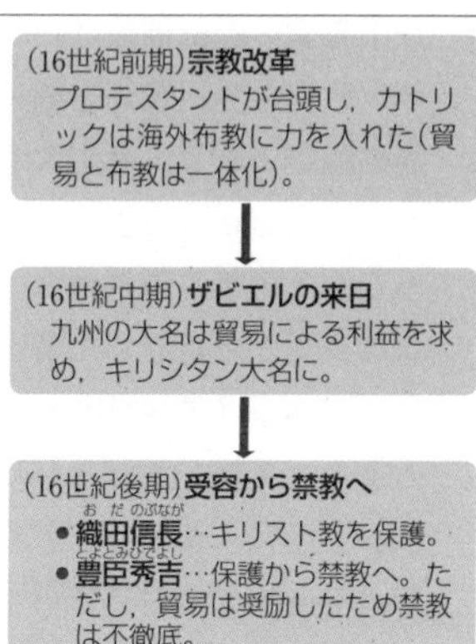

重要ファイル CHECK 1549年，イエズス会の宣教師フランシスコ=ザビエルが鹿児島に上陸し，キリスト教の布教を始めた。

03 南蛮貿易 ★★

① **南蛮人との貿易**…1560年代末，明は海禁政策を緩和したが，日本への渡航は認めなかったため，マカオに進出していた**ポルトガル人**が中国・日本間の貿易を仲介した。ポルトガル人は，少し遅れて来航した**スペイン人**とともに**南蛮人**と呼ばれた。

② **南蛮貿易**…ポルトガル船は**長崎**や**平戸**，豊後府内などに来航し，続いてスペイン船も平戸に来航した。こうしたポルトガルやスペインとの貿易を**南蛮貿易**という。日本は生糸・絹織物などの中国の産品を輸入し，主に**銀**を輸出した。

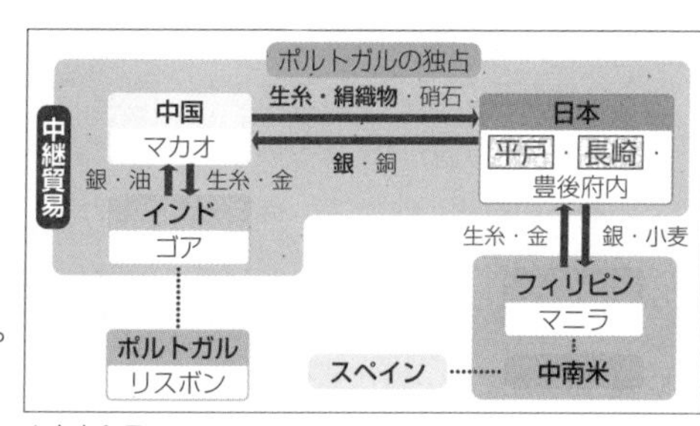

▲南蛮貿易

41. 織田信長の統一事業

入試重要度 B

01 信長の戦い ★★

① **天下布武**…**織田信長**は1560年，駿河の**今川義元**を**桶狭間の戦い**で破り，戦国大名から一目置かれるようになった。その後，信長は今川氏の支配から自立した隣国三河の松平元康(**徳川家康**)と結び，美濃の斎藤氏を攻略。1567年，斎藤氏を破り，岐阜を本拠とした。この頃から「天下布武」の印章を用い，天下統一の意志を示した。翌年，13代将軍足利義輝の弟である**足利義昭**を立てて上洛し，義昭を将軍職につけた。

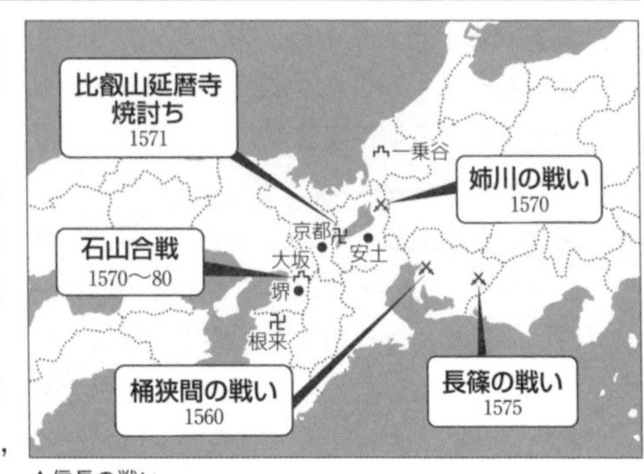

▲信長の戦い

② **信長包囲網**…実権を信長に掌握された義昭は，各地の反信長勢力と通じて包囲網をつくった。しかし，信長は1570年に浅井長政・朝倉義景連合軍を北近江の姉川で破り(**姉川の戦い**)，翌年には敵対した**比叡山延暦寺**を焼討ちした。

③ **室町幕府の滅亡**…信長は1573年，15代将軍義昭を京都から追放した。これによって，室町幕府は実質的に滅亡した。

④ **鉄砲隊の組織**…1575年，**徳川家康**と組んだ**長篠の戦い**では，足軽による鉄砲隊を組織した。さらに騎馬隊の進入を妨害するため，柵(馬防柵)や土塁を築いた。これらの戦術によって，当時最強といわれていた**武田勝頼**の騎馬隊を討ち破った。

▲『長篠合戦図屛風』

⑤ **城下町の建設**…翌1576年，琵琶湖畔に巨大な天守(天主)をもつ**安土城**の建造を開始し，家臣団を城下に移住させた。安土の城下町は，信長のさまざまな経済振興策によって繁栄した。

⑥ **石山本願寺との戦い**…信長に対しては，延暦寺だけでなく，**一向宗**(浄土真宗)の総本山である**石山本願寺**も激しく敵対した。

▲石山本願寺(復元模型)

✔**一向一揆の壊滅**　1574年に長島の一向一揆，翌1575年には越前の一向一揆がおこったが，信長はいずれも攻撃の手をゆるめず，壊滅させた。

✔**石山本願寺の屈服**　石山本願寺は本山を中心に寺内町を形成し，城のような要塞を築いていた。しかし，信長は徹底抗戦を続ける石山本願寺を1580年に屈服させ，10年間に及んだ**石山合戦**(**石山戦争**)を終わらせた。

⑦ **本能寺の変**…1582年，武田氏を滅亡させると，東日本の多くの大名は信長に服属するようになった。しかし，信長の強圧的な姿勢は多くの反発を招き，信長は同年，家臣の**明智光秀**に背かれて，京都の**本能寺**で自害した。

02 信長の政策 ★★

① **織田政権の統治**

✔**経済政策**　城下町の安土では，**楽市令**を出して新興の商工業者に自由な営業を認め，商業税や普請・伝馬の負担を免除して城下の繁栄をはかった。また，畿内に多く設置されていた**関所も廃止**し，貨幣の流通を促すため，撰銭令(89ページ)も発令した。

✔**宗教政策**　延暦寺や一向宗，法華宗など，旧来の仏教勢力を激しく弾圧[1]する一方，南蛮貿易での収益を目的に，**キリスト教**は厚く保護した。安土城下では，セミナリオ(神学校)の建設も容認した。

② **信長の影響**…幕府と大寺院(延暦寺や一向宗)が中核になっていた中世の権威が著しく低下した。また，市や座から収入を得ていた公家・寺社も，楽市・楽座によって大きな経済的打撃を受けた。

重要ファイル CHECK
- 桶狭間の戦いで今川氏を討った信長は，鉄砲を使って武田氏も破った。
- 室町幕府を倒し，延暦寺や石山本願寺など仏教勢力も屈服させた。
- 安土城下で楽市令を出し，新興の商工業者に自由な営業を認めた。

❶安土城下で1579年，信長は法華宗(日蓮宗)と浄土宗の僧侶に議論をさせた。この安土宗論で，法華宗は敗北したが，過激な法華宗を弾圧したい信長の思惑が働いたとみられる。

42. 豊臣秀吉の全国統一

入試重要度 A

01 全国統一への道 ★★

① **信長の後継者**…羽柴(のち**豊臣**)**秀吉**は**賤ヶ岳の戦い**で**柴田勝家**を破り，信長の後継者争いに勝利した。その後，**大坂城**の築城を開始し，権力を誇示した。翌年には**小牧・長久手の戦い**で信長の次男信雄と徳川家康の連合軍と戦ったが，信雄と講和して臣従させた。

② **関白就任**…1585年に**関白**，翌年には**豊臣姓**を朝廷から獲得した。その後，後陽成天皇を**聚楽第**に迎え，武家関白[1]として家康以下の諸大名を臣従させ，政権を安定させた。

1582	**山崎の戦い**(明智光秀を滅ぼす)
1583	**賤ヶ岳の戦い**(柴田勝家を破る)
	大坂城築城開始
1584	**小牧・長久手の戦い**
	(徳川家康と対決・和睦)
1585	**関白**に就任
	四国平定(長宗我部元親を破る)
1586	太政大臣に就任　**豊臣姓**を下賜される
	家康臣従
1587	**九州平定**(島津義久を破る)
	バテレン追放令
1588	後陽成天皇を**聚楽第**に迎える
	刀狩令
1590	関東の**北条氏政**を滅ぼす
	家康を関東へ転封

▲秀吉の天下統一過程

③ **四国・九州平定**…秀吉に反抗した四国の**長宗我部元親**，九州の**島津義久**を破った。

④ **全国統一**…関東を支配していた**北条氏政**を1590年に滅ぼし，さらに**伊達政宗**をはじめとする奥州の諸大名も臣従させて全国統一を完成させた。

02 豊臣政権の構造 ★★

① **惣無事**…関白として大名同士の争いを停止すること(惣無事)を呼びかけ，統一を早期に完成させた。

② **秀吉の独裁**…**五大老・五奉行**の整備は秀吉の晩年のことで，秀吉は一貫して独裁的な政治を行った。五奉行には文治派の武将があてられた[2]。

重要ファイル CHECK
- 秀吉は，天皇の権威を利用し，関白の地位を得て政権を握った。
- 秀吉は惣無事を呼びかけ，大名に停戦を命じた。

[1] 関白職は藤原摂関家の世襲であり，武家が就任したのは秀吉と甥の秀次の二人だけであった。
[2] 五奉行は石田三成，長束正家，浅野長政，前田玄以，増田長盛で政務を分担した。五大老は有力大名の徳川家康，前田利家，宇喜多秀家，毛利輝元，小早川隆景(死後は上杉景勝)。

③ **財政基盤**…**蔵入地**(直轄領)，**佐渡・石見大森・生野**などの金・銀鉱山，京都・大坂・堺・伏見・長崎などの重要都市を直轄し，堺(**千利休・小西隆佐**など)や博多(**島井宗室**など)の**豪商**の力を利用した。1588年には**天正大判**を鋳造させた。

03 太閤検地 ★★

① **太閤検地**…秀吉が行った検地で，指出検地(95ページ)とは異なり，統一基準の下に実施されたため，**太閤検地**と呼ばれる。**天正の石直し**ともいう。

② **検地の方法**

統一基準で実施され検地帳に登録

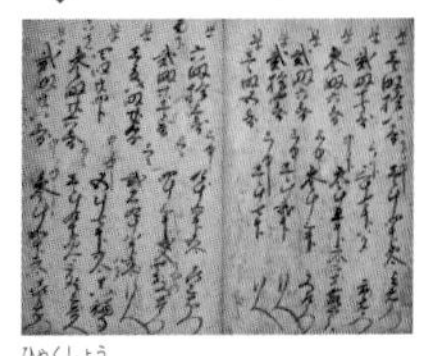

- ✔面積単位の1歩を6尺3寸四方とし，**300歩＝1段(反)**，10段＝1町とした(従来は360歩＝1段)。
- ✔枡の容量を**京枡**に統一した。
- ✔田畑・屋敷の面積を役人を派遣して実測した。田畑1段あたりの米の生産量を**石盛**，石盛に面積をかけて得られた量を**石高**とした。
- ✔**一地一作人**の原則の下，作人，石高，面積，等級を明記した**検地帳**を作成した。
- ✔1591年，朝鮮出兵に備え，諸大名に領国の検地帳(御前帳)と国絵図の提出を命じた。

③ **検地の意義**…検地帳に作人として登録されることで，百姓の土地所有権が確立した。大名領地を石高で把握できるようになり，**国替**(**転封**)が容易になった。

04 兵農分離 ★★

① **刀狩令**…秀吉は1588年，大仏造立を口実に**刀狩令**を発令した。百姓から刀・脇差・槍などを取り上げ，一揆を未然に防ごうとした。

② **身分統制の法令**…朝鮮出兵に備え，1591年，武家の奉公人(戦時の雑兵)が町人や百姓になることを禁じた。また，百姓が商人になることなども禁じた。

③ **人掃令と戸口調査**…翌1592年，関白の豊臣秀次(秀吉の養子)の名で，朝鮮出兵に従軍した奉公人らの逃亡を摘発する法令が出された。これを一般に**人掃令**という。また町や村に命じて，身分ごとの家族・人数を調査させた。

④ **兵農分離の完成**…太閤検地や刀狩令，各種の身分統制の法令などにより**兵農分離**(武士・百姓・町人の区別)が進み，近世社会の基本的なしくみが完成した。

重要ファイル CHECK
- 秀吉は，土地の生産量(石高)と百姓を掌握するため，太閤検地を行った。
- 太閤検地，刀狩令，各種の身分統制の法令により，兵農分離が進んだ。

第3章
近世

43. 秀吉の対外政策

入試重要度 B

01 対外政策 ★★

① **バテレン追放令**…**豊臣秀吉**は1587年，九州出兵の際，**大村純忠**が長崎をキリスト教会領として寄進したことを知った。これにより，キリスト教宣教師の国外追放を命じた。しかし，貿易には積極的であったため，取り締まりは徹底しなかった。

バテレン追放令❶

一 日本ハ神国たる処、きりしたん国より邪法を授け候儀、太以て然るべからず候事。

一 伴天連、其知恵の法を以て、心ざし次第に檀那❷を持ち候と思召され候へハ、右の如く日域❸の仏法を相破る事曲事に候条、伴天連の儀、日本の地ニハおかせられ間敷候間、今日より廿日の間ニ用意仕り帰国すべく候。……

一 黒船❹の儀ハ商売の事に候間、各別に候の条、年月を経、諸事売買いたすべき事。

天正十五年六月十九日（一五八七）　（「松浦文書」）

❶五条からなる　❷信者　❸日本　❹ポルトガル船やスペイン船

② **大名への対応**…秀吉は大名のキリスト教入信を許可制にした。キリシタン大名の**高山右近**❶は棄教を迫られたが拒否したため，明石6万石の領地を取り上げられた。

③ **強硬外交**…秀吉は1588年に**海賊取締令**を出して倭寇を取り締まるなど，海上支配を強化した。東アジアのなかで日本中心の国際秩序をつくるため，琉球王国，マニラのスペイン政庁，高山国(台湾)などに服属と入貢を求めた。

④ **サン=フェリペ号事件**❷…1596年，土佐に漂着したスペイン船**サン=フェリペ号**の乗組員が尋問を受け，スペインによる日本侵略の意図を口にしたとされる。これを耳にした秀吉は，京都で宣教師および信者26人を捕らえて長崎に護送し処刑した(**26聖人殉教**❸)。

▲日本26聖人殉教記念碑(長崎市)

重要ファイル CHECK
- 長崎がキリスト教会領に寄進されたことが，秀吉の禁教のきっかけだった。
- 海外貿易を積極的に奨励したため，秀吉の禁教は不徹底に終わった。

❶[高山右近]　その後，加賀前田家の客将として仕えたが，1614年，フィリピンのマニラへ追放され，同地で死去した。

❷[サン=フェリペ号事件]　背景には，日本への布教をめぐるイエズス会とフランシスコ会の対立があったといわれる。

❸[26聖人殉教]　26人はのちにローマ教皇によって「聖人」に列せられたことからこう呼ばれる。

02 朝鮮侵略 ★★

① **出兵のいきさつ**…秀吉は早くから明征服の意志を示しており，1587年に対馬の宗氏を通じて朝鮮に入貢と明征服の先導を要求した。しかし，朝鮮に拒否され，出兵を計画した。その前線基地として，肥前に壮大な名護屋城を築いた。

② **出兵の経過**

文禄の役（壬辰倭乱，1592～93年）

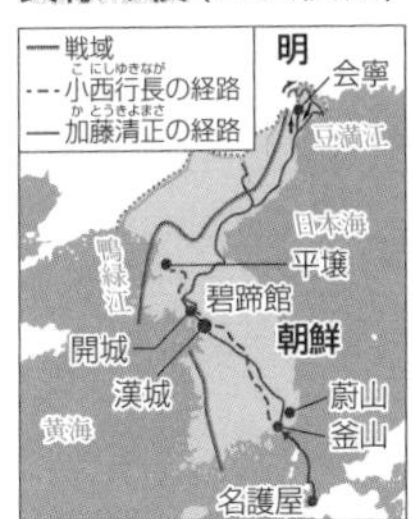

戦線がのびた日本軍は兵糧が尽き，和平交渉を開始。小西行長の和平交渉は，朝鮮南部の割譲を求める秀吉の意志を反映しておらず，秀吉が激怒。再度の出兵が命令された。

- **加藤清正**，**小西行長**ら軍勢約16万
- 朝鮮全土に戦線拡大
- **李舜臣**（イスンシン）の水軍の活躍と義兵の抵抗
- 明の援軍（李如松）

慶長の役（丁酉再乱，1597～98年）

秀吉の死去により，撤兵。徳川家康は講和交渉を行い，1605年に講和が成立し，1607年に朝鮮から回答兼刷還使[4]が来日した。

- 明との交渉が決裂し再び出兵
- 朝鮮半島南部の占領をめざす
- 戦線は膠着状態になる
- 李舜臣の水軍に再び苦戦

③ **出兵の影響**

✔加藤清正ら前線を担当した武将と，後方の補給を担当した**石田三成**ら奉行たちとの対立が激化した。のちに，関ヶ原の戦いでの豊臣家臣団の分裂の原因となり，豊臣政権の滅亡を早めることになった。

✔多くの朝鮮人技術者が捕虜[5]として日本に連行された。彼らは新しい文化を日本にもたらした。

▶**活字印刷術**　銅活字や木活字による慶長勅版[6]の出版。
▶**陶磁器生産技術**　**有田焼**の李参平，薩摩焼の沈寿官など。

✔戦場となった朝鮮の被害は大きく，国土は荒廃した。江戸幕府とは国交を開いたが，日本人の国内立ち入りは厳しく制限した。

✔明も多大な戦費負担を強いられ，滅亡を早めた。

重要ファイル CHECK
- 朝鮮侵略の過程で豊臣家臣団に分裂が生じ，豊臣政権崩壊の原因となった。
- 日本に連行した朝鮮人技術者が，陶磁器の製法などをもたらした。

[4]・[5] 12回の公式使節のうち最初の3回は回答兼刷還使と呼ばれ，捕虜の帰還を任務としていた。
[6]［慶長勅版］　後陽成天皇の命により，木活字で『源氏物語』などの古典が京都で出版された。

44. 桃山文化

入試重要度 B

01 桃山文化 ★★

① **桃山文化**…16世紀後半，織豊政権の**安土・桃山時代**の文化を**桃山文化**という。戦国時代に天下人となった信長・秀吉を中心とする**戦国大名**や日明貿易などで財をなした**豪商**が担い手となった。

- ✓**豪壮かつ華麗**　室町時代の伝統的な文化を受け継ぎながらも，武家や豪商の気風を反映した豪壮かつ華麗な文化。
- ✓**世俗・人間中心**　南蛮人がもたらした西洋文化の影響が見られる。寺院勢力が後退したため，仏教の影響は薄く，世俗的・人間中心的な文化。

② **建築**…諸大名は領国に**平山城**や**平城**を築造した。周囲に石垣や堀をめぐらし，巨大な高楼の**天守**(天主)を備えた**城郭建築**は，桃山文化を象徴している。

- ✓**主な城郭**　領国の中心に建てられ，城主の権威を示した。信長が建てた**安土城**，秀吉が建てた**伏見城**や**大坂城**，池田輝政が建てた**姫路城**❶が代表。
- ✓**御殿・居室**　城の内部・敷地には，大広間をもつ書院造の御殿が建てられた。二条城の二の丸御殿が代表。

▲姫路城

- ✓**茶室**　茶の湯が信長・秀吉をはじめとする戦国大名に好まれ，保護されたことで，質素で狭い空間の茶室も多く建てられた。**妙喜庵茶室**(**待庵**)は**千利休**の作といわれる。

③ **美術**

- ✓**障壁画**　城郭内の**襖**・**屏風**に，水墨画の線描と大和絵の色彩を融合した**濃絵**の**障壁画**が描かれた。**狩野永徳**の『**洛中洛外図屏風**』『**唐獅子図屏風**』，**狩野山楽**の『**松鷹図**』などが代表。

▲『唐獅子図屏風』

❶[**姫路城**]　関ヶ原の戦いで徳川家康に従い，播磨国52万石を与えられた池田輝政が築造した。連立式の天守をもった平山城で，「白鷺城」の異名をもつ。1993年に世界文化遺産に登録された。

✔その他　海北友松や**長谷川等伯**は，水墨画に新しい境地を開いた。屛風絵では，祭礼図，職人尽絵，南蛮屛風といった風俗画が多く描かれた。

④ **茶道の確立**…京都や堺など富裕な町衆の間で**茶の湯**が流行した[2]。

✔茶人　堺の商人の**千利休**は信長・秀吉の保護[3]を受け，簡素な**侘茶**を追求して茶道を確立させた。今井宗久や津田宗及も信長・秀吉に重んじられた。

✔影響　茶器が珍重され，茶道とともに華道や香道も発達した。

⑤ **庶民の文化**…室町時代におこった庶民の文化が定着・発展した。

✔能　秀吉に保護された**能**は，**狂言**とともに公式の芸能になった。

✔女歌舞伎　17世紀初め，**出雲お国(阿国)**が京都の四条河原で，異様なかっこうをした「**かぶき者**」の姿で踊り，評判になった。この**阿国歌舞伎**(かぶき踊り)をまねた，女芸人や遊女による**女歌舞伎**も人気を集めた。

✔浄瑠璃・小歌　三味線の伴奏による**人形浄瑠璃**が広まった。小歌では，堺の町人**高三隆達**が始めた隆達節が庶民の間で流行した。

⑥ **庶民の生活**…衣服は身分を問わず，袖の開口部が小さな**小袖**が一般的になった。三河を中心に栽培が始まった**木綿**が，麻にかわって定着した。食事は朝夕2回から3回に増加した。京都などでは，瓦屋根の2階建ての家が増えた。

02 国際的な文化の交流 ★★

① **南蛮文化**…16世紀後半，**南蛮貿易**(103ページ)で伝えられたヨーロッパの文化。油絵や銅版画のほか，パン，カステラ，カルタ，たばこなどがもたらされた。

② **学問・出版**…天文学・医学・地理学や航海術・造船術が伝えられた。また，イエズス会の宣教師**ヴァリニャーノ**によって金属活字が伝えられ，**キリシタン版**と呼ばれるローマ字の宗教書や辞書などが出版された。

▲南蛮人

③ **教育機関**…司祭・修道士を養成するため，安土と肥前有馬に初等教育機関の**セミナリオ**，豊後府内に高等教育機関の**コレジオ**が建てられた。

④ **陶磁器**…秀吉の朝鮮出兵に伴い，朝鮮から連れ帰った陶工によって，**有田焼**，薩摩焼，萩焼などが始められた。

> **重要ファイル CHECK**
> - 桃山文化は，城郭建築の勇壮さと茶の湯などの簡素さを特徴とする。
> - 南蛮人が西洋の産品や学問を伝え，朝鮮人が陶芸の技術を伝えた。

[2] 茶の湯を愛好した秀吉は1587年，千利休らとともに北野大茶湯という大規模な茶会を開いた。

[3] 利休は当初，茶の湯の師匠として秀吉に重用されたが，やがて秀吉と対立し切腹させられた。

45.江戸幕府の成立と幕藩体制

入試重要度 B

01 江戸幕府の成立 ★★

① **関ヶ原の戦い**…1600年，豊臣政権の前途を憂えた**石田三成**ら西軍が，**徳川家康**ら東軍と戦って敗れた戦いで，天下分け目の戦いと称される。この戦いに勝利した家康は1603年に**征夷大将軍**となり，江戸に幕府を開いた。

② **大坂の陣**…幕府が開かれてからも**豊臣秀頼**は高い官位を保持し，大坂城を居城に幕府の大きな脅威となっていた。1605年に将軍職を子の**徳川秀忠**に譲り**大御所**となっていた家康は，1614～15年の**大坂の陣**で豊臣氏を滅ぼした。

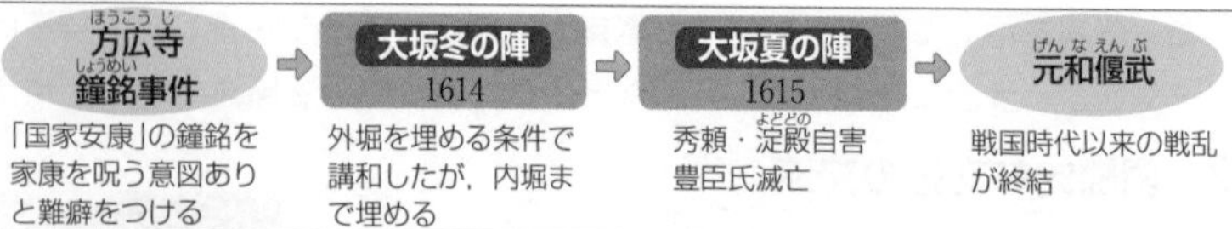

02 幕藩体制 ★★

① **大名統制**…将軍と大名が土地・人民を統治する体制を**幕藩体制**という。

- ✔**一国一城令**　1615年，領内の居城以外の城の破却を命じた。
- ✔**武家諸法度**　大名統制の法令。違反者は減封，改易❶などの処罰を受けた。
- ✔**軍役の賦課**　平時の軍役として**普請役**❷と**参勤交代**を義務づけた。

② **武家諸法度**…幕府の許可なく城の修築や大名間の婚姻などを禁止した。1635年**徳川家光**のときに改定され，**参勤交代**が制度化された(**寛永令**)。これにより，１年おきの江戸と国元の往復，正妻と継嗣の江戸在住が強制された。

③ **親藩・譜代・外様**…領地１万石以上の将軍直属の家臣が大名とされた。

- ✔**親藩**　徳川氏一門の大名(尾張・紀伊・水戸の３藩は**三家**)｝**江戸周辺と全国要地に配置**
- ✔**譜代**　関ヶ原の戦い以前から徳川氏の家臣だった大名｝**江戸周辺と全国要地に配置**
- ✔**外様**　関ヶ原の戦い前後に徳川氏に従った大名→**遠隔地に配置**

❶[**改易**]　領地の没収。福島正則は居城を無断修理したとして改易された。

❷[**普請役**]　幕府は江戸城や名古屋城の築城の手伝い，その他の土木工事を大名に命じた。

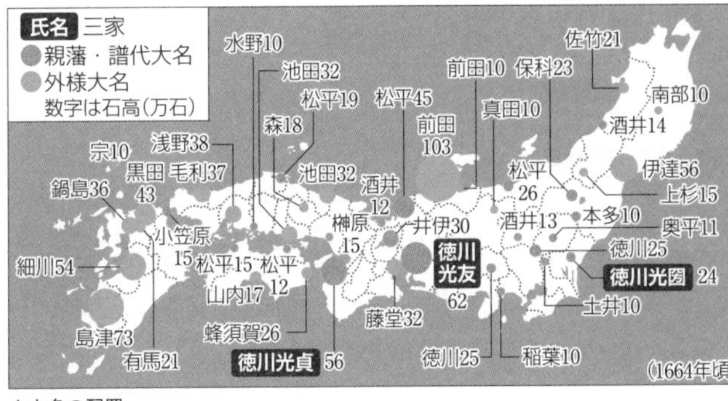

▲大名の配置

九州は東端の豊前・豊後の小笠原氏のみが譜代。西日本や東北に外様が多い。関東・東海・近畿には，ほとんど親藩・譜代を配置。

> **重要ファイル CHECK**
> - 大名統制の中心は武家諸法度と参勤交代。正妻と継嗣は人質として江戸在住。
> - 3代将軍家光が発布した武家諸法度により，参勤交代が制度化された。

03 幕府による統制政策 ★★

① 朝廷の統制

✔**規制の法令**　幕府は1615年，**禁中並公家諸法度**を定め，朝廷が政治に関与することを禁じ，公家の席次・昇進にまで規制を加えた。

✔**統制の役所**　幕府は**京都所司代**を置き，朝廷や西国大名の監視にあたらせた。また，**武家伝奏**(窓口役の公家)が京都所司代と連携しながら，朝廷を統制した。

✔**統制の強化**　1627年の**紫衣事件**[3]の2年後，**後水尾天皇**が幕府の同意を求めずに譲位した。幕府はこれを機に，朝廷への統制をいっそう強化した。

② 禁教と寺社の統制

✔**キリスト教の禁止**　1612年，直轄領に**禁教令**を出し，翌年全国に拡大した。さらに**島原の乱**をきっかけに禁教を強化した(118ページ)。

✔**寺院の統制**　寺院が檀家であることを証明する**寺請制度**を設け，**宗門改め**によって民衆を統制した。また，**寺院法度**を出して，宗派ごとに本山・本寺が末寺を統制する**本末制度**を設けた。さらに1665年には，宗派をこえた**諸宗寺院法度**を出した。幕府に従わない**日蓮宗不受不施派**を弾圧した。

✔**神社の統制**　幕府は神道・修験道・陰陽道などは容認したが，諸宗寺院法度の制定と同じ1665年，神社・神職に対して**諸社禰宜神主法度**を出した。

---

[3] **[紫衣事件]**　後水尾天皇が幕府の許可なく紫衣を勅許し，幕府がその決定を覆した事件。これをきっかけに，天皇は幕府の同意を求めず突然に譲位した。

46.幕府と藩の機構

入試重要度 B

01 幕府の財政と政治機構 ★★

① 幕府の財政・軍事

☑**財政収入**　直轄領(幕領)からの年貢，佐渡・伊豆・但馬生野・石見大森などの主要鉱山からの収入が中心だった。また，幕府は主要都市を直轄にして商工業や貿易を統制し，貨幣の鋳造権も独占した。

☑**軍事力**　1万石未満の**旗本**(将軍に謁見できる者)と**御家人**(将軍に謁見できない者)が将軍直属の家臣(直参)として支えた。諸大名も**軍役**を負担した。

② 幕府の中枢…幕府の政治機構は，3代将軍徳川家光の頃までに整備された。

☑**最高職**　将軍の下で**老中**(当初は年寄)が，幕府の政務を統轄した。臨時の最高職である**大老**が置かれることもあった。

☑**老中の補佐**　**若年寄**が老中を補佐し，旗本の監督も担った。大名の監視には**大目付**があたり，旗本・御家人の監視には**目付**があたった。

☑**三奉行**　寺院・神社を統制する**寺社奉行**，江戸の市政を統轄する**町奉行**，幕府の財政を担う**勘定奉行**という**三奉行**が置かれた。

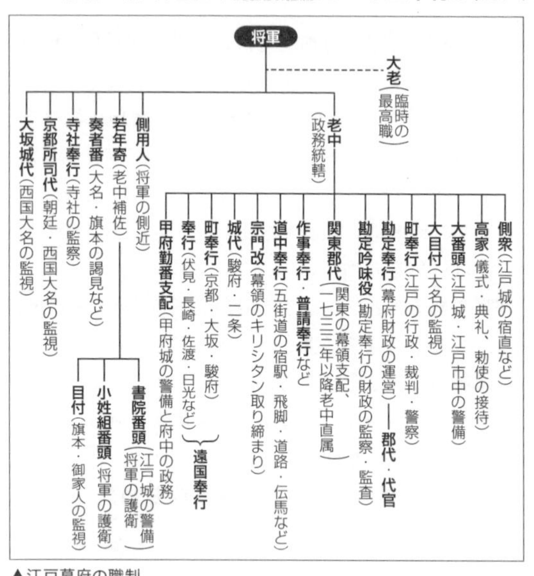

▲江戸幕府の職制

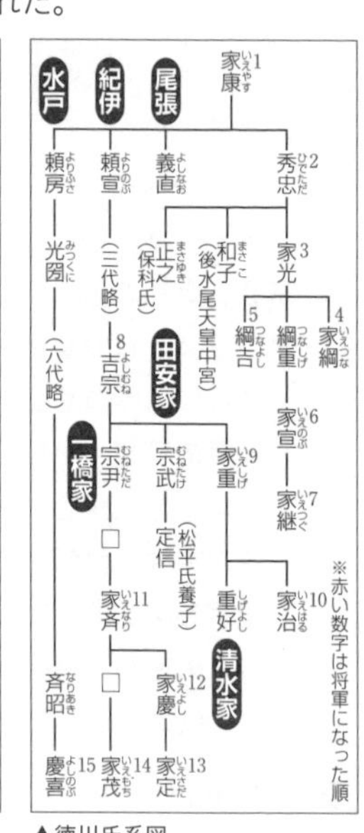

▲徳川氏系図

- ✔**評定所**　役職をまたがる裁判や重要な案件などは，**老中**と**三奉行**で構成される**評定所**で合議によって決裁された。

③ **地方の統制**

- ✔**朝廷の統制**　京都では，**京都所司代**が京都町奉行とともに，朝廷の統制・西国大名の監視にあたった。
- ✔**都市の統制**　重要都市の大坂・駿府には**城代**と町奉行，伏見・長崎・佐渡・日光などには奉行(**遠国奉行**)が置かれた。また，幕領には**郡代**や**代官**が派遣され，勘定奉行の監督の下，行政・裁判などを担った。

④ **譜代大名と旗本**…老中など将軍直属の重職は**譜代大名**から任命され，町奉行や郡代・代官などは**旗本**から任命された。

▼主な幕府直轄領と直轄地

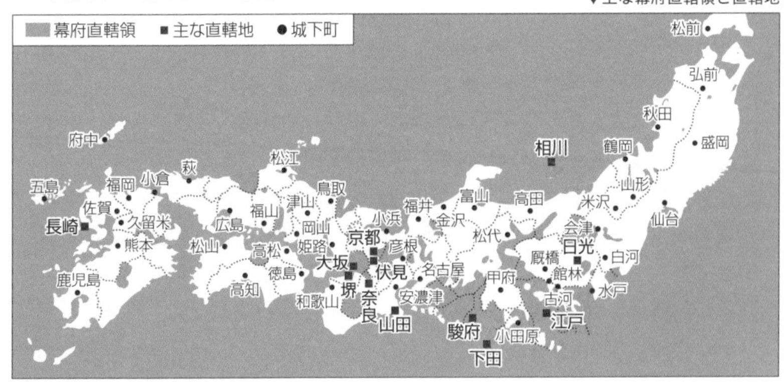

02 藩の支配機構 ★★

① **初期の支配体制**…当初，大名は領内の有力武士に領地を与え，それぞれ領民を支配させ，年貢も徴収させていた。このしくみを**地方知行制**❶という。

② **支配体制の変化**…その後，大名は有力武士を家臣団に編成させ，城下町に集住させた。有力武士は家老や奉行などの役職につき，藩政を分担した。

③ **俸禄制度の確立**…17世紀になると，地方知行制はほとんど見られなくなった。郡奉行や代官が藩の直轄地(蔵入地)を管理し，徴収した年貢を**蔵米**として藩士に支給する**俸禄制度**❷に移行した。

重要ファイル CHECK
- 幕府中枢は老中と三奉行で，役職をまたがる事案は評定所で決裁された。
- 藩政は，地方知行制から俸禄制度を基礎とする領内一円支配に移行した。

❶知行とは，元は職務の執行という意味。家臣に恩給された領地に対する支配権のことを指す。
❷[**俸禄制度**]　藩の収入のほとんどは年貢米で，その半分近くが藩士への俸禄にあてられた。

47.江戸時代初期の外交

入試重要度 A

01 海外交易 ★★

① **リーフデ号**…1600年，豊後の臼杵に漂着した。乗組員の**ウィリアム=アダムズ**(**三浦按針**)と**ヤン=ヨーステン**(**耶揚子**)が徳川家康と謁見し，家康の外交顧問となった。

1600	オランダ船リーフデ号，豊後の臼杵に漂着
1604	**糸割符制度**が始まる
1609	オランダの平戸貿易が始まる
1610	家康，メキシコ(ノビスパン)に通商を求め田中勝介を派遣
1612	幕府，直轄領に禁教令
1613	イギリスの通商許可
	伊達政宗，支倉常長をスペインに派遣(慶長遣欧使節)
	禁教令，全国に及ぶ
1616	中国船を除く外国船の寄港地を平戸・長崎に制限

▲江戸時代初期の外交

② **紅毛人**…プロテスタントのイギリス人・オランダ人は，南蛮人に対して**紅毛人**と呼ばれた。オランダは1609年に，イギリスは1613年に**平戸**に商館を開いた。

③ **糸割符制度**…幕府は，ポルトガル商人の独占的利益を阻むために，特定の地域の商人(長崎・大坂・堺・京都・江戸〈五カ所商人〉)に**糸割符仲間**をつくらせて輸入生糸を一括購入させ，ポルトガルの利益独占を排除した。

④ **朱印船貿易**…家康は東南アジアへの商船に**朱印状**(渡航許可証)を発行して，貿易を奨励した。東南アジア各地に**日本町**が形成され，**山田長政**はシャム(タイ)のアユタヤ朝に仕えた。

✔**輸入品**　中国産の**生糸**など。

✔**輸出品**　**銀**など(日本の銀輸出量は，世界の総産出量の3分の1)。

▲朱印船の主な渡航地と日本町

⑤ **スペインとの関わり**…1610年，家康はスペイン領のメキシコ(ノビスパン)との通商を求め，**田中勝介**(京都の商人)を同地に派遣した。伊達政宗も1613年，メキシコとの通商を求め，家臣の**支倉常長**をスペインに派遣した(**慶長遣欧使節**)が，いずれも失敗に終わった。

> **重要ファイル CHECK**
> ●家康はイギリス・オランダと通商を開始し，朱印船貿易も奨励した。
> ●当初の貿易は，ポルトガル船がもたらす中国産の生糸が中心だった。

02 朝鮮と琉球・蝦夷地 ★★

① **4つの窓口**…当初，幕府は積極的に海外との交易を進めたが，のちに「**鎖国**」と呼ばれる政策に転じた。しかし鎖国下でも，**長崎**(オランダ・中国)と**対馬藩**(朝鮮)，**薩摩藩**(琉球)，**松前藩**(蝦夷)の4つの窓口を開いていた。

② **朝鮮との交流**

✔**外交の窓口**　**対馬藩**の**宗氏**が幕府と朝鮮との間を仲介し，1607年に国交が回復した。宗氏は1609年，朝鮮と**己酉約条**を結び，釜山(プサン)に**倭館**を置いた。対朝鮮貿易を独占した対馬藩は，その利益によって藩政を維持した。

✔**慶賀の使節団**　朝鮮からは，主に江戸幕府の新将軍就任を祝うため，**朝鮮通信使**❶という使節団が1607年から計12回にわたって来日した。

③ **琉球王国**…薩摩藩の支配下となったが，中国との朝貢貿易を継続した。

✔**薩摩藩による支配**　幕府の許可を得て，1609年に**薩摩藩**の島津家久が琉球王国を征服し，琉球に石高制を導入した。また，明と琉球との朝貢貿易は継続させながら通商交易権を奪い，琉球産の**黒砂糖**やウコンなどを得た。

✔**江戸への使節**　琉球王国は，国王の代がわりごとにその就任を感謝する**謝恩使**を，将軍の代がわりごとに**慶賀使**を江戸に派遣した。

④ **蝦夷地**

✔**交易の窓口**　渡島半島を支配していた蠣崎氏は**松前氏**と改姓した。外様大名の松前氏は1604年，家康からアイヌとの交易独占権を与えられた。

✔**商場知行制**　松前藩は**商場**(**場所**)と呼ばれる交易地を家臣に知行として与えていた。松前藩は，この**商場知行制**に基づくアイヌとの交易で，蝦夷地の昆布，鮭，海獣皮などを得た。しかし，両者の交易は不平等なものだった。

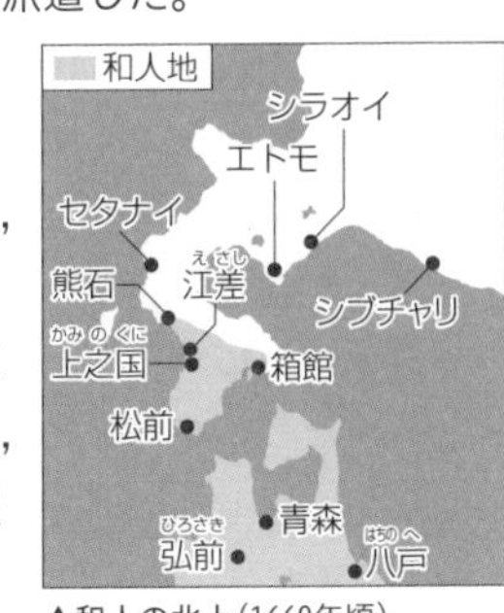

▲和人の北上(1669年頃)

✔**アイヌの反乱**　松前藩の苛政に対し，1669年に**シャクシャイン**が蜂起したが，松前藩は津軽藩の協力を得て鎮圧した。この後，和人のアイヌ支配は強化され，多くの商場が和人の請負となった。これを**場所請負制度**という。

> **重要ファイル CHECK**
> ●幕府は，対馬藩・薩摩藩・松前藩に交易権を与え，間接的に支配した。
> ●朝鮮通信使や琉球の謝恩使・慶賀使は，幕府の威光を国内に浸透させた。

❶[朝鮮通信使]　最初の3回は，朝鮮出兵時の捕虜返還のための使節だった。4回目以降は，「信を通わせる修好を目的とした使節」という位置づけで，儒学者どうしの交流なども行われた。

48. 鎖国政策と寛永期の文化

入試重要度 A

01 鎖国への道 ★★

① **禁教政策**…幕府は当初，キリスト教を黙認していたが，1612年に直轄領に**禁教令**を出し，翌年には全国に拡大した。

- **キリスト教の禁教** 幕府は，スペイン・ポルトガルによる侵略や，キリスト教信徒が信仰のために団結することを恐れた。
- **幕府による貿易独占** 西国大名が貿易で富強になることを恐れた。

② **鎖国令**…1623年から 3 代将軍**徳川家光**の親政が始まった。外様ばかりだった九州に譜代大名を配置することに成功。長崎奉行にも将軍直参の旗本を配置することになった。1633年から長崎奉行に発令された指示を鎖国令と呼ぶ。

- **寛永十年令** 1633年，朱印状以外に老中が発行する渡航許可証(老中奉書)をもつ**奉書船**を除き，貿易船の海外渡航を禁止した。
- **寛永十二年令** 1635年，日本人の海外渡航と海外居住者の帰国をすべて禁止した。これによって朱印船貿易は途絶えた。
- **寛永十六年令** 1639年，ポルトガル船の来航を禁止した。

③ **島原の乱**…かつてキリシタン大名の支配地であった天草・島原のキリスト教信者が領主の苛政を訴え，**益田(天草四郎)時貞**を首領に約 3 万人の土豪や百姓らが蜂起し，原城跡に立てこもった。幕府は12万の兵力を動員し，鎮圧した。

④ **弾圧の強化**…キリシタンを見つけ出すために**絵踏**を強化し，また，すべての人々をどこかの寺院の檀家にさせる**寺請制度**を設けた。

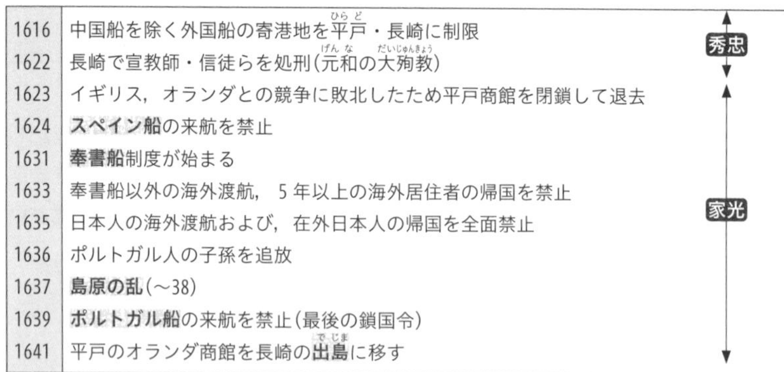

年	出来事	将軍
1616	中国船を除く外国船の寄港地を平戸・長崎に制限	秀忠
1622	長崎で宣教師・信徒らを処刑(元和の大殉教)	
1623	イギリス，オランダとの競争に敗北したため平戸商館を閉鎖して退去	家光
1624	**スペイン船**の来航を禁止	
1631	**奉書船**制度が始まる	
1633	奉書船以外の海外渡航，5 年以上の海外居住者の帰国を禁止	
1635	日本人の海外渡航および，在外日本人の帰国を全面禁止	
1636	ポルトガル人の子孫を追放	
1637	**島原の乱**(～38)	
1639	**ポルトガル船**の来航を禁止(最後の鎖国令)	
1641	平戸のオランダ商館を長崎の**出島**に移す	

▲鎖国への歩み

02 長崎貿易 ★★

① **長崎貿易**…幕府は長崎港内に人工島の**出島**を築き，1641年に平戸のオランダ商館をここに移した。オランダは貿易の利益だけを求め，布教をしないことを約束した。来航する船はオランダ船と中国船，港は長崎港に限られた。

② **オランダとの交易**…出島の出入りは，長崎奉行が厳重に監視した。オランダ商館長は海外の事情をまとめた**オランダ風説書**(ふうせつがき)を幕府に提出した。

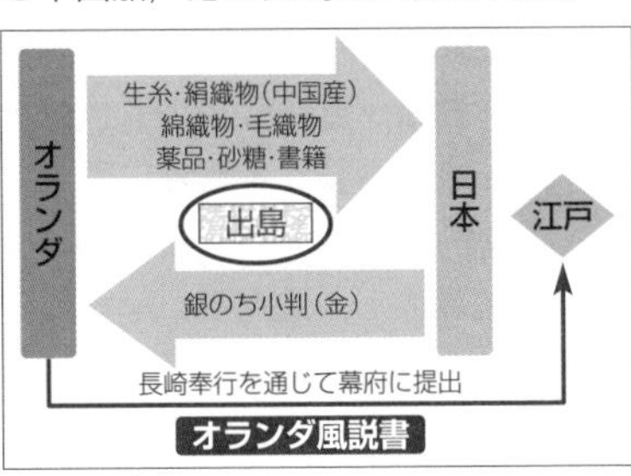

▲オランダとの貿易

③ **中国との貿易**…1644年に明(みん)が滅亡し，**満洲民族**(まんしゅう)の**清**(しん)が成立した。日本との国交は回復されなかったが，長崎での貿易額は増え続けた。

④ **貿易の制限**…長崎貿易の増加により，日本から大量の**銀**が流出するようになった。そのため，幕府は1685年，輸入額を制限し，1688年には清船の来航を年間70隻に制限した。翌年には，中国人の居住を**唐人屋敷**(とうじんやしき)に限定した。

> **重要ファイル CHECK**
> - 幕政が安定しはじめた家光のとき，禁教政策が徹底され，鎖国が完成した。
> - 幕府は布教しないオランダとは出島での交易を認め，利益を独占した。

03 寛永期(かんえい)の文化 ★★

① **江戸時代初期の文化**…幕藩体制の安定に伴い，寛永期(1624～44年)の京都を中心に，豪壮・華麗ななかにも落ち着いた趣のある文化が生まれた。

② **建築・美術・工芸**

✔**建築**　**霊廟建築**(れいびょう)が流行し，華麗な**権現造**(ごんげんづくり)の**日光東照宮**(にっこうとうしょうぐう)が建てられた。一方，簡素で気品がある**数寄屋造**(すきやづくり)の書院をもつ**桂離宮**(かつらりきゅう)も建てられた。

✔**絵画**　狩野(かのう)派の**狩野探幽**(たんゆう)が幕府の御用絵師(ごようえし)となり，土佐(とさ)派の**土佐光起**(みつおき)が朝廷の絵師となった。また，**俵屋宗達**(たわらやそうたつ)は装飾画に新様式を生み出した。**本阿弥光悦**(ほんあみこうえつ)は蒔絵(まきえ)のほか，書や陶芸(楽焼(らくやき)の茶碗)にも名作を残した。

✔**陶磁器**　朝鮮人陶工によって，各地で陶磁器の生産が始められた。**有田**(ありた)では磁器が焼かれ，**酒井田柿右衛門**(さかいだかきえもん)が**上絵付**(うわえつけ)の技法で**赤絵**(あかえ)を完成させた。

③ **文芸・学問**…**藤原惺窩**(ふじわらせいか)が儒学(じゅがく)の一派の**朱子学**(しゅしがく)を徳川家康(いえやす)に進講し，門人の**林羅山**(はやしらざん)は家康に登用された。朱子学は諸藩にも受容された。文芸では，仮名書き小説の**仮名草子**(かなぞうし)が書かれ，俳諧(はいかい)では**松永貞徳**(まつながていとく)による貞門(ていもん)俳諧が流行した。

49. 百姓・町人支配と身分制

入試重要度 B

01 村と百姓 ★★

村法(村掟)による村の運営

領主 ― 代官 ― 村方三役(名主(庄屋 肝煎)・組頭・百姓代) ― 本百姓(土地持ち・年貢負担者) ― 水呑／隷属農民(名子・被官)

▲百姓の統制

① **村の運営**…村は，**名主**(**庄屋**・**肝煎**)・**組頭**・**百姓代**の村役人(**村方三役**)を中心に，**本百姓**によって運営された。村方三役は**村法**(村掟)を制定し，違反者には村八分などの制裁を加えた。

② **五人組**…5戸を基準に年貢納入や治安維持などで**連帯責任**を負った。

▼村の負担

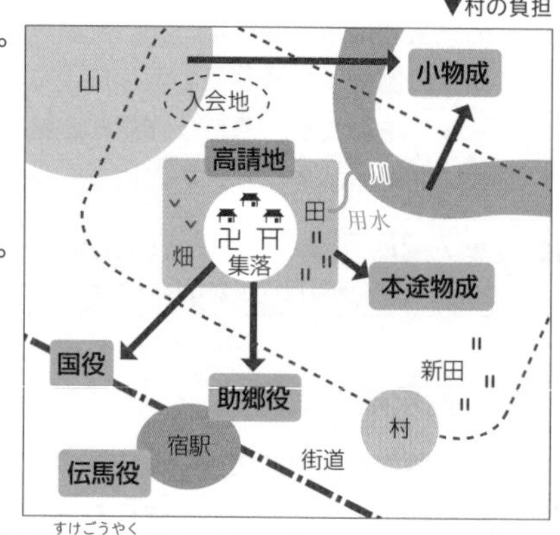

③ **村の負担**

✔**本途物成**　米納を主とした年貢のこと。検地で登録された田畑や家屋敷(高請地)に課せられた。

✔**小物成**(雑税)　副業や山野河海からの収益に課せられた。

✔**国役**　大規模な土木工事など，1国単位で課せられた。

✔公用人馬を差し出す**伝馬役**や，街道に近い村には宿駅に人馬を出す**助郷役**が課せられた。

✔年貢などの諸負担は村全体で責任を負って領主に納入した(**村請制**)。

④ **農村の統制**…石高の40～50%を負担する農民の生活を保障し，年貢収入を確保するため，1643年に**田畑永代売買の禁止令**が出された。寛永の飢饉対策として農民に質素倹約を指示する法令とともに布告された。しかし，貨幣経済の発展に伴って高請地の売買や木綿や菜種などの商品作物の栽培が行われており❶，享保の改革のときには実質的に黙認されるようになった。

✔**田畑永代売買の禁止令**　農地の権利が移動することを禁止した。

✔**分地制限令**(1673年)　農地を一定面積以下に細分化しての相続を禁止した。

❶稲以外の商品作物の栽培を禁ずる「田畑勝手作りの禁」が有名だが，こうした政策が存在したかどうか，近年の研究では疑問視されている。

02 町と町人 ★★

① **城下町**…大名の居城を中心に，身分ごとに武家地・寺社地・町人地が区分された。武家地の面積が最も広大で，町人地は街道に面していた。

② **町のしくみ**…町人地は**町方**とも呼ばれ，商人や職人などが住んだ。町と呼ばれる共同体があり，**町法**(町掟)が定められ**町役人**によって運営された。

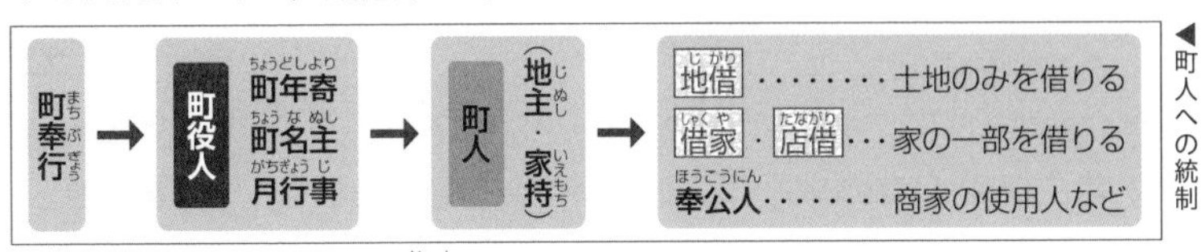

③ **町の負担**…家持に対する地子(宅地税)は免除されることが多かった。しかし，上下水道や道路の整備などの労役や金銭負担はあった。

03 身分秩序 ★★

① **身分制社会**…主従関係，家柄，格式，職業などによって複雑に秩序づけられ，上下関係を基本とする社会秩序が維持された。支配階級は，**苗字**・**帯刀**などの特権をもつ武士と公家で，被支配階級は**百姓**と**町人**である❷。なお，百姓は農民だけではなく，林業や漁業の従事者も含み，町人は商人と職人を含む。

② **特別な身分**…学問，知識，芸能関連，僧侶，神職などの身分集団があった。僧侶や神職は，武士に準ずる高い身分であった。

③ **被差別身分**…社会の最下層の身分とみなされたのが，かわた・非人などである。賤視の対象となったが，住民生活に必須の社会的業務の担い手でもあった。

✔**かわた**　死牛馬の処理や皮革業などに従事した。また，村の治安を守る警察業務の末端を担った。えた，長吏などの別称もある。

✔**非人**　町奉行所の末端として番人や清掃人などの業務を担った。貧困や刑罰により，もとの身分を剥奪されたものが中心。

④ **家制度**…家では**家長**(**戸主**)が強い権限をもち，長男以外や女性の地位は低かった。ただし，武士の妻や使用人をもつ町人の妻の法的な地位は，夫に準ずるものとされた。

重要ファイル CHECK
- 百姓・町人は被支配身分として武士身分の支配を受ける立場であった。
- 各身分のなかにも家柄や役職による整然とした身分の上下関係があった。

❷「士農工商」という身分観念は儒学に基づく抽象的概念で，百姓と町人に身分の上下があったというような，実際の身分制度ではない。

CHECK TEST

□① 1530年代以降，日本は大量の［　　］を明に輸出した。	銀
□② 1543年，後期倭寇の船に乗っていた［ a ］の商人が，大隅の［ b ］に漂着し，日本に鉄砲をもたらした。	a ポルトガル b 種子島
□③ 1549年，イエズス会の宣教師［　　］が日本に初めてキリスト教を伝えた。	フランシスコ=ザビエル
□④ 1582年，［　　］がローマ教皇のもとへ派遣された。	天正遣欧使節
□⑤ 織田信長は1560年の［ a ］の戦いで今川義元を破り，1575年の［ b ］の戦いで武田勝頼を破った。	a 桶狭間 b 長篠
□⑥ 信長は1580年，一向宗の総本山の［　　］を屈服させた。	石山本願寺
□⑦ 信長は明智光秀に背かれ，京都の［　　］で自害した。	本能寺
□⑧ 羽柴(のち豊臣)秀吉は，賤ヶ岳の戦いで［　　］を倒した。	柴田勝家
□⑨ 太閤検地では，［　　］の原則に基づいて，検地帳が作成された。	一地一作人
□⑩ 太閤検地や刀狩令，人掃令などにより，［　　］が進んだ。	兵農分離
□⑪ 秀吉の朝鮮侵略は，出兵時の年号をとって，［ a ］(1592～93年)と［ b ］(1597～98年)と呼ばれる。	a 文禄の役 b 慶長の役
□⑫ 朝鮮から連行した李参平によって［　　］が始められた。	有田焼
□⑬ 安土・桃山時代，城郭の内部の襖・屛風には，濃絵の［　　］が描かれた。	障壁画
□⑭ 17世紀初め，京都の四条河原で［　　］が異様なかっこうで踊り，人気となった。	出雲お国(阿国)
□⑮ 1615年，徳川家康は［　　］で豊臣氏を滅ぼした。	大坂(夏)の陣
□⑯ 徳川氏一門の大名を［ a ］といい，関ヶ原の戦い以前から徳川氏の家臣だった大名を［ b ］という。	a 親藩 b 譜代
□⑰ 江戸幕府は［　　］という役所を置いて朝廷を監視した。	京都所司代
□⑱ 幕府は,寺院が檀家であることを証明する［　　］を設けた。	寺請制度
□⑲ 幕府の直属の家臣で，1万石未満の将軍に謁見できる家臣を［ a ］といい，謁見できない家臣を［ b ］という。	a 旗本 b 御家人
□⑳ 三奉行のうち，江戸の市政を統轄する奉行を［ a ］といい，幕府の財政を担う奉行を［ b ］という。	a 町奉行 b 勘定奉行
□㉑ 17世紀後半，大名家の家臣への給与は［　　］に変わった。	俸禄制度

□㉒ 対馬藩の宗氏は1609年，朝鮮と[ ]を結んだ。	己酉約条
□㉓ 1669年，アイヌの首長[ ]が反乱をおこした。	シャクシャイン
□㉔ オランダ商館が置かれた[a]の出入りは，[b]が厳重に警戒した。	a 出島 b 長崎奉行
□㉕ 寛永期，家康をまつる，権現造の[ ]が建てられた。	日光東照宮
□㉖ 藤原惺窩は儒学の一派である[a]の啓蒙に努め，その門人の[b]は，徳川家康に取り立てられた。	a 朱子学 b 林羅山
□㉗ 近世の村は，[ ]を中心に自治が行われた。	村方三役
□㉘ 幕府は1643年，[ ]の禁止令を出した。	田畑永代売買

思考力問題にTRY

✔次の発表資料は，戦国時代の堺について調べたものである。発表資料中【仮説】の下線部「右の図」にあてはまるものを，あとのア～エから１つ選べ。 【共通テスト試行調査】

【調べてわかったこと】 堺は，有力な町衆である会合衆によって治められている。それは，ベニス市における執政官のような存在だったらしい。

【さらに調べたこと】 ベニス市の執政官について，先生から次の資料(堺より古い時代らしい)を紹介された。

> **資料 『フリードリヒ１世事績録』におけるベニス市などの記述**
> (北イタリアの諸都市では)命令者よりも執政官の意見によって治められている。市民の側には３つの身分すなわち，領主，陪臣，平民があることが知られているが，横暴をおさえるため，執政官は一身分からではなく各身分から選ばれる。また，支配欲が出ないよう，執政官はほぼ毎年交代する。
> (注)陪臣：領主の家臣

【仮説】 堺の町の運営は，<u>右の図</u>のように表すことができる(図中の○印は堺のこと)。

ア
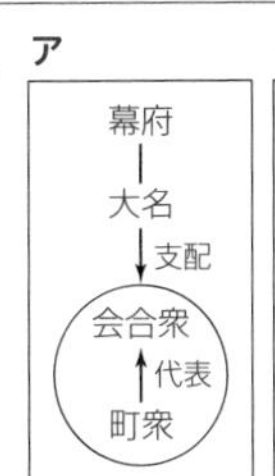

イ
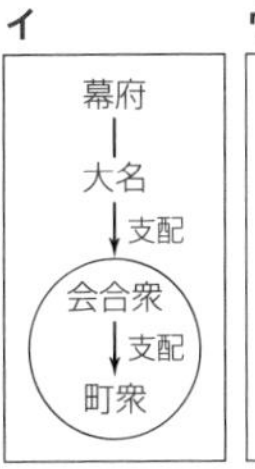

ウ
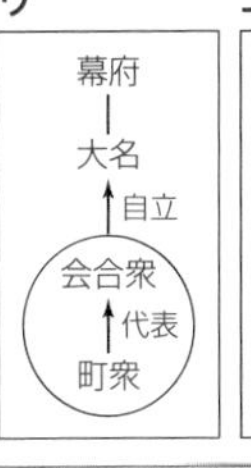

エ
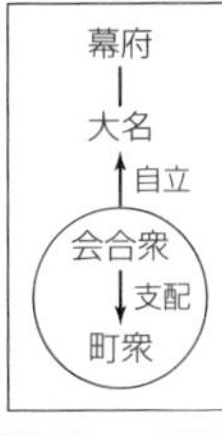

解説 ベニス市に関する資料を読むと，諸都市を治める「執政官」は「各身分から選ばれる」とあり，この「執政官」は堺の「会合衆」にあたることが読みとれる。堺では，大名の支配を受けることなく，「町衆」から選ばれた「会合衆」が自治を行っていた。

解答 ウ

50. 文治政治

入試重要度 B

01 文治政治への転換　4代将軍徳川家綱の時代 ★★

① **4代家綱**…1651年，徳川家光の死後，子の**徳川家綱**が4代将軍に就任した。会津藩主で叔父の**保科正之**が支えた。

② **牢人の増加**…家光の時代までに複数の大名が改易され，多くの牢人が発生した。牢人の不満拡大を背景に，1651年，**由井(比)正雪の乱**(**慶安の変**)がおこった。

③ **文治政治への転換**

✔**末期養子の禁止の緩和**　跡継ぎのない大名の死の直前の養子は禁止されていたが，慶安の変後，50歳未満の大名に**末期養子**が認められた。

✔**殉死の禁止**　1657年におこった**明暦の大火**から復興を果たし，1663年には武家諸法度(寛文令)に**殉死の禁止**が追加された。家臣は主人の死後に殉死せず，跡継ぎに忠義を尽くすことが求められた。

④ **諸藩の改革**…藩主を頂点に家老を中心とした行政機構の整備や学問の奨励などが行われ，名君とうたわれる藩主も現れた。

藩	藩主	招かれた学者	内容
岡山藩	**池田光政**	**熊沢蕃山** (陽明学者)	●治水・新田開発を行う ●**閑谷学校**を設け，熊沢蕃山が**花畠教場**を開く❶
水戸藩	**徳川光圀**	**朱舜水** (明の儒者)	●江戸藩邸に彰考館を設立 ●『**大日本史**』❷の編纂を行い，朱舜水が学事に協力
加賀藩	**前田綱紀**	**木下順庵** (朱子学者)	●和漢古典の収集・保存・編纂事業を行う ●領地を直接支配する改作法の実施
会津藩	**保科正之**	**山崎闇斎** (朱子学者)	●殉死の禁止など「家法」15カ条の制定 ●漆・蠟などの専売の奨励，社倉の設置

02 元禄時代　5代将軍徳川綱吉の時代 ★★

① **5代綱吉**…1680年，**徳川綱吉**が5代将軍に就任した。初期には大老堀田正俊，その暗殺後は**側用人**❸の**柳沢吉保**が補佐した。綱吉の治世を**元禄時代**という。

❶花畠教場は藩士の学校であるのに対し，閑谷学校は郷校(郷学)で庶民も受け入れた。
❷[**大日本史**]　完成は明治時代。尊王思想が水戸藩でさかんになるもととなった。
❸[**側用人**]　将軍の側近として，将軍の意思を老中に取り次いだ。

② **文治政治の展開**

✔**武家諸法度(天和令)**　「弓馬の道」の重視から，「**文武忠孝**を励し，**礼儀**を正すべきこと」へと改正し，家綱の文治主義的傾向をさらに進めた。

✔**儒教の奨励**　儒学者の**木下順庵**を登用した。孔子をまつる**湯島聖堂**を建立し，林鳳岡(信篤)を大学頭として聖堂学問所を開かせた。

✔**朝廷儀式の復興**　天皇の即位儀礼である**大嘗会**などの朝儀の復興を進めた。これにより，朝幕の協調関係が築かれた。

✔**生類憐みの令**　仏教教義に基づき殺生を禁じ，とくに犬の愛護を強要した。

✔**服忌令**　近親者の死に際して服喪や忌引の日数などを定めた。生類憐みの令とともに，社会に死や血を忌み嫌う風潮を生じさせた。

③ **財政再建**

✔**財政の逼迫**　金・銀鉱山での産出量の減少，家綱時代の明暦の大火による江戸城や江戸市街の再建費用，綱吉の信仰に基づく寺社造営に伴う支出増で財政が悪化した。

✔**貨幣改鋳**　勘定吟味役(のちに勘定奉行)の**荻原重秀**が，金の含有量を減らした元禄小判を発行した。差額収入(出目)が幕府収入になったが，通貨量が増えて物価が上昇した。

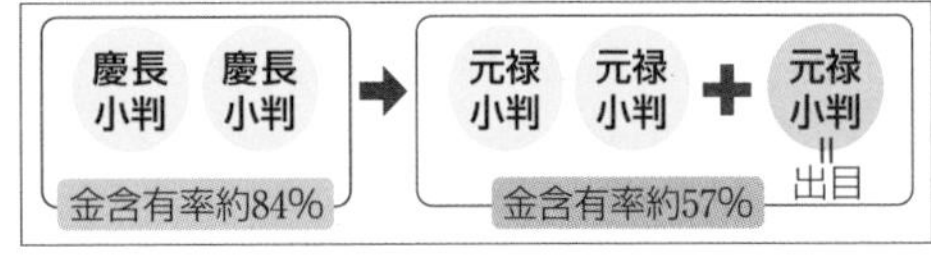

> **重要ファイル CHECK**
> • 文治政治とは，儒教(とくに朱子学)を理念とした政治である。
> • 綱吉の武家諸法度は「文」と「礼」を奨励した点で画期的だった。

03 正徳の政治　6代将軍徳川家宣・7代将軍徳川家継の時代　★★

① **正徳の政治**… 6 代将軍**徳川家宣**は，朱子学者の**新井白石**と側用人の**間部詮房**を信任して政治の刷新に努めた(**正徳の政治**)。幼くして 7 代将軍となった**徳川家継**の時代にも，引き続き白石らが政治を行った。

② **政策**

✔**生類憐みの令撤廃**　家宣の将軍就任後，直ちに発せられた。

✔**将軍権威の確立**　将軍権威の向上に朝廷を重視し，**閑院宮家**を創設した。朝鮮通信使の朝鮮から日本への国書宛名も「大君」から「国王」と改めた。

✔**正徳小判の鋳造**　元禄小判を回収し，金含有率が慶長小判と同率の**正徳小判**を鋳造したが，かえって経済は混乱した。

✔**長崎貿易の制限**　1715年，金・銀の流出を防ぐため**海船互市新例**を出した。

51.農業・諸産業の発達

入試重要度 C

01 農業生産の発展 ★★

① **新田開発**…戦国の築城・鉱山開発技術が，灌漑用水の開削❶・干拓❷に応用された。幕府や諸藩，町人らが開発し，17世紀末からは**町人請負新田**が増えた。

② **農具の進歩**

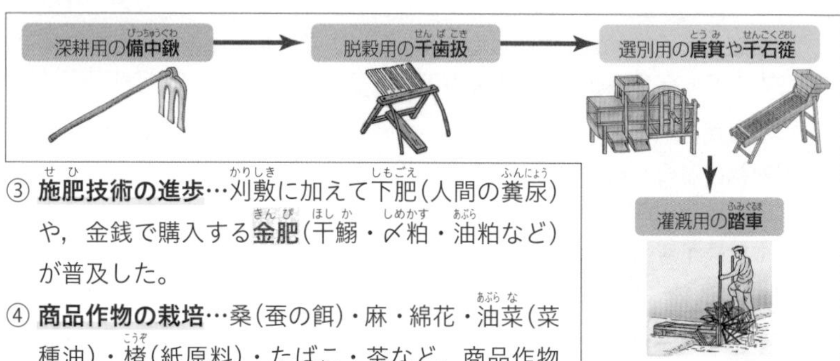

③ **施肥技術の進歩**…刈敷に加えて下肥(人間の糞尿)や，金銭で購入する**金肥**(干鰯・〆粕・油粕など)が普及した。

④ **商品作物の栽培**…桑(蚕の餌)・麻・綿花・油菜(菜種油)・楮(紙原料)・たばこ・茶など，商品作物の栽培が拡大した。商品作物は城下町や**在郷町**❸の商人の下に集められた。

⑤ **特産品の出現**…**出羽の紅花**・**阿波の藍玉**(いずれも染料)，駿河・山城の茶，紀伊のみかん，備後の藺草(畳表)，越前の奉書紙，甲斐のぶどう，薩摩(琉球)の黒砂糖など，特産品が全国各地に生まれた。

⑥ **農書の刊行**…『清良記』(江戸初期)，**宮崎安貞**の『**農業全書**』(1697年)，**大蔵永常**の『**農具便利論**』(1822年)・『広益国産考』(1859年)など。

▼主な特産品

❶芦ノ湖から駿河東部に引いた箱根用水や利根川から引水した見沼代用水が有名である。

❷湖沼干拓では下総の椿海，干潟干拓では備前の児島湾，九州の有明海などが有名である。

❸**[在郷町]** 商工業的性格をもち都市化した集落。

02 諸産業の発達 ★★

① **漁業**…**網漁**が上方から全国に広まった。

✔**網漁**　上総**九十九里浜**の地曳網による**鰯漁**(干鰯に加工)，肥前五島の鮪漁，松前(蝦夷地)の**鰊漁**(〆粕に加工)など。

✔**釣漁**　瀬戸内海の鯛漁，土佐の鰹漁など。

✔**その他**　紀伊・土佐・肥前・長門の捕鯨，蝦夷地の昆布や**俵物**[4]など。俵物は17世紀末以降，高級中華食材として中国への主力輸出品になった。

② **製塩業**…土木技術の発達によって，従来の揚浜塩田から**入浜塩田**[5]へ転換した。

③ **林業**…都市の発達に伴い，建築資材としての需要の増大とともに，各地で林業がさかんになった。幕府や諸藩は山林の整備に力を注いだ。

✔**木曽檜**(尾張藩)・**秋田杉**(秋田藩)が藩に専売化された。

✔**漆と櫨**　漆は塗料，櫨は蠟燭などの原料として栽培を奨励された。

④ **鉱山業**…17世紀初めは**銀**が最大の輸出品だったが，17世紀後半に急減し，かわって**銅**の生産が急増した。主な鉱山として佐渡相川の金・銀山，**石見銀山**，生野銀山，**足尾銅山**，別子銅山などが知られる。**銅**は**長崎貿易**の最重要輸出品になった。また，**たたら製鉄**の製錬でつくられた玉鋼が全国に普及した。

03 手工業の発達 ★★

① **織物業の発達**…江戸時代に入ると，農村で手工業(農間渡世)が発達した。

✔**木綿**　綿作は戦国時代の末期に朝鮮から伝わった。実用性の高い**木綿**は，従来の麻とともに庶民の衣料として広まっていった。

✔**麻**　各地で生産されていたが，奈良晒などの特産地ができた。

✔**絹**　各地で生産されたが，金襴・緞子の高級品は京都西陣の高機を使って生産。18世紀になると，技術が関東に伝わり上野の桐生などでも生産された。

② **和紙の生産**…行政文書や商業文書などの必要から紙の需要が高まった。流漉の技術の発達で紙の生産量がのびた。多くの藩で**紙の専売制**がしかれた。

③ **陶磁器生産**…磁器生産が**肥前有田**で始まり，長崎貿易の主要輸出品になった。磁器をまねた陶器生産が尾張の瀬戸や美濃の多治見などでさかんになった。

> **重要ファイル CHECK**
> • 長崎貿易では，銀にかわり，銅，俵物，有田焼が重要な輸出品になった。
> • いくつかの特産品で藩が販売を独占する専売制が行われ，藩財政を支えた。

[4][俵物]　いりこ・干し鮑・ふかひれなどの高級中華材料を俵につめたもの。

[5][入浜塩田]　堤防を築き，満潮になると自動的に海水が塩田に導入されるようになった。

52. 交通と商業の発達

入試重要度 B

01 交通の発達 ★★

① 陸上交通

✔**五街道**　**東海道**・**中山道**・**甲州道中**・**奥州道中**・**日光道中**の**五街道**が，江戸（日本橋）を起点に整備され，幕府支配の要として**道中奉行**に管理された。**一里塚**が整備され，要所には**関所**が置かれて通行を厳しく監視した。

✔**脇街道**　伊勢街道・北国街道・長崎街道など脇街道（脇往還）も整備された。

✔**宿駅**　幕府公用のため，主要街道に2～3里ごとに置かれた。宿駅に設けられた**問屋場**には，宿駅の責任者である問屋・年寄・帳付の宿役人がつめ，幕府の書状，荷物の継ぎ送り（**継飛脚**）のための人馬を**伝馬役**や**助郷役**を差配して常備した。大名が参勤交代の際に利用する宿泊施設として，**本陣**・**脇本陣**も整備された。

	大名・旗本	町人
宿泊施設	本陣・脇本陣	旅籠
通信・荷物送り	大名飛脚	町飛脚

✔**伝馬役**　宿駅の町人や百姓などが，御用通行への人馬を供出した。

✔**助郷役**　伝馬役を補うために，近隣の村から人馬を徴発した。

✔宿駅を中心に発達した**宿場町**では，武士や町人が宿泊する旅籠などが繁盛した。大名が国元と江戸屋敷を連絡するために設けた**大名飛脚**や，町人や一般武士が利用するための**町飛脚**も整備された。

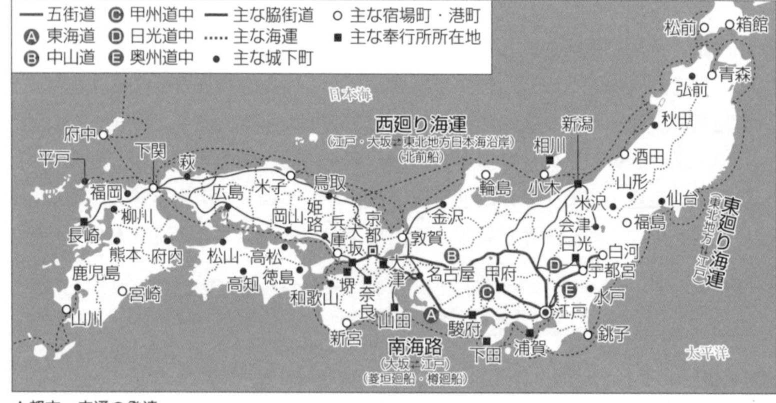

▲都市・交通の発達

② **水上交通**

✔**河川交通**　江戸時代初期から京都の豪商**角倉了以**により，富士川の整備・**高瀬川**の開削などが行われ，中型船や小舟の舟運が発展した。

✔**海上交通**

▶**南海路**　大坂―江戸間は**菱垣廻船**・**樽廻船**が定期的に運行した。18世紀末頃からは，日本海の**北前船**などの運航がさかんになった。

▶**東廻り海運・西廻り海運**　幕府の依頼により，**河村瑞賢**が日本海側の幕府領年貢を江戸に運ぶために**東廻り海運**と**西廻り海運**を整備した。

02 商業の発達 ★★

① **初期豪商**…**角倉了以**・**茶屋四郎次郎**(京都)，**末吉孫左衛門**(摂津)，今井宗薫(堺)らは，朱印船貿易や遠隔地交易で巨富を築いた。しかし，鎖国体制や交通網の整備によって，17世紀後半には衰退した。

② **流通網の成立**…農民が生産した米やその他の作物は，年貢として納入されたもの(**蔵物**)，自由流通されたもの(**納屋物**)に分けられる。どちらも，三都や城下町の問屋が仕入れ，仲買，小売が販売した。都市間を結ぶ流通網の交流要地には，在郷町が発達した。

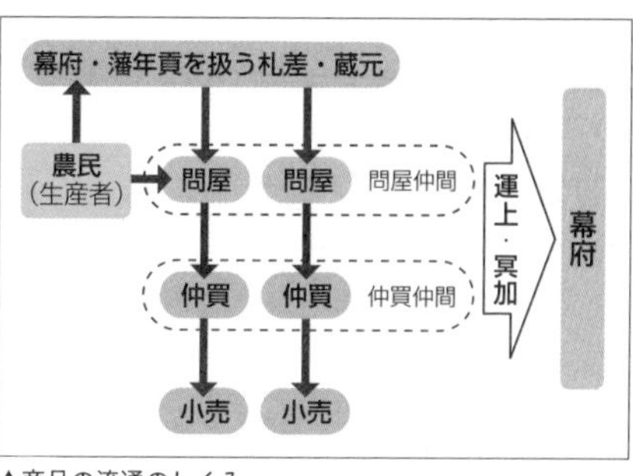

▲商品の流通のしくみ

③ **同業者組合**…問屋や仲買は仲間という同業者組合をつくって輸送協力や情報交換を行った。幕府は当初，営業独占を伴う仲間を認めなかったが，享保期(18世紀前半)の頃から公認し，**運上**・**冥加**(営業税)を取るようになった。公認された仲間に入る権利を**株**と呼び，株をもつ商人の仲間を**株仲間**と呼んだ。

④ **十組問屋と二十四組問屋**…南海路経由で多くの商品が大坂から江戸へ送られるようになると，江戸の仕入れ問屋仲間が**十組問屋**を結成して，南海路輸送を管理運営した。大坂ではこれに対応し，商品を買い受ける問屋仲間が**二十四組問屋**を形成した。

重要ファイル CHECK

- 宿駅は街道を有効に機能させるしくみで，それを核に小都市が発達した。
- 東廻り海運と西廻り海運の開発によって，全国流通網が確立した。
- 株仲間は単に営業独占だけではなく，流通の安全・円滑化に役立っていた。

53. 金融と三都の発展

入試重要度 B

01 貨幣と金融 ★★

① **貨幣の鋳造**…経済を重視した徳川家康は，貨幣経済の浸透をはかり，関ヶ原の戦いの翌年，重要な都市に**金座**と**銀座**を設置した。

✔**金座**　京都の後藤庄三郎を責任者に，江戸と京都に設置された。小判・一分金など，個数や額面によって通用する**計数貨幣**が鋳造された。こうした金貨は，主に**東日本**で取引に使われた(**金遣い**)。

✔**銀座**　当初は伏見・駿府に置かれ，京都・江戸に移設された。丁銀や豆板銀など，重さを量って使用する**秤量貨幣**が鋳造された。こうした銀貨は，主に**西日本**で取引に使われた(**銀遣い**)。

✔**銭貨**　当初は中国銭や模造銭が混用されたが，寛永期(1624〜44年)に，江戸をはじめとして約10カ所に**銭座**が設置され，全国共通の**寛永通宝**が大量に鋳造された。

② **三貨の普及**…17世紀半ばには，**金・銀・銭の三貨**が全国に普及し，商品の流通を飛躍的に発展させた。

③ **藩の貨幣**…17世紀後半になると，三貨が不足するようになった。そのため，各藩は領国だけで流通する**藩札**を発行し，貨幣不足を補った。

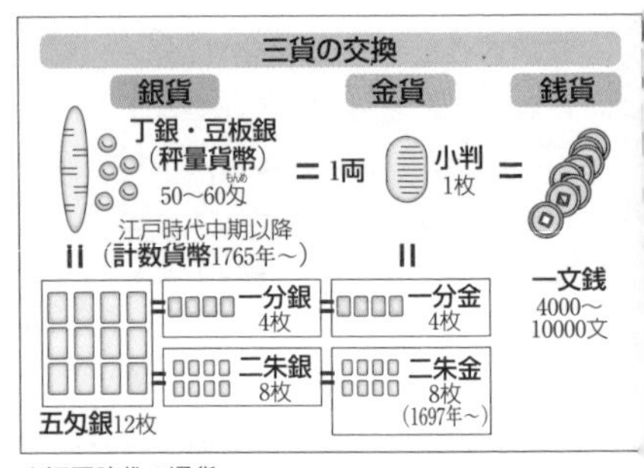

▲江戸時代の通貨

④ **金融業の発達**…呉服商**三井高利**[1]の三井家(越後屋)や鴻池家，天王寺屋，鹿島屋などが都市で**両替商**を営み，貨幣の流通を促した。なかでも，大坂や江戸の**本両替**をはじめとする有力な両替商は，金銀の交換だけでなく，公金の出納・為替・貸付なども行い，幕府や藩の財政を支えた。

> **重要ファイル CHECK**
> ●金・銀・銭(寛永通宝)の三貨が全国にいきわたり，貨幣経済が発展した。
> ●江戸の金遣い，上方の銀遣いが定着し，両替商が三都の金融を担った。

❶[三井高利]　1673年，江戸・京都に「越後屋」の屋号で呉服店を開き，1683年には両替商も始めた。薄利多売の「現金かけねなし」の商法により大繁盛し，幕府の御用商人となった。

02 三都の発展 ★★

① **三都と全国市場**…諸産業の発達により，各地の城下町・港町を中心に全国の都市を結ぶ全国市場が形成された。17世紀後半には，**江戸・大坂・京都**の**三都**は，世界でも有数の人口を抱える大都市に成長した。

② **江戸**…「**将軍のお膝元**」の巨大城下町で，日本最大の消費都市でもあった。

- ✔将軍の居城である**江戸城**を中心に，幕府の諸施設，大名屋敷（藩邸），旗本・御家人の屋敷が集中していた。
- ✔町人地には多くの**町**が形成され，商人・職人・日用（日雇）らが集まった。ただし，消費物資の多くは上方からの輸送に依存した。

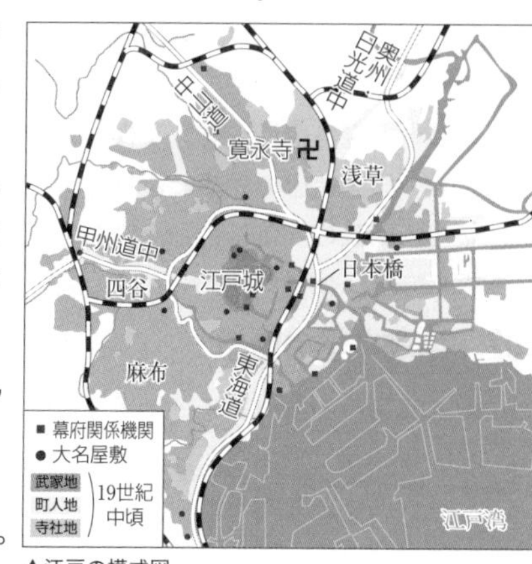

▲江戸の模式図

③ **大坂**…「**天下の台所**」で，全国から物資が集まる大商業都市だった。

- ✔西日本や日本海側の諸藩の**蔵屋敷**が集中していた。**蔵物**（領国の年貢米や特産物）は，**蔵元**・**掛屋**と呼ばれる商人が販売した。
- ✔堂島の米市場では，年貢米の先物取引も行われた。また，各地から集められた**納屋物**（民間の商品）も取引され，江戸や各都市に出荷された。

▲大坂の蔵屋敷

④ **京都**…朝廷の所在地で，歴史と伝統的権威を体現する都市だった。

- ✔天皇家や公家の居住地のほか，寺院の**本山**・**本寺**，神社の**本社**が点在した。
- ✔呉服屋・両替商などの本拠が多く，**西陣織**・**京染**（**友禅染**）・**京焼**など，高い技術による手工業も発達していた。

重要ファイル CHECK
- 江戸には幕府の諸施設や大名屋敷が建ち，多くの武士と町人が居住した。
- 諸藩は大坂の蔵屋敷で蔵物を販売し，貨幣の獲得につとめた。

54. 元禄文化

入試重要度 B

01 元禄文化 ★★

① **町人が担い手**…5代将軍**徳川綱吉**の治世下の文化を**元禄文化**という。公家や武士だけでなく，町人や商人，有力百姓など広範な層が担い手になった。とりわけ，現世を「浮き世」と肯定的にとらえた**上方の町人**が中心となった。

② **背景**…鎖国状態の完成により外国文化の影響が薄れ，日本独自の文化が成熟した。幕政の安定により，学問も重視された。また，紙漉きや出版・印刷技術の向上，流通の拡大などは，文学・演劇・工芸を発展させた。

02 庶民文学の隆盛 ★★

① **町人文芸**…小説・脚本・俳諧など，町人の文芸が発展した。

- ✔**井原西鶴**　仮名草子を発展させた**浮世草子**と呼ばれる小説を書き，広く町人に読まれた。好色物の『好色一代男』，町人物の『**世間胸算用**』『日本永代蔵』，武家物の『武道伝来記』など。
- ✔**近松門左衛門**　現実の社会や歴史に題材を集め，**人形浄瑠璃**や**歌舞伎**の脚本を書いた。義理と人情に苦しむ人間の苦悩を描いた世話物の『**曽根崎心中**』や時代物の『国性(姓)爺合戦』など。
- ✔**松尾芭蕉**　奇抜な趣向の**談林俳諧**に対し，わび，さび，かるみで示される幽玄閑寂の**蕉風(正風)俳諧**を確立し，俳諧を芸術として大成させた。俳諧紀行文の『**奥の細道**』『野ざらし紀行』など。

▲『好色一代男』の挿絵

② **民衆の演劇**…**人形浄瑠璃**のほか，**歌舞伎**[1]が幕府の取り締まりを受けながらも庶民の人気になった。

- ✔**人形浄瑠璃**　複雑な仕掛け人形と三味線演奏，語りによる人形浄瑠璃が，庶民の人気を集めた。**竹本義太夫**による語りは，**義太夫節**という音曲に発展していった。

▲近松門左衛門

---

[1] **[歌舞伎]**　江戸時代初期，女歌舞伎や少年が演じる若衆歌舞伎が人気になったが，どちらも幕府に禁止された。17世紀半ばからは，成人男性が演じる野郎歌舞伎だけになった。

✔**歌舞伎**　歌舞伎は，容色本位の舞踊より物語の要素が強くなった。庶民の人気を博し，江戸・上方には常設の**芝居小屋**(しばいごや)が置かれた。江戸では**荒事**(あらごと)(勇壮な演技)の初代市川団十郎(いちかわだんじゅうろう)，上方では**和事**(わごと)(恋愛劇)の坂田藤十郎(さかたとうじゅうろう)，女形(おやま)の芳沢(よしざわ)あやめが人気になった。

> **重要ファイル CHECK**
> ●幕政が安定した元禄期，上方の町人を担い手とする文化が栄えた。
> ●井原西鶴，近松門左衛門，松尾芭蕉は現代まで及ぶ精神文化を築いた。

03 美術・工芸の発展 ★★

① **美術**…寛永(かんえい)期の狩野(かのう)派・土佐(とさ)派(119ページ)の作風を受け継ぎながら，さらに洗練された多くの作品が生み出された。

✔**絵師**　大和絵(やまとえ)系統の土佐派から出た**土佐光起**(みつおき)が朝廷に仕えた。土佐派から分かれた**住吉如慶**(すみよしじょけい)**・具慶**(ぐけい)父子は，狩野派とともに幕府に仕えた。

✔**琳派**(りんぱ)　京都で，**尾形光琳**(おがたこうりん)が俵屋宗達(たわらやそうたつ)の画法を取り入れながら，独自の画法の**琳派**をおこした。『紅白梅図屏風(びょうぶ)』『燕子花図屏風(かきつばたずびょうぶ)』など。

✔**浮世絵**(うきよえ)　江戸で，**菱川師宣**(ひしかわもろのぶ)が**浮世絵**の版画を始めた。都市の風俗を描いた浮世絵は，安く大量に供給されたこともあり，庶民の人気を得た。

▲菱川師宣『見返り美人図』

② **工芸**…上方の上層の町人を中心に，華麗で洗練されたデザインの作品が生み出された。

✔**陶器**　京都の**野々村仁清**(ののむらにんせい)が，酒井田柿右衛門(さかいだかきえもん)(有田焼)の始めた色絵(いろえ)を大成し，**京焼**(きょうやき)の祖となった。尾形光琳の弟・**尾形乾山**(けんざん)は，より高雅な京焼の作品をつくった。

✔**染物**　京都の**宮崎友禅**(みやざきゆうぜん)が始めた**友禅染**(ゆうぜんぞめ)が流行し，華麗な**西陣織**(にしじんおり)もつくられるようになった。

▲色絵藤花文茶壺(ふじはなもんちゃつぼ)(野々村仁清作)

③ **庭園**…多くの大名が屋敷に趣向を凝らした廻遊(かいゆう)式庭園をつくった。小石川(こいしかわ)の水戸藩邸(みとはんてい)の後楽園(こうらくえん)，柳沢吉保(やなぎさわよしやす)の屋敷の六義園(りくぎえん)などは，現在も残る。

> **重要ファイル CHECK**
> ●菱川師宣が始めた浮世絵の版画は，江戸期を通して庶民の人気となった。
> ●朝廷・公家が多く住む京都で，京焼や友禅染など優れた工芸が生まれた。

55. 諸学問の発達

入試重要度 B

01 儒学の興隆 ★★

① **儒学の重視**…儒学は人々の職分を説き，上下の身分秩序や忠孝・礼儀を重んじたことから，幕藩体制を支える思想として重視された。江戸幕府の安定に伴い，儒学の一派である**朱子学**がとくに重んじられるようになった。

② **朱子学**…宋の朱熹が創始した朱子学は，主従関係を正当化する**大義名分論**を唱えたため，幕藩体制に好都合だった。

✔**南学(海南学派)**　**山崎闇斎**は，神道と儒学を融合させた**垂加神道**❶を唱えた。

✔**京学**　藤原惺窩の流れをくむ**木下順庵**や新井白石，雨森芳洲らが出た。

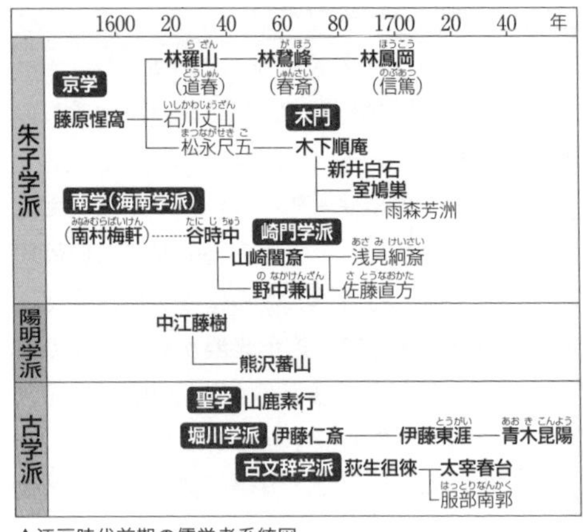

▲江戸時代前期の儒学者系統図

③ **朱子学への批判**…儒学者のなかから朱子学への批判がおこり，新たな学問が提唱された。

✔**陽明学**　**中江藤樹**や**熊沢蕃山**は朱子学を離れ，**知行合一**の実践を重んじる**陽明学**に傾倒した。とくに蕃山は，中国の道徳秩序に基づく従来の儒学を批判したことから，体制をゆるがす思想として幕府から警戒された。

✔**古学派**　**山鹿素行**や**伊藤仁斎**は，古代の孔子の思想や古典に戻って儒学を説くべきとする**古学派**を始めた。仁斎は京都の堀川で私塾の古義堂(堀川塾)を開いたことから，**堀川学派**とも呼ばれる。

✔**幕政への関与**　古学派から出た**荻生徂徠**は仁斎の思想を継ぎながら，統治のあり方を**経世論**として説いた。柳沢吉保や徳川吉宗に登用され，享保の改革では幕政の顧問も務めた。弟子の**太宰春台**は，徂徠の経世論を発展させながら，藩の専売制を奨励するなど，殖産興業の必要性を説いた。

❶**[垂加神道]**　「垂加」は山崎闇斎の別号。闇斎は，古来からの伊勢神道や唯一神道，吉川神道を儒教流に解釈した。神の徳と天皇の徳を一体として説き，のちの尊王論に多大な影響を与えた。

④ **仏教**…明から**隠元隆琦**が来日し，万福寺で**黄檗宗**を開いた。幕府の保護を受け，禅宗の独自の一派を築いていった。

> **重要ファイル CHECK**
> • 文治政治への転換で儒学の意義が高まり，とりわけ朱子学が重視された。
> • 朱子学への批判から，実践重視の陽明学や古典重視の古学派がおこった。

02 諸学問の発達 ★★

① **歴史学**…武家政治の史書や大義名分に基づく史書が編まれた。

✔**林羅山・鵞峰**　幕府の命により編年体の史書『**本朝通鑑**』を完成させた。

✔**新井白石**　儒学者で，正徳の政治(125ページ)を行った政治家でもある**新井白石**は『**読史余論**』を著し，朝廷や武家政権の推移を時代区分で論じた。他にも『折たく柴の記』『西洋紀聞』『古史通』など，多数の著書がある。

✔**徳川光圀**　水戸藩主の**徳川光圀**は1657年に『**大日本史**』の編纂に着手し，幕末の尊王思想に多大な影響を与えることになる**水戸学**の基礎を築いた。

② **古典の研究**…日本の古典・国文学の研究も進んだ。

✔**戸田茂睡**　江戸時代前期の歌人。形式に流れていた和歌を批判し，俗語を用いることを提唱した。

✔**契沖**　江戸時代前期の国学者・歌人。徳川光圀の依頼を受け，文献学的な手法で『万葉集』を研究し，『**万葉代匠記**』を著した。

✔**北村季吟**　和漢の学に精通した江戸時代前期の和学者。『源氏物語』や『枕草子』を研究し，幕府の**歌学方**に任じられた。

▲『農業全書』

③ **自然科学**…合理的で現実的な考えの儒学は，自然科学や実用的な学問の発達も促した。

✔**貝原益軒**　薬草の研究から始まった**本草学**(博物学)を大成した。『大和本草』など。

✔**宮崎安貞**　諸国の農業を視察し，農学を体系化した。『**農業全書**』が代表。

✔**関孝和**　筆算代数式とその計算法，円周率計算などを研究し，**和算**を発展させた。『**発微算法**』など。

✔**渋川春海**(**安井算哲**)　暦の誤差を修正し，**貞享暦**という日本独自の暦をつくった。この功績で，幕府の**天文方**に任じられた。

發微算法
○古今算法記一十五問之荅術
平圓解空門　一問
今有平圓内如圖平圓空三箇外餘
寸平積百二十歩只云從中圓徑寸
而小圓徑寸者短五寸問大中小圓
徑幾何
○荅曰依左術得小圓徑
術曰立天元一爲小圓徑加入云數爲中圓徑自之
得數寄甲位○列小圓徑自之得數倍之加入甲位
以圓周率乗之得數寄乙位○列外餘積四之以圓

▲『発微算法』

56. 享保の改革

入試重要度 A

01 享保の改革(1716～45年) ★★

(徳川記念財団蔵)
▲徳川吉宗

① **徳川吉宗**…三家の紀伊藩主から**徳川吉宗**が8代将軍に就任した。側用人政治をやめ，幕政の改革をはかった。

② **人材の登用**…**足高の制**❶によって能力本位で登用した。
- ✔荻生徂徠や室鳩巣らの儒学者も相談役として登用した。
- ✔**大岡忠相**　江戸町奉行として都市政策を担わせた。
- ✔**田中丘隅**　元は宿駅の名主ながら，民政を担わせた。

③ **経済政策**
- ✔**相対済し令**　金銀貸借の訴訟(金公事)を当事者間で解決させることとした。
- ✔**倹約令**　財政の再建のために，幕臣や大名にも倹約を強制した。
- ✔**上げ米**　大名に1万石につき100石を上納させた。そのかわりに，参勤交代の在府を半年に短縮し，大名の負担を軽減させた。
- ✔**定免法の採用**　それまでの検見法を改め，収穫量に関係なく，過去3～10年の年貢高を基準に，税率を一定にするしくみを広く取り入れた。
- ✔**新田開発**　町人の資本を活用して新田開発を進めた。
- ✔**青木昆陽・野呂元丈**を登用してオランダ語を学ばせ，実学を奨励した。
- ✔**漢訳洋書**の輸入制限をゆるめた。また，**甘藷**などの栽培を奨励した。

④ **都市政策**…町奉行の**大岡忠相**によって進められた。
- ✔**町火消の創設**　防火対策を強化し，町方独自の**町火消**を組織させた。
- ✔**目安箱の設置**　評定所前に**目安箱**を置いて庶民の意見を聞いた。貧民救済の施設である**小石川養生所**創設のきっかけにもなった。

⑤ **その他**
- ✔**公事方御定書の制定**　判例に基づく客観的な裁判基準を制定した。
- ✔**三卿**　将軍の後継者を増やすため，次男と四男にそれぞれ田安家，一橋家を創設させた。のち孫が清水家をおこした。

重要ファイル CHECK
- 享保の改革は年貢増徴をめざした。とくに定免法は効果をあげた。
- 改革は多方面にわたったが，改革の中心は幕府財政の再建にあった。

❶[足高の制]　石高の低いものが役職につくとき，役職就任の間だけ，役高の不足分を補う制度

02 社会の変容 ★★

① **17世紀**…三都や城下町では，**大名貸**(大名に行う貸付)によって藩財政の実権を握る富裕な商人も現れた。また，農村でも貨幣経済が浸透し，農業生産性の向上や商品作物の普及によって**農村家内工業**が発達した。

② **18世紀**…農村で**地主**が成長し，貧富の差の拡大が進んだ。

✔**地主手作**❷を行った一部の有力な百姓が地主に成長した。地主は村々において農村工業・商品流通・金融の中心となり，**豪農**と呼ばれた。農村内部では，豪農と小百姓らの対立が激化し，各地で**村方騒動**がおきた。

③ **問屋の成長**…伊勢・近江・京都出身で全国展開する大商人が出現した。

✔問屋が豪農と結びつき，原料や資金を農家に前貸しして製品を受けとる**問屋制家内工業**が農村で発展した。

✔生産地と問屋・仲買の売買の場である卸売市場が三都や城下町で発達した。

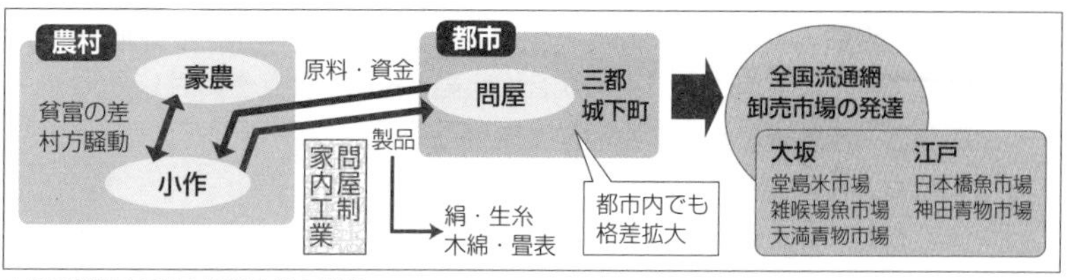

▲問屋制家内工業と卸売市場の発達

03 百姓一揆と打ちこわし ★★

① **百姓一揆の変遷**

✔**17世紀初め**　土豪を交えた武力蜂起など，中世的な一揆が大半だった。

✔**17世紀後半**　村々の代表者が領主に直訴する**代表越訴型一揆**(下総：佐倉惣五郎，上野：磔茂左衛門)が増えた。

✔**17世紀末**　広い地域にわたる**惣百姓一揆**が増えた。藩全域に及ぶものは全藩一揆という(信濃松本藩：嘉助騒動，陸奥磐城平藩：元文一揆)。

② **飢饉と打ちこわし**

✔**享保の飢饉**(1732～33年)　江戸で初めて**打ちこわし**がおこった。

✔**天明の飢饉**(1782～87年)　冷害に**浅間山大噴火**が重なり，東北を中心に全国的な大飢饉になった。百姓一揆・打ちこわしも激増した。

✔飢饉のときには米価が暴騰し，民衆の怒りは，有力な米問屋に向かった。

❷[**地主手作**]　地主が零細農民を年季奉公人などとして使って営む農業経営形態のこと。

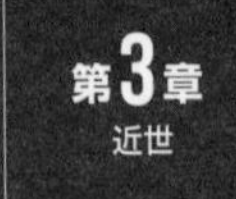

57.田沼時代と寛政の改革

入試重要度 A

01 田沼時代(1767～86年) ★★

▲田沼意次

① **田沼意次**…9代将軍徳川家重，10代将軍**徳川家治**の側用人だった**田沼意次**は1772年に老中になり，十数年間にわたって幕政を主導した。

② **政策**

☑**株仲間の公認**　都市や農村の商人・職人の**株仲間**を全国的に公認し，**運上**や**冥加**などの営業税をとった。

☑**専売制**　銅座・鉄座・真鍮座・朝鮮人参座などを創設し，幕府による専売制をしいた。

☑**南鐐二朱銀**　二朱金と等価と定めた計数銀貨の南鐐二朱銀を鋳造した。これによって，東西の経済圏の統合と全国市場の活性化をめざした。

☑**印旛沼・手賀沼干拓**　新田開発と洪水対策，江戸湾への水路の確保をめざしたが，利根川の大洪水のため頓挫した。

☑**蝦夷地開発**　仙台藩の**工藤平助**の著作『**赤蝦夷風説考**』に刺激を受け，幕府は**最上徳内**を蝦夷地に派遣して，ロシアとの交易の可能性を探らせた。

渡良瀬川
小貝川
鬼怒川
霞ヶ浦
北浦
太平洋
荒川
江戸川
利根川
手賀沼
印旛沼
隅田川
計画された運河のルート
銚子
江戸湾
花見川

▲印旛沼・手賀沼位置図

☑**長崎貿易の転換**　長崎貿易の拡大をめざし，**俵物**(127ページ)や**銅**を輸出して金・銀の輸入をはかった。

③ **田沼政治の功罪**

☑商人の地位が上がり，経済の活性化をもたらした。自由な雰囲気が社会に広がり，民間の学問・文化・芸術が発展した。

☑優秀な家臣を育てられず，意次の専横が目立つようになった。幕府の役人の間で賄賂や縁故による人事が横行し，武士の気風も退廃した。

④ **失脚**…**天明の飢饉**(1782～87年)がおこり，全国で百姓一揆や打ちこわしが頻発した。1784年，意次の子で若年寄の**田沼意知**が江戸城内で暗殺され，1786年に将軍家治が死去すると，意次は老中の座を追われた。

02 寛政の改革(1787～93年) ★★

① **松平定信**…11代将軍徳川家斉の補佐役として，白河藩主の**松平定信**が老中に就任し，**寛政の改革**を進めた。

② **政策**

✔**農村復興**　天明の飢饉からの復興をめざして全国で公金の貸付を行った。また，社倉・義倉をつくらせて米を備蓄させた。これを**囲米**という。

✔**都市政策**　江戸に流入した百姓の帰村や帰農を奨励する**旧里帰農令**を出した。また，石川島に**人足寄場**を設置し，職業訓練を行った。町人に町費節約を命じて節約分の7割の貯蓄を命じ，貧民救済にあてた(**七分積金**)。

✔**棄捐令**　困窮する旗本・御家人を救済するため，**札差**に貸金を放棄させた。

✔**寛政異学の禁**　湯島聖堂の学問所で，朱子学以外の講義や研究を禁じた。

✔**出版統制令**　『**海国兵談**』で海防の急を説いた**林子平**を弾圧。洒落本作者の山東京伝，黄表紙作者の恋川春町，出版業者の蔦屋重三郎も風俗を乱すとして処罰した。

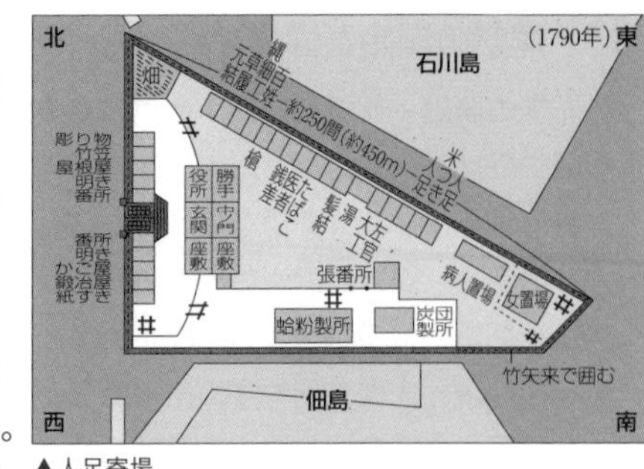

▲人足寄場

③ **尊号一件**…光格天皇が，実父への太上天皇(上皇)の尊号宣下の同意を幕府に求めた。しかし定信は拒否し，家斉とも対立したため，老中を辞任した。

> **重要ファイル CHECK**
> • 田沼意次は経済を活性化させたが，賄賂や縁故の人事が横行した。
> • 松平定信は農村復興と綱紀粛正を進めたが，民衆の不評を買った。

03 諸藩の改革 ★★

① **諸藩の財政**…諸藩も幕府と同様，年貢収入が減少し，財政が悪化していた。寛政年間(1789～1801年)を中心に，多くの藩で**藩政改革**が進められた。

✔藩主が先頭に立って綱紀粛正に努め，統制・倹約を強化した。

✔特産品の生産に力を入れて，藩の**専売制**を進めた。

✔優秀な人材を育成するため，**藩校**を設立した。

② **成果をあげた藩**…藩政改革を主導し，成果をあげた熊本藩主の**細川重賢**，米沢藩主の**上杉治憲**(**鷹山**)，秋田藩主の**佐竹義和**らは名君とされた。

58. 宝暦・天明期の文化

入試重要度 B

01 宝暦・天明期の文化 ★★

① **多様な担い手**…18世紀半ば，商品経済の発展に伴い，裕福な町人，百姓，武家が担い手となり，学問や思想，芸術を深化させた。

② **教育の普及**…幕藩体制の矛盾が深まるなか，幕政を批判する思想や近代的な**合理主義**に基づく思想が生まれた。**国学**や**洋学**が発展し，藩校や寺子屋などが次々と建てられたことで，武士や庶民の教育水準が向上した。

02 洋学の開始と国学の発展 ★★

① **洋学の開始**…18世紀初め，**西川如見**や**新井白石**が西洋の知識を紹介し，洋学の先駆けとなった。徳川吉宗が漢訳洋書の輸入制限をゆるめ，**青木昆陽**・**野呂元丈**らにオランダ語を学ばせたことから，洋学は**蘭学**として発達した。

- ✔**医学書**　**前野良沢**や**杉田玄白**がオランダ語の解剖書を翻訳し，1774年に『**解体新書**』❶として刊行した。その後，大槻玄沢や宇田川玄随らが続いた。
- ✔**辞書**　大槻玄沢の門人で医師の**稲村三伯**は，蘭日辞書『**ハルマ和解**』を刊行した。
- ✔**物理学**　博学多才の**平賀源内**は，長崎でオランダ人や中国人と交わり，諸科学を学んだ。その後，江戸で摩擦発電器(エレキテル)の実験をした。

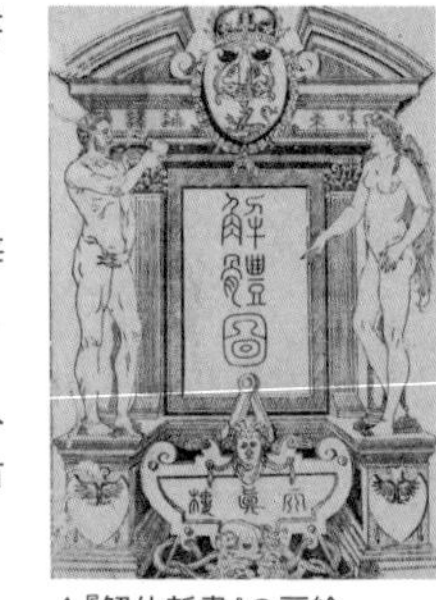

▲『解体新書』の扉絵

② **国学の発展**…契沖(135ページ)らが始めた日本の古典をめぐる実証研究は，日本古来の道(古道)を説く**国学**として発展した。

- ✔**古代思想の研究**　国学の基礎を固めた**荷田春満**に学んだ**賀茂真淵**は儒教・仏教を排し，日本の古代思想を研究して，『万葉考』などを著した。
- ✔**国学の大成**　真淵に学んだ**本居宣長**によって国学は大成された。宣長は文献学的な実証研究に基づいて『**古事記伝**』を著した。「漢意」を批判❷し，日本古来の精神「真心」に立ち返ることを主張した。
- ✔**国史学**　盲目の学者**塙保己一**は，国史学・国文学の基礎を築いた。古典の収集・保存につとめ，古書の集大成『**群書類従**』を編纂・刊行した。

---

❶[解体新書]　ドイツ人医師が書いた解剖書のオランダ語版『ターヘル=アナトミア』を翻訳した。

❷宣長は，中国の思想・文化に深く傾倒する精神を「漢意」として批判した。

③ **尊王思想**…尊王論と儒学が結びつき，一部の国学者は幕政を批判した。

✔18世紀の半ば，国学者の**竹内式部**が公家に尊王論を説いて京都を追放され(**宝暦事件**)，江戸の**山県大弐**は幕政を批判し，死罪となった(**明和事件**)。

✔19世紀に入ると，**水戸学**が発展し，尊王論と攘夷論を説いた。

④ **新しい学問**…京都の町人**石田梅岩**が，儒教道徳に仏教・神道の教えを加味し，**心学**(石門心学)をおこした。**安藤昌益**は万人直耕の自然の世を理想とし，『**自然真営道**』を著した。また，昌益は儒教思想や身分制度を厳しく批判した。

> **重要ファイル CHECK**
> • 日本古来の思想を学問として体系化したのが国学。
> • 幕藩体制に対抗する尊王論が広がり，水戸学などで主張された。

03 教育と文学・芸術・芸能 ★★

① **儒学と教育**…幕府は**朱子学**を正学とし，林家の家塾を**昌平坂学問所**とした。18世紀後半には，折衷学派や考証学派が台頭した。諸藩には**藩校**(**藩学**)や藩士・庶民の教育をめざす**郷校**(**郷学**)が設立され，全国に**私塾**も開校した。

✔**郷校・私塾**　郷校は，岡山藩の**閑谷学校**が先駆けである。大坂の**懐徳堂**は，**富永仲基**や**山片蟠桃**らの町人学者を輩出した。

✔**寺子屋**　庶民の学校として，19世紀に急増した。**女子教育**も進められ，女性の心得を説いた『女大学』などが教科書に使われた。

▲寺子屋の様子

② **文学と芸術**…出版物や貸本屋の普及を背景に，身近な政治・社会のできごとを題材とする文学が人気となり，演劇では**歌舞伎**が隆盛を誇った。

✔**小説**　挿絵を使った**草双紙**や江戸の遊里を描いた**洒落本**，風刺のきいた絵入り小説の**黄表紙**などが人気になったが，寛政の改革で一部は発禁処分になった。また，**上田秋成**の『雨月物語』など，文章主体の**読本**も現れた。

✔**俳諧・川柳**　**与謝蕪村**が文人画と俳諧で才覚を現し，**柄井川柳**が世相・風俗を風刺する**川柳**を定着させた。また，滑稽・諧謔な**狂歌**も流行した。

✔**演劇**　浄瑠璃では，**竹田出雲**(2世)や近松半二が優れた作品を残した。歌舞伎では，中村・市村・森田(守田)の江戸三座が栄えた。

✔**絵画**　18世紀半ば，**鈴木春信**が**錦絵**(多色刷浮世絵版画)を完成させ，美人画の**喜多川歌麿**や役者絵の**東洲斎写楽**らが出た。浮世絵以外では，新たな画風を確立した**円山応挙**や伊藤若冲，文人画の**池大雅**，銅版画の**司馬江漢**，銅版画・油絵の亜欧堂田善，洋風画(秋田蘭画)の小田野直武らが現れた。

第3章 近世

59.幕府の衰退と鎖国の動揺

入試重要度 A

01 幕府の衰退と列強の接近 ★★

① **幕府の衰退**…松平定信の寛政の改革(139ページ)は十分な成果をあげることができなかった。幕府と朝廷の協調関係が崩れ，天皇の権威が高まることとなった。また，定信はロシアを中心とした列強の接近にも悩まされた。

② **ロシアの接近**

✔**通商の要求**　1792年，ロシア使節**ラクスマン**が根室に来航した。漂流民の大黒屋光太夫を届けるとともに，日本に通商を求めたが，幕府は長崎に行くよう指示した。

✔**幕府の対応**　ロシア使節**レザノフ**が1804年に長崎に来航したが，幕府は追い返した。

✔**北方の調査**　幕府は海防を強化するとともに，**近藤重蔵・最上徳内**に択捉島を探査させ，蝦夷地への入植も進めた。1808年には**間宮林蔵**に樺太とその対岸を探査させた。間宮は翌年，樺太が島であることを確認した。

1792	**ラクスマン**が根室に来航
1798	**近藤重蔵・最上徳内**が択捉島を探査
1799	東蝦夷を幕府直轄地とする
1804	**レザノフ**が長崎に来航
1807	蝦夷地すべてを幕府の直轄地とする **松前奉行**を設置
1808	**間宮林蔵**が樺太を探査 **フェートン号事件**がおこる
1810	会津・白河両藩に江戸湾防備を命じる
1811	**ゴローウニン事件**がおこる
1813	高田屋嘉兵衛の尽力でゴローウニン事件が解決
1821	蝦夷地を松前藩に返還
1825	**異国船打払令(無二念打払令)**を出す
1837	**モリソン号事件**がおこる
1839	**蛮社の獄**

▲列強の接近と幕府の対応

✔**緊張の緩和**　ロシア軍艦の艦長が日本の警備兵に捕縛・監禁される**ゴローウニン事件**がおこったが，高田屋嘉兵衛の働きで解決に向かい，ロシアとの緊張は緩和された。

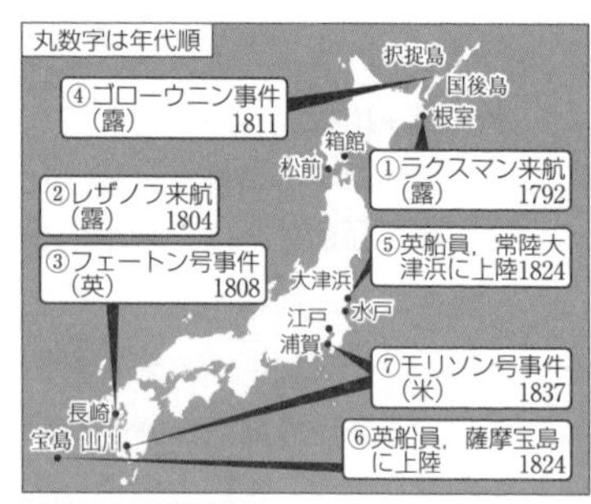

▲列強の接近関係図

③ **イギリスとアメリカの接近**

✔**イギリス軍艦の侵入**　1808年，オランダ商船を追って，イギリス軍艦**フェートン号**が長崎湾に侵入した。

✔**幕府の対応**　その後も，イギリス・アメリカの船が近海に出没したため，幕府は1825年に**異国船打払令**(**無二念打払令**)を出し，諸藩に外国船の撃退を命じた。

✔**アメリカ商船の来航**　1837年，アメリカ商船の**モリソン号**が浦賀沖に接近し，日本人漂流民7人の送還と通商を求めたが，幕府は打払令に基づいて砲撃を加えた。

④ **幕府への批判**…モリソン号事件に対し，1838年，蘭学者の**渡辺崋山**は『**慎機論**』を，**高野長英**は『**戊戌夢物語**』を著して幕府の対外政策を批判した。そのため，翌年，二人は幕府に処罰された。これを**蛮社の獄**という。

02 文化・文政時代と大塩の乱 ★★

① **大御所政治**…1787年，11代将軍に就任した**徳川家斉**は，1837年に将軍職を家慶に譲ったあとも，**大御所**として実権を握り続けた。

✔**文化年間**(1804～18年)　寛政の改革の**質素倹約**の政策が受け継がれた。

✔**文政年間**(1818～30年)　質の悪い文政金銀が大量に発行され，幕府の財政は潤った。これにより，将軍や大奥の生活は華美になった。

② **農村の治安悪化**…18世紀後半から農村は，飢饉の発生や豪農・地主と貧窮農民の格差拡大などにより，治安が悪化し，荒廃地域が広がった。

✔**取り締まり強化**　幕府は1805年，**関東取締出役**を設置し，幕領・私領を巡回させて，無宿人や博徒，犯罪者を取り締まった。

✔**秩序の維持**　さらに1827年，関東の近隣の村々どうしに**寄場組合**を結成させ，共同で治安の維持や風俗の取り締まりにあたらせた。

③ **大塩の乱**…元・大坂町奉行所の与力で陽明学者の**大塩平八郎**が1837年，貧民救済を掲げ，米問屋など裕福な商人を襲撃した。

▲大塩平八郎

✔**背景**　1832年から**天保の飢饉**がおこり，一揆や打ちこわしが頻発した。大坂でも多くの餓死者が出たが，大坂町奉行所は貧民救済策をとらず，江戸での打ちこわしをおそれ，米を江戸に回送していた。

✔**影響**　大塩の乱は一日で鎮圧されたが，幕府や諸藩に衝撃を与えた。乱に呼応して，国学者の生田万が越後柏崎で陣屋を襲撃した(**生田万の乱**)。

重要ファイル CHECK
- 通商を求めてきた列強に対し，幕府は応じず，異国船打払令を出した。
- 幕府の元役人がおこした大塩の乱は，幕府の権威を大きく失墜させた。

60. 天保の改革と雄藩

入試重要度 B

01 天保の改革(1841～43年) ★★

① **水野忠邦**…12代将軍徳川家慶の下，老中**水野忠邦**が**天保の改革**を行った。

② **政策**

- 倹約令を徹底し，将軍家や大奥にも質素を求めた。庶民にも強制し，大流行していた歌舞伎に制約を加え，人情本作者の為永春水を処罰した。
- **人返しの法**を出し，江戸に流入した貧民を強制帰郷させた。しかし，浪人や無宿人も江戸を追われ，江戸周辺の農村の治安をいっそう悪化させた。
- 江戸の物価上昇の原因を十組問屋などの株仲間の独占と考え，**株仲間の解散**を命じた。しかし，原因は別にあり❶，失敗した。
- 物価上昇で困窮した旗本・御家人を救済するため，**棄捐令**を出した。
- **三方領知替え**(庄内藩・長岡藩・川越藩)を命じたが，領民の反発が大きく撤回された。
- 海防の強化や年貢増収をめざし，江戸・大坂周辺を幕府直轄地とする**上知令**(あげちれい)を発した。しかし，大名などの反発にあって実施できず，忠邦は失脚した。

02 近代化する経済 ★★

▲尾張一宮の綿織物工場

① **幕藩体制の動揺**…米による年貢収入を基盤とする幕藩体制は，天保期の頃に行き詰まるようになった。

② **農村の復興**…**二宮尊徳**や**大原幽学**らが農村の復興に尽力したが，農業復興策だけでは幕藩体制を立て直すことはできなかった。

③ **経済構造の変化**…問屋制家内工業(137ページ)から，工場での分業による手工業生産が展開され，**工場制手工業**(**マニュファクチュア**)が成立した。

④ **藩政改革**…各藩は**藩専売制**や**藩営工業**などに取り組み，利益を得ようとした。

> **重要ファイル CHECK**
> - 三方領知替え，上知令の実施不能で，幕府の大名統制は機能不全に陥った。
> - 分業による生産など経済構造の変化は，工場制手工業を成立させた。

❶物価上昇は，産地から江戸までの間に商品転売が行われたことによる品不足が原因。株仲間は流通の円滑化に貢献していたので，解散によって逆に流通が混乱し，さらに品不足になった。

03 雄藩のおこりと幕府による近代化への試み ★★

① **諸藩の藩政改革**

✔**薩摩(鹿児島)藩**　**調所広郷**は，都市商人からの500万両にも及ぶ借財を，250年無利子返済にして，事実上帳消しにしたほか，黒砂糖の専売，琉球を通じた密貿易を行った。さらに**島津斉彬**は，反射炉(製鉄炉)やガラス工場など，近代的な藩営工場を建設した。また，西郷隆盛などの人材を積極的に登用した。

✔**長州(萩)藩**　**村田清風**は，都市商人からの借財を整理し，紙・蠟の専売を強化した。**越荷方**を設置して，下関で大坂へ回る廻船の荷物(越荷)を購入し，委託販売をすることなどで収益をあげた。

✔**佐賀(肥前)藩**　藩主**鍋島直正**は，町人地主の小作地を藩に返させて直轄地とし，小作人に与える**均田制**を実施した。これにより，本百姓体制の再建をめざした。また，有田焼など陶磁器の専売を強化し，反射炉を備えた大砲製造所を建設した。

✔**土佐(高知)藩**　吉田東洋らの「おこぜ組」が改革を進めた。

✔**水戸藩**　藩主**徳川斉昭**が下級武士を登用して改革に着手したが，保守派の巻き返しで中断した。しかし，幕末情勢の緊迫で，のちに幕政に参与することになる。

② **その他の藩**…宇和島藩の**伊達宗城**，福井(越前)藩の**松平慶永(春嶽)**などの藩主が改革派の下級藩士を登用し，藩政改革を進めた。

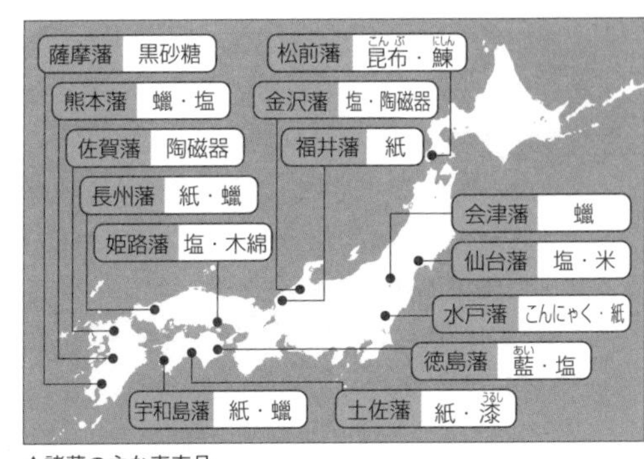

▲諸藩の主な専売品

③ **幕府による近代化政策**

✔伊豆代官**江川太郎左衛門**(坦庵)が伊豆韮山に**反射炉**を建設した。

✔横須賀に製鉄所を建設し，明治維新後に横須賀造船所となった。

> **重要ファイル CHECK**
> - 幕政改革が失敗した一方，薩長などの雄藩は藩政改革を成功させ，幕末政治に大きく関与していくことになった。
> - 藩政改革として，特産品の生産や販売，商業経済への参入が行われた。

61.化政文化

入試重要度 B

01 化政文化 ★★

① **化政文化**…11代将軍徳川家斉の文化・文政期から天保の改革の頃までの文化。華美な生活を好んだ家斉の大御所政治は物価上昇をもたらした一方，商人の経済活動を活発にさせ，**江戸**を中心とする町人文化を開花させた。

② **洗練された文化**…木版印刷技術の向上，交通・流通網の発達などで，階級や地方を横断した多種多様な「通」や「粋」を特徴とする文化が発達した。

02 学問・思想と教育 ★★

① **経世論の拡大**…**海保青陵**は『稽古談』で，**殖産興業**による藩財政の再建を説き，**本多利明**は『経世秘策』で，諸外国との交易・蝦夷地開発による**富国策**を説いた。**佐藤信淵**は『経済要録』で産業の国営化，貿易による**重商主義**を唱えた。

② **国学と水戸学**…地方に広く浸透し，政治を動かす思想に成長していった。

- ✔**国学**　本居宣長の思想を継ぐ**平田篤胤**によって**復古神道**が唱えられ，都市部の大商人から地方の武士・豪農・神職まで広がった。
- ✔**水戸学**　藩主の**徳川斉昭**を中心に，『大日本史』の編纂にあたった藤田幽谷とその子の**藤田東湖**，**会沢安**らが**尊王攘夷論**を説いた。

③ **民衆宗教**…19世紀初めから幕末にかけて，男女の平等を説く不二道のほか，黒住教，天理教，金光教などの民衆宗教(159ページ)が多くの信者を獲得した[1]。

④ **洋学**…医学・兵学・地理学など，実学として発展した。

- ✔**天文**　幕府は，天文方の**高橋至時**に**寛政暦**をつくらせた。さらに，天文方に**蛮書和解御用**(幕末に**蕃書調所**に改称)を設け，至時の子**高橋景保**[2]らにオランダ語の辞書などを翻訳させた。
- ✔**地図**　至時の門人の**伊能忠敬**は日本全土の測量に挑み，**『大日本沿海輿地全図』**を完成させた。
- ✔**科学**　元オランダ通詞の**志筑忠雄**は『暦象新書』を訳述し，ニュートンの万有引力説やコペルニクスの地動説を紹介した。

▲『大日本沿海輿地全図』(一部)

❶不二道の教祖は松下千代，天理教の教祖は中山みきで，ともに女性だった。

❷[高橋景保]　シーボルトに国外持出禁止の日本地図を贈ったことで捕らえられ，獄死した。

⑤ **私塾**…各地に**私塾**が開かれた。**広瀬淡窓**(儒学者)の**咸宜園**，**緒方洪庵**(蘭学者)の**適々斎塾**(**適塾**)，**吉田松陰**の叔父が長門萩に開いた**松下村塾**など。ドイツ人**シーボルト**が長崎郊外に開いた**鳴滝塾**は**高野長英**らを輩出した。

03 文学・美術と民衆文化 ★★

① **文学**…木版印刷による出版がさかんになり，多様な小説が書かれた。

- ✔**滑稽本**　庶民の生活を滑稽に描いた絵入りの小説。**式亭三馬**の『**浮世風呂**』，**十返舎一九**の『**東海道中膝栗毛**』など。
- ✔**人情本**　男女の恋愛を題材にした小説。**為永春水**の『春色梅児誉美』など。為永は風紀を乱すとして，天保の改革で処罰された。
- ✔**読本**　歴史・伝説を題材にした文章主体の小説。**曲亭(滝沢)馬琴**の長編『**南総里見八犬伝**』は，勧善懲悪の教訓が多くの庶民を引きつけた。
- ✔**俳諧**　信濃の百姓**小林一茶**は，民衆の生活を人間味あふれる句に詠んだ。
- ✔**和歌**　越後の禅僧**良寛**は，生活感情を素直に詠んだ。

② **美術**…浮世絵では**錦絵**がさらに普及し，文人画も全盛期を迎えた。

- ✔**錦絵**　民衆の旅が一般化するなか，**葛飾北斎**の『富嶽三十六景』や**歌川広重**の『東海道五十三次』などの風景画が人気になった。また，色彩豊かな独自の手法で世相を風刺した**歌川国芳**の錦絵も民衆の支持を得た。
- ✔**写生画**　円山派に学んだ**呉春**(松村月溪)が四条派を創始した。
- ✔**文人画**　19世紀前半，豊後の田能村竹田，江戸の谷文晁やその門人の渡辺崋山らが出て，最盛期を迎えた。

▲葛飾北斎『富嶽三十六景』

③ **民衆文化**…名所見物を兼ねた遠隔地への参詣の旅が庶民の人気になった。彼岸会・盂蘭盆会などの行事，日待・月待や**庚申講**なども広まった。

- ✔**演芸**　歌舞伎は**鶴屋南北**の脚本でさらに人気を広げた。三都を中心に芝居小屋，見世物小屋が建てられ，町人地では講談・落語を演じる**寄席**も開かれた。村では，歌舞伎をまねた**村芝居**(地芝居)や人形芝居が広まった。
- ✔**宗教行事**　社寺では縁日や開帳などが催され，伊勢神宮への参詣(**御蔭参り**)に代表される**寺社参詣**，霊場をめぐり歩く**巡礼**もさかんになった。

> **重要ファイル CHECK**
> ●経世論が拡大し，復古神道や水戸学が影響力をもつようになった。
> ●江戸の町人を主な担い手として，木版印刷による文芸や錦絵が流行した。

CHECK TEST

□① 1651年，兵学者の[ ]が，幕府転覆計画を企てた。	由井(比)正雪
□② 徳川綱吉は武家諸法度の第1条を「文武弓馬」の重視から「[a]」の重視へと改め，[b]政治を進めた。	a 文武忠孝 b 文治
□③ 新井白石は1715年，長崎貿易での金銀の流出を防ぐことを目的に[ ]を制定した。	海舶互市新例
□④ 江戸時代,上方と江戸を結ぶ東海道と[ ]が整備された。	中山道
□⑤ 大商人の[ ]は，東廻り海運と西廻り海運を開発した。	河村瑞賢
□⑥ 上方の取引は「銀遣い」，江戸は「[ ]」が主だった。	金遣い
□⑦ 三都間の両替を扱う[ ]は，幕府・藩の財政も支えた。	本両替
□⑧ 大坂には諸藩の[a]が建てられ，領国の年貢米や特産物である[b]が販売された。	a 蔵屋敷 b 蔵物
□⑨ 井原西鶴は，[ ]と呼ばれる小説を多く書いた。	浮世草子
□⑩ 近松門左衛門は，[ ]と歌舞伎の脚本を多く書いた。	人形浄瑠璃
□⑪ 松尾芭蕉は，幽玄閑寂を趣向とする[ ]を確立した。	蕉風(正風)俳諧
□⑫ 山崎闇斎は，神道と儒学を融合させた[ ]を唱えた。	垂加神道
□⑬ 朱子学への批判から，中江藤樹は[a]に傾倒し，山鹿素行は[b]をおこした。	a 陽明学 b 古学派
□⑭ [ ]は農学を体系化し，『農業全書』を著した。	宮崎安貞
□⑮ 徳川吉宗は,[a]によって人材登用をはかり,収穫量に関係なく徴収する[b]によって年貢の増収をはかった。	a 足高の制 b 定免法
□⑯ 18世紀，農村では村の運営などをめぐって，[ ]と呼ばれる村役人・豪農と小百姓・小作人の争いがおこった。	村方騒動
□⑰ 田沼意次は，商人・職人の[ ]を全国的に公認した。	株仲間
□⑱ 松平定信は，[a]によって米の備蓄をはかり，[b]を出して,湯島聖堂の学問所で朱子学以外の講義を禁じた。	a 囲米 b 寛政異学の禁
□⑲ 米沢藩の[ ]は藩政改革を断行し，飢饉を乗り切った。	上杉治憲(鷹山)
□⑳ 蘭学者・医者の前野良沢と[a]は，オランダ語の解剖書を翻訳し，『[b]』として刊行した。	a 杉田玄白 b 解体新書
□㉑ 賀茂真淵に学んだ[a]は『[b]』を著して「漢意」を批判した。	a 本居宣長 b 古事記伝
□㉒ 鈴木春信が多色刷浮世絵版画の[ ]を完成させた。	錦絵

□㉓ 1792年，ロシア使節の［　　］が根室に来航し，日本に通商を求めた。 ラクスマン

□㉔ 1837年におこった［ a ］事件に対し，蘭学者の［ b ］と高野長英は幕府の対外政策を批判し，処罰された。 a モリソン号 b 渡辺崋山

□㉕ 1837年，［　　］は貧民救済を掲げ，大坂で蜂起した。 大塩平八郎

□㉖ 水野忠邦は，江戸の貧民を帰郷させる［ a ］や江戸・大坂周辺の領地を直轄地とする［ b ］を出した。 a 人返しの法 b 上知令

□㉗ 幕末，［　　］藩は黒砂糖の専売や反射炉建設を進めた。 薩摩

□㉘ 国学では，平田篤胤によって［　　］が唱えられた。 復古神道

□㉙ ［　　］は，滑稽本の『東海道中膝栗毛』を書いた。 十返舎一九

□㉚ ［　　］は，錦絵の『富嶽三十六景』などを描いた。 葛飾北斎

思考力問題にTRY

✔次の資料は，近世の幕府の公文書管理に関して，儒学者の荻生徂徠が述べた意見である。a～dの文章を読み，荻生徂徠の意見a・bと，その意見と関係があると思われる政策c・dの組み合わせとして最も適当なものをあとのア～エから１つ選べ。 【共通テスト試行調査】

> 何の役にも留帳[注1]これなく，これよろしからざる事なり。大形は[注2]先例・先格をそらに覚えて取扱う故に，覚え違いあるなり。……当時は[注3]その役に久しき人，内証にて[注4]書留をしておく人あれども，面々の手前にて[注5]したる事ゆえ，多くは甚だ秘して同役にも見せず，手前の功ばかりを立てんとす。……留帳ある時は，新役人もその帳面にて役儀の取扱い相知るる故に，御役仰付けられたる明日よりも役儀勤まるべし。（『政談』）
>
> (注1)留帳：役所の業務記録，公文書。 (注2)大形は：大方は，たいていは。
> (注3)当時は：最近は，近頃は。 (注4)内証にて：内々に，内緒で。
> (注5)面々の手前にて：それぞれの役人たちが自分で。

a. 留帳がなくても役人は記憶や経験に基づき，問題なく業務を遂行できる。
b. 自分の功績のために作成する書留とは別に，留帳を作成すると，行政効率が上がる。
c. 徂徠の意見と関わる政策として，新しく人材を登用する足高の制が考えられる。
d. 徂徠の意見と関わる政策として，庶民の意見を聞く目安箱の設置が考えられる。

ア a・c　イ a・d　ウ b・c　エ b・d

解説 徂徠の主張は，一文目から「留帳がないのはよくないこと」と明確で，最近の役人のことを「留帳を書いてもだれにも見せず，自分の功績を立てるのに躍起になっている」と批判している。徳川吉宗は享保の改革を進める際，1723年に役人の俸禄を見直し，足高の制を導入して有能な人材を登用した。

解答 ウ

▶FOCUS! 江戸幕府は災害にどう向き合ってきたのか？

江戸時代は，しばしば「**パックス・トクガワーナ**」(平和な徳川の時代)と称される。大きな戦乱はなくなり，17世紀半ばになると幕藩体制は安定期に入った。ところが，火事，火山噴火，地震などの災害が，幕府を苦しめることになる。1657年の**明暦の大火**は，江戸市街の6割以上を焼きつくし，1707年の**富士山大噴火**や1783年の**浅間山大噴火**は冷害による**飢饉**をもたらした。安政年間(1854〜60年)には**大地震**が頻発し，接近する異国船とともに幕府の脅威となった。こうした災害に幕府はどう向き合ってきたのだろうか。

▶防御から防災の町づくりへ

「**火事と喧嘩は江戸の華**」といわれたように，江戸では火消しの華々しい活躍が名物だった。明暦の大火のあと，幕府は**定火消**という直属の消火隊を設置し，江戸市街の再建に際しては，各所に**火除けのための空き地・広小路**をつくり，道幅も拡張した。また，避難ルートを確保するため，隅田川には**両国橋**も架けた。それまでは防御のため，橋の敷設は制限されていたが，**災害に強い町づくり**を優先したのである。

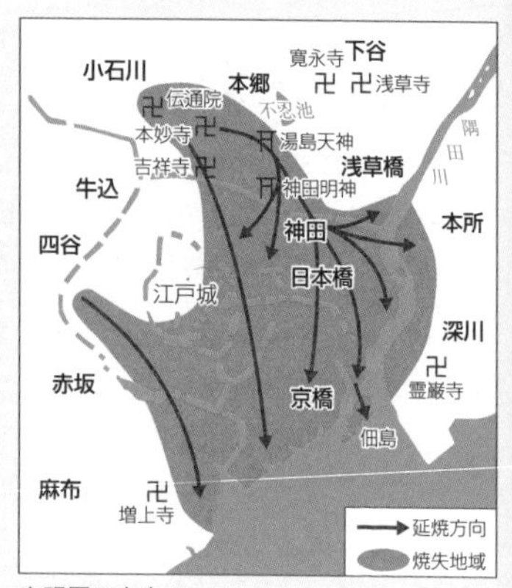

▲明暦の大火

こうした市街再建に巨費が投じられ，延焼した江戸城の天守(天主)や本丸の再建は後回しにされた。戦国時代，天守は大名の権威の象徴だったが，「パックス・トクガワーナ」の安定期に入った幕府にとって，もはや天守の権威は必要はなかった。実際その後，天守が建造されることはなかった。

▶大噴火の二次災害

老中の**田沼意次**(138ページ)が権勢をふるうなか，浅間山の大噴火がおこった。約2000人の犠牲者を出し，江戸市街にも3cmの火山灰が積もったという。噴煙は日光をさえぎり，冷害の原因になったといわれている。

大飢饉が発生した東北地方では，多くの餓死者が出た。その数は，弘前藩で8万人(13万または20万人とも)，盛岡藩で4万人とも伝えられる。**天明の飢饉**の死者数は，噴火による直接の死者数より，はるかに多かったのである。

各地で**百姓一揆**や**打ちこわし**が頻発するなか，田沼意次は老中の職を解任され，肝煎りの印旛沼の干拓事業や蝦夷地開発計画も中止に追い込まれたのである。新たに老中になった**松平定信**は，各地に社倉・義倉をつくり米を備蓄させた(**囲米**)。

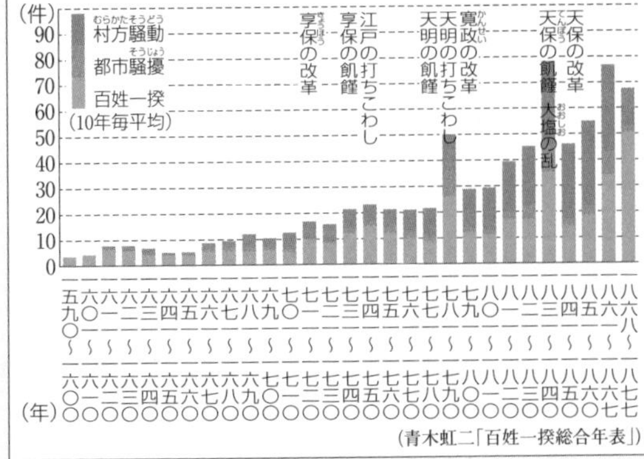

▲百姓一揆の推移

▶江戸で鯰が暴れた？

幕末の安政年間は，大地震があいついだ。日米和親条約を締結した1854年には，安政南海地震と安政東海地震がおこった。さらに翌55年には江戸直下型の**安政江戸地震**がおこり，それぞれ大きな被害をもたらした。心配された火災は，前述の防災対策の効果と風が弱かったこともあり，１日で鎮火された。

文化・文政期以降，木版印刷の普及によって，滑稽本や人情本，読本などの出版がさかんになっていた。自然災害はこうした出版物の恰好の題材となった。地震直後から，江戸では震災に関する綴本や錦絵の刊行があいつぎ，なかでも**鯰絵**という風刺画が庶民の人気になった。鯰絵は，地下に潜む巨大鯰が暴れることで地震がおこる，という伝承をもとに描かれた錦絵で，当初は「地震除け」のお守りとして利用され，復興後は「**世直し**」の象徴となった。また，幕府の検閲をかいくぐり，震災復興で巨額の富を得た材木商や大工・左官らを皮肉った鯰絵も多く刊行された。

▲鯰絵

安政年間は，感染症にも見舞われた。1858年には，**コレラ**が全国で猛威をふるい，江戸での死者は３万～４万人に上ったという。コレラは長崎に入港した外国人によってもたらされたが，明治維新期には近代的な西洋医学が導入され，日本の**細菌学・疫学の発展**を促した。

表現力
PLUS.5

キリスト教の受容

Q 戦国時代に西欧から渡来した新しい宗教キリスト教は，当初は社会に広く受け入れられた。このとき，九州の戦国大名はキリスト教に対して，信仰面や領国経営上どのような対応をしたのか述べよ。 【名古屋大 '14】

解説

① キリスト教の伝来

イエズス会宣教師の**フランシスコ=ザビエル**が1549年，鹿児島に上陸し，初めてキリスト教(カトリック)を伝えた。ザビエルは**平戸**，**山口**，**京都**などで布教を行い，2年余りの日本滞在中，500人以上に洗礼を授けたと伝えられる。ザビエル離日後も多くの宣教師が来日し，布教活動だけでなく，無償で医療活動や慈善活動を行った。肥前の大名**大村純忠**は1563年，家臣とともにスペイン人宣教師から洗礼を受け，初めての**キリシタン大名**となった。

② 南蛮貿易による利益

その後，同じ肥前の**有馬晴信**や豊後の**大友義鎮**(**宗麟**)も洗礼を受けた。宣教師の布教と貿易は一体だったので，南蛮貿易による利が目的だったともいわれる。安土・桃山時代，織田信長は宣教師を保護したが，豊臣秀吉は禁教へと転じ，1596年には日本人を含む宣教師・信徒26人を処刑した(108ページ)。江戸時代になると3代将軍徳川家光の治世下，禁教はさらに徹底された。

③ 潜伏キリシタン

幕末の1864年，**26聖人殉教**に捧げられた**大浦天主堂**が完成すると，翌年，信教を守り続けていたという潜伏キリシタンが天主堂に現れ，信仰を告白した。その後，長崎・天草地方には，伝統的な宗教・社会と共生しながら信仰を保ち続けていた，多くの集落があることがわかった。2018年，大浦天主堂を含む12の集落・聖地は，「**長崎と天草地方の潜伏キリシタン関連遺産**」として**世界文化遺産**に登録された。

▲大浦天主堂

A **九州の戦国大名のなかには，キリスト教の教義や宣教師の熱心な社会活動に心服して，あるいは西欧との貿易の利で領国の財政をまかなおうとして，みずからキリシタンの洗礼を受けた者もいた。**

表現力
PLUS.6

徳川吉宗の経済政策

Q 徳川吉宗の幕政改革が着手されて間もない1719年，相対済し令が発布されている。この法令が出された背景と法令の趣旨について，次の語句をすべて用いて120字以内で説明せよ。 【札幌大】

〔 貨幣経済　金銀貸借　物価　米価　当事者　訴訟 〕

解説

① 18世紀初頭の経済

18世紀初頭，幕府の政治は安定期に入っていたが，徳川綱吉の散財などによって**悪化した財政**は改善されていなかった。農村部では，米の生産量こそ増加したものの，農民の生活状況は依然として苦しく，借金をしたり田畑を手放したりする者も少なくなかった。都市部では，貨幣経済の浸透とともに商人が力をつけ，窮乏した武士(旗本・御家人)や大名を相手に金融を営む者も現れた。これに伴い，**金銀貸借の訴訟**が急増した。

② 享保の改革

こうした状況下の1716年，８代将軍に抜擢されたのが，紀伊藩主の**徳川吉宗**である。家康の治世を理想とする吉宗は，綱吉以来の側用人政治を廃止し，将軍の権力回復や幕府の財政再建をはかった。吉宗が進めた幕政改革を，**享保の改革**(136ページ)という。最も力を入れたのは，米の増産(年貢徴増)による米価の安定だった。そのため，吉宗は「**米将軍**」と呼ばれる。

③ 相対済し令

享保の改革は多岐に及んだが，吉宗は前述した訴訟問題にも力を注いだ。1719年，**相対済し令**を出して，**幕府は借金・金銭に関する訴訟を取り扱わない**こととした。武士と商人の「相対」(双方が会って事を行うこと)によって解決せよ，と命じたのである。しかし，身分制社会においては，下位にある商人のほうが不利で，**武士にとって好都合**だった。相対済し令は事実上，武士の救済策だったといえる。

A **貨幣経済の浸透により，蔵米を換金して生計を立てる武士が現れた。しかし，物価上昇と米価下落が重なり，窮乏した武士のなかには商人から借金する者も増えた。そのため，金銀貸借の訴訟が増えたので，幕府は訴訟を受理せず，当事者の相対で済ますよう命じた。**(120字)

62.開国とその影響

入試重要度 A

01 列強のアジア進出とペリー来航 ★★

① **世界の情勢**…18世紀後半，イギリスでおこった**産業革命**は，19世紀になると他の西欧諸国やアメリカに拡大した。工業力・軍事力を備えた**欧米列強**は，新たな植民地を求めて**アジア進出**を本格化させた。

② **アヘン戦争と幕府**…**清**がアヘン戦争(1840〜42年)で**イギリス**に敗れ，**南京条約**[1]を締結させられた。

✔**異国船打払令の緩和**　清の劣勢を知った幕府は1842年，**天保の薪水給与令**を出した。

✔**鎖国の継続**　1844年，オランダ国王が諸外国と通商関係を築くよう忠告したが，幕府は拒絶した。

1840	**アヘン戦争**(〜42) →**天保の薪水給与令**(42)
1844	オランダ国王ウィレム2世，開国を勧告→拒否
1846	アメリカ使節**ビッドル**，浦賀に来航し開国を要求→拒否
1853	アメリカ使節**ペリー**，浦賀に来航し開国を要求→回答を翌年に延期 ロシア使節**プチャーチン**，長崎に来航，開国と国境の画定を要求→拒否
1854	アメリカ使節**ペリー**，浦賀に再来航 →**日米和親条約**を締結 →イギリス・ロシア・オランダとも和親条約を締結

▲列強の接近と幕府の対応

③ **ペリー来航**…1846年にアメリカの**ビッドル**が来航して開国を求めたが，幕府は拒絶した。さらに1853年，アメリカ東インド艦隊司令長官**ペリー**が軍艦(黒船)4隻を率いて浦賀に来航し，ロシアの**プチャーチン**も長崎に来航した。

④ **幕府の対応**…老中首座の**阿部正弘**は，ペリー来航を朝廷に報告するとともに，諸大名にも意見を求めた。これは幕府の前例に反することだった。

✔**威信の低下**　幕府の威信は低下し，朝廷や大名の発言力が高まった。

✔**安政の改革**[2]　一方，阿部正弘は江戸湾に**台場**を築き，武家諸法度で禁じていた大型船の建造を容認するなど，国防を強化した。また，前水戸藩主**徳川斉昭**を幕政に参画させ，薩摩藩主**島津斉彬**らの協力もとりつけた。

⑤ **日米和親条約**…1854年，アメリカに一方的な**最恵国待遇**[3]を与える**日米和親条約**に調印し，アメリカ船への燃料・食料の供与・**下田**・**箱館**の開港を約束した。

[1][南京条約]　清は上海など5港の開港，香港島の割譲，貿易の自由化などを認めさせられた。
[2][安政の改革]　幕府は横須賀製鉄所や長崎造船所，海軍伝習所，江戸に講武所などをつくった。
[3][最恵国待遇]　日本が第三国と新条約を結んだ場合，アメリカにも同様の利益が認められること。

02 安政の五カ国条約 ★★

> **日米修好通商条約の主な内容**
> ・神奈川・長崎・新潟・兵庫の開港と江戸・大坂の開市。
> ・通商は自由貿易とする。
> ・関税率は日米の協議で定める協定関税とする（関税自主権の欠如）。
> ・日本で犯罪をおかしたアメリカ人は領事がアメリカの法律で裁く（領事裁判権〈治外法権〉）。

① **日米修好通商条約**…初代アメリカ総領事**ハリス**が下田に着任し，清での**第２次アヘン戦争**（**アロー戦争**）を口実に幕府に通商条約の締結を迫った。老中首座**堀田正睦**がハリスとの交渉にあたったが，**孝明天皇**の勅許が得られなかった。**井伊直弼**が大老に就任すると無勅許のまま条約に調印し，オランダ・ロシア・イギリス・フランスともほぼ同様の条約を結んだ（**安政の五カ国条約**）。

② **不平等条約**…**領事裁判権**（**治外法権**）の容認や**関税自主権の欠如**など，日本にとって不平等な内容をもつ条約であった。不平等条約の改正は，今後の政府の最大の課題となった。

③ **条約批准**…1860年には条約の批准のため，外国奉行を全権とする使節が渡米した。このとき，**勝海舟**（**義邦**）を艦長とする**咸臨丸**が随行した。

④ **貿易の実態**…横浜・長崎・箱館の３港で，1859年に自由貿易が開始された。取引の最多は**横浜港**で，貿易相手国の首位は**イギリス**であった❹。1866年までは輸出超過で，売込商が扱う輸出品は**生糸**・**茶**・**蚕卵紙**など，引取商が扱う輸入品は**毛織物**・**綿織物**・武器などであった。

▲主要輸出入品（1865年）と貿易港

⑤ **貿易統制の失敗**…金対銀は外国で１対15，日本で１対５と異なり，外国人は銀貨をもち込んで両替したので，海外に多額の金貨が流出した。対応策として幕府は金の量・質ともに削減する改鋳を行った（**万延貨幣改鋳**）が，物価を上昇させた。また，幕府は1860年に**五品江戸廻送令**を出し，雑穀・水油・蠟・呉服・生糸は江戸の問屋を経て輸出するよう命じたが，不徹底に終わった。

> **重要ファイル CHECK**
> ● ペリー来航直後の幕府の姿勢は，朝廷や大名の発言力を高めた。
> ● 安政の五カ国条約は，領事裁判権を認め，関税自主権が欠如していた。

❹アメリカは，1861年に南北戦争が始まった影響により，対日貿易から後退した。

63. 尊王攘夷運動の展開

入試重要度 B

01 尊王攘夷派と公武合体派 ★★

① **攘夷運動の激化**…1860年，ハリスの通訳であったオランダ人ヒュースケンが薩摩藩浪士に殺害された。翌年にはイギリス仮公使館が水戸藩浪士らに襲撃される東禅寺事件，1862年には横浜近郊で**生麦事件**❶がおこった。

② **幕閣の分裂**…幕府内部では病弱な13代将軍**徳川家定**の後継問題が生じ，水戸藩主徳川斉昭の子の**一橋慶喜**をおす一橋派と，紀伊藩主の徳川慶福をおす南紀派の二派が対立した。後者の彦根藩主**井伊直弼**が1858年に大老となり，慶福を14代将軍とした（＝**徳川家茂**）。幕府が朝廷の許可なく通商条約に調印したことに対して一橋派や尊王攘夷派の間で幕政への批判が高まると，井伊は反対派の大名や公家を罰し，**吉田松陰**らの志士を処刑した（**安政の大獄**）。しかし，その反動で1860年に井伊は水戸藩浪士らに暗殺された（**桜田門外の変**）。

▲桜田門外の変

③ **公武合体(1)**…老中安藤信正は朝廷（公）と幕府（武）の協調をはかり，孝明天皇の妹和宮を将軍家茂の夫人に迎えた。しかし，天皇を尊び外国を排斥する**尊王攘夷**の論者が反発し，1862年の**坂下門外の変**で安藤は襲われ，老中を退いた。

④ **公武合体(2)**…幕府の動揺に対し1862年，薩摩藩主の父**島津久光**が江戸に赴き，**文久の改革**を行わせた。その結果，幕政に復帰した一橋慶喜を**将軍後見職**，越前藩主松平慶永を**政事総裁職**，会津藩主松平容保を**京都守護職**に任ずる人事の刷新や，参勤交代の緩和や洋式軍備の採用などが進められた。

02 尊攘運動 ★★

① **長州藩の攘夷行動**…尊王攘夷を藩論とする長州藩は京都で主導権を得て朝廷を動かし，攘夷決行を幕府に迫った。家茂は攘夷決行を諸藩に命じ，長州藩は下関海峡を通過する外国船を砲撃し，攘夷を実行した。一方で，薩摩・会津両藩は公武合体派の公家と結んで朝廷内の実権を奪い，長州藩勢力と**三条実美**らの急進派公家を京都から追放した（**八月十八日の政変**）。

---

❶［生麦事件］　横浜近郊の生麦で，江戸からの帰途にあった島津久光一行の行列を横切ったイギリス人を，薩摩藩士が殺傷した事件。

② **尊攘派浪士の挙兵**…八月十八日の政変前後，公家の中山忠光・土佐藩士の吉村虎太郎らによる大和五条の天誅組の変，元福岡藩士の平野国臣らによる但馬の生野の変，水戸藩尊攘派による天狗党の乱がおこったが，いずれも壊滅された。

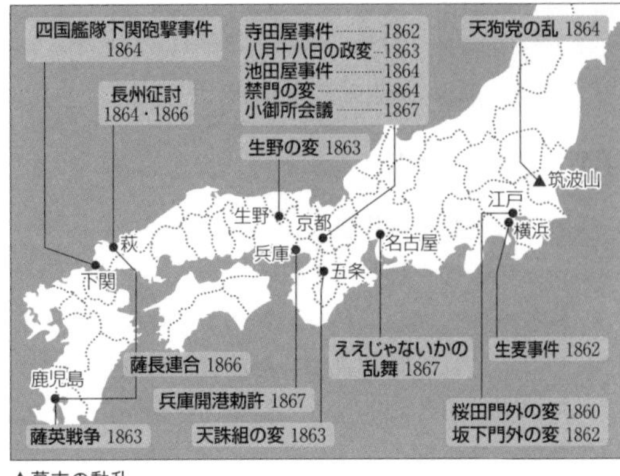

▲幕末の動乱

③ **尊攘派の挫折**…1864年，京都で**新選組**(京都守護職指揮下の浪士の組織)の近藤勇らが尊攘派を襲撃する**池田屋事件**がおこった。そこで長州藩兵は京都に攻め上り，会津・桑名・薩摩などの諸藩の兵と交戦する**禁門(蛤御門)の変**をおこしたが，敗退した。さらに幕府は**長州征討**(第１次)を発令した。長州藩は朝敵とみなされ，幕府軍と戦わずに降伏した。

④ **攘夷路線の転換**…1863年，生麦事件の報復として**薩英戦争**がおこった。また，長州藩の攘夷決行の報復として，翌1864年，英・仏・米・蘭の**四国艦隊下関砲撃事件**(下関戦争)がおこった。しかし，薩摩藩・長州藩ともに大きな被害を受け，両藩は攘夷の不可能を悟った。列国艦隊はさらに1865年，兵庫沖に迫って条約の勅許を得させ，その翌年に兵庫開港延期の代償として**改税約書**を調印させた。そのため1866年以降，貿易は輸入超過となった。

⑤ **薩長の軍事同盟**…イギリス公使パークスは幕府に見切りをつけ，雄藩連合政権の成立を期待するようになった。薩摩藩はイギリスに接近し，**西郷隆盛**や**大久保利通**ら革新派が藩政を握った。長州藩では**奇兵隊**を組織した**高杉晋作**が保守派を倒して実権を握った。高杉や**桂小五郎**(**木戸孝允**)らは**大村益次郎**を登用し，軍事力の強化に努めた。1866年，土佐の**坂本龍馬**と中岡慎太郎らの仲介で薩長が密約し(**薩長連合〈薩長同盟〉**)，倒幕の態度を固めた。このため，前年に幕府が命じた**長州征討**(第２次)は幕府側に不利に展開し，将軍徳川家茂が急死して停戦した。これはかえって幕府の権威失墜を示す結果となった。

> **重要ファイル CHECK**
> ●尊王攘夷論の中心に長州藩が立ち，京都は尊攘派の拠点となった。
> ●攘夷が不可能なことを悟った薩長は，倒幕に向け同盟を結んだ。

64. 江戸幕府の滅亡と新政府の発足

入試重要度 A

01 幕府の滅亡 ★★

▲徳川慶喜

① **討幕の密勅**…**徳川慶喜**が15代将軍となり，フランス公使ロッシュの援助で幕政改革に着手した。一方，薩長両藩は武力倒幕の準備を進めていた。朝廷では1866年末に孝明天皇が急逝した。公家の**岩倉具視**らが薩長との連携をはかり，1867年10月14日に薩長両藩主へ，**討幕の密勅**が下された。

② **幕府の政権返上**…土佐藩は，雄藩連合による**公議政体論**を志向していた。1867年，坂本龍馬がまとめた船中八策を受け，後藤象二郎が具体化したものを前藩主の山内豊信が受け入れ，慶喜に建言した。10月14日，慶喜は**大政奉還の上表**を朝廷に提出し，翌日これを朝廷は受理した。そのため，京都には薩長の兵が集結していたが，倒幕の派兵は中止となった。

③ **江戸幕府の滅亡**…1867年12月9日，薩長側は朝廷を動かして**王政復古の大号令**を発し，天皇中心の新政府を樹立した。将軍や摂政・関白は廃止され，総裁・議定（大名や公卿）・参与（藩士や中下層公家）の三職が置かれた。さらに三職を集めた**小御所会議**で，慶喜の内大臣職の辞退と領地の一部を返納させる**辞官納地**を決定した。しかし，旧幕府側はこれに強く反発した。

02 旧幕府側の反抗 ★★

① **戦いの始まり**…1868年1月，旧幕府側は大坂城から京都に進撃したが，**鳥羽・伏見の戦い**で新政府軍に敗れ，慶喜は海路で江戸に逃れた。これを追い，**西郷隆盛**を参謀とする東征軍❶が江戸へ向けて出撃した。同年3月，西郷と**勝海舟（義邦）**の交渉によって**江戸無血開城**が決定し，4月に無血開城された。

② **戦いの展開**…旧幕臣の一部が彰義隊を組織し上野で抵抗したが，大村益次郎指揮の総攻撃で壊滅した。さらに東征軍は，東北諸藩が結成した**奥羽越列藩同盟**を打ち破り，会津若松城を攻め落とした。旧幕臣の**榎本武揚**は箱館の五稜郭に立てこもって抵抗したが，1869年5月に降伏し（**五稜郭の戦い**），新政府による国内平定がほぼ完了した。これら一連の内戦を**戊辰戦争**という。

❶東征軍は官軍とも呼ばれ，志士や豪農・豪商らが組織した草莽隊も参加していた。その一つで，相楽総三らが結成した赤報隊は，新政府が民衆の支持を得られるように年貢半減を掲げて進軍したが，のちに相楽らは新政府によって偽官軍として処刑された。

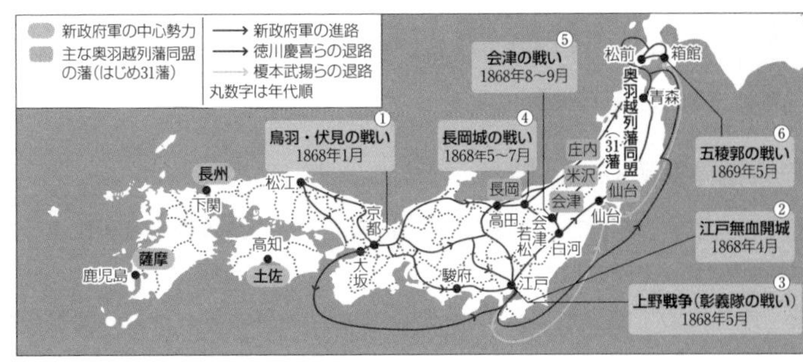

◀戊辰戦争

03 御一新[2]と社会・民衆 ★★

① **新政府の方針**…戊辰戦争の最中，御所では1868年３月，公議世論の尊重や開国和親などを柱とする**五箇条の誓文**[3]が，新政府の基本方針として示された。明治天皇が神々に誓約する形式で発せられた。

② **民衆の心得**…新政府はあわせて民衆に対し，**五榜の掲示**を出した。第一札の儒教道徳や第三札のキリスト教禁止など，旧幕府と変わらない方針が継承された。

> **五箇条の誓文の要旨**
> ①公議世論の尊重(「広ク会議ヲ興シ…」) ②殖産興業 ③四民平等 ④開国和親 ⑤富国強兵

> **五榜の掲示の概要**
> ①五倫の道を説く(儒教道徳) ②徒党・強訴・逃散の禁止 ③切支丹邪宗門の禁止〈以上が定三札＝永世の定法〉 ④外国人への暴行禁止 ⑤浮浪や本国脱走の禁止〈覚二札＝一時の掲示〉

③ **社会と民衆**

✔**庶民の抵抗**　幕末の混乱期，物価高や社会不安から，社会変革を求める**世直し一揆**や打ちこわしが各地で頻発した。また1867年には江戸以西で，**御蔭参り**が影響したと見られる「**ええじゃないか**」の乱舞が発生した。

✔**民衆宗教の普及**　備前の黒住教，大和の天理教，備中の金光教は，社会不安からの救済や権力の否定などを説き，急激に普及していった。のちに，これらの宗教は**教派神道**として公認された。

	年	開祖
黒住教	1814	黒住宗忠
天理教	1838	中山みき
金光教	1859	川手文治郎

▲民衆宗教の誕生

重要ファイル CHECK
- 小御所会議で慶喜の辞官納地が決定し，公議政体論は挫折した。
- 五箇条の誓文は，天皇が神々に誓約する形をとり，天皇親政を強調した。

[2]当時，江戸幕府の崩壊と新政府の成立は御一新と呼ばれた。歴史用語としては，ペリー来航から廃藩置県または西南戦争までの政治・経済・社会・文化にわたる改革を**明治維新**と呼んでいる。

[3]**[五箇条の誓文]**　由利公正が起草，福岡孝弟が修正し，さらに木戸孝允が修正・加筆した。

65. 明治維新と中央集権体制

入試重要度 A

01 中央集権体制確立への動き ★★

① **政体書**…中央政府の組織が再編され，1868年閏4月の**政体書**の公布によって，太政官制は大宝令の形式に復活した。

- ✔**中央** 太政官の下に立法機関の議政官❶などを設け，アメリカの制度を参考に三権分立制を採用❷，4年ごとの官吏公選制なども規定した。
- ✔**地方** 府・藩・県の三治制とした。

② **遷都と改元**…1868年7月，江戸を**東京**と改め，**明治天皇**は8月に即位の礼をあげた。9月に**明治**と改元し，天皇一代に元号1つの**一世一元の制**とした。翌1869年に東京を事実上の首都とした。

▲東京行幸

③ **版籍奉還**…1869年，**木戸孝允・大久保利通**らが合意して，**薩摩・長州・土佐・肥前**の4藩主に朝廷への**版籍奉還**を出願させ，各藩もこれに倣った。

- ✔領地(版図)と領民(戸籍)を天皇に返還した。
- ✔旧藩主を**知藩事**(地方長官)に任じ，藩政は従来通り維持した。

④ **藩政の全廃へ**…旧藩主は石高にかえて年貢収入の10分の1を**家禄**として支給された。藩主の家禄は藩財政と分離されたが，軍事や徴税権は各藩に委ねられ，中央集権の実は乏しかった。また，新政府は年貢徴収を厳しくしたため，農民一揆が各地で発生した。一方，諸藩の財政難も深刻であった。そこで1871年，薩摩・長州・土佐から御親兵1万人を募り，その武力を背景に**廃藩置県**を断行した。

⑤ **国内の政治的統一の完成**…廃藩置県によって，すべての藩が廃止されて府県となった。知藩事は罷免されて東京居住となり，中央政府が派遣する**府知事・県令**が地方行政を行うことになった。

- ✔当初1使(開拓使)3府(東京・大阪・京都)302県が，11月に1使3府72県，1888年に1道3府43県へと整理された。県令は1886年に県知事となった。

❶[**議政官**] 当初，議定・参与の上局と府藩県の貢士による下局で構成された。
❷政体書の官制では権力が太政官に集中していたため，三権分立制は名目に過ぎなかった。

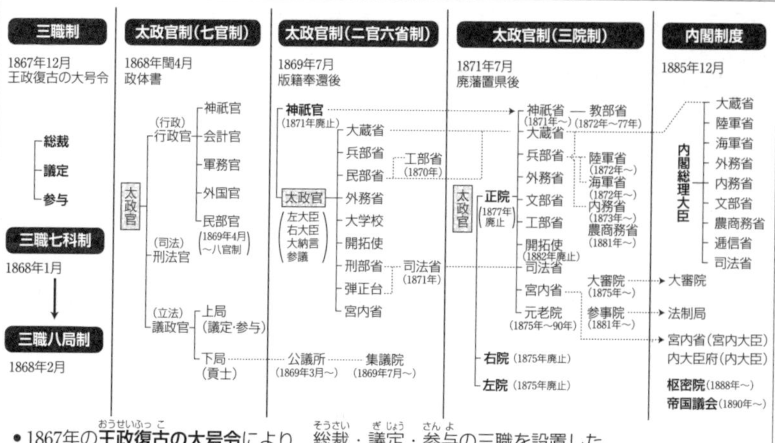

- 1867年の**王政復古の大号令**により，総裁・議定・参与の三職を設置した。
- 1868年の政体書により，三権分立を取り入れた**太政官制**(七官制)とした。
- 1869年の版籍奉還後は二官(太政官と神祇官)六省制となった。
- 1871年の廃藩置県後は正院・左院・右院の**三院制**へ移行したが，実態は薩長出身者の参議❸が政府の中枢を独占しており，**藩閥政府**を形成した。
- 1885年に太政官制を廃止し，内閣総理大臣と国務大臣からなる**内閣制度**が制定された。

▲中央官制の変遷

重要ファイル CHECK

- 版＝領地，籍＝領民の奉還は，薩長土肥の 4 藩主が先行して提出した。
- 政府は廃藩置県を断行し，国内の政治的統一が完成した。
- 太政官制や参議は，1885年の内閣制度採用で廃止された。

02 軍事制度の確立 ★★

① **兵制改革の開始**…1869年，兵部省が設置された。長州出身の**大村益次郎**が兵部大輔となり兵制改革を進めたが，同年暗殺され，同郷の**山県有朋**が引き継いだ。1871年に集められた御親兵は翌年，天皇を警護する近衛兵となった。一方，国内の**鎮台**には藩兵が配備され，一揆や反乱に備えた。1872年，兵部省は陸軍省と海軍省に二分された。

② **国民皆兵の制度**…1872年の**徴兵告諭**に基づき，1873年に**徴兵令**が発布され，満20歳以上の男子を徴発した。兵役は 3 年の**国民皆兵**だったが，さまざまな免除規定❹があり，実際に兵役についたのは農家の次男や三男であった。

❸[参議]　1869年に設置され，1871年木戸・大久保の就任後，しだいに権限を集中させていった。
❹戸主とその跡継ぎ，官吏，学生，代人料270円を納めた者には兵役免除を認めていた。

66. 地租改正と殖産興業

入試重要度 A

01 地租改正の実施 ★★

① **旧来の土地制度の撤廃**…政府は，1871年に田畑勝手作りを公認し，1872年には田畑永代売買の禁止令(120ページ)を解き，従来の年貢負担者に面積・地価を示した**地券**を発行した。

② **土地と税制の改革**…1873年，政府の財源確保を目的とした全国一律の**地租改正条例**を公布した。その要点は，課税対象を不安定な収穫高から一定した**地価**に変更すること，物納を金納に改めて税率を地価の３％とすること，地券所有者を納税者とすることであった。

	改正前	改正後
課税対象	収穫高	地価
税率	五公五民(幕領)	地租(地価の３％)
納税方法	物納・村単位	金納・個人
納税者	直接耕作者(本百姓)	地券所有者(地主)

▲地租改正前後の変化

③ **地租改正の結果**

- ✔所有権が不明確な入会地の大半は，官有地に編入された。
- ✔政府は一定の税収を確保したが，従来の年貢収入を減らさない方針により農民の負担は変わらず，各地で**地租改正反対一揆**が頻発した❶。
- ✔地主と小作の関係が温存され，**寄生地主制**が促進された。

02 貨幣の統一と銀行の創設 ★★

① **貨幣制度**…1871年，政府は**新貨条例**を定め，世界の大勢に倣って**金本位制**を採用し，十進法による**円・銭・厘**の新硬貨を鋳造した。ただし，開港場での貿易では主に銀貨が，国内では紙幣が主に用いられた。

② **金融制度**…1872年，**渋沢栄一**を中心に，アメリカの制度に倣った**国立銀行条例**を定め，紙幣(**兌換**義務を伴う国立銀行券)発行権をもつ民営の国立銀行をつくらせた。しかし，早期の兌換制度への移行は難しかった。

- ✔1876年の条例改正で，国立銀行の兌換義務が取り除かれると，国立銀行が急増したが，1879年に153行になったところで設立は打ち切られた。
- ✔**三井・岩崎(三菱)**などの資本家は殖産興業政策と結びついて大きな利益をあげ，**政商**と呼ばれるようになった。

❶茨城県・三重県などで暴動が激しく，1877年に地租の税率が３％から2.5％に引き下げられたことから，「竹槍でドンとつき出す二分五厘」と詠まれた。

03 殖産興業 ★★

① **殖産興業政策の推進**

- ✔1870年に**工部省**を設置し，初の工業教育機関となる工部大学校❷を開校した。
- ✔1873年に設置された**内務省**❸は，初代内務卿に**大久保利通**が就任し産業面も管掌した。1877年，東京の上野で第１回**内国勧業博覧会**を開催した。

② **産業育成**…政府は**砲兵工廠**や**造船所**を充実させ，佐渡金山・生野銀山や三池・高島の炭鉱，釜石鉄山（大島高任が開発）など旧幕府・藩所有の事業も引き継いだ。

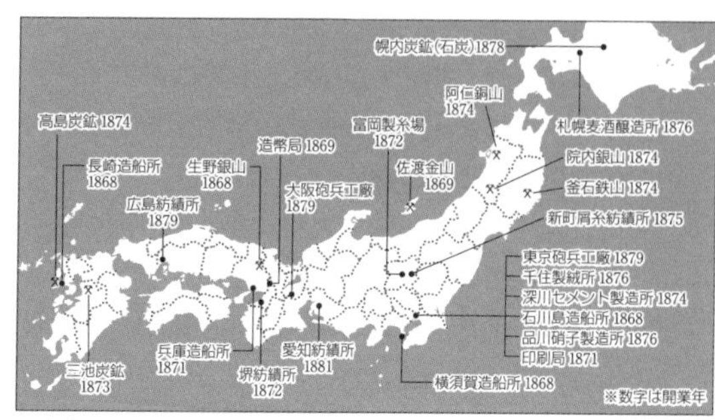

▲官営工場と鉱山

また，**官営模範工場**として，群馬県に**富岡製糸場**を建て（1872年操業），フランス人技師の下で養成された工女が，最大の輸出品である**生糸**を生産した。

③ **通信**…**電信**はイギリスから導入され，1869年に東京・横浜間で架設された。飛脚にかわる官営の**郵便制度**が1871年，**前島密**により創業され，1877年，日本は万国郵便連合条約に加盟した。

④ **交通**…**鉄道**は1872年，イギリスの技術を導入し**新橋・横浜間**が開業した。海運は，政府の保護を受けた**岩崎弥太郎**の**三菱**（郵便汽船三菱会社）が発展した。

⑤ **北方の開発**…1869年，政府は蝦夷地を**北海道**と改称し，**開拓使**を設置した。アメリカ式の機械制大農法の移植をはかり，**クラーク**を招いて1876年に**札幌農学校**を開設した。また，1874年に**屯田兵制度**を設け，ロシアに対する防備も兼ねて開拓にあたらせた。

重要ファイル CHECK

- 農民の地租の負担（地価の３％）は，江戸時代と変わらなかった。
- 国立銀行は，アメリカの制度に基づく民営の銀行として設立された。
- フランスの技術を導入した富岡製糸場は，官営模範工場の代表である。

❷**［工部大学校］** 前身は工部省の工学校。1876年，工部美術学校を併設し，1877年，工部大学校となった。工部省が1885年に廃止されたあと文部省へ移管し，東京大学工学部となった。

❸**［内務省］** 産業，地方行政，警察（1874年東京に**警視庁**を設置）など，内政に大きな権力を行使した。1947年にGHQの指示によって廃止された。

67. 四民平等と文明開化

入試重要度 B

01 四民平等 ★★

① **身分制度の改革**…1869年，公家・藩主を**華族**，藩士・旧幕臣を**士族**，「農工商」を**平民**(足軽は卒で，1872年に士族か平民へ編入)とした。平民は苗字を許され，移住や職業選択，華・士族との結婚が自由になった。

皇族…………31人
華族………2829人
士族…154万8568人
卒(下級武士)
……34万3881人
5.69%
93.41%←平民‥3110万6514人
僧尼…21万6995人
旧神職…7万6119人
その他……5738人
0.90%
総計…3330万675人
(「日本全国戸籍表　明治6年」)

▲人口構成(1873年)

② **近代的戸籍と賤民の撤廃**

- ✔1871年に戸籍法が制定され，翌年に全国の統一的戸籍となる**壬申戸籍**が作成された。
- ✔1871年，えた・非人の称を廃して平民と同じ扱いにする「**解放令**」が出されたが，社会的差別は続いた。

③ **家禄の全廃**…1871年の散髪・脱刀令と1876年の**廃刀令**で旧武士は苗字帯刀などの特権を失った。経済面では，政府が1873年に**秩禄**❶**奉還の法**を出して希望者を募り，一時金を支給した。しかし，希望者が多く，政府の財政はさらに悪化した。そこで，1876年の**秩禄処分**で家禄の数年分を**金禄公債証書**で支給し，秩禄を全廃した。

④ **士族の処遇**…政府は**士族授産**(屯田兵制度など)で救済をはかったが，公債が少額の士族の困窮や不慣れな商売の失敗(**士族の商法**)などで不平士族を生んだ

02 文明開化 ★★

① **日常生活の洋風化**…大都市を中心に**文明開化**の風潮が広まった。

- ✔東京の銀座通りには**煉瓦造**の家屋や**ガス灯**が立ち並び，人力車や鉄道馬車，**ざんぎり頭**に**洋服**の人々が往来した。
- ✔暦法を改め，**太陽暦**を採用した(1872年12月3日を1873年1月1日とした)。

	年	事象
衣	1870	背広の着用始まる
	1870	靴の製造始まる
	1870	コウモリ傘の使用
	1871	散髪・脱刀令
食	1867	牛鍋店
	1871	西洋料理店
	1872	ビール飲用流行
	1873	巻きたばこ
住	1871	西洋建築始まる
	1882	電灯の始め

	年	事象
交通	1869	乗合馬車始まる
	1870	自転車の使用
	1872	鉄道開通(新橋・横浜)
	1882	鉄道馬車の開業(新橋・日本橋)
通信	1869	電信の始め
	1877	電話の始め
その他	1872	ガス灯の始め
	1872	太陽暦の始め
	1876	日曜休日制の始め

▲文明開化の世相

❶[秩禄]　江戸時代の俸禄米に当たる家禄と維新の功労者に与えた賞典禄の2つの総称。政府は家禄の支給を行っていたが，歳出の3割を占め，すでに国家財政を圧迫していた。

✔1日を24時間とした。

✔1873年，神武天皇即位日をあてた紀元節(2月11日)や明治天皇誕生日の天長節(11月3日)などの，国家による祝祭日も制定された。

② **宗教の改革**

✔**神道国教化政策**　復古神道の影響の下，政府は祭政一致を掲げて神祇官を再興し，1868年，神仏習合を禁じた**神仏分離令**を出した。そのため，寺院や仏像を破壊する**廃仏毀釈**の風潮が全国に広がり，仏教界は大打撃を受けた。また，1870年には**大教宣布の詔**を発し，神道国教化を表明した。

✔**キリスト教の黙認**　政府は当初，幕府の禁教政策を継続したが，五榜の掲示(159ページ)に対する欧米列強の抗議などを受け，キリスト教を黙認することにした。

③ **啓蒙思想の普及**…旧来の思想や習慣が排斥され，それにかわって欧米の自由主義・功利主義❷が広がり，**天賦人権の思想**❸が唱えられた。

✔**福沢諭吉**　大ベストセラー『**学問のすゝめ**』や『西洋事情』『文明論之概略』などを著して，功利主義・自由主義の立場で言論活動を続け，自主独立の精神を説いた。

✔**中村正直**　『西国立志編』(スマイルズ)・『自由之理』(ミル)を翻訳して，イギリスの功利主義思想による自由主義を紹介した。

✔**中江兆民**　『民約訳解』でフランスのルソーの『社会契約論』の一部を漢訳し，「東洋のルソー」と呼ばれた。

④ **啓蒙思想団体**…1873年に結成された**明六社**❹は，**森有礼**を社長に福沢諭吉・中村正直・西周・加藤弘之・津田真道・西村茂樹・神田孝平らが参加した。1874～75年に機関誌の『**明六雑誌**』を刊行して，欧米の政治や文化を紹介する啓蒙活動を行った。

⑤ **教育制度**…1871年に**文部省**が新設され，翌1872年にはフランスの制度に倣った**学制**が公布され，国民皆学教育がめざされた。1877年には，**東京大学**が設立された。**福沢諭吉**の**慶応義塾**や**新島襄**の**同志社**などの私学も創設された。

重要ファイル CHECK
- 旧武士は士族となったが，家禄支給や諸々の特権は失われた。
- 森有礼・中村正直・福沢諭吉・西周・加藤弘之らが明六社を結成した。

❷[功利主義]　人間の幸福を人生や社会の最大目的とする，ミルやベンサムらの思想。
❸[天賦人権の思想]　人は生まれながらに，自由や平等を天から授かっているとする考え方。
❹[明六社]　1875年，政府の言論取り締まりが強まったため雑誌を停刊し，事実上解散した。

68. 明治初期の対外関係

入試重要度 A

01 岩倉使節団と征韓論争の発生 ★★

① 岩倉使節団

▲岩倉使節団

- ✓1871年，右大臣**岩倉具視**を大使，最年少の**津田梅子**❶ら女性5人を含む留学生などを伴う使節団を派遣した。
- ✓条約改正交渉は最初の訪問国アメリカで失敗し，目的を文物や制度の視察に転じた。欧米諸国歴訪の結果，日本の遅れを痛感し，内治を優先して国力の充実をはかるべきと考えるようになった。

② **明治六年の政変**…1873年，留守政府❷の**西郷隆盛**らは**征韓論**を唱えたが，帰国した大久保らの内治派に阻止された。征韓派参議らは一斉に下野した。

征韓派	●朝鮮が開国を拒否した場合，武力で開国させるという強硬策 ●西郷隆盛(薩摩)，板垣退助・後藤象二郎(土佐)，江藤新平・副島種臣(肥前)ら
VS	明治六年の政変で，征韓派参議は一斉下野 その後は，大久保利通が政府を指導
内治派	●内治の整備が優先と主張 ●岩倉具視(公家)，大久保利通(薩摩)，木戸孝允(長州)，大隈重信(肥前)ら

③ **朝鮮の開国**…征韓論の挫折による**明治六年の政変**で，朝鮮開国の試みは中断したが，政府は**江華島事件**をきっかけにして，朝鮮を開国させた。

- ✓1875年に朝鮮近海で日本軍艦雲揚が朝鮮側を挑発し，朝鮮側砲台と交戦する江華島事件がおこった。
- ✓政府はこれを機に黒田清隆・井上馨を朝鮮に派遣し，1876年，釜山・仁川・元山港の開港や，日本の領事裁判権や関税免除を認めさせるなど，朝鮮に不利な内容の**日朝修好条規**(江華条約)を結び，朝鮮を開国させた。

---

❶**[津田梅子]** 帰国後，1900年に女子英学塾(津田塾大学)を設立し，女子教育に尽力した。

❷**[留守政府]** 太政大臣三条実美をはじめ西郷・板垣・大隈らは外遊中の政府首脳陣にかわり，徴兵令や学制などの一連の諸改革を進めた。征韓論は岩倉が勅許を用いて中止させた。

02 近隣諸国との対外関係 ★★

① **対清外交**

- ✔**日清修好条規**　日朝修好条規を結ぶ前の1871年，政府は清と対等な条約を結んだ。相互に開港し，領事裁判権も認め合った。
- ✔**琉球漂流民殺害事件**　1871年，宮古島の船が**台湾**に漂着し，乗組員が現地人に殺害された。政府は清に抗議したが，清は台湾を「化外の民」(王化の及ばないところの住民)として責任を回避し，台湾出兵の原因となった。

② **台湾出兵**…1874年，政府は**台湾出兵**を行った。イギリスの仲裁により，清が日本の出兵を正当行為と認め，賠償金を支払う旨の調停が成立した。

③ **国境の画定**

- ✔幕末以来ロシアとの間で懸案であった樺太と千島列島の領有問題については，1875年に駐露公使榎本武揚が**樺太・千島交換条約**を結び，樺太はロシア領，千島全島は日本領となった。
- ✔**小笠原諸島**は，日本の領有宣言にイギリス・アメリカからの異議がなく，1876年に日本領となった。

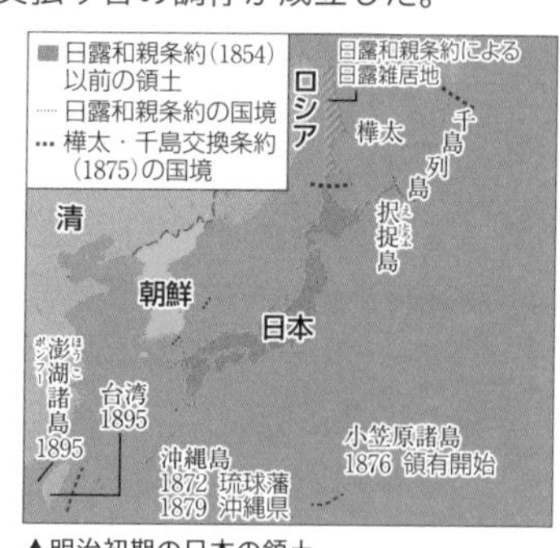

▲明治初期の日本の領土

03 琉球王国と明治政府 ★★

① **琉球との関係**

- ✔琉球王国は江戸時代以来，薩摩藩と清の両方に服属していた。
- ✔政府は琉球王国を日本領にすることにし，1872年に**琉球藩**を設置して政府直属とし，琉球国王の**尚泰**を藩王として華族に列した。台湾出兵後には，琉球に清との関係断絶を命じた。

② **沖縄県の設置**

- ✔1879年，政府は軍隊を送って武力を背景に琉球藩を廃止して**沖縄県**を設置し，尚泰は東京に移された(**琉球処分**)。
- ✔沖縄では古い租税制などが残り，謝花昇は沖縄の自由民権運動を推進したが，地租改正・市町村制や衆議院議員選挙法の施行は本土よりも遅れた。

重要ファイル CHECK
- 西郷・板垣らは征韓論を唱えたが，大久保らの反対により挫折した。
- 政府は1872年の琉球藩設置後，1879年の琉球処分で沖縄県を設置した。

69. 士族の反乱と自由民権運動

入試重要度 A

01 政府への反抗 ★★

① **士族の反乱**…急激な改革で特権を奪われた士族のなかには，暴動をおこす者もいた。

- ✓**佐賀の乱** 1874年，前参議の**江藤新平**らが蜂起したが，政府軍に鎮圧された。
- ✓**敬神党（神風連）の乱** 1876年，廃刀令などに反対して敬神党が熊本鎮台を襲ったが，政府軍に鎮圧された。
- ✓**秋月の乱** 1876年，福岡県の旧秋月藩士らが挙兵したが，政府軍に鎮圧された。
- ✓**萩の乱** 1876年，前参議の**前原一誠**らが蜂起したが，政府軍に鎮圧された。

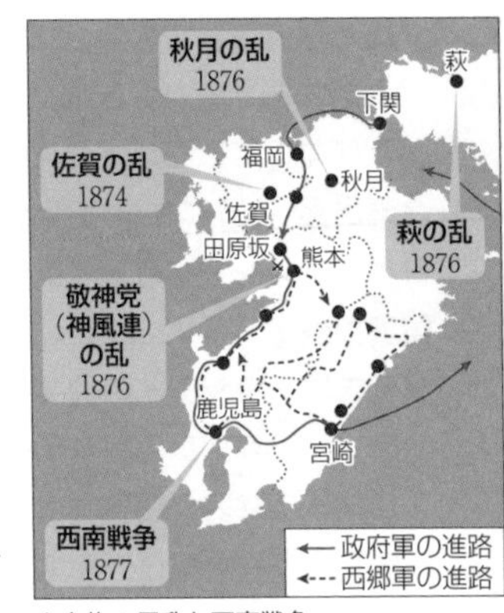

▲士族の反乱と西南戦争

② **最大規模の内乱**…1877年，明治六年の政変で下野した前参議の**西郷隆盛**を中心に不平士族が**西南戦争**をおこしたが，半年後に鎮圧され，西郷は自決した。

③ **紀尾井坂の変**…明治六年の政変後の政府を主導してきた**大久保利通**も1878年，不平士族に暗殺された。

02 国会開設の要求 ★★

① **自由民権運動の口火**…1874年，征韓論争に敗れ下野した前参議の**板垣退助**・**後藤象二郎**・**江藤新平**・**副島種臣**らは日本初の政党・**愛国公党**を結成し，**民撰議院設立の建白書**を左院に提出した。政府の有司専制を批判したその全文は，イギリス人ブラックが発行する新聞『日新真事誌』に掲載され，反響を呼んだ。

② **民権運動と政府**

- ✓**政社の結成** 1874年，板垣が高知で**片岡健吉**らと**立志社**を結成した。翌年立志社を母体として全国的な政治結社である**愛国社**を大阪で結成した。
- ✓**政府の動き** 1875年の**大阪会議**[1]後，政府は**漸次立憲政体樹立の詔**を出し，**元老院**と**大審院**，府知事・県令からなる**地方官会議**を設置した。一方政府批判に対しては，**讒謗律**・**新聞紙条例**を制定して厳しく取り締まった。

❶［**大阪会議**］ 大久保と板垣，台湾出兵に反対して下野していた木戸孝允が大阪で会談し，漸進的な国会開設方針を決めた。これにより，板垣と木戸はいったん政府に復帰した。

③ **地方三新法の制定**…1878年，政府は地方統治制度を整備するため，煩雑な大区・小区❷制を改め，郡と町村を行政単位とする**郡区町村編制法**，地方の民会の統一規則を定めて府県会の権限を明示する**府県会規則**，府県税や民費などを地方税に統一する**地方税規則**を制定した。

03 自由民権運動の発展と明治十四年の政変 ★★

① **政府批判の展開**…西南戦争中，立志社社長の片岡健吉らは国会開設を求める**立志社建白**の上表を試みたが，政府に却下された。1878年，愛国社の再興大会が大阪で開かれ，翌年には**植木枝盛**の『民権自由論』などの啓蒙書が刊行された。1880年，大阪での愛国社再興大会で，**国会期成同盟**の結成が決議され，国会開設の請願書提出の動きが高まったが，政府は**集会条例**を定めて民権派の動きを弾圧した。

② **明治十四年の政変**

- ✔1881年，開拓使の廃止を前に長官**黒田清隆**は，同じ薩摩出身の政商**五代友厚**が経営する関西貿易社へ不当に安い価格で施設等を払い下げようとした。世論は，この**開拓使官有物払下げ事件**を攻撃した。
- ✔政府は払い下げを中止し，民権派と結んでいるとして**大隈重信**を罷免した❸が，**国会開設の勅諭**を出し，1890年に国会を開くことを約束した。これを**明治十四年の政変**という。

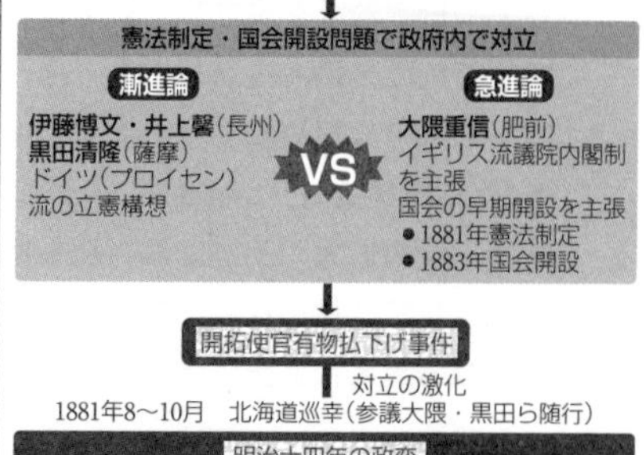

▲明治十四年の政変から薩長藩閥政府への流れ

重要ファイル CHECK
- 西南戦争を最後に不平士族による反乱はおさまった。
- 政府は1875年に讒謗律・新聞紙条例，1880年には集会条例を定めた。
- 開拓使官有物払下げ事件をきっかけに，政府は国会開設を約束した。

❷[**大区・小区**]　1871年の廃藩置県後，町村の権限を新設の区に移行し，数町村をあわせた小区と数小区をあわせた大区を設けて戸長・区長を任命した。

❸明治十四年の政変の結果，政府の主導権を伊藤博文が握った。伊藤は松方正義らと提携し，各省の長官を更迭して参議が卿を兼任する体制を築き，薩長藩閥政府を成立させた。

70. 松方財政と民権運動の激化

入試重要度 A

01 松方財政 ★★

① **西南戦争とインフレ**…政府は西南戦争の戦費調達のため，多額の**不換紙幣**を発行した。また，1876年の国立銀行条例の改正により，国立銀行も兌換義務がなくなり，不換銀行券を発行した。これにより，激しい**インフレ**になった。

② **松方財政**…明治十四年の政変後，**松方正義**が大蔵卿に就任した。

- ✔**緊縮財政**　松方は，増税や歳出引き締め，不換紙幣の回収，正貨蓄積など，**緊縮財政**を進めた。
- ✔**松方デフレ**　1882年，中央銀行としての**日本銀行**を設立し，**銀本位**の貨幣制度を整えた。しかし，厳しい財政引き締めにより，深刻な不況(**松方デフレ**)に陥った。

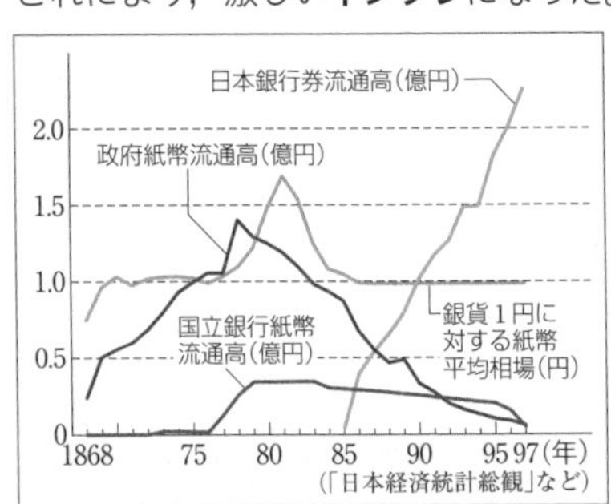

▲紙幣整理の動向

- ✔**社会不安の拡大**　不況は農村部も直撃した。地租は定額の金納だったため，農民の負担は重くなり，自作農から**小作農**に没落する者や都市に貧民として流れる者も増えた。下級士族の困窮度も増し，社会不安が広がった。

02 民権運動の激化 ★★

① **政党の結成**…1881年に**国会開設の勅諭**が出されたことで，政党の結成がさかんになった。

- ✔**自由党**　**板垣退助**❶を総理(党首)に結成された。
- ✔**立憲改進党**　**大隈重信**を党首に結成された。
- ✔**立憲帝政党**　福地源一郎を中心に結成された。

政党名・結成年	中心人物	性格・主張	支持階層	機関紙
自由党 1881年	**板垣退助** 後藤象二郎	フランス流で急進的な自由主義 一院制・主権在民・普通選挙	士族 豪農 自作農	『自由新聞』
立憲改進党 1882年	**大隈重信** 犬養毅 尾崎行雄	イギリス流で漸進的な立憲主義 二院制・君民同治・制限選挙	実業家 知識層	『郵便報知新聞』
立憲帝政党 1882年	福地源一郎	国粋主義で保守的 二院制・主権在君・制限選挙	官吏 神官 僧侶	『東京日日新聞』

▲政党の結成

❶[板垣退助]　1882年に岐阜で暴漢に襲われた際の「板垣死すとも自由は死せず」で名声を高めた

② **民間の憲法草案**…1881年には，交詢社の「私擬憲法案」，**植木枝盛**の起草による「東洋大日本国国憲按」など，さまざまな**私擬憲法**がつくられた。

名称	起草者	主な内容
私擬憲法案	交詢社（矢野龍溪など）	立憲君主制・二院制・議院内閣制・制限選挙
五日市憲法草案（日本帝国憲法）	千葉卓三郎など	君民同治・二院制・議院内閣制・三権分立・基本的人権の保障
東洋大日本国国憲按（日本国国憲案）	**植木枝盛**	主権在民・連邦制・一院制・抵抗権・革命権
日本憲法見込案	立志社	主権在民・一院制・基本的人権の保障

▲主な私擬憲法

③ **政府の弾圧と懐柔**…1882年，政府は集会条例を改正する一方，板垣（自由党党首）の洋行を三井を通じて援助した。これに対し，立憲改進党が自由党を攻撃すると，自由党も大隈と三菱との癒着を暴き反撃した。

④ **民権運動の激化**…政府批判が強まり，各地で自由党員や農民が蜂起した。しかし，いずれも鎮圧・検挙された。

✓**福島事件**　1882年，福島県令三島通庸の県政に農民が抵抗した。

✓**秩父事件**　1884年，**困民党**と称する約3000人の農民が負債減免を求めて高利貸しや役所，警察を襲った。

✓**大阪事件**　1885年，旧自由党左派の大井憲太郎らが朝鮮の保守政権の打倒を企てたとして大阪で検挙された。

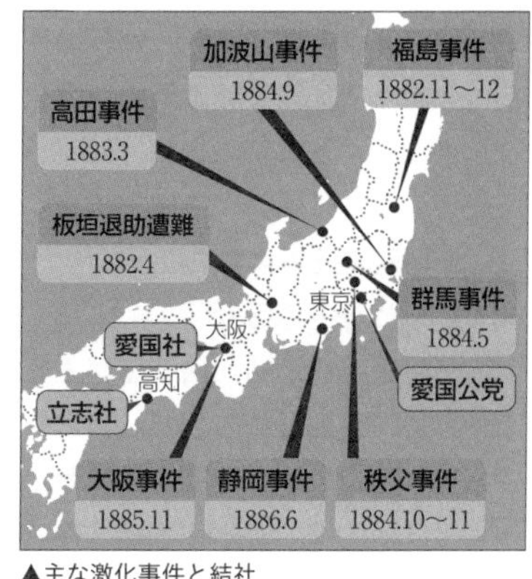

▲主な激化事件と結社

⑤ **民権運動の衰え**…激化事件が続くと，自由党の指導者は統率に自信を失い，さらに運動資金も不足し，1884年に自由党は解散した。立憲改進党も大隈らが党を離れ，事実上，解党状態になった。こうして民権運動は一時衰退した。

⑥ **大同団結運動**…国会開設が近づくと，後藤象二郎や星亨は「小異を捨てて大同を旨とすべし」と諸会派の再結集を呼びかけ，民権運動が再燃した。1887年，片岡健吉ら民権派が条約改正案の内容に反発し，「地租の軽減，言論・集会の自由，外交失策❷の挽回」を主張する**三大事件建白運動**を展開した。これに対し，政府は**保安条例**を出し，民権派570人余りを弾圧した。

重要ファイル CHECK
- 徹底した緊縮財政により深刻な不況（松方デフレ）に陥った。
- 1884年におこった秩父事件が最大の激化事件となった。

❷井上馨外務大臣の条約改正案，外国人判事任用への批判が政府内部から出た。法律顧問官ボアソナードも井上の改正案を問題視し，農商務大臣谷干城は抗議して辞任した。

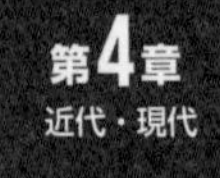

71.大日本帝国憲法

入試重要度 A

01 立憲制の整備 ★★

① **立憲制の準備**

✔1882年**伊藤博文**が渡欧し，ベルリン大学のグナイストやウィーン大学のシュタインらからドイツ流の憲法理論を学んだ。

✔1884年，諸制度や憲法の調査研究を行う制度取調局を置き，伊藤は長官となった。また，**華族令**で維新の功臣を新たに華族に加え，将来の上院（貴族院）の土台をつくった。1885年には太政官制を廃して**内閣制度**を導入した。

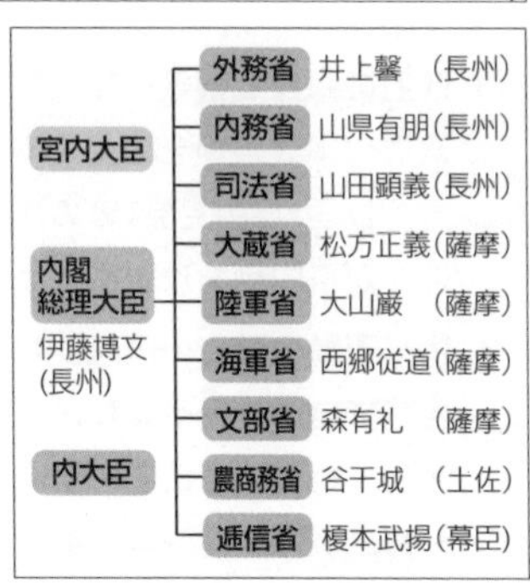

▲第１次伊藤内閣（1885年）の閣僚

② **宮中と府中の区別**

✔伊藤博文が**初代内閣総理大臣**に就任し，宮内大臣も兼務した。宮廷事務を統括する宮内省は，内閣の外に置かれた。

✔宮中には，御璽・国璽を保持し天皇の常侍輔弼の任にあたる**内大臣**❶（三条実美が就任）も置かれた。

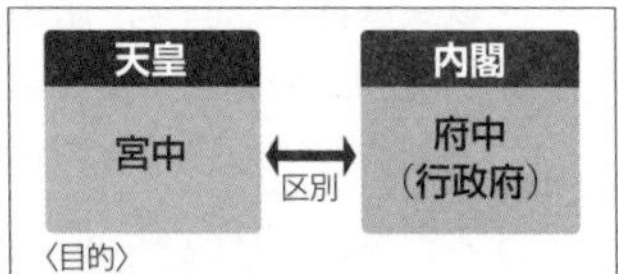

▲宮中と府中の区別

③ **憲法の制定過程**…憲法の起草は，伊藤を中心にドイツ人顧問**ロエスレル**の助言の下，**井上毅・伊東巳代治・金子堅太郎**らによって進められ，天皇の諮問機関として設置された**枢密院**で草案が審議された。1889年２月11日に天皇の定める**欽定憲法**として，**大日本帝国憲法**（明治憲法）が発布された。

02 憲法および諸法典の編纂 ★★

① **大日本帝国憲法**…万世一系の**天皇**は神聖不可侵，国家元首で統治権のすべてを握る総攬者とされた。

✔天皇は陸海軍を統帥し，宣戦・講和や条約締結の権限も含む広範な**天皇大権**を有した。議会閉会中の**緊急勅令**❷や戒厳令の布告などもできた。

❶［内大臣］ 当初は政治には関与しなかったが，のちに天皇の側近として発言力が大きくなった。

❷［緊急勅令］ 憲法第８条の規定。法律にかわって議会の協賛を得ないで天皇が発する命令。

✔立法・行政・司法の**三権**が分立したが，政府の権限が強かった。

✔天皇の**統帥権**は内閣から独立し，軍令事項を扱う参謀本部(のち軍令部も)が憲法外機関として天皇に直属し，これを補佐した。

② **六法の制定**

1880	刑法*・治罪法
1889	**大日本帝国憲法*** 皇室典範
1890	民事訴訟法* 刑事訴訟法*
1896	民法(1～3編)*
1898	民法(4～5編)*
1899	商法*　〈*＝六法〉

▲法典の公布

✔法典の編纂は，政府顧問の**ボアソナード**により，フランス流の諸法が起草された。条約改正の目的もあって，民法と商法の制定が急がれた。

✔1880年に刑法と治罪法(刑事訴訟法)が公布され，1890年には民事訴訟法も制定された。

✔1890年に公布されたボアソナードの民法は国情に適さないとして批判を受け，**民法典論争**❸がおこった。ロエスレルが起草した**商法**も，当時の慣習に合わず，施行が延期された。

✔結果，戸主に絶大な支配権(戸主権)や家督相続の権利を与えた家父長制度に基づく新民法が1896年に施行された。また，商法は1899年に施行された。

> **重要ファイル CHECK**
> ● 伊藤を中心に井上毅・伊東巳代治・金子堅太郎らが極秘に憲法を起草した。
> ● ボアソナード民法は民法典論争で修正され,「家」中心の民法が制定された。

03 大日本帝国憲法下の国民 ★★

① **憲法・皇室と民衆**…憲法の起草作業は極秘に行われ，国民は内容を全く知らずに憲法発布を礼賛した。天皇を神聖不可侵と定めた憲法の公布と同時に，皇位継承・摂政や皇室経費などを定めた**皇室典範**が制定❹され，皇室に関する事項に国民が関与することは禁じられた。

② **臣民の権利・義務**

✔憲法上「**臣民**」と呼ばれた国民には，納税と兵役の義務があり，また，**法律の範囲内**で信教や言論・出版・集会・結社等の自由が認められ，国政に参与する道も開かれた。

✔1889年に公布された衆議院議員選挙法は，財産を基準とする制限選挙を採用し，選挙権は直接国税**15円以上**を納める**満25歳以上**(被選挙権は満30歳以上)**の男子**のみがもち，女子の参政権はなかった。

❸[民法典論争]　帝国大学教授の穂積八束は1891年,「民法出デヽ忠孝亡ブ」と題する論文を発表して反対論を唱え，フランス流市民法の近代性を擁護する帝大教授の梅謙次郎と対立した。

❹皇室典範の制定により，女性が天皇になることは否定された。

72. 初期議会

入試重要度 B

01 明治の地方制度 ★★

① **新市町村**…ドイツ人**モッセ**の助言を得て，内務大臣**山県有朋**を中心に改革が進められ，1888年に**市制・町村制**が公布された。新町村との合併・再編とともに，2万5000人以上の都市を市とし，内務大臣が市長を任命した。

② **府県と郡**…1890年には**府県制・郡制**が公布されたが，その権限は内務省から派遣される府県知事や郡長の制約を受けた。その後，郡制は1923年に廃止された。

02 衆議院議員選挙の実施と議会召集 ★★

① **帝国議会**

- **衆議院・貴族院**の二院制で，衆議院は予算の先議権を有したが，両院は対等とされた。両院の議会は**天皇の協賛機関**として機能した。
- 民選の衆議院に対し，貴族院は皇族・華族の世襲・互選の議員や勅任議員・多額納税者などで構成された。

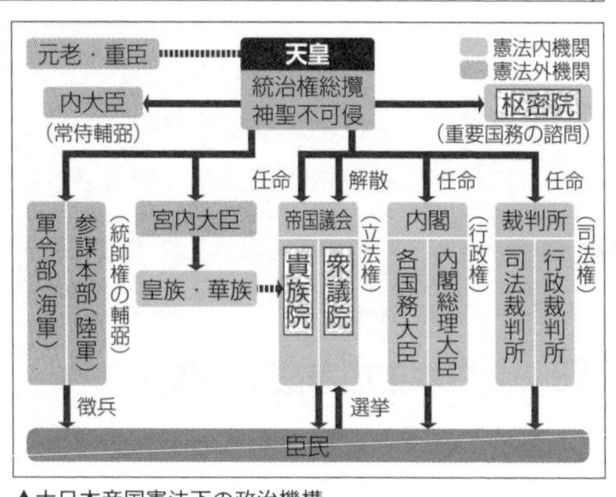

▲大日本帝国憲法下の政治機構

② **政府と政党**

- **超然主義**　**黒田清隆**首相は憲法発布直後の演説で，政府の施策は政党の意向に左右されないとする**超然主義**を表明した。
- 1890年，第1回衆議院議員総選挙が行われたが，制限選挙のため有権者は**全人口の1.1%**に過ぎなかった。また，投票者・当選者は主に地主層であった。
- 定員300人に対し，旧民権派の立憲自由党と立憲改進党の**民党**が過半数を占め，政府支持派の**吏党**は中立を加えても過半数に及ばなかった。

03 初期議会(第六議会まで)の動向とその後 ★★

① **第一議会**…1890年に最初の議会が召集されたが，第1次山県有朋内閣は超然主義の立場をとった。山県は予算案の説明で，国境としての**主権線**と，朝鮮を含む**利益線**を守るための軍事費増強を力説した。これに対し民党は，「政

費節減・民力休養」を主張し対抗した。政府は，自由党土佐派を買収して予算を成立させた。これに憤激した**中江兆民**は議員を辞職した。

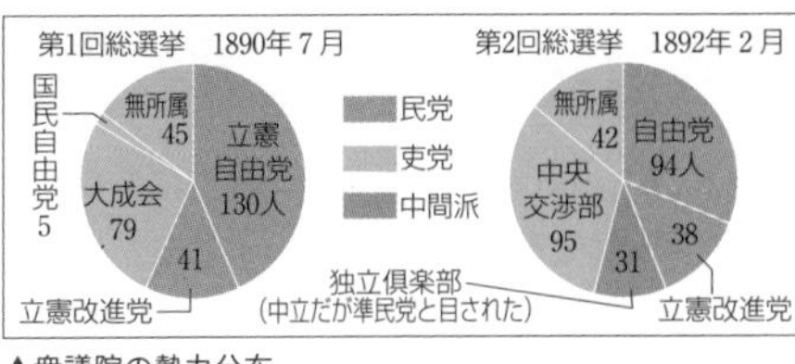

▲衆議院の勢力分布

② **第二議会**

✔1891年，**第１次松方正義内閣**が成立し，軍備拡張予算に反対する民党と激しく対立した。

✔海軍大臣樺山資紀は，民党の軍事予算削減要求に対し，藩閥政府を擁護する**蛮勇演説**を行ったが，結局議会は解散された。

③ **第三議会**…1892年，第２回総選挙の際に内務大臣品川弥二郎が大規模な選挙干渉を展開したが，民党に敗北した。議会で民党は選挙干渉に関する決議を提出，政府予算案も大幅に削減され，松方内閣は議会終了後に総辞職した。

④ **第四議会**

✔**第２次伊藤博文内閣**が有力な藩閥政治家を揃え，「元勲内閣」として成立した。

✔政府は海軍費拡張を議会に提出するが，民党と衝突した。

✔1893年，政府は和衷協同の詔書❶により予算案を成立させた。

⑤ **第五議会以降**

✔**第五議会**　政府に接近する自由党に対し，立憲改進党が国民協会などと対外硬派を結成し，条約改正問題で政府を攻撃した。その結果，議会は解散された。

✔**第六議会**　外交政策などで内閣弾劾上奏案が可決され，議会は解散された。

✔**第七議会**　日清戦争開戦後に召集され，軍事費１億5000万円を即決した。

⑥ **政府と政党の接近**…日清戦争後，第２次伊藤内閣は自由党と提携し，党首板垣退助を内務大臣に入閣させた。一方，立憲改進党は1896年に国民協会を除く対外硬派と連合して進歩党を結成し対抗した。同年に成立した**第２次松方内閣**は，進歩党と提携して党首の大隈重信を外務大臣に起用した（**松隈内閣**）。

重要ファイル CHECK
- 帝国議会は二院制だったが，両院とも天皇の協賛機関とされた。
- 民権派野党は民党，大成会などの政府支持派は吏党と呼ばれた。
- 超然主義の立場をとる藩閥政府と，民党が多数を占める衆議院が対立した。

❶［和衷協同の詔書］　建艦詔書ともいう。天皇が皇室財産から毎年30万円を６年間軍艦建造費に支出し，文武官僚の俸給費も１割献納させるかわりに議会も政府に協力するよう求めたもの。

CHECK TEST

□① [a]戦争で清の劣勢を知った幕府は，1842年に異国船打払令を緩和し，[b]を発令した。	a アヘン b 天保の薪水給与令
□② 日米和親条約で，日本はアメリカに一方的な[ ]を与えた。	最恵国待遇
□③ 安政の五カ国条約は，相手国に[a]（治外法権）を認め，日本には[b]がないという不平等な条約だった。	a 領事裁判権 b 関税自主権
□④ 開国後の日本の最大の輸出品は[ ]で，輸入品は毛織物・綿織物・武器などだった。	生糸
□⑤ 大老の[a]は安政の大獄によって，越前の橋本左内や長州の[b]らを死罪に処した。	a 井伊直弼 b 吉田松陰
□⑥ 1863年，イギリスは[ ]の報復として薩摩を攻撃した。	生麦事件
□⑦ 王政復古の大号令で総裁・[a]・参与の三職を新設すること，小御所会議で徳川慶喜の[b]が決定した。	a 議定 b 辞官納地
□⑧ 1868年，[ ]の戦いを皮切りに戊辰戦争に発展した。	鳥羽・伏見
□⑨ 東北諸藩は旧幕府側に付き，[ ]を結んで結束した。	奥羽越列藩同盟
□⑩ 1867年，江戸以西の各地で「[ ]」の乱舞がおこった。	ええじゃないか
□⑪ 版籍奉還によって旧藩主は[a]となったが，藩政は従来通り維持されたので，1871年に[b]が断行された。	a 知藩事 b 廃藩置県
□⑫ 1873年，国民皆兵の[ ]が発布された。	徴兵令
□⑬ 1873年の地租改正条例で，土地所有者に[a]を与え，[b]を地租として金納することを義務づけた。	a 地券 b 地価の３％
□⑭ 政府は1872年に国立銀行条例を定め，[ ]に民営の第一国立銀行を創設させた。	渋沢栄一
□⑮ 1876年，金禄公債証書が発行され，[ ]が断行された。	秩禄処分
□⑯ [ ]はルソーの著作を訳し，『民約訳解』として刊行した。	中江兆民
□⑰ 西郷隆盛らが唱えた[ ]は，内治優先派に阻止された。	征韓論
□⑱ 1879年，新政府は琉球藩を廃止して沖縄県を設置する[a]を断行し，藩王の[b]に東京移住を命じた。	a 琉球処分 b 尚泰
□⑲ 1874年に江藤新平が[a]をおこし，1876年に前原一誠が[b]をおこしたが，いずれも政府軍に鎮圧された。	a 佐賀の乱 b 萩の乱
□⑳ 1880年，民権派が大阪での愛国社再興大会で[a]を結成すると，政府は[b]を制定して弾圧した。	a 国会期成同盟 b 集会条例

□㉑ 松方正義の緊縮財政によって，日本は[　　]と呼ばれる深刻な不況に陥った。 松方デフレ

□㉒ 1884年，困民党と自称する農民が[　　]をおこした。 秩父事件

□㉓ 1885年，太政官制が廃され，[　　]が導入された。 内閣制度

□㉔ 1888年，天皇の諮問機関として[　　]が設置された。 枢密院

□㉕ 大日本帝国憲法で，天皇には[a]という広範な権限が与えられ，国民は天皇の「[b]」とされた。 a 天皇大権　b 臣民

□㉖ [　　]の民法案に対して，民法典論争がおこった。 ボアソナード

□㉗ 帝国議会は，衆議院と[　　]の二院からなった。 貴族院

□㉘ 大日本帝国憲法の発布直後，黒田清隆首相は政党の意向に左右されない[　　]の立場を表明した。 超然主義

思考力問題にTRY

✓1858年に日米修好通商条約が調印された。これに関連して，太郎さんは条約交渉における幕府の対応について調べた結果，次のX・Yの2つの異なる評価があることがわかった。X・Yの評価をそれぞれ根拠づける情報を，Xはa・b，Yはc・dから選ぶ場合，評価と根拠の組み合わせとして最も適当なものをあとのア～エから1つ選べ。 【共通テスト試行調査】

〔評価〕

X. 幕府は西洋諸国との外交経験が不足しており，外国の威圧に屈して，外国の利益を優先した条約を結んだ。

Y. 幕府は当時の日本の実情をもとに外交交渉を行い，合理的に判断し，主体的に条約を結んだ。

〔根拠〕

a. のちに条約を改正することを可能とする条文が盛り込まれていた。

b. 日本に税率の決定権がなく，両国が協議して決める協定関税制度を認めた。

c. 外国人の居住と商業活動の範囲を制限する居留地を設けた。

d. 日米和親条約に引き続き，日本は片務的最恵国待遇を認めた。

ア X－a Y－c　イ X－a Y－d　ウ X－b Y－c　エ X－b Y－d

解説 日米修好通商条約の締結にあたり，幕府内では意見が分かれたが，老中の井伊直弼は天皇の勅許を得ないまま条約を結んだ。Xは「外国の利益を優先」とあるので，bの関税自主権の欠如が相当する。Yは「合理的」「主体的」とあるので，cの外国人の商業活動の範囲を居留地に制限するなど，譲歩させた内容が相当する。

解答 ウ

73.条約改正と朝鮮問題

入試重要度 A

01 欧化政策の失敗 ★★

① **寺島宗則の交渉**…岩倉使節団の派遣後も，政府にとって**不平等条約の改正**は最重要事項だった。1876年，外務卿**寺島宗則**は関税自主権の回復交渉を行い，アメリカの同意を得たが，イギリス・ドイツなどの反対で無効となった。

② **井上馨の欧化政策**…1879年，外務卿(1885年から外務大臣)になった**井上馨**は，**欧化政策**によって条約改正を成し遂げようとした。

☑**鹿鳴館外交**　1882年，列国の代表を東京に集めて予備会議を開いた。翌年，改正交渉を有利にするため，日比谷(東京)に**鹿鳴館**を建設し，外国の要人を招いて西欧風の舞踏会を開いた。

☑**条件付き改正案**　1886年，予備会議は正式会議に移行した。翌年，外国人の内地雑居を認めるかわりに，**外国人判事の任用**を条件とする領事裁判権撤廃の改正案が了承された。この条件に政府内外から批判の声が上がった。

③ **交渉の無期延期**…1886年，イギリス船**ノルマントン号**が沈没した際，日本人乗客が全員死亡したが，イギリス人船長は領事裁判で過失を問われなかった。国民は**極端な欧化政策**と**ノルマントン号事件**に批判を強め，交渉は無期延期となり，井上は外務大臣を辞任した。

▲ノルマントン号事件の風刺画

02 条約改正の達成 ★★

① **大隈重信の交渉**…井上馨のあと，外務大臣になった**大隈重信**は国別に交渉を進め，アメリカ・ドイツ・ロシアと改正条約を調印した。しかし，**大審院への外国人判事の任用**を認めていたことが外部に漏れ，反対論がおこった。1889年，大隈は玄洋社(国家主義団体)の青年に襲われ，交渉は中止された。

② **青木周蔵の交渉**…条約改正最大の難関だった**イギリス**が，シベリア鉄道の建設で極東進出をはかるロシアに警戒心を強め，日本に接近してきた。これを好機と**青木周蔵**外務大臣が交渉を開始したが，1891年の**大津事件**❶で辞任した。

❶**[大津事件]**　ロシア皇太子が大津で警備の巡査津田三蔵に襲われて負傷した。政府は津田を死刑にするよう圧力をかけたが，大審院長**児島惟謙**は法に基づいて処し，司法権の独立を守った。

③ **条約改正の達成**

✔**領事裁判権の撤廃**　日清戦争直前の1894年，**陸奥宗光**外務大臣の下，イギリスとの間で**領事裁判権の撤廃**，相互対等の最恵国待遇，内地雑居などを定めた**日英通商航海条約**が結ばれた。以後，他国とも同様の条約を結んだ。

✔**関税自主権の回復**　1911年，**小村寿太郎**外務大臣の下，**関税自主権の回復**も達成された。こうして条約上，日本は列国と対等の地位を得た。

> **重要ファイル CHECK**
> - 極端な欧化政策や外国人判事任用などの妥協案に批判が高まった。
> - 条約改正は，対露警戒を強めたイギリスとの間で初めて達成された。

03 朝鮮の情勢 ★★

① **朝鮮内の対立**…1876年の**日朝修好条規**によって開国した朝鮮では，親清派と親日派，開化派と保守派の対立が激しくなった。やがて，近代化を進める**開化派**の**閔妃**(ミンピ)(高宗(コジョン)の妃)の一族が政権を握り，日本に接近した。

② **壬午軍乱(壬午事変)**…しかし1882年，**保守派**の**大院君**(テウォングン)(高宗の実父)を支持する軍が漢城で蜂起し，民衆も日本公使館を包囲した。この**壬午軍乱**は失敗したが，閔妃政権は日本と距離を置き，**清**に接近した。

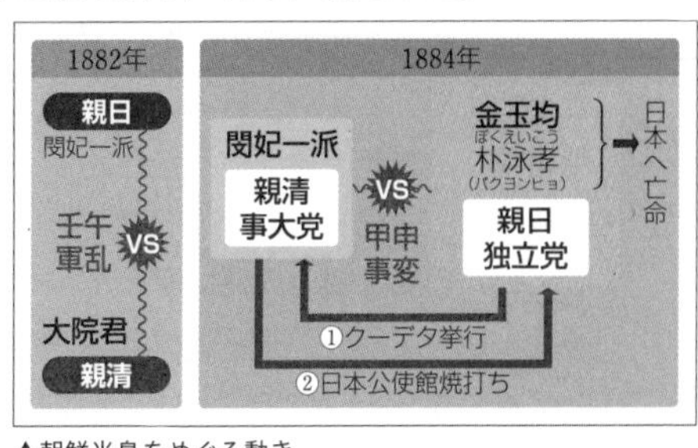

▲朝鮮半島をめぐる動き

③ **甲申事変**…これに対し，開化派の**金玉均**(キムオッキュン)の一派(親日改革派の独立党)が日本の支援を受け，1884年にクーデタをおこした。日本の明治維新を手本に近代化をめざし，清の影響力を排除しようとしたが，この**甲申事変**は清軍によって鎮圧された。

④ **天津条約**(テンチン)…日清の軍事的緊張が高まるなか，1885年，日本政府は**伊藤博文**を天津に派遣した。清の全権**李鴻章**(リーホンチャン)との間に**天津条約**が結ばれ，日清両軍の朝鮮からの撤退，今後の朝鮮に出兵する際の事前通告などが取り決められた。

✔**朝鮮**　その後，清を支持する事大党が政治の実権を握った。

✔**日本**　清と朝鮮に対する世論が悪化し，排外主義が広まった。**福沢諭吉**も，アジアを脱して欧米列強の一員となるべきという「**脱亜論**」を唱えた。

> **重要ファイル CHECK**
> - 壬午軍乱・甲申事変を通して，朝鮮での日本の勢力は後退した。
> - 清・朝鮮への日本の世論は悪化し，福沢諭吉は「脱亜論」を唱えた。

74. 日清戦争

入試重要度 A

01 日清戦争(にっしん) ★★

① 開戦までの経緯

✔**朝鮮情勢**　1894年，朝鮮で**東学**(とうがく)[1]の信徒を中心とする農民が減税・排日を求めて，反乱(**甲午農民戦争**〈東学の乱〉)をおこした。これを鎮圧するため，清が朝鮮政府の要請に応じて出兵すると，日本も朝鮮に出兵した。

✔**日清の対立**　甲午農民戦争は鎮圧されたが，その後，朝鮮の内政改革をめぐり，日本と清は対立を深めた。

② 開戦と戦況

✔**宣戦布告**　当初，イギリスは日本の出兵に批判的だったが，1894年7月，**日英通商航海条約**(にちえいつうしょうこうかい)の調印によって態度を変えた。翌8月，日本は清に宣戦布告し，**日清戦争**に突入した。

✔**国内情勢**　開戦すると，政府を批判していた民党は戦争支持に回った。議会も戦争関連の予算・法律案をすべて承認した。

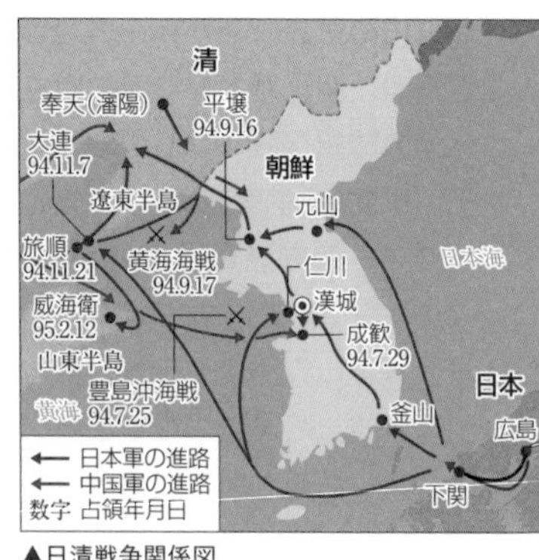

▲日清戦争関係図

✔**戦況**　朝鮮では，東学の農民軍が再び蜂起したが，日本軍が鎮圧した。さらに日本軍は朝鮮半島から清軍を駆逐し，遼東半島(りょうとう)(リャオトン)も占領した。

③ 講和条約の締結…黄海(こうかい)(ホワンハイ)海戦で清の北洋(ほくよう)艦隊を撃破し，根拠地の威海衛(いかいえい)(ウェイハイウェイ)を占領した。戦いは日本の勝利で終結し，1895年4月に**下関条約**(しものせき)が結ばれた。

✔**両国の全権**　日本の全権は**伊藤博文**(いとうひろぶみ)・**陸奥宗光**(むつむねみつ)，清の全権は**李鴻章**(りこうしょう)(リーホンチャン)。

✔**条約の主な内容**　清は，(1)朝鮮の独立を認める。(2)遼東半島および台湾(たいわん)，澎湖(ほうこ)(ポンフー)諸島を日本に割譲する。(3)賠償金2億両(テール)[2]を日本に支払う。(4)新たに沙市(さし)・重慶(じゅうけい)(チョンチン)・蘇州(そしゅう)(スーチョウ)・杭州(こうしゅう)(ハンチョウ)の4港を開く。

✔**華夷**(かい)**秩序の崩壊**　清の敗北によって，これまで中国を中心としてきた東アジアの華夷秩序は崩壊した。

---

[1] **[東学]**　朝鮮でおこった土着の民族宗教。西学(せいがく)(キリスト教)に対抗する宗教という意味。

[2] 2億両は，当時の日本円で約3.1億円。当時の日本の国家予算の約3.6倍という額だった。

02 三国干渉と軍備の拡張 ★★

① **三国干渉**…満洲進出をめざしていた**ロシア**は**フランス**と**ドイツ**を誘い，**遼東半島の返還**を日本に要求した(**三国干渉**)。日本政府はこの圧力に抵抗できず，要求を受け入れた。国民は「**臥薪嘗胆**」を合言葉に，ロシアへの反感を強めた。

② **軍備の拡張**…政府は，清からの賠償金を特別会計として計上し，8割以上を軍事関係費にあてた。

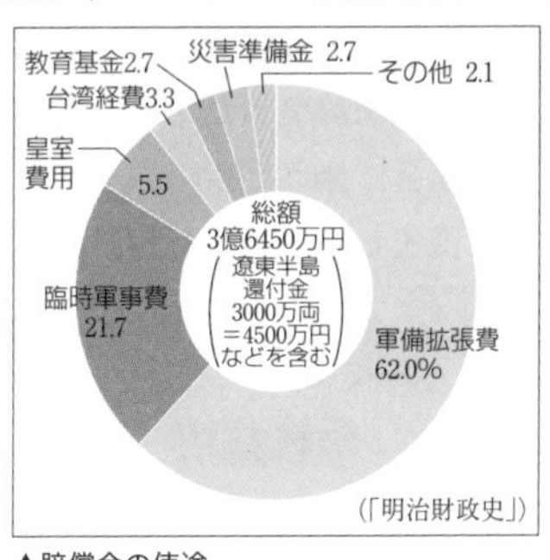

▲賠償金の使途

③ **台湾の統治**…日本は，新たに領有した台湾の統治に力を入れ，海軍軍令部長の樺山資紀を**台湾総督**に任命し，島民の抵抗を武力で鎮圧した。1898年以降は，台湾総督の児玉源太郎の下，**後藤新平**が土地調査事業を進めるなど，民政に力を入れた。

> **重要ファイル CHECK**
> - 日清戦争での清の敗北により，中国を中心とする華夷秩序は崩壊した。
> - 三国干渉によって日露の衝突は必至となり，日本は軍事費を増大させた。

03 日清戦争後の朝鮮と中国 ★

① **朝鮮の情勢**…朝鮮は宗主国の清が敗れたことでロシアに接近し，日本に対抗する姿勢を強めた。日本公使三浦梧楼の指揮によって**閔妃**(ミンビ)が殺害されたあと，親露政権が誕生し，1897年に国号を**大韓帝国**(韓国)と改めた。

② **列強の中国分割**…清の弱体ぶりが明らかになると，欧米列強は競って中国に進出した。

- **ドイツ**は山東(シャントン)半島の膠州湾(チャオチョウ)，**ロシア**は旅順(ルーシュン)・大連(ターリエン)，**イギリス**は威海衛・九竜半島(カオルン)，**フランス**は広州湾(コワンチョウ)を租借し，鉄道建設などを進めた。
- **アメリカ**は直接中国に進出せず，ハワイ併合，フィリピン領有後の1899年，国務長官ジョン=ヘイが「門戸開放宣言」を列国に通告し，自由な通商を求めた。

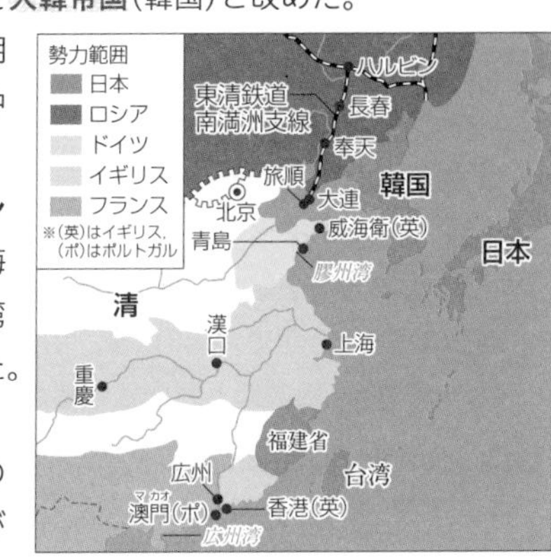

▲列強の中国分割

75. 日清戦争後の内外情勢

入試重要度 B

01 明治後半の政局 ★★

① **自由党と進歩党**…第2次松隈(松方正義・大隈重信)内閣は1898年，党との対立で総辞職した。続く**第3次伊藤博文内閣**は政党との提携に失敗した。軍備拡張に伴う地租増徴など増税案を議会に提出した。進歩党と自由党はこれを否決し，その後，合同して**憲政党**を結成した。

▼政党の系譜

自由党 1881(1884解党)……立憲自由党 1890 ― 自由党 1891 ―┐
立憲改進党 1882 ― 進歩党 1896 ―┘→ 憲政党 1898 → 隈板内閣成立
憲政党 1898 ― 立憲政友会 1900
憲政本党 1898 ― 立憲国民党 1910

② **隈板内閣の成立**…第3次伊藤内閣にかわって，首相兼外務大臣に大隈，内務大臣に**板垣退助**，全閣僚(軍部大臣を除く)を憲政党員で占める**第1次大隈重信内閣**(**隈板内閣**)が成立した。しかし，共和演説事件❶で辞任した文部大臣**尾崎行雄**の後任をめぐり，憲政党と憲政本党に分裂し，4カ月で内閣は退陣した。

③ **第2次山県内閣**…1898年，**山県有朋**が組閣し，憲政党と提携したが，超然主義を貫いた。

- ✔1899年，政党の勢力拡大を防ぐため，**文官任用令**を改正し，文官分限令と文官懲戒令を制定した。
- ✔1900年，陸・海軍大臣を現役の大将・中将に限る**軍部大臣現役武官制**を制定した。
- ✔政治活動や労働運動の規制強化のため，**治安警察法**❷を公布した。

④ **山県・伊藤の後継**…憲政党は解党後，伊藤と1900年に**立憲政友会**を結成した❸。**第4次伊藤内閣**は貴族院の反対で翌年退陣し(以後，山県や伊藤は**元老**として影響)，**桂太郎**と**西園寺公望**が交互に組閣する**桂園時代**となった。

氏名	出身	在任期間
伊藤博文	長州	1889～1909
黒田清隆	薩摩	1889～1900
山県有朋	長州	1891～1922
松方正義	薩摩	1898～1924
井上馨	長州	1904～1915
西郷従道	薩摩	？～1902
桂太郎	長州	1911～1913
大山巌	薩摩	1912～1916
西園寺公望	公家	1912～1940

▲歴代の元老

❶**[共和演説事件]** 尾崎が演説のなかで「日本に仮に共和政治が行われるとすれば，三井・三菱は大統領の候補となろう」と述べたのを，枢密院や貴族院などが不敬と攻撃した。
❷**[治安警察法]** 従来の弾圧法令を集大成，第5条では女性の政談集会参加の禁止も規定した。
❸落胆した社会主義者の幸徳秋水は『万朝報』に，憲政党が藩閥政府と妥協したことを批判した論説「自由党を祭る文」を掲載した。

02 思想界の変化 ★★

① **欧化主義への反動**…明治前期の自由民権運動によって，個人の権利拡大や議会政治をめざした**民権論**が広がった。その一方，独立国家として国力を充実させようとする**近代的民族主義**を唱える声もおこり，1880年代に政府が極端な欧化政策を進めたことで，その声はさらに強まった。

② **国家主義の台頭**…日清戦争での勝利は，**国粋主義**の三宅雪嶺，**国民主義**の陸羯南ら，対外膨張的な民族主義を思想界の主流へと押し上げた。

✔**徳富蘇峰**　当初，雑誌『国民之友』で平民的欧化主義を唱えていたが，日清戦争開戦と同時に対外膨張論に転じ，『国民新聞』で**国家主義**を主張した。

✔**高山樗牛**　雑誌『太陽』で，近代哲学と日本の伝統を折衷した**日本主義**を唱え，日本の大陸進出を支持した。

03 義和団戦争とロシアの動き ★★

① **「扶清滅洋」の動き**…列強に国土を分割された中国では，**「扶清滅洋」**を掲げる排外主義団体の**義和団**が勢力を拡大した。

✔**義和団戦争**　1900年，義和団が北京の列国公使館を包囲すると，清朝政府もこれに同調し，列国に宣戦を布告した。こうして公使館包囲事件は，**義和団戦争**(**北清事変**)に発展した。

✔**北京議定書**　日本・イギリス・アメリカなど列国8カ国は連合軍を送って義和団を追放し，清を降伏させた。1901年，列国は清と**北京議定書**を結び，巨額の賠償金と公使館所在区域の治外法権などを清に認めさせた。

(17世紀)1644年に明を滅ぼす
(18世紀)乾隆帝の時代に最盛期

↓

1840年　**アヘン戦争**
→南京条約(1842年)を締結，巨額の賠償金，香港の割譲
1851年　**太平天国の乱**
→洪秀全が清朝打倒に向け蜂起
1856年　**第2次アヘン戦争(アロー戦争)**
→イギリス・フランスの連合軍に敗れ，九竜半島をイギリスに割譲
1884年　**清仏戦争**
→ベトナムはフランスの保護領に
1894年　**日清戦争**
1900年　**義和団戦争(北清事変)**

▲19世紀の清

② **ロシアの動向**…ロシアは義和団戦争終結後も中国東北部(満洲)を事実上占領し，**シベリア鉄道**の敷設も進めた。満洲に近い韓国の権益を守りたい日本は，ロシアとの交渉に乗り出した。

重要ファイル CHECK　義和団戦争を鎮圧するため連合軍が出兵したが，戦後，日露間の対立が激化した。

76. 日露戦争

入試重要度 A

01 日露間の緊張と政府方針 ★★

① **対露政策の対立**…ロシアとの交渉にあたり，政府内では，伊藤博文・井上馨・尾崎行雄らは，「満韓交換」を基礎にした**日露協商論**を唱えていた。しかし，外交交渉は同意に至らなかった。一方，山県有朋・桂太郎・小村寿太郎・加藤高明らは，親英的立場からロシアを牽制する**日英同盟論**を唱えていた。

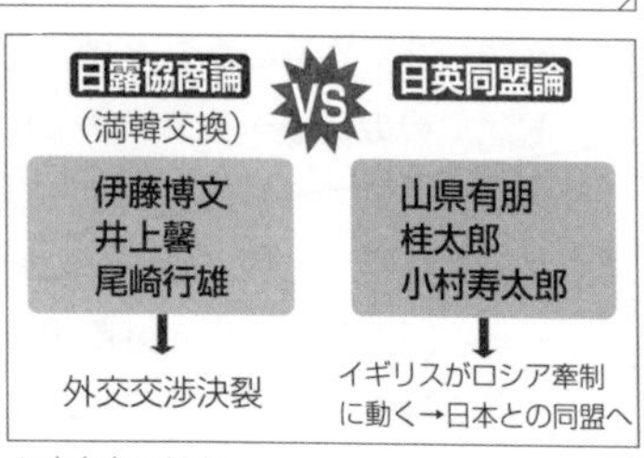

▲政府内の対立

② **日英同盟**…シベリア鉄道の開通など，ロシアの南下政策に対抗するため，1902年，日英同盟協約が結ばれた(**日英同盟**)❶。

- ✔清における日英両国の権益および，韓国における日本の特殊権益を承認。
- ✔日英いずれか1国が他1国と交戦した場合，互いに厳正中立を守る。
- ✔日英いずれかが2国以上と交戦した場合には共同参戦する。

③ **開戦準備**…日英同盟の成立後もロシアは満洲への駐兵を続けたため，日本は対露交渉を続けながら戦争の準備を進めた。

02 国内世論の高まりと開戦 ★★

① **主戦論**…**対露同志会**の影響などで，世論はしだいに開戦論へ傾いた。

- ✔戸水寛人ら東京帝国大学などの七博士は内閣に意見書を出し，近衛篤麿らは対露同志会を結成した。
- ✔黒岩涙香が経営していた新聞『万朝報』が主戦論に転じると，キリスト教徒の**内村鑑三**❷や社会主義者の**幸徳秋水**・**堺利彦**らの記者が退社した。

② **非戦(反戦)論**…一部の国民からは，戦争に反対する主張が展開された。

- ✔キリスト教人道主義の立場から内村が反戦論を唱え，**平民社**を結成した幸徳や堺らは『平民新聞』を刊行し，非戦論の記事を書いた。

---

❶日英同盟の締結はロシアへの警戒や日露対戦の準備に有利となった。その後，1905年の第2次日英同盟では，適用範囲がインドにまで拡大され，1911年の第3次日英同盟では同盟対象からアメリカを除外し，対ドイツ警戒を主眼としたが，1921年の**四カ国条約**で廃棄が決定した。

❷[内村鑑三]　札幌農学校に入り，クラークの教えの影響でキリスト教徒になった。

✔与謝野晶子は戦地の弟を思い，雑誌『明星』に「**君死にたまふこと勿れ**」で始まる反戦詩を発表した。

✔大塚楠緒子は雑誌『太陽』に「お百度詣で」の詩を発表した。

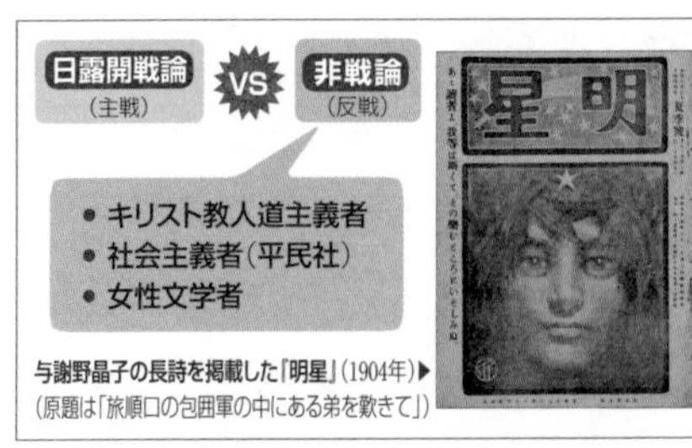

与謝野晶子の長詩を掲載した『明星』（1904年）▶
（原題は「旅順口の包囲軍の中にある弟を歎きて」）

③ **日露戦争**…日露間の交渉が決裂し，1904年２月，**日露戦争**が始まった。日本は苦戦しながらも戦局を有利に進め，翌年１月には旅順を陥落させた。３月には**奉天会戦**で辛勝し，５月には連合艦隊が**日本海海戦**でロシアのバルチック艦隊を全滅させた。

④ **大規模な戦争**…戦費の総額は約17億円にも達し，うち約７億円をイギリスやアメリカなどの外債に依存した。兵力・損害も日清戦争時とは桁違いの規模となった。

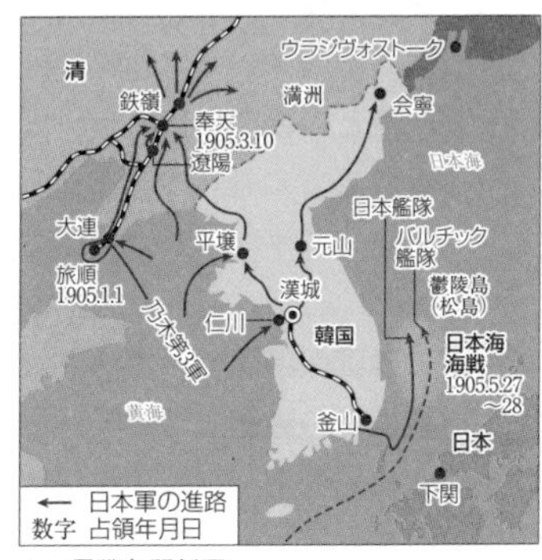

▲日露戦争関係図

03 日露講和条約の締結 ★★

① **講和条約の締結**…戦死者は８万人超にも達し，日本の国力は消耗した。ロシアも1905年に国内で革命運動がおこり，戦争継続が困難となった。そこで，アメリカ大統領**セオドア=ローズヴェルト**の仲介によってアメリカで講和会議が開かれ，**小村寿太郎**と**ウィッテ**の両全権の間で**ポーツマス条約**が結ばれた。

✔日本の韓国における指導・監督権を承認。

✔旅順・大連の租借と，長春以南の鉄道や付属の利権の日本への割譲。

✔北緯50度以南の樺太（サハリン）の割譲。

✔沿海州とカムチャツカ沿岸の漁業権承認。

② **国民の反発**…多大な犠牲を払って戦争を支えた国民は，賠償金要求放棄の決定に憤激し，講和反対国民大会に集まった民衆は暴徒と化した。この**日比谷焼打ち事件**の波及で，桂内閣は翌年総辞職した。

重要ファイル CHECK

- 政府内で，満韓交換の日露協商論と日英同盟論が対立した。
- 日露非戦論者にはキリスト教徒や社会主義者，女性文学者などがいた。
- 賠償金がないことに国民は不満をもち，日比谷焼打ち事件がおこった。

77. 韓国併合と満洲進出

入試重要度 A

01 韓国併合 ★★

① 併合までの経緯

✔**日露戦争中**　1904年，日本は**第1次日韓協約**を結び，日本人顧問を派遣して，韓国の財政・外交に介入した。

✔**米英との協定**　1905年，日本はアメリカと非公式に**桂・タフト協定**❶を結んだ。また，イギリスとは日英同盟協約を改定(第2次)し，アメリカ・イギリスに**日本の韓国保護国化**を承認させた。

✔**統監府の設置**　1905年，日本は**第2次日韓協約**を結び，韓国を保護国にして外交権を掌握した。漢城に**統監府**を設置し，初代統監には**伊藤博文**が就任した。

1873	西郷隆盛らの征韓論 →退けられ，西郷は下野
1875	江華島事件 →日朝修好条規(江華条約)(76)
1882	壬午軍乱(壬午事変)
1884	甲申事変
1885	天津条約(日・清が締結)
1894	甲午農民戦争(東学の乱) →日清戦争
1904	第1次日韓協約
1905	第2次日韓協約
1907	ハーグ密使事件 →第3次日韓協約
1909	伊藤博文暗殺
1910	韓国併合条約

▲日朝関係の推移

② 韓国の抵抗

✔**ハーグ密使事件**　**高宗**(コジョン)は1907年，第2回万国平和会議に密使を送って抗議したが，列強に無視された。日本はこの**ハーグ密使事件**を機に高宗を退位させ，**第3次日韓協約**を結んで韓国の内政権を奪い，軍隊も解散させた。

✔**抵抗運動の拡大**　これに対し，韓国では民衆の抵抗運動が激化した。解散させられた韓国軍の元兵士らも加わり，対日の**義兵運動**として拡大した。

✔**伊藤博文暗殺**　日本軍が義兵運動の鎮圧に乗り出すなか，1909年に前統監の伊藤博文が民族運動家の**安重根**(アンジュングン)にハルビン駅で暗殺された。

③ 韓国併合

✔**韓国併合**　1910年，日本は**韓国併合条約**を強要し，韓国を植民地化した。漢城を京城と改称して**朝鮮総督府**を置き，初代総督には**寺内正毅**陸軍大臣を任命した。警察の要職は，日本の憲兵が兼任した。

✔**植民地支配**　総督府は**土地調査事業**を始め，所有権が不明確という理由で接収した農地・山林の一部を，**東洋拓殖会社**や日本人地主に払い下げた。

---

❶**[桂・タフト協定]**　日本の韓国における優越権，アメリカのフィリピン統治を互いに承認した。

02 日本の満洲進出 ★★

① **満洲進出の本格化**…日本は1906年，**関東州**(旅順・大連を遼東半島南端の租借地)を統治する**関東都督府**を旅順に設置した。また，**南満洲鉄道株式会社(満鉄)**を大連に設立し，旧東清鉄道や沿線の炭鉱などを経営させた。

② **日米関係の悪化**…日本の満洲での権益の独占に対し，門戸開放を唱えるアメリカが反発するようになり，日米の対立が深まった。アメリカ国内では，日本人移民排斥運動も激化した。これによって日米関係は急速に悪化した。

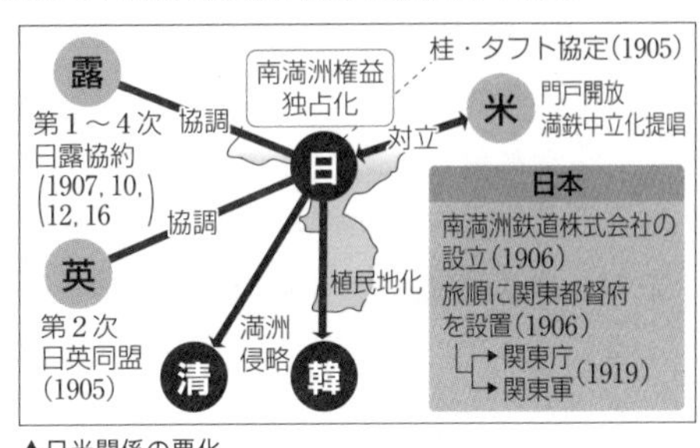

▲日米関係の悪化

③ **日露の接近**…アメリカへの警戒から，日本はロシアと4次にわたる**日露協約**(1907～16年)を結び，満洲と内蒙古における両国の勢力範囲を定めた。日英・日露の協調関係を背景に，満洲での日本の権益を国際社会に認めさせた。

> **重要ファイル CHECK**
> ● 日本は3次の日韓協約で韓国を併合したが，義兵運動の拡大を招いた。
> ● 半官半民の満鉄は炭鉱なども経営し，日本の満洲支配の中心となった。

03 日清戦争後の中国 ★

① **清王朝の衰退**…義和団戦争後，半植民地化された中国では，清の専制に対する抗議行動が活発化した。

② **辛亥革命**…1911年，**辛亥革命**が始まり，翌年，三民主義を唱える**孫文**を臨時大総統とする**中華民国**が成立した。宣統帝(溥儀)が退位し，清朝は崩壊した。

1905	孫文が東京で中国同盟会結成
1911	武昌蜂起(革命の始まり)
1912	中華民国成立(孫文，臨時大総統に)
	宣統帝溥儀退位(清朝滅亡)
	孫文が国民党結成 → (解散)
1913	袁世凱が大総統に就任
1915	袁世凱が帝政宣言
1916	袁世凱が死去(その後，軍閥が割拠)

▲辛亥革命前後の動き

③ **革命後の混乱**

✔孫文は，宣統帝の退位と引きかえに，軍閥の**袁世凱**に臨時大総統の地位を譲った。日本は第3次日露協約により，勢力範囲を東部内蒙古まで広げた。

✔袁世凱は革命勢力を弾圧し，孫文を追い出した。しかし，1916年に亡くなり，その後の中国は**軍閥**が割拠して混乱状態になった。

78. 第１次護憲運動と大正政変

入試重要度 B

01 桂園時代と明治の終焉 ★★

① **桂園時代の始まり**…財源窮乏のなかで政権を担った第１次桂太郎内閣(1901～1905年)のあと，地方で支持を得た立憲政友会総裁の**西園寺公望**が第１次内閣を組織した。以後，約10年にわたって桂と西園寺が交互に内閣を担当したため，この時期を**桂園時代**という。

② **第１次西園寺内閣**…1906年に南満洲鉄道株式会社(満鉄)の設立や鉄道国有化を行ったが，社会主義に寛容な面を藩閥勢力や元老に非難され，また，恐慌の進展による財政逼迫などで退陣し，1908年に桂が再び内閣を組織した。

③ **第２次桂内閣**

- ✔国民に倹約と勤勉を求める**戊申詔書**を1908年に発布した。また，町村の財政基盤の強化などをめざす**地方改良運動**を進めた。それに伴い，青年会や帝国在郷軍人会の組織化が進んだ。
- ✔韓国併合が行われた1910年，桂内閣は**大逆事件**❶によって社会主義者や無政府主義者を弾圧した。この事件以降，社会主義運動❷は第一次世界大戦まで沈滞することとなり，「冬の時代」を迎えることになった。
- ✔1911年，桂内閣は労働運動の沈静化を狙って**工場法**(203ページ)を制定した。しかし，内容は不十分で，施行されたのは５年後の1916年だった。

④ **陸軍の反発**…1911年，第２次西園寺内閣が成立した。内閣の財政緊縮策に，辛亥革命の影響もあって増師問題❸で陸軍が不満を示した。韓国併合を受けて，陸軍は韓国に配備するために，**２個師団の増設**を要求した。閣議でこの要求が拒否されると，陸軍大臣**上原勇作**が帷幄上奏権❹を用いて単独で辞職し，内閣は総辞職に追い込まれた。

---

❶**[大逆事件]**　1910年，４人の社会主義者が天皇暗殺を計画したとして捕らえられた。これを機に，政府は全国の社会主義者・無政府主義者を検挙，うち26人を大逆罪で起訴した。翌年全員が有罪となり，**幸徳秋水**ら12人が死刑となったが，逮捕者の多くが計画には無関係だった。

❷1901年に最初の社会主義政党である**社会民主党**が結成されたが，治安警察法により直後に解散を命じられた。1906年には最初の合法的社会主義政党である**日本社会党**が結成された。

❸1907年，山県有朋ら軍部の帝国国防方針ですでに，陸軍17個師団から25個師団への増設は示されていた。また，海軍も戦艦８隻・装甲巡洋艦８隻常備の**八・八艦隊**を主張した。

❹**[帷幄上奏権]**　軍令事項について内閣を通さず，天皇に直接進言できる権限。

02 大正時代の幕開けと政局 ★★

① **第1次護憲運動**…大正天皇の内大臣と侍従長を兼ねる**桂太郎**が1912年末，三たび首相に復帰した。詔勅で政敵をおさえようとする桂の圧政に対して，立憲政友会の**尾崎行雄**・立憲国民党（1910年結成）の**犬養毅**らや都市民衆が反発し，「**閥族打破・憲政擁護**」を掲げる倒閣運動（**第1次護憲運動**）を全国で展開した。

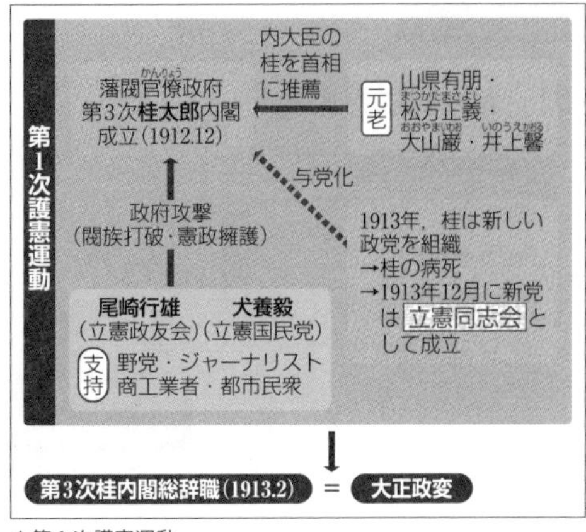

▲第1次護憲運動

② **大正政変**…窮地に陥った桂は，新党を結成して対抗しようとした。しかし，国会を囲む数万の国民のデモや議会での弾劾を受け，第3次桂内閣は50日余りで総辞職した。これを**大正政変**という。なお，桂が結成した新党には立憲国民党の一部の離党者が加わり，退陣した桂の死後，**立憲同志会**[5]となった。

③ **第1次山本内閣**…1913年，海軍大将の**山本権兵衛**が内閣を組織し，立憲政友会を与党に行政整理を進めた。また，**軍部大臣現役武官制**，**文官任用令を改正**した。しかし，翌年，**シーメンス事件**の発覚で総辞職した。

- ✔**軍部大臣現役武官制改正**　陸海軍大臣への任用を予備・後備役の大将・中将にまで拡大した。
- ✔**文官任用令改正**　政党員にも高級官僚への任用を可能にした。
- ✔**シーメンス事件**　軍需品購入などに伴う海軍高官とドイツのシーメンス社の贈収賄事件で，内閣への非難が激化した。捜査の過程でイギリスのヴィッカース社，三井物産と海軍高官の贈収賄事件も明らかになった。

④ **大隈の再登板**…後継首相に苦慮した元老は，民衆や言論界に人気の高い**大隈重信**を推薦し，1914年に立憲同志会の後援で第2次大隈内閣が成立した。

重要ファイル CHECK
- 20世紀初頭から約10年間にわたって，桂園時代が続いた。
- 第3次桂内閣が成立すると，民衆を巻き込む護憲運動がおこった。

[5]［立憲同志会］　総裁は加藤高明。1916年，中正会・公友倶楽部と合同して憲政会となった。

79. 第一次世界大戦と日本

入試重要度 A

01 第一次世界大戦 ★★

① **20世紀初頭の欧州**…ドイツは積極策を進め，オーストリア・イタリアとともに**三国同盟**を築いていた。イギリス・フランス・ロシアは1907年，**三国協商**を締結し，三国同盟と対立した。

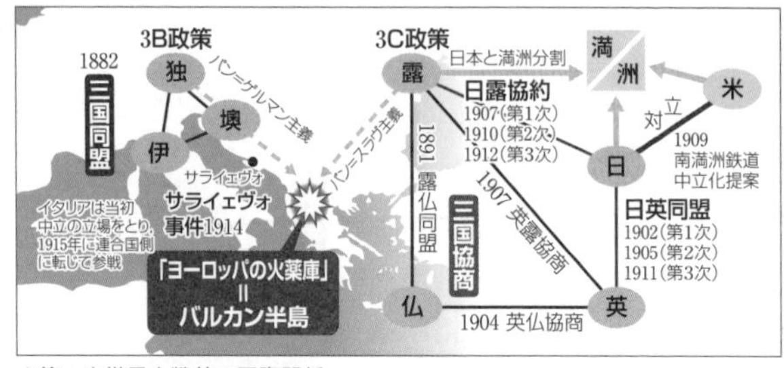

▲第一次世界大戦前の国際関係

② **大戦の勃発**…「ヨーロッパの火薬庫(かやくこ)」と称されたバルカン半島で，1914年6月，オーストリア帝位継承者が親露的なセルビア人青年に暗殺された(サライェヴォ事件)。これを機に両国間の戦争が勃発し，**第一次世界大戦**が始まった。

02 大戦時の日本の対応 ★★

① **日本の参戦**…1914年8月，第2次**大隈重信**(おおくましげのぶ)内閣は加藤高明(かとうたかあき)外務大臣の主導で，**日英同盟**(にちえいどうめい)を口実として**ドイツに宣戦布告**した。日本は，中国でのドイツの根拠地である山東(さんとう)(シャントン)省の青島(チンタオ)と赤道以北のドイツ領南洋諸島の一部を占領した。

② **二十一カ条の要求**…1915年，大隈内閣は中国の**袁世凱**(えんせいがい)(ユアンシーカイ)政府に対して，**二十一カ条の要求**を突きつけ，最後通牒(つうちょう)を発して要求の大部分を承認させた。

- ✔**内容**　山東省のドイツ権益継承，旅順(りょじゅん)(ルーシュン)・大連(だいれん)(ターリエン)や南満洲(まんしゅう)鉄道などの租借期限99年間延長，漢冶萍(かんやひょう)(コンス)公司の日中合弁事業(日中共同経営)の承認など。
- ✔中国では，要求を受け入れた5月9日を**国恥**(こくち)**記念日**とした。民衆も日本の行動に強く反発した。

③ **大陸の権益擁護策**…大隈内閣の1916年には**第4次日露**(にちろ)**協約**で，極東での両国の特殊権益を相互に再確認した。次の**寺内正毅**(てらうちまさたけ)内閣では，袁世凱の死後に実権を握った北方軍閥(ぐんばつ)の**段祺瑞**(だんきずい)(トワンチーロイ)に対して**西原亀三**(にしはらかめぞう)❶を通じて，日本の権益確保を意図した巨額の経済借款(しゃっかん)を与えた(**西原借款**)。

❶[西原亀三]　寺内内閣の私設特使として中国に送られた。段祺瑞の失脚によって借款の大半が回収不能となり，失敗した。

④ **日米の利害調整**…寺内内閣は，日本の中国進出を警戒するアメリカとの交渉に乗り出した。1917年，特派大使石井菊次郎（いしいきくじろう）とアメリカの国務長官ランシングの間で**石井・ランシング協定**が交わされ，中国における日本の特殊権益と，中国の領土保全・門戸（もんこ）開放が確認された。

> **重要ファイル** CHECK
> • 第一次世界大戦で，日本は青島などを占領し，ドイツ権益を接収した。
> • 寺内内閣の私設特使の西原亀三を通じて段祺瑞に借款供与を行った。

03 大戦景気 ★★

① **大戦景気**…日本は第一次世界大戦中，交戦国からの軍需品需要や欧州諸国のアジア市場からの後退によって好況を迎えた。この**大戦景気**によって，日本は債務国から債権国へ転じ，貿易は大幅な輸出超過となった。主に生糸をアメリカ，綿布を中国へ輸出した。

② **重工業の発展**…日本は農業国から工業国へ転じた。**海運業・造船業**が繁栄し，**船成金**（ふな成りきん）が現れた。化学工業はドイツからの輸入が途絶えて成長した。鉄鋼業では，八幡（やはた）製鉄所が拡張され，満鉄（まんてつ）によって**鞍山（あんざん）製鉄所**が設立された。

04 シベリア出兵と米騒動（こめそうどう） ★★

① **社会主義革命の実現**…1917年，ロシアでは労働者や兵士の革命（**ロシア革命**[2]）がおこり，世界初の社会主義国家のソヴィエト政権が生まれた。

② **干渉戦争**（かんしょう）…革命の拡大を恐れた連合国は，内戦下のロシアに干渉戦争をしかけ，日本にも共同出兵を促した。寺内内閣はシベリアにいたチェコスロヴァキア軍団の救援を名目とするアメリカの提案を受け，1918年，**シベリア出兵**を決定した。大戦終結後，列国は干渉戦争から撤兵したが，日本のみ1922年まで駐兵を続けた。

③ **米騒動**…シベリア出兵を見込んだ大商人による米の投機的買占めで米価が急騰した。1918年，富山県の漁民の主婦らによる抗議行動をきっかけとして，米屋や富商などを襲撃する**米騒動**が全国に拡大し，約70万人が参加した。寺内内閣は軍隊を動員して鎮圧したあと，責任をとって総辞職した。

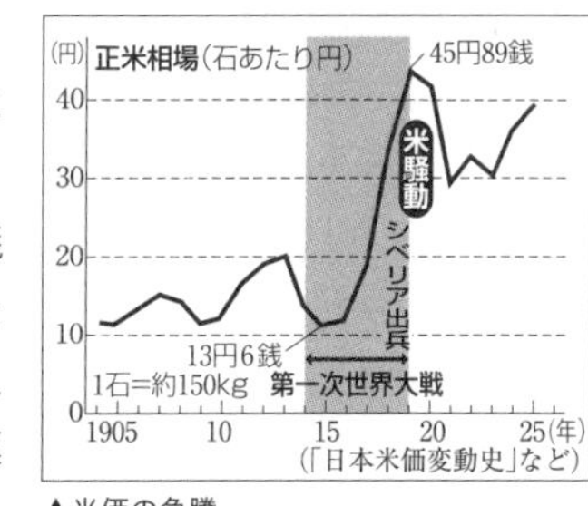

▲米価の急騰

❷[ロシア革命]　二月革命でロマノフ王朝が滅び，十月革命で臨時政府が倒されて世界初の社会主義政府が生まれた。1922年にソヴィエト社会主義共和国連邦（れんぽう）へ発展した。

第4章 近代・現代

80. ヴェルサイユ体制とワシントン体制

入試重要度 B

01 第一次世界大戦後の国際秩序 ★★

① **講和会議**…1918年，ドイツが連合国に降伏して大戦は終結し，翌年パリで講和会議が開かれた。日本も**西園寺公望**・**牧野伸顕**らを全権として派遣した。

② **講和条約**…講和会議で**ヴェルサイユ条約**が調印された。この条約に基づくヨーロッパの新国際秩序を**ヴェルサイユ体制**という。

✔**内容**　ドイツに対し，巨額の賠償金（総額1320億金マルク）や軍備制限，全植民地の喪失，本国領の一部割譲などを課した。

③ **国際連盟**…講和会議でのアメリカ大統領**ウィルソン**の提唱により，1920年に**国際連盟**が設立された。

✔日本は，イギリス・フランス・イタリアとともに常任理事国になった。

✔アメリカは上院の反対で参加せず，ドイツ・ソ連も最初は参加が認められなかった。

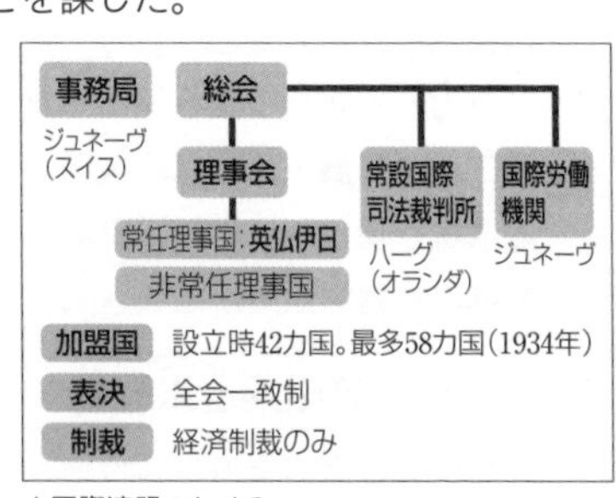

▲国際連盟のしくみ

02 アジアの民族運動 ★★

① **講和会議と日本**…日本はヴェルサイユ条約によって，**山東省の旧ドイツ権益の継承**を認められ，**赤道以北の旧ドイツ領南洋諸島の委任統治権**を得た❶。

② **講和会議と中国**…中国は連合国の一員だったが，二十一カ条の要求の撤回や旧ドイツ権益の中国への直接返還を会議で拒否された。1919年５月４日，これに抗議する学生や市民らが反帝・反日デモの**五・四運動**を行い，中国政府もヴェルサイユ条約の調印を拒否した。

③ **朝鮮の独立運動**…朝鮮では1919年３月１日，独立を求める学生らが京城（ソウル）のパゴダ（タプッコル）公園に集まり，独立宣言書を読みあげた。これを機に，「独立万歳」を叫ぶ**三・一独立運動**が全土に広がった。朝鮮総督府は軍隊を動員して厳しく弾圧したが，原敬内閣は，朝鮮・台湾での文官総督を認め，朝鮮での憲兵警察を廃止するなど，統治について若干の改善を行った。

❶一方で，人種差別撤廃について新提案を行ったが，アメリカなどの反対で不採択となった。

03 ワシントン体制 ★★

① **ワシントン会議**…1921年，アメリカ大統領**ハーディング**の提唱で**ワシントン会議**[2]が開かれた。アメリカの狙いは，アメリカ・イギリス・日本の建艦競争の停止や自国の財政支出の削減，東アジアにおける日本の膨張抑制にあった。日本は海軍大臣**加藤友三郎**・駐米大使**幣原喜重郎**・貴族院議長徳川家達らを全権として派遣した。この会議に基づくアジア・太平洋地域の新国際秩序を**ワシントン体制**といい，日本もこれに歩調を合わせる方針をとった。

② **諸条約の調印**…ワシントン会議で，**四カ国条約・九カ国条約・ワシントン海軍軍備制限条約**が日本に関係する条約として結ばれた。

条約名	参加国	日本全権	条約の内容と関連事項
四カ国条約 (1921年)	英・米・日・仏		・太平洋の平和に関する条約 ・**日英同盟廃棄**(1923年)
九カ国条約 (1922年)	英・米・日・仏・伊・ベルギー・ポルトガル・蘭・中	加藤友三郎 幣原喜重郎 徳川家達	・中国問題に関する条約 ・中国の主権尊重，門戸開放，機会均等などを規定 ・**石井・ランシング協定廃棄**(1923年)
ワシントン海軍軍備制限条約 (1922年)	英・米・日・仏・伊		・**主力艦保有量の制限**(英：米：日：仏：伊＝5：5：3：1.67：1.67) ・今後10年間は主力艦の建造禁止

▲ワシントン会議で結ばれた条約

③ **軍縮の影響**…協調外交下の海軍軍縮で，日本も老朽艦の廃艦や戦艦建造の中止が実現した。陸軍でも，加藤友三郎内閣の下での陸軍大臣山梨半造の山梨軍縮に続き，加藤高明内閣の下での陸軍大臣宇垣一成の宇垣軍縮が行われた[3]。この結果，4個師団を廃止するかわりに，戦車や航空機など軍装備の近代化がはかられた。また，軍縮で生じた余剰将校は学校に配属され，軍事教練が開始された。

重要ファイル CHECK
- ウィルソン大統領の提唱した国際連盟にアメリカは参加しなかった。
- ワシントン海軍軍備制限条約で，日本の主力艦の保有量は対米英6割に制限された。

[2]［ワシントン会議］　会議において，イギリス・アメリカの斡旋で，山東問題に関する日中間の協議が行われ，日本は山東半島の旧ドイツ権益を中国に返還することになった。

[3]軍縮の結果，1921年に歳出の半分近くを占めていた日本の軍事費は，1926年に3割を切るまでに減少した。

81.政党政治の展開

入試重要度 A

01 積極的政策から非政党内閣の時代へ ★★

① **平民宰相**…1918年9月，米騒動の責任を問われて寺内正毅内閣が総辞職し，**立憲政友会**総裁の**原敬**を首班とする，陸・海軍大臣と外務大臣内田康哉以外の閣僚を立憲政友会の党員で占める**日本初の本格的な政党内閣**が成立した。原は平民籍の衆議院議員だったので「**平民宰相**」と呼ばれ，民衆から歓迎された。

② **原内閣**…産業や教育の奨励，交通機関・国防の充実など，積極的政策を次々と行った。しかし，普通選挙の導入拒否や森戸事件，立憲政友会党員に関する汚職の発生などで民衆の支持を失い，1921年，原は東京駅で暗殺された。

✔**選挙法改正**　1919年，選挙権の納税資格を**直接国税3円以上**に引き下げ，**小選挙区制**を導入した。普通選挙の要求には，時期尚早として反対した。

✔**教育**　大学令を公布するなどして，高等教育の拡充をはかった。

✔**外交・国防**　三・一(サミル)独立運動弾圧，関東庁への改組❶，ヴェルサイユ条約調印，国際連盟加盟，八・八艦隊予算化，シベリア出兵の継続など。

✔**思想弾圧**　アナーキズム❷を研究し，論文「クロポトキンの社会思想の研究」を発表した**森戸辰男**を弾圧した(森戸事件)。

③ **非政党内閣の時代**…原内閣のあと，総裁と首相は**高橋是清**が継いだが，内紛で短命に終わり，海軍大将**加藤友三郎**が組閣した。加藤は陸海軍軍縮やシベリア撤兵を手がけたが，在任中の1923年，病死した。次いで**山本権兵衛**が首相に復帰したが，内閣成立は**関東大震災**の直後で，年末には摂政の裕仁親王(のちの昭和天皇)が難波大助に襲撃される**虎の門事件**がおこり，総辞職した

④ **関東大震災**…1923年9月1日，関東地方を襲った大地震(M 7.9)で，死者10万人以上を出し，山本内閣は緊急勅令で戒厳令を布告した。

✔震災後の混乱で流言が広がり，多数の朝鮮人や中国人，労働組合幹部らが軍隊・警察や自警団に殺害された。

▲関東大震災

❶関東都督府を廃して，行政面は関東庁が，軍事面は関東軍が担当することになった。

❷[アナーキズム]　国家・政府など一切の権力を否定し，自由な理想社会の実現をめざす思想

✔**亀戸事件**　社会主義者川合義虎らが亀戸警察署内で殺された。
✔**甘粕事件**　憲兵甘粕正彦が無政府主義者大杉栄と伊藤野枝を殺害した。

02　第２次護憲運動の展開　★★

① **特権内閣の復活**…第２次山本内閣が虎の門事件で倒れ，貴族院中心の**清浦奎吾内閣**が成立すると，**憲政会**・**立憲政友会**・**革新俱楽部**の３党は，憲政擁護・普通選挙実現・貴族院改革などを掲げて**第２次護憲運動**を展開した。清浦は立憲政友会から分離した**政友本党**の支持を取りつけ，衆議院を解散したが，1924年５月の総選挙の結果，**護憲三派**が圧勝した。

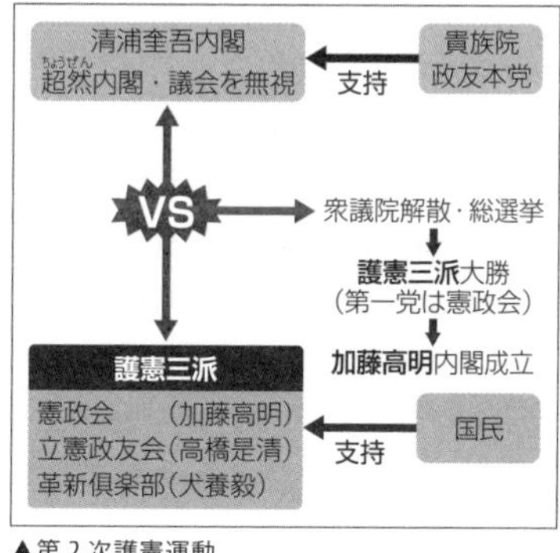

▲第２次護憲運動

② **護憲三派内閣**…清浦内閣は総辞職し，翌６月に第一党の憲政会総裁の**加藤高明**が３党の連立内閣を組織した。

✔外務大臣**幣原喜重郎**の協調外交を軸に，1925年に**日ソ基本条約**を締結した。

✔**普通選挙法**　1925年制定。財産・所得上の制限を撤廃し，**満25歳以上の男性**すべてに選挙権を与えた。有権者はそれまでの約４倍に増えた。

✔**治安維持法**　1925年制定。国体の変革や私有財産制の否認をめざす結社を禁ずる法律。当初，共産主義思想や普通選挙実現による労働者の影響力の拡大への対処が目的だったが，のちに**社会運動の弾圧**にも適用された。

03　「憲政の常道」の慣行　★★

① **大正から昭和へ**…1925年，護憲三派の提携が崩れ，憲政会が単独与党の第２次加藤内閣が成立したが，翌年加藤が病死し，**若槻礼次郎**が首相を継いだ。同年末，大正天皇が没して摂政の裕仁親王が即位し，**昭和**と改元された。

② **二大政党の構築**…1927年，第１次若槻内閣が退陣すると，立憲政友会総裁の**田中義一**内閣にかわった。憲政会は政友本党と合同し，**立憲民政党**を結成した。加藤高明内閣から犬養毅内閣が倒れるまで，立憲政友会と憲政会（のち立憲民政党）の二大政党の党首が交代で組閣する「**憲政の常道**」が８年間続いた。

重要ファイル CHECK
- 護憲三派の加藤内閣は普選選挙導入の一方，治安維持法を制定した。
- 憲政会（立憲民政党）と立憲政友会による「憲政の常道」が８年間続いた。

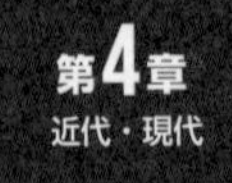

82. 社会運動の勃興

入試重要度 A

01 大正デモクラシーの風潮とジャーナリズム ★★

① **デモクラシー思想**…大正時代には，市民的自由や政治参加を求める民衆運動が高揚した。こうした時代思潮や社会運動は**大正デモクラシー**と呼ばれる。

② **代表的な思想**…1912年に憲法学者の**美濃部達吉**が**天皇機関説**❶を，1916年に政治学者の**吉野作造**が**民本主義**❷を提唱した。この2つは大正デモクラシーの理論的支柱となった。1918年，吉野は福田徳三らと**黎明会**をつくり，全国的な啓蒙運動を行った。また，吉野の指導を受けた学生たちは**東大新人会**などの団体を結成し，労働・農民運動との関係を深めていった。

民本主義といふ文字は、日本語としては極めて新らしい用例である。従来は民主々義といふ語を以て普通に唱へられて居ったやうだ。時としては又民衆主義とか、平民主義とか呼ばれたこともある。然し民主々義といへば、社会民主党などゝいふ場合に於けるが如く、「国家の主権は人民にあり」といふ危険なる学説と混同され易い。……此言葉は今日の政治法律等の学問上に於ては、少くとも二つの異った意味に用ひられて居るやうに思ふ。一つは「国家の主権は法理上人民に在り」といふ意味に、又モ一つは「国家の主権の活動の基本的の目標は政治上人民に在るべし」といふ意味に用ひらるゝ。この第二の意味に用ひらるゝ時に、我々は之を民本主義と訳するのである。

▲吉野作造の民本主義

③ **新聞と総合雑誌の発展**…発行部数が100万部を超える新聞が現れ，『中央公論』や『改造』などの総合雑誌が著しく発展した。石橋湛山らの『東洋経済新報』は植民地放棄論を載せ，小日本主義を唱えて異彩を放った。『我等』を創刊した長谷川如是閑や大山郁夫らも，民主主義的な論陣を張った。

02 社会革新の風潮 ★★

① **社会主義運動の再開**…大逆事件(188ページ)以来の「冬の時代」を経て，1920年代には大杉栄らの無政府主義者や堺利彦らの共産主義(マルクス・レーニン主義)者が活動を再開した。1920年には**日本社会主義同盟**が結成された。日

❶**[天皇機関説]** 『憲法講話』『憲法撮要』などで著述された。法人としての国家そのものが主権の主体であり，天皇は国家の最高機関として憲法に従って統治するという学説。大正初期，天皇主権説を唱える上杉慎吉らとの天皇機関説論争がおこった。

❷**[民本主義]** 『中央公論』の論文「憲政の本義を説いて其有終の美を済すの途を論ず」で説かれた。この論文のなかでデモクラシーを民本主義と名づけた。天皇主権の時代だったため，国民主権を意味する民主主義とはいわず，主権の運用を意味する民本主義という用語を用いた。

シア革命以後は共産主義の影響が浸透し，1922年には**堺利彦**や**山川均**らにより，**日本共産党**がコミンテルン[3]の支部として非合法に組織された。しかし，政府による徹底的な弾圧を受け，1924年に解散に追い込まれた。

② **国家主義の新しい潮流**…辛亥革命に参加した**北一輝**は，中国での著作を『**日本改造法案大綱**』と改題して1923年に刊行し，国家社会主義的な国家改造理念が右翼や青年将校に影響を与えた。**大川周明**らは1919年，国粋主義団体の**猶存社**を結成した。

③ **女性解放運動**…1911年，**平塚らいてう(明)**らの**青鞜社**は文芸雑誌『青鞜』を刊行した。1920年，平塚と**市川房枝**らは**新婦人協会**を結成し，女性の権利向上を求めた。1922年には治安警察法第５条の一部改正を実現させ，1924年には**婦人参政権獲得期成同盟会**へ改組された。山川菊栄や伊藤野枝らは1921年，女性社会主義団体の**赤瀾会**を結成したが，同年末に解散した。

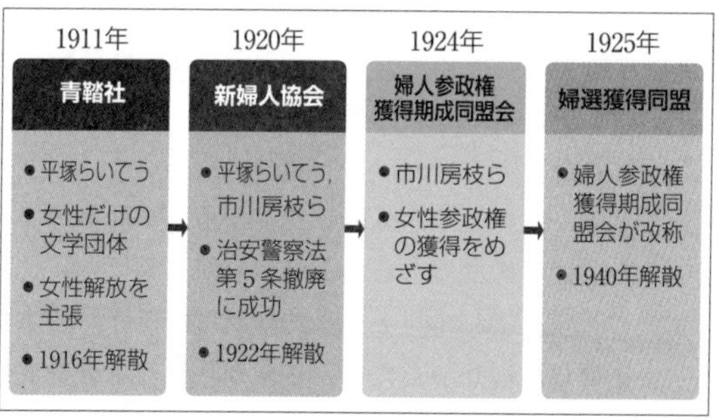

▲女性解放運動の展開

④ **部落解放運動**…**西光万吉**や阪本清一郎らは，被差別部落の住民に対する社会的差別や貧困の解消をめざし，1922年，**全国水平社**の結成大会を京都で開いた。

⑤ **アイヌの人々**…北海道では，差別に苦しむアイヌの人々の解放運動がおこり，1930年に北海道アイヌ協会が設立された。

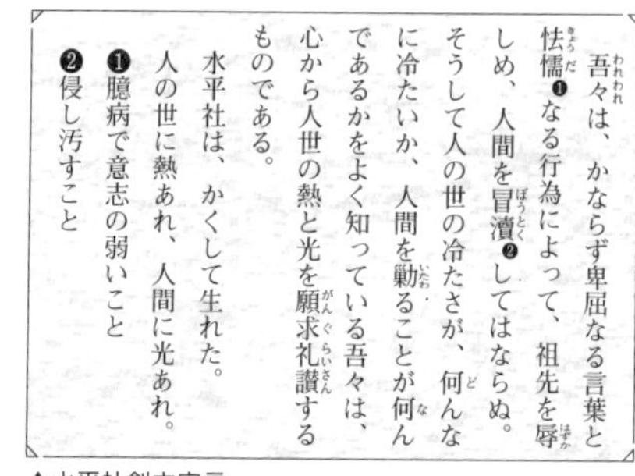
吾々は、かならず卑屈なる言葉と怯懦❶なる行為によって、祖先を辱しめ、人間を冒瀆❷してはならぬ。そうして人の世の冷たさが、何んなに冷たいか、人間を勦ることが何んであるかをよく知っている吾々は、心から人世の熱と光を願求礼讃するものである。

水平社は、かくして生れた。

人の世に熱あれ、人間に光あれ。

❶臆病で意志の弱いこと
❷侵し汚すこと

▲水平社創立宣言

重要ファイル CHECK
- 民本主義と天皇機関説が大正デモクラシーの理論的支柱となった。
- 1922年，日本共産党，全国水平社が結成された。

❸**[コミンテルン]** 1919年，レーニンの指導の下，世界革命を進めるために各国の共産党などが参加して結成された国際組織。共産主義インターナショナルの略称。

CHECK TEST

□① 1894年，［a］によって領事裁判権の撤廃が達成され，1911年，［b］によって関税自主権の回復が達成された。	a 陸奥宗光 b 小村寿太郎
□② 日本は下関条約で［a］や台湾などを獲得したが，ロシアなどによる［b］を受け，清に［a］を返還した。	a 遼東半島 b 三国干渉
□③ 1898年に成立した第２次［　］内閣は超然主義の立場から，文官任用令を改正し，治安警察法を公布した。	山県有朋
□④ 中国では1900年，［　］が列国公使館を襲撃した。	義和団
□⑤ ロシアの南下政策に対抗するため，1902年に［　］が結ばれた。	日英同盟
□⑥ ［a］はキリスト教徒の立場から，堺利彦・［b］は社会主義者の立場から日露戦争反対を唱えた。	a 内村鑑三 b 幸徳秋水
□⑦ 1905年，講和の［a］条約が結ばれたが，日本は賠償金を得られなかったため，民衆が［b］事件をおこした。	a ポーツマス b 日比谷焼打ち
□⑧ 1907年，日本は［a］事件をきっかけに高宗を退位させ，第３次［b］を結んで，韓国の内政権を奪った。	a ハーグ密使 b 日韓協約
□⑨ 1910年，日本は漢城を京城と改称し，［　］を設置した。	朝鮮総督府
□⑩ 中国では，1911年に［a］が始まり，翌年，［b］を臨時大総統とする中華民国が成立した。	a 辛亥革命 b 孫文
□⑪ 1901～12年，桂太郎と［　］が交互に内閣を担った。	西園寺公望
□⑫ 1910年，桂内閣のときに，社会主義者や無政府主義者が弾圧される［　］がおこった。	大逆事件
□⑬ 1912年，立憲政友会の［a］と立憲国民党の［b］が「閥族打破・憲政擁護」を掲げ，倒閣運動を展開した。	a 尾崎行雄 b 犬養毅
□⑭ 1915年，日本は袁世凱政権に［　］を突きつけた。	二十一カ条の要求
□⑮ 1917年，［　］が結ばれ，中国における日本の特殊権益と，中国の領土保全・門戸開放が確認された。	石井・ランシング協定
□⑯ 第一次世界大戦後，ヨーロッパでは［a］体制が確立され，アジア・太平洋地域では［b］体制が確立された。	a ヴェルサイユ b ワシントン
□⑰ 1919年，中国の学生や市民らが［　］をおこした。	五・四運動
□⑱ 1918年，立憲政友会総裁の［a］が首相となり，初めての本格的な［b］をつくった。	a 原敬 b 政党内閣

□⑲ 第２次山本権兵衛内閣は1923年９月におこった[ ]の直後に発足した。 | 関東大震災

□⑳ 1924年の総選挙で，[a]・立憲政友会・革新倶楽部の護憲三派が圧勝し，[a]の[b]が内閣を組織した。 | a 憲政会 b 加藤高明

□㉑ 1925年に選挙法が改正され，満[ ]歳以上の男性すべてに選挙権が与えられた。 | 25

□㉒ 普通選挙法が成立する一方，[ ]が制定され，のちに社会運動弾圧にも適用された。 | 治安維持法

□㉓ 憲法学者の[ ]が天皇機関説を唱えた。 | 美濃部達吉

□㉔ 平塚らいてう(明)が設立した文学団体[a]と，平塚と市川房枝らが設立した[b]は女性の地位向上を訴えた。 | a 青鞜社 b 新婦人協会

思考力問題にTRY

✔右の絵は「伊藤博文の鵺亀（ぬえがめ）」というタイトルの絵である。この絵は，どの時期のどのような状況を風刺しているのか。絵に関する次の解説文を参考にして，時期と状況の組み合わせとして最も適当なものをあとのア～エから１つ選べ。

- 甲羅には「統監政治」という文字が刻まれている。
- 鵺亀とは「正体不明の亀」という意味で，伊藤博文のことを表している。
- 前足で抱えているのは，「イロハニホヘト」と日本語を読む韓国の皇太子である。
- 尻尾の蛇は，韓国の民衆にかみついている。

〔時期〕 a. 1895～1900年　　b. 1905～10年

〔状況〕 c. 日本軍と清軍が甲午農民戦争を鎮圧した。

d. 日本が韓国の内政権まで手中に収めた。

ア a・c　　イ a・d

ウ b・c　　エ b・d

解説 解説文の「統監政治」は，1905年の第２次日韓協約によって，漢城に設置された統監府を中心とする政治を指している。初代の統監は伊藤博文だった。1907年にハーグ密使事件(186ページ)がおこると，日本は韓国皇帝の高宗を退位させ，皇太子に譲位させた。さらに第３次日韓協約を結んで，韓国の内政権を完全に掌握した。絵は内政権を接収された韓国を風刺したもの。

解答 エ

83. 日本の産業革命

入試重要度 A

01 産業界の発展 ★★

① **企業勃興**…日本の産業は松方デフレ(170ページ)のあと，貿易が輸出超過に転じて活気づいた。1886〜89年に鉄道や紡績を中心に会社設立ブーム(**企業勃興**)がおこり，軽工業から日本の**産業革命**が始まった。

② **資本主義体制の確立**

- ✔1897年, **貨幣法**が制定され, 日清戦争の賠償金をもとに**金本位制**を確立した。
- ✔**特殊銀行**[1]　貿易金融を扱う**横浜正金銀行**や日本勧業銀行，日本興業銀行などが設立された。また，植民地経営を推進するための中央銀行として，台湾銀行と朝鮮銀行が設立された。
- ✔**企業勃興の再発**　日清戦争後，繊維産業を中心に**資本主義経済**が成立した。
- ✔**商社**　三井物産会社などが活躍した。

③ **海運の整備拡充**…1885年に**日本郵船会社**が成立し，**航海奨励法**(1896年公布)などの政府の海運業奨励政策もあって，遠洋航路を開いていった。

02 日清戦争前後の軽工業の成長 ★★

① **紡績業**…綿織物業は一時衰えたが，従来の手紡による手織機に**飛び杼**[2]を取り入れて，生産を回復させた。1876年に臥雲辰致が水力で動かす**ガラ紡**を考案したが，やがて機械制大紡績工場の増加により，1890年代には衰退した。

② **紡績業の躍進**…1883年，**渋沢栄一**らが設立した**大阪紡績会社**が開業した。1890年には綿糸生産量が輸入量を上回った。日清戦争の頃から中国・朝鮮への綿糸の輸出がさかんになり，1897年には輸出量が輸入量を上回った。また，**豊田佐吉**が国産力織機を発明した。

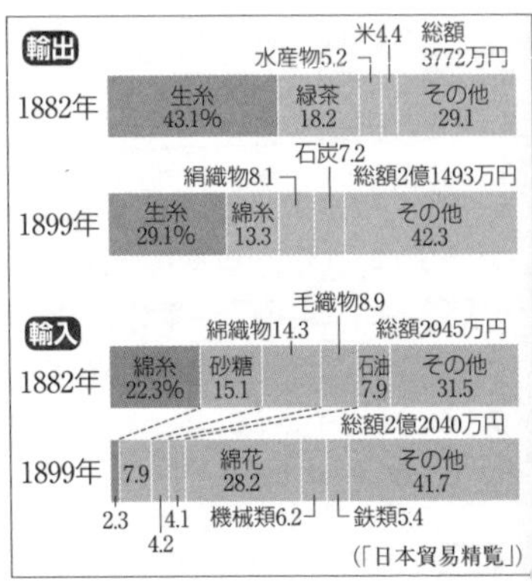

▲貿易品目の割合の変化

[1] [特殊銀行]　特定の政策目的のため特別法で設立され，政府の監督下で特権を有した銀行。

[2] [飛び杼]　緯糸を通す杼を紐で左右に動かす。イギリスのジョン=ケイが産業革命時の1733年に発明し，日本には1873年のウィーン万国博覧会で紹介され，普及した。

③ **製糸業の進展**…**生糸**は幕末以来，輸出品の中心だった。

✓**座繰**[3]**製糸**　手動による製糸装置で，明治時代の当初は**養蚕業**とともに家内工業として普及した。

✓**器械製糸**[4]　動力を使った製糸装置で，**富岡製糸場**などの官営工場で導入されて急速に発展した。長野県・山梨県などの小工場で普及し，生産が増大した。1909年には生糸の輸出量は清を抜き，世界最大となった。

④ **鉄道業の拡張**…華族の金禄公債を資金に1881年に設立された**日本鉄道会社**の成功など，民営鉄道ブームがおこった。1889年に官営の**東海道線**が全通したが，総延長では民営が官営を上回っていた。しかし軍事・経済的な面から，1906年に**鉄道国有法**が公布され，主要幹線の民営鉄道17社は国有化された。

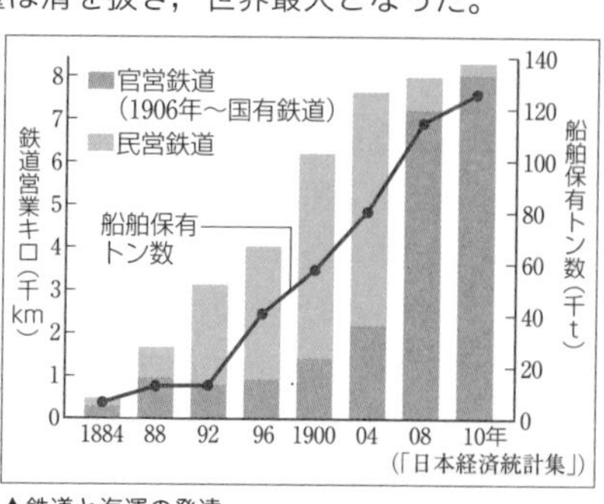

▲鉄道と海運の発達

03 日露戦争前後の重工業の形成 ★★

① **金属・機械工業の発達**

✓**金属工業**　日清戦争の賠償金を投じてつくられた官営**八幡製鉄所**が，1901年に操業した。鉄鉱石は中国の大冶(ターイエ)から輸入し，石炭は筑豊(のち撫順(フーシュン))炭田を用い，1906年には大拡張が行われた。1907年，室蘭に設立された**日本製鋼所**は，国内最大の民間兵器製鋼会社となった。

✓**機械工業**　東京の**池貝鉄工所**がアメリカ式旋盤の製作に成功し，機械工業の先駆をなした。また，**造船**も世界的な水準に達した。

② **財閥の形成**…1909年に三井合名会社が設立されたのを皮切りに，持株会社を頂点とする**コンツェルン**(企業連携)が形成された。とくに**三井・三菱・住友・安田**の四大財閥は多角的経営を展開した。また，古河市兵衛や浅野総一郎・川崎正蔵などの中小財閥もおこった。

重要ファイル CHECK
- 1890年に綿糸の生産量＞輸入量，1897年に輸出量＞輸入量となった。
- 1894年に器械製糸＞座繰製糸，1909年に生糸輸出が世界最大となった。

[3] [座繰]　ハンドルと巻取り軸の間に歯車を用い，手引きにかわって糸巻き速度を高めた。
[4] [器械製糸]　糸枠を動力で回転させる。なお，動力は人力→水力→蒸気力→電力と発展した。

第4章 近代・現代

84.農業・農民と労働運動の進展

入試重要度 B

01 農業と農民 ★★

① **明治期の農業**…農業は金肥の普及や品種改良によって収穫量を増やしたものの，**寄生地主制**がより進み，多くの農家は米作主体の零細経営であった。そのため，小作農の子女は工場へ出稼ぎしたり，副業を営んだりして家計を助けた。

② **農民運動**…大正時代の中頃から，農村で小作料の減免を求める**小作争議**が頻発し，1922年に杉山元治郎・賀川豊彦らが**日本農民組合**を結成した。

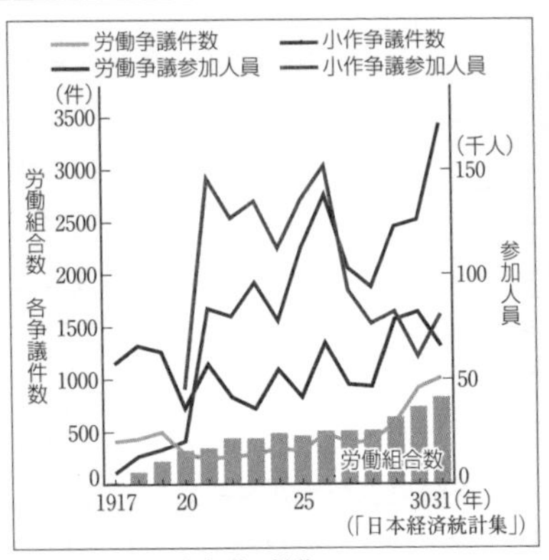

▲労働争議・小作争議の推移

02 労働運動の進展 ★★

① **労働問題**…繊維工場の労働者は，大半が女性(**工女**，または**女工**と呼ばれた)で，低賃金・長時間労働など労働条件は過酷を極めた。男性労働者は主に鉱山業や運輸業に従事し，飯場❶に住み生活まで管理された。**三宅雪嶺**は雑誌『**日本人**』で高島炭鉱(長崎県)の劣悪な労働状態❷を報告している。

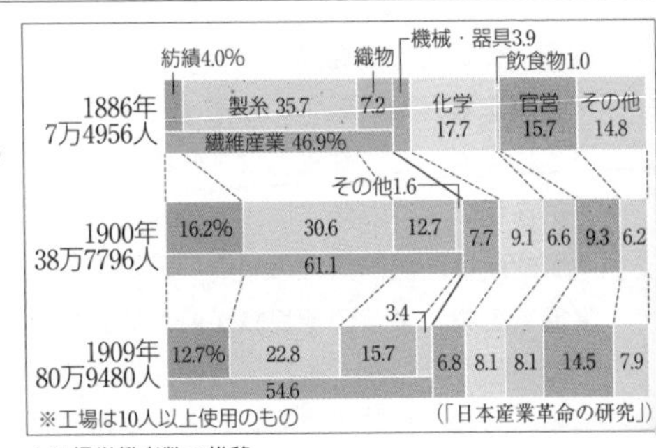

▲工場労働者数の推移

② **労働運動**…日清戦争の頃から，労働条件の改善や賃金引き上げを求める工場労働者の**ストライキ**が始まった。1886年に甲府の雨宮製糸で日本初の女工ストライキが発生し，1889年には大阪の天満紡績でも女工ストライキがおこった。

❶[**飯場**] 九州では納屋，北海道ではタコ部屋・監獄部屋。労働者を拘禁状態で使役した。

❷労働者の悲惨な状態については，横山源之助の『日本之下層社会』や農商務省編『職工事情』，細井和喜蔵の『女工哀史』などにも記されている。

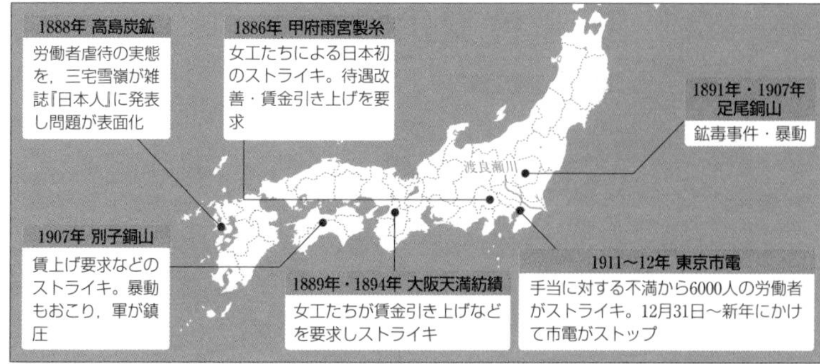

▲主な社会・労働問題

③ **労働組織の結成と政府の対応**…アメリカで労働運動を研究した**高野房太郎**(たかのふさたろう)は，1897年，**片山潜**(かたやません)らとともに**労働組合期成会**(きせい)を結成した。片山らは『労働世界』を発刊し，鉄工組合や日本鉄道矯正会(きょうせい)などの組合を組織して労働運動を指導した。一方，政府は1900年に**治安警察法**(ちあんけいさつほう)を制定し，労働運動を取り締まった。

④ **最初の公害問題**…栃木県の足尾(あしお)銅山の鉱毒が渡良瀬(わたらせ)川に流れ，魚の死滅や田畑の荒廃が発生した(**足尾鉱毒事件**)。被害農民は操業停止の請願運動を行い，衆議院議員の**田中正造**(たなかしょうぞう)が運動を先導したが，根本的な解決には至らなかった。

⑤ **労働者保護法**…1911年に**工場法**が制定され，12歳未満の就労や女子・年少者の深夜業禁止，12時間労働制などが定められた。しかし，15人未満の工場には適用されず，資本家の反対にもあい，施行も1916年まで延期された。

⑥ **労働運動の高揚**…第一次世界大戦の頃，増加した労働者の権利意識が高まり，**労働争議**が急増した。1912年，**鈴木文治**(すずきぶんじ)らにより**友愛会**(ゆうあいかい)が結成された。友愛会は1919年に大日本労働総同盟友愛会，1921年には**日本労働総同盟**となった。

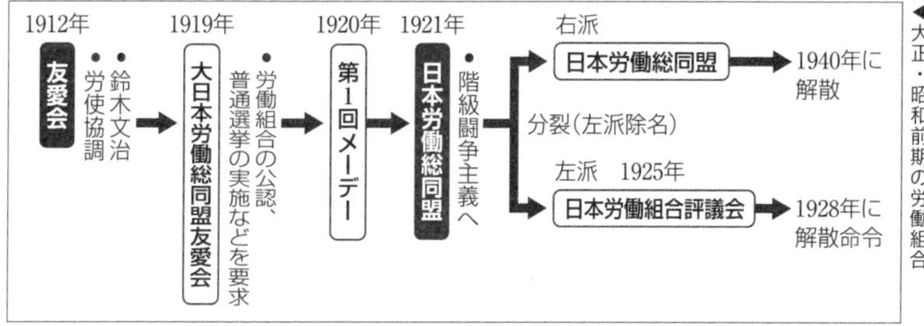

◀大正・昭和前期の労働組合

重要ファイル CHECK
- 足尾鉱毒事件は，田中正造が議会で取り上げて以降，社会問題化した。
- 1911年に制定された工場法は内容に不備が多く，施行も5年延期された。

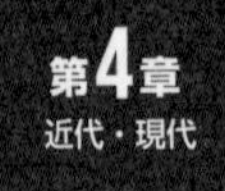

85. 近代文化の発達 ①

入試重要度 B

01 宗教・教育の動向 ★★

① 宗教

- ✓**教派神道**　全13派の**神道**が政府に公認され，庶民の間で広まった。
- ✓**仏教**　**廃仏毀釈**(165ページ)で打撃を受けたが，**島地黙雷**らの努力で復興した。
- ✓**キリスト教**　札幌農学校のクラークや熊本洋学校のジェーンズらの影響で**内村鑑三**・**海老名弾正**・**新渡戸稲造**らが信徒となり，西洋近代思想の啓蒙にも寄与した。また，人道主義の面から福祉活動や**廃娼運動**を展開した。

② **国民皆学**…1879年，**学制**❶を廃しアメリカの制度に倣った**教育令**を公布したが，翌年改正され(改正教育令)，中央集権化と政府の監督が強化された。

③ **国家主義的教育**…1886年，文部大臣**森有礼**は**学校令**❷を公布し，帝国大学を頂点とする教育機関を整備した。小学校4年間の義務教育制，「忠君愛国」を説く修身などの教科が重視された。その理念は1890年の**教育勅語**で徹底された。また，教科書は1903年に国定制(**国定教科書**)となった。1907年，義務教育は6年に延長され，小学校就学率は97%に達した。

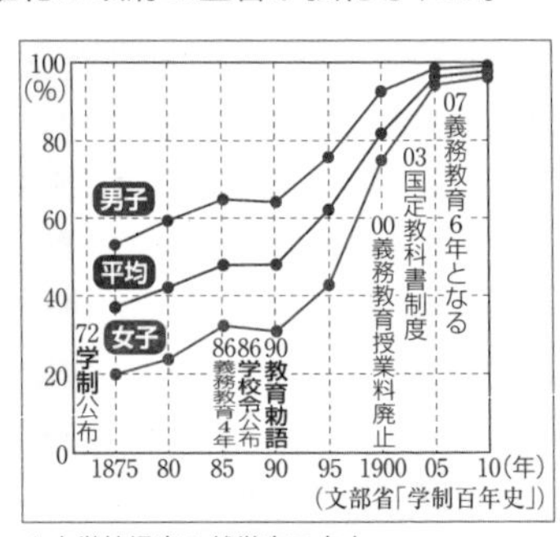

▲小学校児童の就学率の向上

④ **高等教育機関と私学**

- ✓**官立**　東京帝国大学に加えて京都・東北・九州の各帝国大学が創設された❸。政府に雇われた外国人教師も各分野で指導し，多くの実績を残した。
- ✓**私立**　福沢諭吉の慶応義塾，新島襄の同志社に続いて，**大隈重信**の**東京専門学校**(のちに早稲田大学)などが設立された。

創立年	学校名
1868	蘭学塾(1858年開設)を慶応義塾と改称(→慶応義塾大学)
1875	同志社英学校(→同志社大学)
1877	学習院(→学習院大学)
1881	明治法律学校(→明治大学)
1882	東京専門学校(→早稲田大学)
1886	明治学院(→明治学院大学)
1889	日本法律学校(→日本大学)
1900	女子英学塾(→津田塾大学)

▲明治時代の主な私学

❶[学制]　学校建設費を住民負担とする点などから，学制反対一揆がおこった。
❷[学校令]　小学校令(尋常小学校，高等小学校)・中学校令・帝国大学令・師範学校令の総称。
❸帝国大学は，大正から昭和初期に北海道・京城(朝鮮)・台北(タイペイ)(台湾)・大阪・名古屋に増設された。

02 学問の発達 ★★

① **人文科学**…歴史学や文学などに西洋の研究法が導入された。経済学者の田口卯吉は『日本開化小史』で文明史論を示し，帝国大学の史料編纂掛では『大日本史料』『大日本古文書』などの編纂が進められた。

② **学問や教育の諸問題**

- ✔**内村鑑三不敬事件**　1891年，キリスト教徒の**内村鑑三**は教育勅語への拝礼を拒み，第一高等中学校の職を追われた。
- ✔**久米事件**　帝国大学教授の**久米邦武**は論文「神道は祭天の古俗」を神道家や国学者から非難され，1892年に職を追われた。

③ **自然科学**…工学はダイアー(英)，医学はベルツ(独)などによって発展した。物理学では**長岡半太郎**が原子模型の理論を発表，**木村栄**は地球の緯度の変化のZ項を発見した。**大森房吉**は地震学，牧野富太郎は植物学を究めた。医学では**北里柴三郎**が破傷風の血清療法を確立し，**志賀潔**が赤痢菌を発見した。薬学では**高峰譲吉**がアドレナリンの抽出やタカジアスターゼの創製に成功した。

分野	人物	事項
医学	北里柴三郎	破傷風血清療法 ペスト菌発見 伝染病研究所創設
	志賀潔	赤痢菌の発見
薬学	高峰譲吉	アドレナリン抽出 タカジアスターゼ創製
	秦佐八郎	サルバルサン創製
	鈴木梅太郎	オリザニン(ビタミンB_1)抽出
地震学	大森房吉	大森式地震計の開発
天文学	木村栄	緯度変化のZ項の発見
物理学	長岡半太郎	原子構造の研究
	田中館愛橘	地磁気の測定
植物学	牧野富太郎	植物の分類法

▲自然科学者の業績

03 ジャーナリズムの発達 ★★

① **新聞・雑誌**…**本木昌造**が鉛製活字の量産に成功し，1870年，これを用いた『**横浜毎日新聞**』が初の日刊紙として創刊された。明治の中頃，**徳富蘇峰**は雑誌『**国民之友**』，**三宅雪嶺**は雑誌『**日本人**』，**陸羯南**は新聞『日本』を創刊し，論争を繰り広げた。明治後期に総合雑誌の『太陽』などが創刊された。

② **新聞の種類**

- ✔**大新聞**　1880年代の自由民権運動期に政治評論を報じた。自由党系の『自由新聞』，立憲改進党系の『郵便報知新聞』や『朝野新聞』などが創刊された。
- ✔**小新聞**　江戸時代の瓦版の伝統を引き継ぎ，報道・娯楽を伝えた。『読売新聞』『朝日新聞』などが創刊された。

重要ファイル CHECK
- 学制反対一揆もおきたが，明治末期，小学校就学率はほぼ100%に達した。
- 高等教育の普及により，自然科学分野で世界的な研究者が現れた。

第4章 近代・現代

86. 近代文化の発達 ②

入試重要度 C

01 明治の文学 ★★

① 近代文学の成立

- ✔文明開化期に仮名垣魯文は『安愚楽鍋』を著し，勧善懲悪主義の**戯作文学**も復活した。
- ✔自由民権運動の下では矢野龍溪『経国美談』，東海散士『佳人之奇遇』，末広鉄腸『雪中梅』など民権家による政治小説が人気を博した。
- ✔これらに対し，**坪内逍遙**は1885年の『小説神髄』で**写実主義**を唱えた。また，**二葉亭四迷**は『浮雲』を**言文一致体**で書き，この文体を結実させた。

② 紅露文学

- ✔**尾崎紅葉**　**硯友社**を結成し，回覧雑誌『我楽多文庫』を発刊した。尾崎は『金色夜叉』，硯友社同人の**山田美妙**は『夏木立』で写実主義を掲げ，文芸小説の大衆化を進めた。
- ✔**幸田露伴**　『五重塔』など，東洋的観念による「理想主義」的作風を示した。

戯作文学・政治小説	戯作文学…仮名垣魯文『安愚楽鍋』 政治小説…矢野龍溪『経国美談』 東海散士『佳人之奇遇』 末広鉄腸『雪中梅』
写実主義	坪内逍遙『小説神髄』 二葉亭四迷『浮雲』 幸田露伴『五重塔』(理想主義) 尾崎紅葉『金色夜叉』 山田美妙『夏木立』
ロマン主義	森鷗外『舞姫』 樋口一葉『たけくらべ』 島崎藤村『若菜集』 泉鏡花『高野聖』 徳冨蘆花『不如帰』 北村透谷，雑誌『文学界』 与謝野晶子『みだれ髪』
自然主義	国木田独歩『武蔵野』 島崎藤村『破戒』 田山花袋『蒲団』 徳田秋声『黴』 石川啄木『一握の砂』

▲近代文学

③ **ロマン主義**…日清戦争前後，**北村透谷**らが創刊した雑誌『文学界』を中心に，人間の感情面を重んじる**ロマン主義**文学がさかんになった。小説では『**たけくらべ**』の**樋口一葉**や**森鷗外**らが秀作を残し，詩歌では『**若菜集**』を編んだ**島崎藤村**の新体詩や，**与謝野晶子**らの明星派の情熱的な短歌が現れた。

④ **俳句と短歌**…**正岡子規**は俳句の革新運動を掲げ『病牀六尺』を編んだ。刊行に協力した俳句雑誌『ホトトギス』は，門下の**高浜虚子**に引き継がれた。また，門下の伊藤左千夫や長塚節により1908年，短歌雑誌『アララギ』が創刊された

⑤ **自然主義**…日露戦争前後，国木田独歩・田山花袋・島崎藤村・徳田秋声らの**自然主義**が文壇の主流となった。詩人**石川啄木**は社会主義的な生活詩をうたいあげ，**夏目漱石**の作品群は知識人の内面をとらえ，多くの読者を得た。

02 明治の芸術 ★★

① **明治期の歌舞伎**…劇場・興業の刷新，女形の廃止や活歴[1]など，演劇改良運動がおこった。名優も現れ，９代目市川団十郎，５代目尾上菊五郎，初代市川左団次が明治歌舞伎の黄金期（「**団菊左時代**」）を築いた。

② **近代劇**…オッペケペー節の**川上音二郎**らがおこした壮士芝居は**新派劇**に発展した。島村抱月・坪内逍遙の文芸協会や小山内薫らの自由劇場などは，西洋の翻訳近代劇を上演し，歌舞伎や新派劇に対して**新劇**と呼ばれた。

③ **音楽**…軍楽隊により西洋音楽が導入され，伊沢修二らにより**唱歌**として採用された。また，**東京音楽学校**が設立され，**滝廉太郎**らの作曲家が現れた。

03 明治の美術 ★★

① **日本画**…工部省の工部美術学校は1883年に閉鎖された。1887年には**東京美術学校**が西洋美術を除いて設立された。**フェノロサ・岡倉天心**らの影響下，日本画は**狩野芳崖・橋本雅邦**により再興された。1898年，岡倉を中心に**日本美術院**が結成された。

② **西洋画**

✔**明治美術会**　1889年，浅井忠らが結成した日本初の西洋美術団体で，脂派と称された。

✔**黒田清輝**　フランスで学び，帰国後の1896年に**白馬会**を結成，外光派と称された。

③ **官設の展覧会**…1907年，洋画・日本画・彫刻の三部門で第１回**文部省美術展覧会**（文展）が開催され，洋画では，和田三造の「南風」が最高賞を受賞した。

④ **彫刻・建築**

✔**彫刻**　**高村光雲**の木彫と**荻原守衛**らの彫塑が発達した。

✔**建築**　明治末期には辰野金吾・片山東熊らによる洋風建築が造られた。

絵画	日本画	狩野芳崖『悲母観音』
		橋本雅邦『竜虎図』
		横山大観『無我』
		下村観山『大原御幸』
		菱田春草『落葉』
	西洋画	高橋由一『鮭』
		浅井忠『収穫』
		黒田清輝『読書』『湖畔』
		和田英作『渡頭の夕暮』
		青木繁『海の幸』
		藤島武二『蝶』
		和田三造『南風』
彫刻		高村光雲『老猿』
		新海竹太郎『ゆあみ』
		荻原守衛『女』
建築		辰野金吾『日本銀行本店』
		片山東熊『旧赤坂離宮』

▲主な美術・建築作品

重要ファイル CHECK

- 言文一致体が主流になった小説は，ロマン主義から自然主義へ。
- 歌舞伎や壮士芝居から発展した新派劇に対する新劇もおこった。
- 脂派の明治美術会，外光派の白馬会が明治期の西洋画を牽引した。

❶［活歴］　従来の卑俗・荒唐無稽な作風を改め，史実を重んじた演劇。仮名垣魯文が「活きた歴史」と評したことによる。坪内逍遙は西洋劇の手法で新史劇『桐一葉』を創作した。

87. 大衆文化

入試重要度 C

01 都市化と大衆文化 ★★

① **都市生活**…第一次世界大戦中の経済発展により，都市化・工業化が進展した。和洋折衷の**文化住宅**や**洋食**，電灯が普及し，市電や**地下鉄**，バスが新たな交通機関となった。都市を中心に新中間層の**俸給生活者**(サラリーマン)が増え，女性の社会進出も進み，電話交換手やバスガールなどの**職業婦人**が現れた。

② **新聞・雑誌**…大衆化のなかで発行部数が急速に拡大し，大正末期に『大阪朝日新聞』と『東京朝日新聞』の系列などは100万部を超えた。『サンデー毎日』『週刊朝日』などの週刊誌，『キング』などの大衆雑誌も生まれた。

③ **出版**…文学全集などを1冊1円で売る**円本**や，岩波文庫などの文庫本も登場した。また，1918年には**鈴木三重吉**が児童文芸雑誌『**赤い鳥**』を創刊した。

④ **映画・ラジオ**…無声映画の活動写真は大正期の大衆娯楽となり，日活・松竹などの映画会社がおこり，1931年から有声映画のトーキーも登場した。明治期に普及した蓄音機により，大正半ば以降レコードが売れ，流行歌が広まった。1925年には**ラジオ放送**が始まり，翌年に**日本放送協会**(NHK)が設立された。

02 教育や学問の動向 ★★

① **教育の拡充**…原敬内閣の1918年，高等学校令改正や**大学令**の公布が行われた。これにより，それまで専門学校とされてきた慶応義塾大学などの公・私立大学が正式な大学になった。その他の高等教育機関も充実し，進学率も向上した。

② **学問**…**大正デモクラシー**の風潮の下，多様な学問が発展し，とくに**マルクス主義**が人々に影響を与えた。

- ✔**自然科学**　1917年，理化学研究所が設立された。**野口英世**の**黄熱病**の研究，**本多光太郎**の**KS磁石鋼**の発明など，急速な進歩が見られた。
- ✔**人文科学**　**西田幾多郎**は『**善の研究**』で独自の哲学体系を構築し，**和辻哲郎**は仏教美術や日本思想史を研究して『古寺巡礼』『風土』などを著した。**柳田国男**は民俗学を確立し，**津田左右吉**は日本古代史の科学的研究を行った。
- ✔**経済学**　**河上肇**が『貧乏物語』を著し，のちにマルクス主義経済学に傾倒した。

> **重要ファイル CHECK**
> - 第一次世界大戦後，都市化と工業化の進展で，新中間層が現れた。
> - 河上肇は経済学，西田幾多郎は哲学，柳田国男は民俗学を確立した。

03 文学や芸術の動向 ★★

① **文学**

- ✔**白樺派**　自然主義が退潮するなか，1910年，**志賀直哉**や**武者小路実篤**らが雑誌『**白樺**』を創刊した。人道主義の立場で，ロダンの彫刻なども紹介した。
- ✔**耽美派**　官能美に満ちた**永井荷風**や**谷崎潤一郎**らの作風。
- ✔**新思潮派**　**芥川龍之介**や**菊池寛**らが理知的な作品で現実をとらえた。
- ✔**プロレタリア文学**　1921年の『種蒔く人』創刊に始まり，『戦旗』で**小林多喜二**，**徳永直**らが活躍した。
- ✔**新感覚派**　感覚的表現を重んじる。**横光利一**や**川端康成**が活躍した。
- ✔**大衆文学**　中里介山の『大菩薩峠』をはじめとして，吉川英治・大佛次郎の時代小説，江戸川乱歩の探偵小説が新聞・雑誌に連載された。
- ✔**詩歌**　高村光太郎や萩原朔太郎・室生犀星らが近代詩を確立した。

白樺派	有島武郎	『カインの末裔』『或る女』
	志賀直哉	『和解』『暗夜行路』
	武者小路実篤	『その妹』『友情』『人間万歳』
耽美派	永井荷風	『腕くらべ』
	谷崎潤一郎	『刺青』『痴人の愛』
新思潮派	芥川龍之介	『羅生門』『鼻』『河童』
	菊池寛	『父帰る』『恩讐の彼方に』
プロレタリア文学	葉山嘉樹	『海に生くる人々』
	徳永直	『太陽のない街』
	小林多喜二	『蟹工船』
新感覚派	横光利一	『日輪』
	川端康成	『伊豆の踊子』『雪国』
大衆小説	中里介山	『大菩薩峠』
	吉川英治	『宮本武蔵』
	大佛次郎	『鞍馬天狗』『赤穂浪士』
	江戸川乱歩	『心理試験』『陰獣』

▲主な作家と文学作品

② **日本画**…1914年に**日本美術院**が再興され，**横山大観**(『生々流転』)らが活躍した。

③ **洋画**…**文展**❶のアカデミズムに対抗して創立された**二科会**や**春陽会**で**安井曽太郎**(『金蓉』)や**梅原龍三郎**(『紫禁城』)，**岸田劉生**(『麗子像』)らが活躍した。

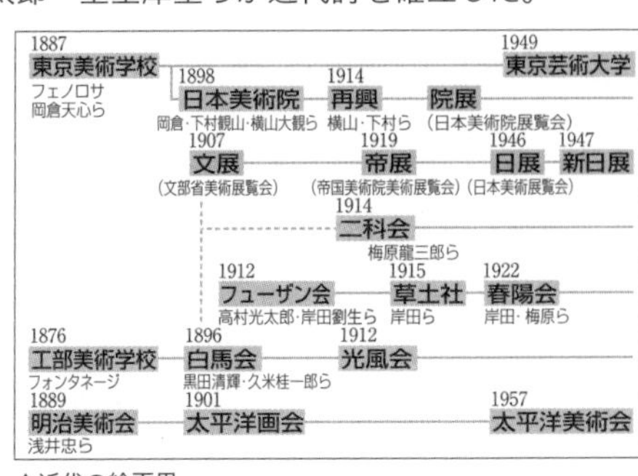

▲近代の絵画界

④ **音楽**…洋楽の普及が著しく，**山田耕筰**は日本初の交響楽団を指揮した。声楽家の三浦環はオペラ『蝶々夫人』を演じ，国際的な名声を得た。

⑤ **演劇**…1913年に**島村抱月**・**松井須磨子**が結成した**芸術座**が新劇の発展に貢献した。1924年，**小山内薫**・**土方与志**らによる**築地小劇場**も反響を呼んだ。

❶[**文展**]　文部省主催。1919年に帝展に継承され，第二次世界大戦後，日展となった。

CHECK TEST

□① 1897年，政府は貨幣法を制定し，日清戦争の賠償金を準備金にして[　　]を確立した。	金本位制
□② 1880年に設立され，1887年に特殊銀行へと移行した[　　]は，積極的に貿易の金融にあたった。	横浜正金銀行
□③ 1882年に渋沢栄一らが設立した[　　]は，蒸気力を用いた大規模経営で綿糸の生産量を増やした。	大阪紡績会社
□④ 1906年に[　　]が公布され，主要幹線の民営鉄道17社は国有化された。	鉄道国有法
□⑤ 1901年，北九州で官営の[a]が操業を開始し，その後，東京で[b]が高精度の旋盤の国産化を成功させた。	a 八幡製鉄所 b 池貝鉄工所
□⑥ 政府は労働運動を取り締まるため，1900年に[　　]を制定した。	治安警察法
□⑦ 衆議院議員の[　　]は，足尾鉱毒事件の解決に尽力した。	田中正造
□⑧ 労働者保護を目的に1911年，[　　]が制定されたが，内容は不徹底で，施行も1916年にずれこんだ。	工場法
□⑨ 1912年，鈴木文治らは[　　]を結成し，各地の労働争議を指導するようになった。	友愛会
□⑩ 廃仏毀釈で打撃を受けた仏教は，[　　]らの努力で復興を見た。	島地黙雷
□⑪ 1886年，文部大臣の[　　]は，学校令を公布して，帝国大学を頂点とする教育機関を整備した。	森有礼
□⑫ 学校教育は国家主義が重視されるようになり，1890年に出された[　　]の「忠君愛国」が強調された。	教育勅語
□⑬ キリスト教徒の[　　]は，⑫の拝礼を拒む不敬事件をおこし，第一高等中学校の職を追われた。	内村鑑三
□⑭ 医学では，[a]が破傷風の血清療法を確立し，[b]が赤痢菌を発見した。	a 北里柴三郎 b 志賀潔
□⑮ 本木昌造の活字を用いて，初の日刊新聞として『[　　]』が創刊された。	横浜毎日新聞
□⑯ [　　]は『小説神髄』で写実主義を唱えた。	坪内逍遙
□⑰ 二葉亭四迷は[　　]で，小説『浮雲』を書いた。	言文一致体

□⑱ 文学は，日清戦争前後に［ a ］がさかんになったが，日露戦争前後になると［ b ］が文壇の主流になった。 | a ロマン主義 b 自然主義

□⑲ 1887年，西洋美術を除いた［　　］が設立された。 | 東京美術学校

□⑳ 大正期，タイピストや電話交換手などの仕事をもつ女性も現れ，［　　］と呼ばれた。 | 職業婦人

□㉑ 昭和に入ると，1冊1円の［　　］が人気になった。 | 円本

□㉒ 1918年，鈴木三重吉が児童文芸雑誌『［　　］』を創刊した。 | 赤い鳥

□㉓ 『羅生門』『鼻』などを書いた［ a ］と『父帰る』『恩讐の彼方に』などを書いた［ b ］は，新思潮派と呼ばれた。 | a 芥川龍之介 b 菊池寛

□㉔ 1924年，［　　］・土方与志らが築地小劇場を創設し，新劇運動を展開した。 | 小山内薫

思考力問題にTRY

☑明治時代半ばからの産業の発展に伴って，旅客輸送と貨物輸送はいずれも鉄道を中心に拡大した。右の表は，1885年から1930年までの鉄道(国鉄・民営鉄道)の旅客輸送と営業距離の推移を表したものである。この表について述べた文として誤っているものを，次のア～エから１つ選べ。　【共通テスト】

年	旅客輸送(千人) 国鉄	旅客輸送(千人) 民営鉄道	営業距離(km) 国鉄	営業距離(km) 民営鉄道
1885	2637	1409	360	217
1890	11265	11411	984	1365
1900	31938	81766	1626	4674
1910	138630	25909	7838	823
1920	405820	116007	10436	3172
1930	824153	428371	14575	6902

(近代日本輸送史研究会編「近代日本輸送史」)

ア 1890年に民営鉄道の旅客輸送と営業距離が，国鉄の旅客輸送と営業距離を追い越した主な要因として，官営事業の払い下げを受けた日本鉄道会社が設立されたことが挙げられる。

イ 1900年から1910年にかけて，国鉄の旅客輸送と営業距離が増加する一方，民営鉄道の旅客輸送と営業距離が減少した要因として，鉄道の国有化政策が挙げられる。

ウ 1910年から1930年にかけて，民営鉄道の旅客輸送が増加した要因として，大都市と郊外を結ぶ鉄道の発達や沿線開発の進展が挙げられる。

エ 1920年から1930年にかけて，国鉄の営業距離が増加したきっかけの１つとして，立憲政友会内閣による鉄道の拡大政策が挙げられる。

解説　アの日本鉄道会社は，1881年に設立された日本初の民営鉄道会社である。これをきっかけに，1880年代後半に民営鉄道ブームがおこり，1890年代に入ると民営鉄道の旅客輸送と営業距離は，ともに官営鉄道(国鉄)を上回るようになった。しかし，1906年の鉄道国有法の制定によって，多くの民営鉄道が国有化されていった。

解答　ア

88. 協調外交と強硬外交

入試重要度 B

01 協調外交 ★★

① **協調外交**…ワシントン体制を容認した高橋是清(たかはしこれきよ)内閣の方針は，以後も継承された。加藤高明(かとうたかあき)内閣は**幣原喜重郎**(しではらきじゅうろう)外務大臣の下(もと)，イギリス・アメリカとの**協調外交**を展開し(**幣原外交**)，中国の軍閥(ぐんばつ)抗争への不干渉を掲げた。ただし，中国では1925年に五・三〇事件❶がおこるなど反帝国主義運動が拡大した。

② **中国の国民革命**…**孫文**(そんぶん)(スンウェン)が1919年に結成した**中国国民党**は，1924年，それまで対立していた**中国共産党**(1921年結成)と提携し，**第1次国共合作**(こっきょうがっさく)を成立させた❷。翌年，孫文が病死し，あとを継いだ**蔣介石**(しょうかいせき)(チアンチエシー)は北方の軍閥打倒と全中国統一に向け，1926年に国民革命軍を率いて各地を制圧する**北伐**(ほくばつ)を開始した。翌年，南京(ナンキン)に反共の**国民政府**をつくり，さらに北伐を進めた。

02 対中強硬外交 ★★

① **田中内閣の外交**(たなか)…若槻礼次郎(わかつきれいじろう)内閣にかわって首相と外務大臣を兼ねた立憲政友会(りっけんせいゆうかい)の**田中義一**(ぎいち)は，欧米に対して国際協調の立場をとった。1927年に参加した補助艦の保有制限をめぐるジュネーヴ軍縮会議は，アメリカ・イギリスの見解が分かれて決裂した。1928年にパリで調印した**不戦条約**❸は，紛争解決手段としての戦争の放棄を「其(そ)ノ各自ノ人民ノ名❹ニ於(おい)テ」宣言した。

② **山東出兵**(さんとう)(シャントン)…田中内閣は，中国に対しては強硬姿勢をとり，1927年には東京で**東方会議**を開き，満洲(まんしゅう)は中国にあらずとして，日本の満蒙(まんもう)権益を擁護する対支政策綱領を決定した。また，北伐阻止のため，日本人居留民の保護を名目に，同年から3次に及ぶ**山東出兵**を行った。1928年の第2次山東出兵の際に**済南事件**(さいなん(チーナン))がおこり，日本軍は国民革命軍と衝突した。

③ **張作霖爆殺事件**(ちょうさくりんばくさつ)(チャンツオリン)…北伐軍は日本軍の阻止を迂回(うかい)して北上し，日本が支援する満洲軍閥の**張作霖**の軍を破った。そこで関東軍の一部には，張作霖を排除し

---

❶[**五・三〇事件**] 上海(シャンハイ)の在華紡(ざいかぼう)のストをきっかけに，反日・反英デモが全土に拡大した。

❷蔣介石は1927年に上海に入ると，列強の協力を得るべく共産党弾圧のクーデタ(四・一二事件)をおこした。国共合作の決裂後に北伐を再開し，国共内戦となった。

❸[**不戦条約**] 当初15カ国(のち63カ国)が調印。ブリアン・ケロッグ条約ともいう。日本全権は内田康哉(うちだやすや)。違反国への制裁条項がなく，加盟国に平和的空気を漂わせただけに留(とど)まった。

❹第一条のこの表記に枢密院(すうみついん)が異議を唱え，野党の立憲民政党(みんせいとう)なども同調し批判した。

て満洲を直接支配する策が浮上してきた。1928年，関東軍の河本大作大佐らは独断で，敗走し帰還中の張作霖を奉天郊外で列車ごと爆破して殺害した。

④ **国民革命の達成**…政府は張作霖爆殺事件を**満洲某重大事件**と称したため，新聞や野党の立憲民政党は真相究明を迫った。軍部や閣僚の反対で責任者の処分をあいまいにした田中は天皇に叱責され，1929年に内閣は総辞職した。また，関東軍の思惑とは逆に，張作霖のあとを継いだ子の**張学良**は北京を占領した国民政府に合流し，全満洲に国民党の青天白日旗を掲げて(易幟)忠誠を誓い，**国民政府**による中国統一はほぼ完成した。

▲北伐関係図

> **重要ファイル CHECK**
> - 孫文の死後，蔣介石率いる国民革命軍が北伐を開始した。
> - 政府は張作霖爆殺事件を満洲某重大事件と称し，真相を隠そうとした。

03 幣原外交の復活と挫折 ★★

① **幣原外交の復活**…立憲民政党の**浜口雄幸**内閣は，再び幣原を外務大臣に起用した。1930年，中国の関税自主権を認める日中関税協定を結んで関係改善をはかった。また，同年のロンドン会議に参加した。

② **ロンドン会議**…浜口内閣は，ロンドン会議に元首相の**若槻礼次郎**と海軍大臣財部彪を派遣し，主力艦建造禁止の5年延長や，アメリカ・イギリス・日本との間で，巡洋艦・駆逐艦などの補助艦の保有量を10：10：7(大型巡洋艦は6割)とする**ロンドン海軍軍備制限条約**を締結した。

③ **統帥権干犯問題**…大型巡洋艦の対米7割を主張する海軍軍令部の反対を押し切って調印されたロンドン海軍軍備制限条約に対し，海軍の一部や国家主義者は，軍令部の同意を得ずに政府が兵力量を決定したのは天皇の**統帥権**を干犯していると攻撃した。政府は枢密院の同意を得て条約を批准したが，1930年11月，浜口首相は東京駅で右翼青年に狙撃され，翌年，退陣後に死亡した。

第4章 近代・現代

89.恐慌の時代

入試重要度 A

01 戦後恐慌以降の恐慌 ★★

① **戦後恐慌と震災恐慌**…第一次世界大戦後のヨーロッパ復興に伴い，日本は1919年から輸入超過に転じた。翌年には大戦景気時の過剰投資により株価が暴落し，**戦後恐慌**が発生した。さらに1923年の**関東大震災**で多くの銀行は手持ちの手形の決済ができなくなり，**震災恐慌**が発生した。日本銀行の特別融資も実施されたが，**震災手形**❶の処理は進まなかった。

② **金融恐慌**…1927年，議会で震災手形処理の二法案の審議中，東京渡辺銀行の経営状態に関する片岡直温大蔵大臣の失言から取付け騒ぎがおこり，各地の銀行が休業に追い込まれた(**金融恐慌**)。若槻礼次郎内閣は，経営破綻した総合商社の**鈴木商店**❷に巨額の貸し付けを行っていた台湾銀行を救済しようとしたが，緊急勅令案を枢密院に否決されたため，総辞職した。

③ **モラトリアム(支払猶予令)の発令**…若槻内閣のあとに成立した立憲政友会の**田中義一**内閣(大蔵大臣**高橋是清**)は3週間の**モラトリアム**を発し，日本銀行から巨額の救済融資を行った結果，全国的に広がった混乱は鎮静化した。

④ **財閥の成長**…金融・流通面から財閥が産業支配を進め，五大銀行(**三井**・**三菱**・**住友**・**安田**・**第一**)が支配的な地位を占めた。

02 男子普通選挙の実施と弾圧の強化 ★★

① **無産政党の結成**…1925年に**普通選挙法**が成立し，労働組合や農民組合は議会を通して変革をめざした。しかし，同年結成された農民労働党は即日禁止され，1926年に左派を除いた合法的な**労働農民党**が組織された。その後，内紛が生じ，労農党と右派の社会民衆党，中間派の日本労農党の3党に分裂した。

② **社会運動の弾圧**…1928年，田中義一内閣の下で第1回普通選挙が実施され，労働農民党，社会民衆党などの無産政党から8人が当選した。田中内閣は無産政党の進出に危機感を抱き，共産主義思想の取り締まりを強めた。

✔**三・一五事件**　総選挙後の1928年3月15日，共産党員の一斉検挙を行った。

✔**治安維持法改正**　1928年，緊急勅令により改正し，最高刑を死刑とした。

---

❶[震災手形]　決済不能となり，震災手形割引損失補償令の適用を受けた手形。

❷[鈴木商店]　大戦中に台湾銀行の融資の支えで世界的な商社となり，三井・三菱に迫っていた。

✓**特別高等課(特高)**　思想犯を取り締まるため，1928年，全国の警察に設置。

✓**四・一六事件**　1929年４月16日，共産党員への大規模検挙を行った。

03　金解禁とデフレ政策　★★

① **金輸出解禁(金解禁)への期待**…財界は，インフレを是正し，為替相場を安定させて貿易の拡大をはかるために，第一次世界大戦後に金本位制へ復帰した欧米に倣い，金輸出解禁(金兌換＝金本位制復帰)を望んだ。

② **井上財政**…1929年に成立した**浜口雄幸**内閣は前日本銀行総裁の**井上準之助**を大蔵大臣に起用した。井上は**緊縮財政**によって物価の引き下げをはかり，**産業合理化**や**金輸出解禁(金解禁)**を進めた。

✓**産業合理化**　国際競争力強化が目的。1931年，政府は**重要産業統制法**を制定し，基幹産業におけるカルテル結成を容認した(統制経済の始まり)。

✓**金輸出解禁**　1930年，旧平価による金輸出解禁を断行した❸。

③ **昭和恐慌**…1929年10月にウォール街(ニューヨーク)で始まった株価暴落が**世界恐慌**に発展した。日本経済は金解禁による不況と重なり，物価の暴落，企業の倒産，失業者の増大などがおこり，深刻な恐慌となった。

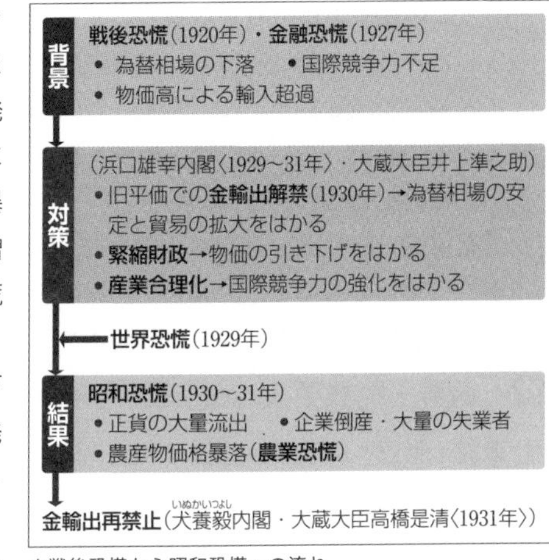

▲戦後恐慌から昭和恐慌への流れ

④ **農業恐慌**…1930年の豊作で下落した米価は，昭和恐慌の発生でいっそう暴落した。アメリカへの生糸輸出も激減し，繭の価格も大暴落した。翌年には，東北地方を中心に大凶作となり，欠食児童や子女の身売りが続出し，労働争議や小作争議が激化した。

> **重要ファイル CHECK**
> • 未曽有の世界恐慌の影響を受け，日本は昭和恐慌に陥った。
> • 金輸出解禁は，世界恐慌によって，かえって日本経済を混乱させた。

❸当時の為替相場の実勢は100円＝46.45ドル前後であったが，実際は旧平価(100円=49.85ドル)で解禁したため，実質的には円の切上げとなった。

90.満洲事変

入試重要度 A

01 満洲事変 ★★

①「**満蒙の危機**」…**張学良**(チャンシュエリャン)の国民政府合流を機に，中国では列強からの権益回収をめざす運動がおこった。日本では「**満蒙**(満洲・東部内蒙古(ネイモンクー))**の危機**」が叫ばれ，権益の確保に危機感を抱いた関東軍は参謀の**石原莞爾**を中心に，満洲を中国から分離させ，日本の影響下に置くことを画策した。

② **柳条湖事件**…1931年9月18日，関東軍は奉天郊外の柳条湖で南満洲鉄道の線路を爆破し(**柳条湖事件**)，これを中国軍の謀略として軍事行動を開始し，**満洲事変**が勃発した。第2次**若槻礼次郎**内閣は不拡大方針を表明したが，関東軍はこれを無視して戦線を拡大した。若槻内閣は総辞職し，立憲政友会の**犬養毅**が組閣した。

▲満洲事変関係図

③ **上海での衝突**…1932年には上海でも日中両軍が衝突した(**第1次上海事変**)。

④ **停戦協定**…1933年，日本軍は熱河省(ローホー)・河北省(ホーペイ)に侵攻して占領した。同年，国民政府と**塘沽停戦協定**を結び，満洲と熱河省を事実上の支配地とした。

02 政界・財界要人へのテロ ★★

① **政党・財閥への不満**…恐慌の連続や農村の疲弊，金輸出解禁時に三井などが巨利を得たことなどに対して，財閥や財閥とつながる政党への不満が高まった。

② **国家改造運動**…軍部や右翼は，「昭和維新」を合言葉に現状打破・国家改造を叫んだ。この動きは満洲事変を機に活発化し，軍中心の強力な政権樹立をめざす勢力を台頭させた。1931年，陸軍青年将校の秘密結社**桜会**❶が**三月事件**・**十月事件**と2度のクーデタ未遂事件をおこした。1932年には，前大蔵大臣の**井上準之助**や三井合名会社理事長の**団琢磨**が右翼の血盟団❷に暗殺されるという**血盟団事件**がおこった。

❶[桜会] 橋本欣五郎中佐を中心に1930年に結成された，国家改造を目的とする秘密結社。
❷[血盟団] 国家主義者の井上日召が結成した右翼団体。一人一殺主義を唱えた。

③ **政党政治の終焉**…満洲国承認に消極的な**犬養毅**首相が1932年５月15日，官邸で海軍青年将校の一団に射殺された(**五・一五事件**)。こののち，政党内閣は戦後まで断絶することになる。事件後，元老西園寺公望は海軍大将**斎藤実**を首相に推薦し，軍部・政党・官僚が一体となった挙国一致内閣を成立させた。

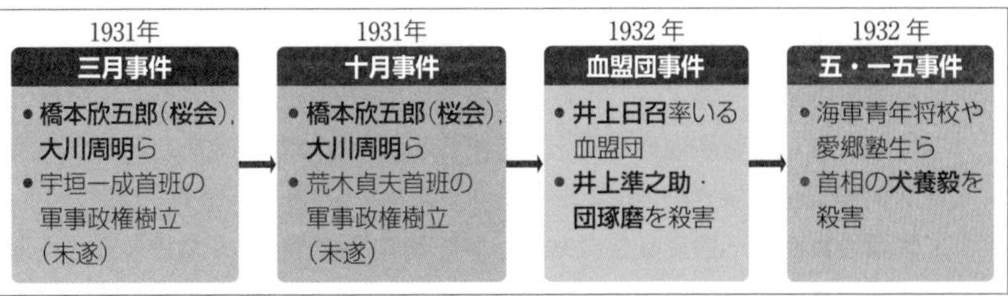

▲クーデタ・テロ事件の頻発

03 満洲国の建国と日本の孤立 ★★

① **満洲国の建国**

✔1932年には，関東軍が満洲の主要地域を占領した。清朝の最後の皇帝**溥儀**(プーイー)を執政とし，「五族協和」を謳う**満洲国**の建国を宣言させた。

✔中国政府は，日本の侵略を非難し国際連盟へ提訴した。これを受け，国際連盟はリットンを長とする調査団(**リットン調査団**)を日本･中国に派遣した。

✔リットン調査団の報告書は，日本の軍事行動は違法であり，満洲国が日本の傀儡国家であると認定した一方，満洲での日本の経済的権益を一定限度保障するという内容だった。

② **満洲国の承認**…国内で軍部・右翼のテロ活動が過激化するなか，1932年９月に斎藤内閣は**日満議定書**に調印し，満洲国を承認した。1934年には，日本は溥儀を皇帝とし，満洲国を帝政に移行させた。

③ **国際社会からの孤立**

✔1933年，国際連盟はリットン報告書に基づき，日本の満洲国承認の撤回と日本軍の満鉄付属地への撤兵を求める勧告案を採択した。これを不服とする**松岡洋右**ら日本全権団はその場から退場し，その後，日本政府は**国際連盟からの脱退**を正式に通告した(1935年発効)。

✔1936年にはロンドン海軍軍備制限条約とワシントン海軍軍備制限条約(1934年に日本が廃棄を通告)が失効し，日本は国際的に孤立した。

重要ファイル CHECK
- 五・一五事件で政党政治は終焉し，斎藤実が挙国一致内閣を組閣した。
- 溥儀を執政として建国された満洲国は，のちに帝政へ移行した。

91.恐慌からの脱出

入試重要度 B

01 高橋財政 ★★

① **金輸出の再禁止**…1931年末に成立した犬養毅内閣の下で，**高橋是清**大蔵大臣は**金輸出再禁止**を決定し，さらに円の金兌換を停止した。こうして日本は金本位制を脱し，**管理通貨制度**を採用することになった。そのため円の為替相場は金解禁時の半分以下に下落した。

✔**管理通貨制度**　通貨量を中央銀行が管理する制度。対外為替も資金投資防止法や外国為替管理法などで管理された。なお，前後して欧米諸国も金本位制を離れ，管理通貨制度に移行した。

② **円安による輸出促進**…円の為替相場を低い水準で安定させ，円安を利用して輸出に有利な条件を整えた。産業合理化の効果もあり，輸出は急増した。とくに**綿織物の輸出**が拡大し，イギリスを抜き世界第１位となった。この頃，列強は世界恐慌の克服に苦しんでいた❶。イギリスなどは，日本の輸出の躍進を**ソーシャル=ダンピング**(賃金コスト引き下げによる海外市場での安売り)と非難し，関税引き上げなどで対抗した。

③ **積極財政**…緊縮財政を一転させて，積極財政を実施し，軍事費や農業匡救予算などを増額するインフレ策をとった。その資金は，日本銀行が赤字国債の発行を引き受けて賄われた。

目的	内容		結果
・恐慌からの脱出	・金輸出再禁止	⟶	管理通貨制度に移行
・満洲事変の戦費確保		⟶	綿織物中心に輸出拡大
	・積極財政	⟶	重化学工業の発達

◀高橋財政

重要ファイル CHECK
- 金輸出解禁の翌年に金輸出再禁止を行い，管理通貨制度を採用した。
- 円安によって輸出が増大し，綿織物の輸出は世界第１位となった。

❶1933年，アメリカ大統領**フランクリン=ローズヴェルト**は，**ニューディール政策**(積極財政による景気刺激策)を進めた。イギリス・フランスは，本国と植民地との排他的な**ブロック経済圏**による保護貿易策をとった。こうした「もてる国」に対し，資源や植民地を「もたざる国」のドイツ・イタリアでは，一党独裁の全体主義体制(**ファシズム**や**ナチズム**)が確立されていった。一方，ソ連は**スターリン**の指導の下，計画経済により恐慌の影響を受けなかった。

02 工業の進展と農村救済 ★★

① **恐慌からの脱出**…輸出の躍進や，積極財政による軍需インフレを軸にした国内需要拡大により景気は回復し，日本経済は1933年頃，他国に先んじて恐慌以前の生産水準に戻った。**重化学工業**(金属・機械・化学工業)の総生産額は繊維工業を上回り，工場数・職工数も顕著に増加した。

② **財閥の成長**…鉄鋼業では1934年，八幡(やはた)製鉄所を民営に移管し大合同が行われ，**日本製鉄会社**が誕生した。自動車工業や化学工業では，**日産(にっさん)・日窒(にっちつ)**などの**新興財閥(しんこうざいばつ)**が台頭し，軍と結びついて大陸へも進出した。また，三井(みつい)・三菱(みつびし)などの**既成財閥**も重化学工業部門を強化した。一方，重化学工業の発展に伴い，石油・屑鉄(くずてつ)などの輸入が増加し，アメリカへの依存度を高めた。

✔**新興財閥**❷ **鮎川義介(あいかわよしすけ)**の**日産コンツェルン**は満洲に進出した。**野口遵(のぐちしたがう)**の**日窒コンツェルン**は，朝鮮の水力発電・化学工業を推進した。

新興財閥名	創始者	持株会社	設立年	傘下企業
日産コンツェルン	鮎川義介	日本産業	1929年	日産自動車など77社
日窒コンツェルン	野口遵	日本窒素肥料	1908年　日本窒素肥料設立	日窒鉱業など26社
森コンツェルン	森矗昶(もりのぶてる)	森興業	1922年　森興業設立	昭和電工など28社
日曹(にっそう)コンツェルン	中野友礼(なかのとものり)	日本曹達(ソーダ)	1920年　日本曹達設立	日曹人絹パルプなど42社
理研コンツェルン	大河内正敏(おおこうちまさとし)	理化学興業	1917年　理化学研究所設立	理研電線など63社

③ **農村救済**…農業恐慌からの農村の復興は遅れ，全国的に農村救済請願運動が展開された。政府は**時局匡救(じきょく)事業**や**農山漁村経済更生(こうせい)運動**を行った。

✔**時局匡救事業**　1932年度から実施された。公共土木事業を積極的に行い，農民に現金収入を与えた(1934年に廃止)。

✔**農山漁村経済更生運動**　1932年から推進された。「自力更生」を基本とし，産業組合への全戸加入などを促して農民を結束させた。

✔満洲への農業移民も奨励された❸。

> **重要ファイル CHECK**
> • 満洲事変後，日本は他国に先んじて恐慌を脱した。
> • 既成財閥に対し，満洲や朝鮮で日産・日窒などの新興財閥が台頭した。

❷[新興財閥]　森矗昶の森コンツェルンはアルミ精錬に成功し，昭和電工株式会社を設立した。
❸満蒙(まんもう)開拓団が結成された。また，農山村の次男・三男らを満蒙開拓青少年義勇軍として，満洲各地に入植させた。

92. 軍部の台頭

入試重要度 B

01 軍部独裁体制の形成 ★★

① **軍部の増長**…政党勢力は五・一五事件後衰え，陸軍を中心とする軍部の発言力が増した。1934年に陸軍省が発行した「国防の本義と其強化の提唱」(陸軍パンフレット)は国防の絶対性を唱え，軍の政治介入と指摘された。

② **天皇機関説問題**…政党政治を支えてきた美濃部達吉の**天皇機関説**(196ページ)に対し，軍部や右翼らが国体に反するとして激しい排撃運動を展開した。**岡田啓介**内閣は**国体明徴声明**を出して天皇機関説を否認した。

③ **陸軍内部の対立**…政治的発言力を増す陸軍では，**統制派**と**皇道派**が対立した。

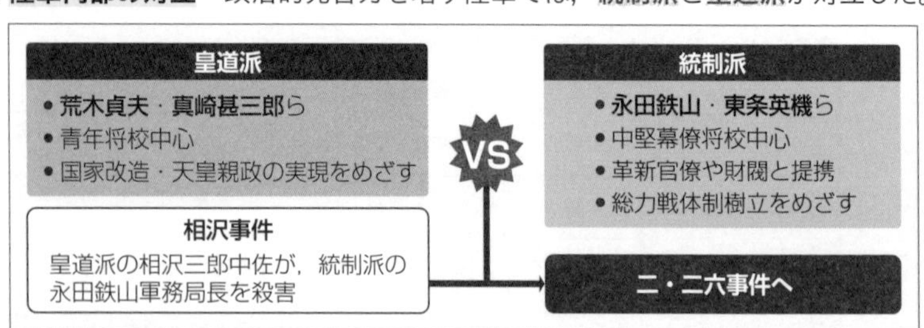

④ **二・二六事件**…1936年2月26日，右翼の理論家**北一輝**の思想的影響を受けていた**皇道派の青年将校**らが約1400名の兵士を率いて首相官邸・警視庁などを襲撃し，国政の中枢部を4日間にわたって占拠した(**二・二六事件**)。

- ✔**斎藤実**内大臣・**高橋是清**大蔵大臣・**渡辺錠太郎**教育総監は殺害され，鈴木貫太郎侍従長は重傷を負った。岡田啓介首相は難を逃れた。
- ✔東京には**戒厳令**が公布された。天皇の命令により反乱軍として鎮圧された。
- ✔皇道派は壊滅し，**統制派**が主導権を得た陸軍は政治的発言力をより強めた。

> **重要ファイル CHECK**
> • 北一輝の影響を受けた皇道派の青年将校らが二・二六事件をおこした。
> • 二・二六事件後，陸軍統制派が主導権を握り，陸軍は政治への影響力を強めた。

02 軍部主導の内閣 ★★

① **広田弘毅内閣**…二・二六事件後，軍部は前外務大臣の**広田弘毅**の組閣に干渉した。広田内閣は軍部の要求を受け入れ，軍備拡張計画を進めた❶。

❶陸軍は師団を大増設し，海軍は戦艦大和・武蔵を含む大建艦計画を進めた。

✔**軍部大臣現役武官制の復活**　軍部の同意なしでは内閣を維持できない。

✔**「国策の基準」**　陸海軍による**帝国国防方針の改定**に基づき，陸軍の北進論(対ソ戦)と海軍の南進論(南方資源の獲得)とを折衷・併記した。

② **短命の内閣**…1937年，広田内閣が政党と軍部双方からの批判で総辞職し，陸軍穏健派の**宇垣一成**が首相に推挙された。だが，陸軍の反対で陸軍大臣を任命できず辞退し，陸軍大将**林銑十郎**が組閣した。林内閣は大蔵大臣に結城豊太郎を起用し，**軍財抱合**[2]を唱えたが，政党の支持を得られず短命に終わった。

03 転向と思想弾圧 ★★

① **転向**…満洲事変を機に国家主義が高揚し，社会主義運動に対する国家の弾圧はさらに強まった。そのため社会主義者・共産主義者の間で，その思想を放棄する**転向**があいついだ。無産政党も**国家社会主義**に転じた。

✔1932年，**赤松克麿**らが社会民衆党を脱退し，**日本国家社会党**を結成した。他方，日本無産党などは政府の弾圧によって1937年に活動を停止した。

✔1933年，**佐野学・鍋山貞親**ら日本共産党幹部が獄中から転向を声明し，その後，転向者が続出した。

② **学問の弾圧**…思想弾圧は社会主義・共産主義だけではなく，自由主義的な学問の分野にまで及び，あらゆる分野で思想統制が強化されていった。

事件	年	氏名	肩書・専攻など	非難・弾圧の概要
滝川事件	1933	**滝川幸辰**	京都帝大教授 刑法学	著書『刑法読本』が自由主義的学説と批判され，文部大臣鳩山一郎の圧力で休職処分
矢内原事件	1937	**矢内原忠雄**	東京帝大教授 植民地政策	政府の大陸政策を批判。論説「国家の理想」が反戦的だと批判され辞職
第1次人民戦線事件	1937	**加藤勘十** **山川均** **鈴木茂三郎**	衆議院議員 社会主義者 日本無産党書記長	反ファシズム人民戦線を企図したとして，加藤らを検挙
河合栄治郎の弾圧	1938	**河合栄治郎**	東京帝大教授 経済学	『ファシズム批判』『時局と自由主義』などが発禁にされ，休職処分
第2次人民戦線事件	1938	**大内兵衛** **有沢広巳** **美濃部亮吉**	東京帝大教授 労農派 東京帝大助教授 経済学 美濃部達吉の長男	労農派の経済学者らが，治安維持法違反で検挙
津田左右吉の弾圧	1940	**津田左右吉**	早大教授 歴史学	古代史の科学的解明が天皇の権威を冒すとして『神代史の研究』などが発禁

[2] **[軍財抱合]**　軍部と財界の協力体制。統制派は大軍拡の推進には重要産業の育成が必要と考えた。

93. 日中戦争

入試重要度 A

01 全体主義による独裁体制の動き ★★

① **ファシズム**…ドイツでは1933年に**ヒトラー**の率いる**ナチス**[1]が政権を握り，ヴェルサイユ体制打破を叫んで独裁化し，国際連盟を脱退して再武装に転じた。イタリアでも**ムッソリーニ**が1922年に政権を握り，ファシスト党を率いて一党独裁体制を築き，1936年にはエチオピアを併合(へいごう)した。

② **ソ連の計画経済と反共**…社会主義国のソ連は世界恐慌(きょうこう)の影響を受けず，**スターリン**の指導の下(もと)，1928年から第１次五カ年計画を行って国力を増強し，1934年には国際連盟に加盟した。1936年，広田弘毅(ひろたこうき)内閣は共産主義勢力に対抗するため**日独防共協定**を結んだ。翌年，イタリアも加わって**日独伊三国防共協定**となり，反ソの結束で**枢軸**(すうじく)[2]を形成した。

ソ連
- **第１次五カ年計画**（1928～32年）による重工業化・農業集団化 社会主義国として国力の充実
- アメリカのソ連承認（1933年）
- 国際連盟加入（1934年）

日本・ドイツ・イタリア
- 1936年 ベルリン=ローマ枢軸形成
- 1936年 **日独防共協定**調印（広田弘毅内閣）
- 1937年 日独防共協定にイタリア参加（第１次近衛文麿内閣） **日独伊三国防共協定**成立

東京=ベルリン=ローマ枢軸の形成

▲日独伊三国防共協定の成立

02 中国情勢 ★★

① **華北**(かほく)**分離工作**…日本の軍部は，国民政府から華北五省[3]を切り離して勢力下に置く**華北分離工作**を進め，1935年，河北(かほく)(ホーペイ)省に**冀東**(きとう)**防共自治委員会**を樹立した。これに対し，中国では抗日救国(きゅうこく)運動が高まった。

② **西安**(せいあん)(シーアン)**事件**…1936年末，**張学良**(ちょうがくりょう)(チャンシュエリャン)は中国共産党討伐を命じられたが，督励に訪れた**蔣介石**(しょうかいせき)(チアンチエシー)を西安の郊外で監禁し，内戦の停止と抗日を要求した（**西安事件**）。共産党が周恩来(しゅうおんらい)(チョウエンライ)を送って調停をはかると，蔣は釈放されて国共内戦は停止した。

> **重要ファイル CHECK**
> - 日・独・伊の三国は防共協定で結束し，枢軸陣営を形成した。
> - 関東軍の華北分離工作に対し，中国では抗日救国運動が高まった。

❶［ナチス］ 国家社会主義ドイツ労働者党の略称。ヒトラーは1921年に党首，1934年に総統になった。

❷［枢軸］ 米英に対抗する中軸の意味。1936年の独伊の協定に始まるファシズム諸国家を指す。

❸［華北五省］ 河北・チャハル・山東(さんとう)(シャントン)・山西(さんせい)(シャンシー)・綏遠(すいえん)の５省。1935年に梅津(うめづ)・何応欽(かおうきん)協定で河北省，土肥原(どひはら)・秦徳純(しんとくじゅん)協定でチャハル省から国民政府の政治・軍事機関が取り除かれた。

03 日中戦争 ★★

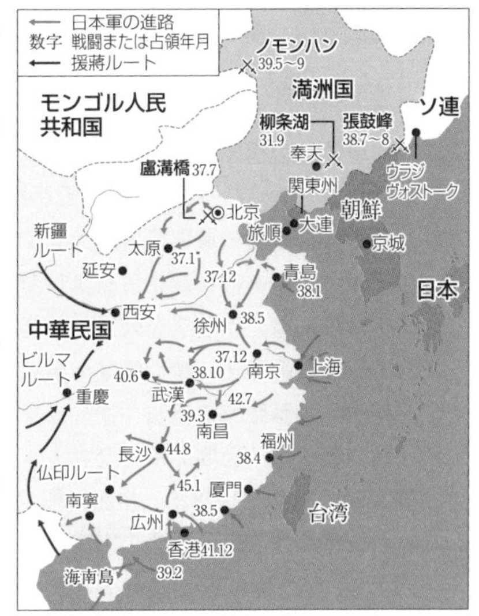

▲日中戦争関係図

① **第1次近衛文麿(このえふみまろ)内閣**…1937年6月，**近衛文麿**が内閣を組織した。

② **日中戦争の勃発**…1937年7月7日，北京(ペキン)郊外の盧溝橋(ろこうきょう)付近で日中両軍の衝突事件が発生した(**盧溝橋事件**)。当初，近衛内閣は事件不拡大の方針をとっていたが，軍部の圧力に屈して華北へ大軍を派兵し，**日中戦争**[4]に発展した。

③ **戦線の拡大**

- 8月，**第2次上海(シャンハイ)事変**がおこり，戦闘は上海にも拡大した。
- 9月，国民党と共産党が**第2次国共合作(こっきょうがっさく)**を結び，**抗日民族統一戦線**を結成した。
- 日本は大軍を送って上海を占領し，戦線を拡大していった。年末には首都南京(ナンキン)を占領し，南京事件をおこした。
- 国民政府は，首都を南京から漢口(かんこう)，重慶(じゅうけい)(チョンチン)へと移し，徹底抗戦を続けた。

④ **近衛声明**

- **第1次近衛声明**　近衛文麿は1938年1月，「爾後(じご)(＝以後)**国民政府を対手(あいて)とせず**」と声明して，和平工作[5]を断ち切り，交渉の途(みち)を閉ざした。
- **第2次近衛声明**　1938年11月，戦争目的を日・満・華3国の連帯による「**東亜(とうあ)新秩序**」建設にあると声明した。

⑤ **南京国民政府の成立**…近衛声明を受け，日本は国民政府幹部の**汪兆銘(おうちょうめい)**(ワンチャオミン)を重慶から脱出させ，1940年，親日の新国民政府を南京で樹立させた。

- 汪政権は力が弱く，戦争終結に結びつかなかった。
- 国民政府は，**援蔣(えんしょう)ルート**を通じてアメリカ・イギリスから補給を受け抗戦した。

---

[4] [日中戦争]　宣戦布告のないまま，政府は初め北支(ほくし)事変，のちに華中への全面戦争に拡大して支那(しな)事変と改称。戦後は日華(にっか)事変とも呼んだが，今日では日中戦争と称している。

[5] 1937年の外務省主導の船津(ふなつ)工作や，外務大臣広田弘毅が駐華ドイツ大使トラウトマンを介した和平工作は，南京の陥落により日本が態度を硬化させたため，失敗した。

94. 戦時統制と戦時下の社会・文化

入試重要度 B

01 戦時統制 ★★

① **総力戦体制の構築**…第1次**近衛文麿**内閣は1937年から**国民精神総動員運動**を始め，「挙国一致・尽忠報国・堅忍持久」を唱えて戦時体制への協力を促した。

② **政府の経済統制**…軍事費の膨大な支出を賄うために紙幣が増発され，インフレーションが進行した。政府は1937～38年に臨時資金調整法や輸出入品等臨時措置法，電力管理法を公布し，経済統制を強化した。

- ✓**臨時資金調整法**　軍需産業へ資金を優先的に配分する法律。
- ✓**輸出入品等臨時措置法**　物品を指定して輸出入の制限・禁止を命じた法律。
- ✓**電力管理法**　民間の電力会社を1つの国策会社に統合する法律。

③ **国家総動員法**…1938年，**企画院**❶の立案により**国家総動員法**が制定された。これにより，政府が議会の審議を経ずに，物資や労働力を統制運用することが可能になった。その後，国家総動員法に基づく勅令として，1939年に賃金統制令や国民徴用令，価格等統制令などが公布された。

- ✓**賃金統制令**　初任給を業種別に公定した。
- ✓**国民徴用令**　軍需産業など重要産業への一般国民の動員を規定した。
- ✓**価格等統制令**　物価の据え置きを命令し，公定価格制を導入した。

④ **国民の生活**…国民は，「ぜいたくは敵だ」などのかけ声の下，消費の抑制と貯蓄を強いられた。1940年には**七・七禁令**でぜいたく品の製造・販売が禁止され，砂糖・マッチが**切符制**となり，1941年には米が**配給制**となった。

⑤ **農村の統制**…米穀配給統制法❷により，1940年から政府が米を強制的に買い上げる**供出制**が実施された。1942年には食糧管理法が制定された。

内閣	年月	事項
第1次近衛内閣	1937.9	臨時資金調整法
		輸出入品等臨時措置法
	37.10	企画院設置
	38.4	**国家総動員法**
		電力管理法
平沼騏一郎内閣	39.3	賃金統制令
	39.4	米穀配給統制法
	39.7	**国民徴用令**
阿部信行内閣	39.10	価格等統制令
	39.12	小作料統制令
米内光政内閣	40.6	砂糖・マッチ切符制
	40.7	七・七禁令
第2次近衛内閣	40.10	米の供出制
	41.4	米穀配給通帳制

❶［**企画院**］　統制経済の中心機関。財界の反発も強く，1943年に新設された軍需省に吸収された。

❷［**米穀配給統制法**］　米の集荷機構を一元化し，政府の統制下に置いた。

⑥ **産業報国運動**…総力戦の遂行のため，1938年に産業報国連盟が結成された。その結果，企業単位で**産業報国会**が組織され，労使が一体となった戦争協力が推進された。産業報国連盟は1940年に**大日本産業報国会**となり，すべての労働組合が解散させられた。

⑦ **メディアの統制**…1940年に内閣情報局が設置され，出版・演劇・ラジオ・映画を含むメディアも戦争遂行に利用されることになった。

> **重要ファイル**
> CHECK
> - 第１次近衛内閣は，総力戦遂行のために国民精神総動員運動を展開した。
> - 国家総動員法に基づき，国民徴用令や価格等統制令などが発令された。
> - 1940年，大日本産業報国会の結成により，全労働組合が解散させられた。

02 戦時下の社会・文化 ★★

① **思想**…国家主義的な気運が高まるなか，亀井勝一郎・保田与重郎らが雑誌『日本浪曼派』を刊行し，日本の伝統文化・思想への回帰を説いた。日中戦争期には，国体論やナチズムの影響を受けた全体主義的な思想が主流になった。

② **文学**…昭和初期は，**プロレタリア文学**と**横光利一・川端康成**らの**新感覚派**が二大潮流だった。**島崎藤村**の『夜明け前』や**谷崎潤一郎**の『細雪』などの成熟した作品も書かれた。また，戦争文学や転向文学が書かれた。

- ✔**戦争文学**　**火野葦平**の『**麦と兵隊**』などの戦争文学が流行した。ただし，日本軍兵士を写実的に描いた**石川達三**の『**生きてゐる兵隊**』は発禁処分になった。
- ✔**転向文学**　思想弾圧の結果，マルクス主義は1930年代に衰え，プロレタリア文学は解体された。かわって，村山知義『白夜』，中野重治『村の家』，島木健作『生活の探求』など，**転向文学**が登場した。

▲『麦と兵隊』の表紙

③ **国威発揚の動き**…1937年，文部省は国民思想教化のために『**国体の本義**』を学校や官庁に配布した。1941年には文部省から『臣民の道』が配布され，また，小学校はナチスの学校制度に倣って，**国民学校**と改組された。

④ **戦争への協力**…戦争の激化に伴い，文学者も芸術家も動員された。1942年には**日本文学報国会**・大日本言論報国会（ともに会長は**徳富蘇峰**）が設立され，戦争遂行に協力した。

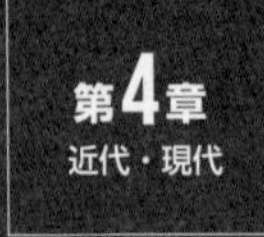

95. 第二次世界大戦と日本

入試重要度 B

01 第二次世界大戦 ★★

① **ヨーロッパの情勢**…**日独伊三国防共(ぼうきょう)協定**を結んでいたドイツが1938年，オーストリアを併合し，チェコスロヴァキアへの侵略もはかっていた。

② **日独同盟の模索**…ドイツは第１次近衛文麿(このえふみまろ)内閣に対し，対ソ連および対英仏の軍事同盟の締結を提案した。しかし，近衛内閣はこの提案を未決着のまま退陣し，枢密院(すうみついん)議長の**平沼騏一郎(ひらぬまきいちろう)**が組閣した。

③ **欧州情勢の急変**…平沼内閣でも同盟締結は停滞した。1939年８月，ドイツとソ連が**独ソ不可侵(ふかしん)条約**を結ぶと，平沼内閣は激変に対応できず「欧州情勢は複雑怪奇」だとして総辞職し，陸軍大将の**阿部信行(あべのぶゆき)**内閣にかわった。

④ **北進策の挫折**…日本陸軍は，1938年にソ連と満洲(まんしゅう)国の国境不明確地帯でソ連軍と衝突(**張鼓峰(ちょうこほう)事件**)し，1939年には満洲国とモンゴル人民共和国の国境地帯でソ連・モンゴル連合軍と戦って大損害を受けた(**ノモンハン事件**)。いずれも日本の大敗で停戦したため，対ソ戦争は容易でないとの認識が強まった。

⑤ **第二次世界大戦の勃発**…1939年９月，**ドイツのポーランド侵攻**を受け，イギリス・フランスがドイツに宣戦布告し，**第二次世界大戦**が始まった。阿部内閣，続く**米内光政(よないみつまさ)**内閣はヨーロッパの戦争に不介入の方針をとり続けた。

▲第二次世界大戦中のヨーロッパ

02 新体制と三国同盟 ★★

① **南進策の台頭**…アメリカは日本の中国侵略に抗議して1939年７月，**日米通商航海条約の廃棄**を通告した。これによって，日本の軍需物資の入手は困難を極めた。同年，ドイツがオランダ・フランスなどを降伏させると，日本国内では陸軍を中心に，ドイツと同盟して南方進出し，植民地に「**大東亜共栄圏(だいとうあきょうえいけん)**」を築いて石油・ゴムなどの資源を求めようとする声が急速に高まった。

② **新体制**…1940年，近衛文麿は枢密院議長を退き，ドイツ・イタリアのファシズム勢力に倣った強固な一元的支配をめざす**新体制運動**を主導した。これに期待する軍部は米内内閣を退陣させ，第２次近衛内閣が成立した。

③ **南進策と三国同盟**…近衛は南進策を示し，仏印や蘭印❶を押さえて，**援蔣ルート**の遮断と資源の獲得を画策した。1940年９月，日本軍を**北部仏印**に進駐させるとともに，**日独伊三国同盟**❷を結んだ。アメリカはこれに反発し，ガソリンや屑鉄の**対日輸出禁止**などの制裁を発動した。

④ **大政翼賛会**…1940年７月に社会大衆党や立憲政友会，８月には立憲民政党が解散して新体制運動に加わり，10月，**大政翼賛会**が結成された。

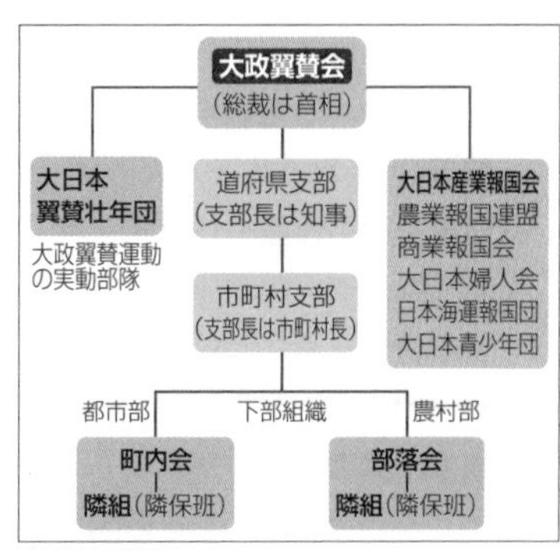

▲大政翼賛会

- ✔政党組織ではなく，政府の決定を伝達する上意下達機関としての役割を担うようになった。
- ✔首相を総裁とし，支部長を道府県知事，また，部落会・町内会・**隣組**❸を下部組織とした。
- ✔大日本産業報国会・大日本婦人会など諸団体も，のちに傘下に入った。

⑤ **植民地統治下での政策**…朝鮮や台湾では，現地の人々を日本人として戦争に協力させるため，「**皇民化**」**政策**が行われた。朝鮮では，1940年より朝鮮式の姓名を日本式の姓名に改める**創氏改名**が強制された。

⑥ **軍部批判への圧力**…議会では，軍部と政府が中国で進める軍事行動を厳しく批判する声が上がったが，軍の圧力によって封じられた❹。また，「親英米派」と呼ばれた人々も制裁を受けるようになった。

重要ファイル CHECK
- 近衛文麿は自ら新体制運動を主導し，日独伊三国同盟も結んだ。
- 大政翼賛会は，政党組織ではなく，政府の上意下達機関となった。

❶仏印はベトナム・カンボジアなどのフランス領インドシナ。蘭印はオランダ領東インドネシア。

❷［日独伊三国同盟］　日本とドイツ・イタリアがそれぞれ東アジアとヨーロッパで「新秩序建設」を指導することを認め合い，同盟国中の１国が第三国（アメリカを想定）から攻撃された場合は相互に援助することを決めた。

❸［隣組］　５～10戸ほどを単位とし，隣保班とも呼ばれる。定期的に常会を開き，政府方針を回覧板で伝えた。生活物資の配給や防空訓練なども行い，相互監視の役目も果たした。

❹1940年，立憲民政党の斎藤隆夫は議会で軍部を批判し（反軍演説），議員を除名された。

96. 太平洋戦争

入試重要度 B

01 日米開戦前の動向 ★★

① **日米交渉の開始**…1941年，第2次近衛文麿内閣は**ハル**国務長官と**野村吉三郎**駐米大使との交渉を進めたが，双方の溝は深かった。一方，ソ連とは南進のための北方の安全確保を目的に，**日ソ中立条約**(有効期間5年)を結んだ。

② **独ソ戦**…1941年6月にドイツがソ連に奇襲して独ソ戦が始まると，翌月，天皇が臨席する御前会議で，南北併進を決定した。陸軍は**関東軍特種演習**(**関特演**)の名目で約70万人の兵力を満洲に集めた(8月，南進策が決まり中止)。

③ **日米交渉の再開**…1941年7月，対米強硬姿勢をとる**松岡洋右**外務大臣を外し，第3次近衛内閣が成立した。直後に**南部仏印進駐**を行うと，アメリカは在米日本資産を凍結，対日石油輸出も禁止した。軍部は，日本の南進を阻む米・英・中・蘭の経済封鎖(**ＡＢＣＤ包囲陣**)の脅威を強調し，世論に訴えた。

④ **東条内閣の成立**…1941年9月の御前会議では開戦も視野に入れ，日米交渉のめどを10月上旬とする**帝国国策遂行要領**を決めた。閣内は交渉の妥結か，打ち切りかで対立し，10月に近衛内閣は総辞職した。**木戸幸一**内大臣は**東条英機**を後継首相に推薦し，内閣を組織した東条は陸軍大臣・内務大臣も兼任した。

02 太平洋戦争 ★★

① **太平洋戦争**…東条内閣は日米交渉を続けたが，11月末の**ハル=ノート**❶提示は対日最後通告に等しく，御前会議は開戦を決断した。1941年12月8日，陸軍が**イギリス領マレー半島**に上陸，海軍はハワイの**真珠湾**を奇襲してアメリカ・イギリスに宣戦布告し，**太平洋戦争**が始まったが，日本政府は「**大東亜戦争**」と呼んだ。

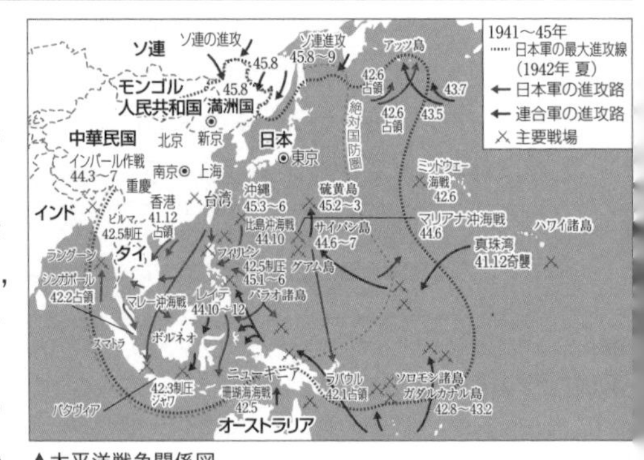

▲太平洋戦争関係図

❶[ハル=ノート] 日本に，満洲国・汪兆銘政権の否認，日独伊三国同盟の廃棄などを要求した

② **翼賛選挙**…東条内閣は，1942年４月の総選挙で政府の推薦する候補を多数当選させた(**翼賛選挙**)。選挙後，**翼賛政治会**を結成させ，他の会派を禁止した。

③ **戦局の展開**…日本は1942年６月の**ミッドウェー海戦**で大敗し，以後アメリカの反撃が本格化した。1943年，日本は**大東亜会議**を東京で開き，満洲国・汪兆銘政権などの代表を集めて「大東亜共栄圏」の結束を求めた。しかし翌年７月，**サイパン島**が陥落すると東条内閣は倒れ，陸軍大将**小磯国昭**が組閣した。

④ **戦争と国民生活**…文科系大学生の**学徒出陣**が開始され，中学生以上の生徒や**女子挺身隊**に編成した女性も軍需工場などへ配属された(**勤労動員**)。1944年からは国民学校児童の集団疎開(**学童疎開**)も行われた。

⑤ **アメリカ軍の爆撃**…1944年末以降，サイパン島の基地からＢ29爆撃機の**本土空襲**が続いた。1945年３月10日の**東京大空襲**では，一夜で約10万人が焼死した。

⑥ **沖縄戦**…1944年10月，アメリカ軍はレイテ島に上陸し，1945年３月には硫黄島を占領。４月には**沖縄本島**に上陸し，島民の集団自決などの犠牲を伴う激戦の末に占領した。小磯内閣は退陣し，海軍大将**鈴木貫太郎**が内閣を組織した。

03 敗戦 ★★

① **連合国の動向**…欧州戦線でも1943年に連合国が反攻に転じ，９月にイタリア，1945年５月にドイツが無条件降伏した。連合国は戦後処理などについて，**カイロ**や**ヤルタ**で会談を行い，1945年７月に**ポツダム宣言**を発表した。

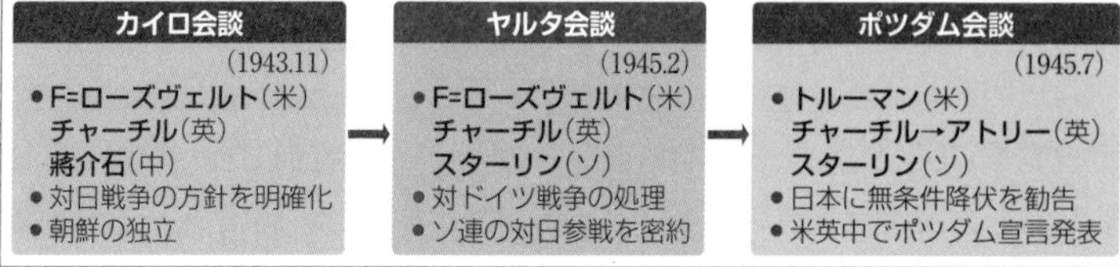

カイロ会談		ヤルタ会談		ポツダム会談
(1943.11) ●F=ローズヴェルト(米) チャーチル(英) 蔣介石(中) ●対日戦争の方針を明確化 ●朝鮮の独立	→	(1945.2) ●F=ローズヴェルト(米) チャーチル(英) スターリン(ソ) ●対ドイツ戦争の処理 ●ソ連の対日参戦を密約	→	(1945.7) ●トルーマン(米) チャーチル→アトリー(英) スターリン(ソ) ●日本に無条件降伏を勧告 ●米英中でポツダム宣言発表

◀連合国の会談

② **敗戦**…鈴木内閣がポツダム宣言の「黙殺」を表明すると，アメリカは**８月６日広島**，**９日長崎**に**原子爆弾**を投下した。**８日**には**ソ連**が日ソ中立条約を無視して対日宣戦を布告し，満洲・南樺太・千島に侵入した。この結果，**14日**，昭和天皇の「聖断」で**ポツダム宣言受諾**を決めた。**15日**正午，天皇のラジオ放送(**玉音放送**)で戦争終結が全国民に発表され，鈴木内閣は総辞職した❷。

重要ファイル CHECK
- 1942年のミッドウェー海戦で日本は大敗し，以後の戦局は悪化した。
- 広島と長崎の原爆投下の合間，ソ連が日本に宣戦布告した。

❷東久邇宮稔彦が組閣し，皇族内閣が発足した。９月２日，東京湾のアメリカ戦艦ミズーリ号上で外務大臣重光葵・参謀総長梅津美治郎らが降伏文書に調印した。

CHECK TEST

□① 中国では1926年，［　　］が北伐を開始した。	蔣介石
□② ［ a ］の河本大作大佐らは，満洲の直接支配をもくろみ，1928年に独自の判断で［ b ］を爆殺した。	a 関東軍 b 張作霖
□③ ロンドン海軍軍備制限条約の締結に対し，海軍の一部や国家主義者は天皇の［　　］を干犯していると非難した。	統帥権
□④ 関東大震災による震災恐慌に続き，1927年，大蔵大臣の失言で取付け騒ぎがおこり，［　　］に発展した。	金融恐慌
□⑤ ［ a ］内閣の下，高橋是清大蔵大臣は3週間の［ b ］(支払猶予令)を発し，恐慌を沈静化させた。	a 田中義一 b モラトリアム
□⑥ 1929年，ウォール街の株価大暴落は［　　］に発展した。	世界恐慌
□⑦ 1931年9月18日，関東軍が奉天郊外で［ a ］の線路を爆破した［ b ］事件をきっかけに，満洲事変がおこった。	a 南満洲鉄道 b 柳条湖
□⑧ 1932年，右翼団体［ a ］の団員が，前大蔵大臣の井上準之助や三井合名会社理事長の［ b ］を暗殺した。	a 血盟団 b 団琢磨
□⑨ 同年5月15日，海軍の青年将校が［　　］首相を射殺した。	犬養毅
□⑩ 関東軍が満洲を占領すると，中国の訴えを受けた国際連盟は，日本・中国に［　　］調査団を派遣した。	リットン
□⑪ 1931年，高橋是清大蔵大臣は［ a ］再禁止を決定し，さらに円の金兌換を停止して日本を［ b ］へと移行させた。	a 金輸出 b 管理通貨制度
□⑫ 自動車・化学工業で，日産や日窒などの［　　］が台頭した。	新興財閥
□⑬ 1935年，美濃部達吉の［ a ］が政治問題化すると，岡田啓介内閣は［ b ］を出し，［ a ］を否認した。	a 天皇機関説 b 国体明徴声明
□⑭ 1936年2月26日，［ a ］の影響を受けた陸軍［ b ］の青年将校らが，国政の中枢を4日間にわたり占拠した。	a 北一輝 b 皇道派
□⑮ 中国では1936年末，［ a ］が蔣介石を監禁した［ b ］をきっかけに，国共内戦が終結した。	a 張学良 b 西安事件
□⑯ 1937年7月7日，北京郊外の［ a ］付近で日中両軍が衝突し，全面的な［ b ］に発展した。	a 盧溝橋 b 日中戦争
□⑰ 1938年，近衛文麿首相は「［ a ］を対手とせず」と声明し，さらに戦争の目的は「［ b ］の建設」と声明した。	a 国民政府 b 東亜新秩序
□⑱ 1938年，企画院の立案で［　　］が制定された。	国家総動員法

□⑲ 1939年8月，ドイツはソ連と[a]を結ぶと，翌9月には[b]に侵攻した。 | a 独ソ不可侵条約 b ポーランド

□⑳ 第2次近衛内閣は南進策を示し，[ ]の遮断をはかった。 | 援蔣ルート

□㉑ 朝鮮や台湾では，「[ ]」政策が行われた。 | 皇民化

□㉒ 1941年11月末，[a]内閣はアメリカから[b]の提示を受け，開戦を決断した。 | a 東条英機 b ハル=ノート

□㉓ 1942年の[ ]の敗北によって，日本の戦局が悪化した。 | ミッドウェー海戦

思考力問題にTRY

✓政党内閣を終わらせた五・一五事件に興味をもった高校生の二人は，新聞記事を調べ，五・一五事件の減刑運動に関する次の史料1・2を見つけた。五・一五事件とこれらの資料について述べた発言a～dの組み合わせとして最も適当なものをあとのア～エから1つ選べ。

【共通テスト】

史料1 (前略)その他全国各地の愛国思想団体よつて猛然減刑嘆願運動が起され，なかには地方民より署名調印を取りまとめつつあるのに，内務省警保局では事件の性質上成行きを重視し，三日重要府県警察部に対して慎重なる内定査察を厳命した。

(「読売新聞」1932年8月4日)

史料2 歴史的な陸軍の判決を前にして全国的に減刑嘆願の運動が更に炎をあげてゐるが，(中略)石光真臣中将夫人の鶴子さんと令嬢富喜子さん(中略)等東京の将校夫人を中心の減刑運動が突風的に起され，この母子が十五日一日だけで五百名の署名を集め，(中略)十六日午後荒木陸相の手許に提出した。

(「東京朝日新聞」1933年9月17日)

a. **史料**によると，減刑嘆願は愛国思想団体などによって行われ，全国各地で展開されたことがわかるね。

b. **史料**によると，減刑嘆願は全国各地で展開されたけど，その動きは三か月で終わっており，事件の関心は短期的なものであったようだね。

c. この事件では，高橋是清大蔵大臣が殺害されたよね。

d. この事件では，首相官邸で犬養毅が殺害されたよね。

ア a・c　イ a・d　ウ b・c　エ b・d

解説 五・一五事件は1932年5月15日，海軍の青年将校が満洲国承認に消極的な犬養毅を射殺した事件である。しかし，実行犯の同級生や愛国者団体が嘆願署名を行うと世論も同調し，首相殺害というテロ事件にもかかわらず，刑は大きく軽減された。五・一五事件により政党内閣は終わり，軍部の発言力が強まった。

解答 イ

97. 占領と民主化政策

入試重要度 A

01 連合国軍の占領 ★★

① **GHQの設置**…ポツダム宣言の受諾後，日本には，**マッカーサー**元帥を最高司令官とする**連合国軍最高司令官総司令部**(**GHQ/SCAP**)が設置された。

② **指令系統**…最高決定機関としてワシントンに設置された**極東委員会**からの指令をアメリカ政府経由でGHQへ伝達し，その指令をGHQの諮問機関として東京に設置された**対日理事会**にはかりながら，日本政府に指令や勧告を出した。

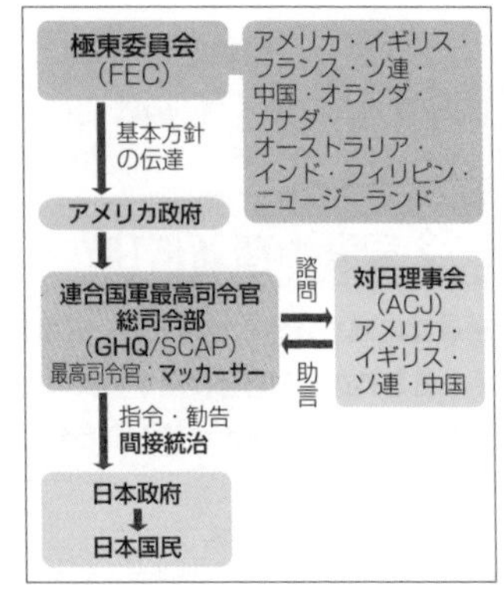

▲占領機構

③ **占領方式**…GHQの指令・勧告を受け日本政府が政策を実施する**間接統治**の方式がとられた。ただし，**沖縄諸島・奄美群島・小笠原諸島**はアメリカ軍が直接軍政をしいた。

④ **占領政策との対立**…ポツダム宣言受諾後に成立した**東久邇宮稔彦**内閣は進駐軍を受け入れ，速やかに武装解除した。しかし，「一億総懺悔」「国体護持」を唱えて占領政策と対立し，総辞職した。

⑤ **占領政策の基本方針**…日本の**民主化**と**非軍事化**を基本方針とした。

✔**神道指令**　国家と神道の分離がはかられた。

✔**人間宣言**　1946年1月，昭和天皇が自らの神格性を否定した。

✔**公職追放**　戦争犯罪人や軍人など，戦前の有力者が公職から追放された。

⑥ **極東国際軍事裁判**…GHQは軍部や政府の戦争指導者を逮捕し，1946年5月に28人の**A級戦犯**[1]容疑者だけを対象とした**極東国際軍事裁判**(**東京裁判**)を開廷した。その結果，**東条英機**や**広田弘毅**ら7人が絞首刑となったが，天皇はGHQの意向もあり裁かれなかった。

> **重要ファイル CHECK**
> • 日本の占領政策の最高決定機関は，極東委員会だった。
> • GHQの占領方式は間接統治で，基本方針は日本の民主化と非軍事化だった。

❶[戦犯]　戦争犯罪人。「平和に対する罪」を問われたのがA級戦犯，捕虜虐待などの非人道的行為の責任を問われたのがB・C級戦犯である。

02 五大改革指令 ★★

1945年10月，マッカーサーは，東久邇宮内閣の総辞職を受けて首相になった**幣原喜重郎**に**五大改革**を指示した。

① **婦人の解放**…1945年，衆議院議員選挙法が改正されて女性参政権が認められ，**満20歳以上の男女**に選挙権が与えられた。

② **労働組合の結成**…労働者の権利を保護するために，労働三法が制定された。

- ✔**労働組合法**　1945年制定。労働者の**団結権**・**団体交渉権**・**争議権**を保障。
- ✔**労働関係調整法**　1946年制定。争議の調整に斡旋・調停・仲裁などを規定。
- ✔**労働基準法**　1947年制定。1日8時間労働など労働条件の最低基準を規定。

③ **教育の民主化**…軍国主義教育を進めた修身・日本歴史・地理の授業が一時停止され，1947年に**教育基本法**❷・**学校教育法**(六・三・三・四制)が制定された。また，都道府県・市町村に，公選による**教育委員会**が設置された。

④ **秘密警察などの廃止**…治安警察法・治安維持法・特別高等警察などの法律や制度を廃止した。また，共産党員など政治犯の釈放を実施した(**人権指令**)。

⑤ **経済の民主化**…軍国主義の原因となった経済のしくみや制度を一掃した。

- ✔**財閥解体**　1945年11月，ＧＨＱは三井・三菱・住友・安田の四大財閥の解体を命令した。翌年，執行機関の**持株会社整理委員会**が設置された。
  - ▶**独占禁止法**　1947年制定。持株会社やカルテル・トラストを禁止した。
  - ▶**過度経済力集中排除法**　1947年制定。巨大独占企業を分割した。
- ✔**農地改革**　不在地主の農地所有は認めないとした**第1次農地改革**は，在村地主の小作地を5町歩としたために不徹底だった。**自作農創設特別措置法**に基づき実施された**第2次農地改革**では，在村地主の小作地を1町歩(北海道は4町歩)とし，それを超える分を国が買い上げ，小作人に安く売り渡した。この結果，多くの自作農が生まれ，**寄生地主制**は解体された。

自作地と小作地

	自作地	小作地
1941年8月1日	54.1%	45.9%
1949年3月1日	86.9	13.1

(「農林省統計表」など)

自小作別の農家割合

	自作	自小作	小作	その他
1941年8月1日	28.1	40.7	27.7	3.5
1949年3月1日	55.0	35.1	7.8	2.1

経営耕地別農家比率

	5反未満	5反～1町未満	1～2町未満	2町以上
1941年8月1日	33.5	30.1	26.9	9.6
1950年2月1日	40.9	32.0	21.7	5.4

1反=9.917a　10反=1町

◀農地改革による変化

重要ファイル CHECK

- 労働組合法で，団結権・団体交渉権・争議権の保障が定められた。
- 在村地主の小作地が1町歩(北海道は4町歩)となり，寄生地主制は解体された。

❷[教育基本法]　教育の機会均等や男女共学，義務教育9年制などを規定している。

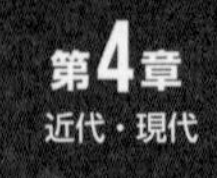

98. 日本国憲法の制定と社会情勢

入試重要度 B

01 日本国憲法 ★★

① **新憲法の施行**…幣原喜重郎内閣が作成した新憲法の草案は改正の内容が不徹底だったため，GHQ草案が急遽作成された。これをもとに帝国議会で修正可決され，**日本国憲法**が1946年11月3日に公布，1947年5月3日に施行された。

- **内容**　**主権在民・平和主義・基本的人権の尊重**が三大原則。国会は「国権の最高機関」とされ，天皇は国や国民統合の象徴となった（**象徴天皇制**）。

② **法律・制度の改革**…新憲法が施行された1947年に，諸法・制度が改正された。

- **民法改正**　戸主制度を廃止し，男女同権・夫婦平等の家族制度を定めた。
- **刑法改正**　大逆罪・不敬罪・姦通罪などを廃止した。
- **地方行政**　**地方自治法**が公布され，自治体首長は住民による**公選**になった。
- **警察制度**　警察法が公布され，国家地方警察と自治体警察が創設された。

02 政党政治の復活 ★★

① **第1次吉田茂内閣**…1946年4月，新選挙法の下で戦後初の総選挙が実施され，39人の女性議員が誕生した。日本自由党が第一党になり，幣原内閣は総辞職した。しかし，日本自由党は過半数に届かず，総裁鳩山一郎も公職追放となり，日本進歩党との連立により，第1次**吉田茂**内閣が発足した。

② **片山哲内閣**…1947年4月の総選挙の結果，**日本社会党**が第一党となり，民主党・国民協同党との連立により，**片山哲**内閣が発足した。

③ **芦田均内閣**…片山内閣総辞職後，3党連立内閣の民主党総裁の**芦田均**内閣が発足したが，疑獄事件（**昭和電工事件**）で総辞職した。

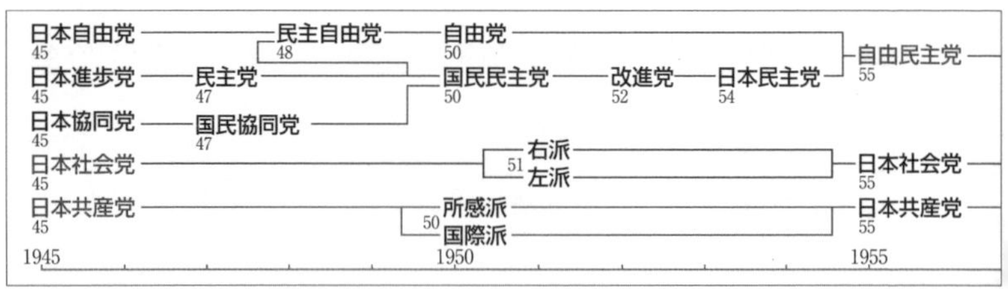

▲戦後の日本の政党

> **重要ファイル CHECK**
> - 日本国憲法は，旧憲法の保守的な内容を退けたGHQ草案をもとに作成された。
> - 1946年4月に実施された戦後初の総選挙では，39人の女性議員が誕生した。

03 戦後の経済混乱 ★★

① **生活の混乱**…太平洋戦争末期の空襲により，国民の生活は甚大な被害を受けた。鉱工業の生産額は戦前に比べて大きく低下し，**復員**や**引揚げ**で人口は急増した。また，中国残留孤児や残留婦人問題も抱えることとなった。

② **食料不足**…戦後の国民の生活は食料不足となり，米の配給がサツマイモやトウモロコシなどの代用食に変更されるなど影響は広がった。また，農村への**買出し**や公定価格を無視した**闇市**などの光景も目立った。さらに，1946年5月に皇居前広場で食糧メーデーが行われた。

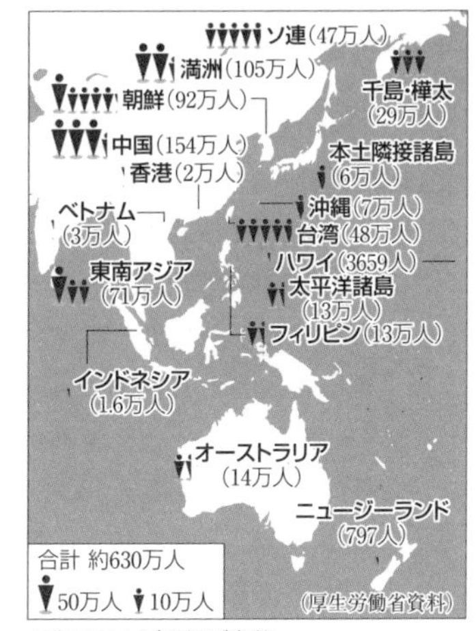

▲復員および引揚げ者数

③ **日本経済の復興策**…物資不足や通貨の増発に伴って発生した激しいインフレーションの収束をはかるために，さまざまな施策が講じられた。

✔**アメリカの援助**　日本はガリオア資金[1]・エロア資金[2]など，アメリカから多額の資金援助を受けた。

✔**金融緊急措置令**　1946年に幣原内閣が発令した。預金封鎖と新円切り換えで貨幣流通量の減少をはかったが，インフレを抑制できなかった。

✔**傾斜生産方式**　1947年，資材と資金を石炭・鉄鋼生産に集中させた。**復興金融金庫**(復金)を設立して，基幹産業への融資を開始した。しかし，巨額の融資は紙幣の増発を招き，インフレを助長した。

④ **労働争議の高まり**…GHQが労働組合を育成する方針をとり，**労働組合法**も制定された結果，労働運動が活発化した。1946年，全日本産業別労働組合会議(産別会議)と日本労働組合総同盟(総同盟)が結成された。1947年には**二・一ゼネスト**[3]が計画されたが，GHQの命令で中止となった。

> **重要ファイル CHECK**
> ● 幣原内閣が指令した金融緊急措置令は，インフレ対策の政策であった。
> ● GHQは政治的要求の拡大を懸念し，1947年の二・一ゼネストを中止させた。

❶[ガリオア資金]　占領地行政救済資金。食料・医薬品など生活必需物資を供給した。
❷[エロア資金]　占領地域経済復興援助資金。主に工業原材料輸入資金を貸与した。
❸[二・一ゼネスト]　1947年2月1日に計画された公務員中心の大規模なストライキ。

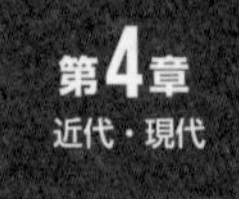

99.冷戦の始まりと日本の独立

入試重要度 A

01 冷戦体制の構築と国際情勢 ★★

① **国際連合**…1945年6月，**国際連合憲章**が採択され，同年10月，連合国51カ国が参加して**国際連合**が発足した。アメリカ・イギリス・フランス・ソ連・中国は**安全保障理事会**の常任理事国となり，**拒否権**(きょひけん)が与えられた。

② **東西陣営成立**…トルーマン大統領はソ連に対して**トルーマン=ドクトリン**[1]を表明し，**マーシャル=プラン**に基づき西欧諸国の経済援助を実施した。さらに，アメリカは西欧諸国と**北大西洋条約機構**(**NATO**(ナトー))を結成した。一方，ソ連は東欧諸国と**ワルシャワ条約機構**を結成した。これにより，アメリカを中心とする西側陣営(資本主義)とソ連を中心とする東側陣営(社会主義)が形成され，「冷たい戦争(**冷戦**(れいせん))」と呼ばれる対立を生んだ。

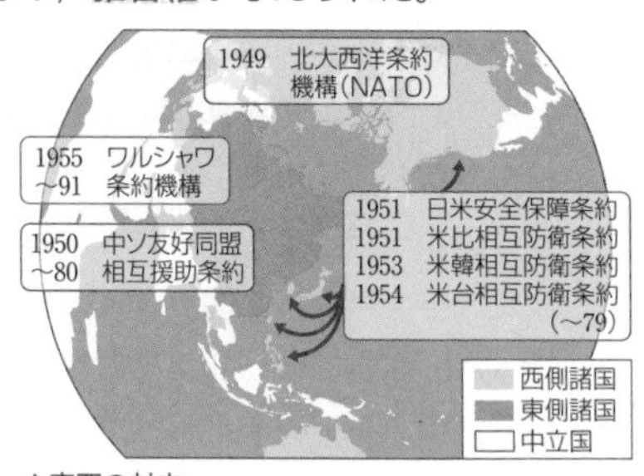

▲東西の対立

③ **東アジアの国際情勢**…中国では1949年，共産党による**中華人民共和国**が成立し，敗れた国民党は**台湾**(たいわん)に逃れた。朝鮮半島では1948年，**大韓民国**(だいかんみんこく)(**韓国**)と**朝鮮民主主義人民共和国**(**北朝鮮**)が建国され，南北分断状態が固定化した。

02 戦後経済の確立 ★★

① **経済の自立**…1948年末に成立した第2次吉田茂(よしだしげる)内閣はGHQの指令を受け，予算の均衡，徴税の強化，賃金の安定などの**経済安定九原則**を実行した。

- ✔**ドッジ=ライン**　銀行家ドッジが指示した超均衡予算の編成，1ドル=360円の**単一為替レート**(たんいつかわせ)設定などの施策。
- ✔**シャウプ勧告**　財政学者シャウプによる**直接税(所得税)**中心の税制改革。

② **労働運動の制限**…GHQの指示で国家公務員法が改正され，公務員は争議権を失った。また，ドッジ=ラインによる不況下で，国家公務員や企業の人員整理も断行された。労働争議が激化したが，国鉄をめぐる怪事件(下山(しもやま)事件・三鷹(みたか)事件・松川(まつかわ)事件)で労働組合員が疑われ，労働運動は大打撃を受けた。

[1]**[トルーマン=ドクトリン]**　ソ連「封じ込め(ふうじこめ)」政策。これにより，米ソの対立が鮮明になった。

03 朝鮮戦争下の日本 ★★

① **朝鮮半島**…1950年，北朝鮮が北緯38度線を越えて韓国に侵攻し，**朝鮮戦争**が始まった。国連安全保障理事会は，ソ連欠席のなかでアメリカ中心の国連軍を編成して北朝鮮を中国の国境近くまで追い詰めた。これに対して，中国人民義勇(ぎゆう)軍が北朝鮮側に参戦した。1953年，板門店(はんもんてん)(パンムンジョム)で休戦協定が調印された。

② **日本では**…朝鮮戦争の勃発に伴い，GHQの指令で**警察予備隊**が新設された。朝鮮戦争勃発の直前には，GHQによる**レッド=パージ**[2]が行われた。また，GHQのあと押しを受けて，**日本労働組合総評議会**(**総評**(そうひょう))が結成された。

③ **好景気**…アメリカは大量の軍事物資を日本に注文した。このため，日本は**特需景気**(とくじゅけいき)と呼ばれる好景気となり，鉱工業生産は戦前の水準に回復した。

04 日本の独立 ★★

① **サンフランシスコ平和条約**…単独講和と全面講和[3]に日本国内の世論が二分化するなか，第3次**吉田茂**内閣は**単独講和**を選び，1951年，48カ国と**サンフランシスコ平和条約**を結んだ[4]。翌年，条約の発効によって日本は主権を回復した。

✔**内容**　日本の主権承認。朝鮮の独立承認。台湾・南樺太(からふと)・千島(ちしま)列島放棄。南西諸島・小笠原(おがさわら)諸島はアメリカ施政権下に置く。

▲サンフランシスコ平和条約での日本領土

② **日米安全保障条約**…サンフランシスコ平和条約と同じ日に調印した。これにより，**アメリカ軍の日本駐留**が決定されたが，アメリカに日本防衛の義務はなく，条約の期限も明記されていなかった。

③ **日米行政協定**…1952年に締結され，日米安全保障条約の細目を規定した。日本が駐留軍に基地を無償提供し，駐留費用を分担することを決定した。

重要ファイル CHECK
- 朝鮮戦争が始まると，GHQの指令を受け，警察予備隊が新設された。
- サンフランシスコ平和条約は，吉田茂が主張した単独講和で調印された。

[2][レッド=パージ]　政府機関や重要産業部門から共産主義者を追放したこと。
[3]単独講和はソ連などを除く西側陣営との講和，全面講和はソ連・中国を含む全交戦国との講和。
[4]ソ連・ポーランド・チェコスロヴァキアは調印を拒否した。インド・ビルマ(ミャンマー)・ユーゴスラヴィアは講和会議に不参加。中華人民共和国・中華民国は講和会議に招かれなかった。

第4章 近代・現代

100.55年体制の成立

入試重要度 A

01 冷戦構造の世界 ★★

① 「**雪どけ**」…ソ連はスターリン死後, フルシチョフが東西平和共存路線を打ち出し, アメリカのアイゼンハワー大統領との首脳会談, 核軍縮交渉へと続いた。

② **多極化**…ヨーロッパは1967年, ヨーロッパ共同体(EC)を組織した。中ソ対立も表面化して, 世界は米・ソの二極化から**多極化**へと向かった。

③ **アジア情勢**…1955年, 第三勢力による**アジア=アフリカ会議**(バンドン会議)が開催された。しかし, ベトナムでは, 1965年からアメリカが北ベトナムへの空爆(北爆(ほくばく))を含む軍事介入を始め, **ベトナム戦争**が本格化した。

02 独立回復後の「逆コース」 ★★

① 「**逆コース**」…1948年後半からGHQの占領政策は, 戦後の日本の民主化・非軍事化に逆行する復古的な動きへと転換した。

- ✔**自衛隊**　警察予備隊は1952年に**保安隊**(ほあんたい)に改組された。1954年にはアメリカとの**MSA協定**で, 防衛力の増強が義務づけられた。同年, **防衛庁**が新設され, **自衛隊**が発足した。
- ✔**破壊活動防止法**　1952年,「血のメーデー事件❶」を契機に**破壊活動防止法**を成立させ, その調査機関として公安(こうあん)調査庁を設置した。
- ✔**警察制度**　1954年に新警察法で警察庁を頂点とする中央集権制度が成立した。

警察予備隊(1950)
- 定員7万5000人

↓

保安庁・保安隊(1952)
- 定員11万人

↓

池田・ロバートソン会談(1953)
- 池田勇人と米国務次官補ロバートソン
- 日本の防衛力増強で一致

↓

MSA協定(1954)
- 日本の防衛力増強を義務づける

↓

防衛庁・自衛隊(1954)
- 陸・海・空の3隊
- 定員(新規)約16万人

▲日本の防衛体制の整備

- ✔**教育**　1954年,「教育二法」で教職員の政治活動を抑制した。1956年, 新教育委員会法で, 公選制だった教育委員は自治体首長による任命制になった。

② **社会運動**…革新勢力は「逆コース」に対して激しい反対運動を行った。

- ✔**基地反対闘争**　内灘(うちなだ)(石川県)・砂川(すながわ)(東京都)で, 米軍基地反対闘争がおこった。
- ✔**原水爆禁止運動**　**第五福竜丸**(ふくりゅうまる)**事件❷**をきっかけに, 1955年に広島で第1回原水爆禁止世界大会が開催された。

❶[**血のメーデー事件**]　皇居前広場事件。独立後初のメーデーでデモ隊と警官隊が衝突した。

❷[**第五福竜丸事件**]　1954年, 漁船「第五福竜丸」がアメリカの水爆実験によって被爆した事件。

03 55年体制と安保体制 ★★

① **保守合同**…1955年，社会党が左右両派の統一を実現させたことを受け，保守陣営は日本民主党と自由党が**保守合同**して，**自由民主党**(自民党)を結成した。自民党の初代総裁には**鳩山一郎**が選出された。これ以後，約40年間続いた，自民党と社会党を軸とした日本の政治体制を**55年体制**という。

② **国連加盟**…1956年，鳩山一郎内閣が**日ソ共同宣言**に調印し，ソ連との国交を回復した。これを受けて，同年に日本の**国際連合への加盟**が実現した。

③ **日米相互協力及び安全保障条約(新安保条約)**…鳩山一郎内閣のあとの**石橋湛山**内閣は短命で終わった。次に成立した**岸信介**内閣の下で，1960年に**新安保条約**が調印された。衆議院で条約批准の採決が強行され，参議院の議決を経ないままに自然成立した。岸内閣は，条約発効後に総辞職した。

✔**内容**　アメリカの日本防衛義務の明文化，事前協議制，条約期限10年。

④ **安保闘争**…革新勢力は，**安保改定阻止国民会議**を組織し，学生や一般の市民までも巻き込んで連日国会を取り囲み，反対運動を行った(**60年安保闘争**)。

04 自民党政権の安定政治 ★★

① **池田勇人内閣**…1960年，岸信介内閣の次の**池田勇人**内閣は，「寛容と忍耐」を唱えて，「**所得倍増**」をスローガンに経済政策を展開した。1962年には，「政経分離」の方針のもと，国交のない中華人民共和国と準政府間貿易(**LT貿易**)の覚書を交わした。

② **佐藤栄作内閣**…1964年に成立した**佐藤栄作**内閣は，1965年に**日韓基本条約**を結び，韓国と国交を樹立した。また，「(核兵器を)**もたず，つくらず，もち込ませず**」の**非核三原則**を表明した。1968年に**小笠原諸島返還**を実現し，1971年には**沖縄返還協定**を結び，翌年，沖縄は日本に復帰した。

▲沖縄のアメリカ軍専用基地

重要ファイル CHECK
- 1948年からGHQの占領政策は「逆コース」へと転換された。
- 警察予備隊は，保安隊を経て自衛隊となった。
- 鳩山内閣は，日ソ共同宣言に調印し，国連加盟を実現させた。
- 池田内閣は，「寛容と忍耐」を唱え，「所得倍増」の政策を実施した。

通史編

第4章 近代・現代

101.高度経済成長

入試重要度 A

01 高度経済成長 ★★

① **大型景気の到来**…1955～57年に好景気(**神武景気**)が到来し，経済企画庁は1956年度の『経済白書』で「**もはや戦後ではない**」と記した。1961～70年の年平均経済成長率は10%を超え，1968年には国民総生産(GNP)が資本主義国で世界第2位になった。

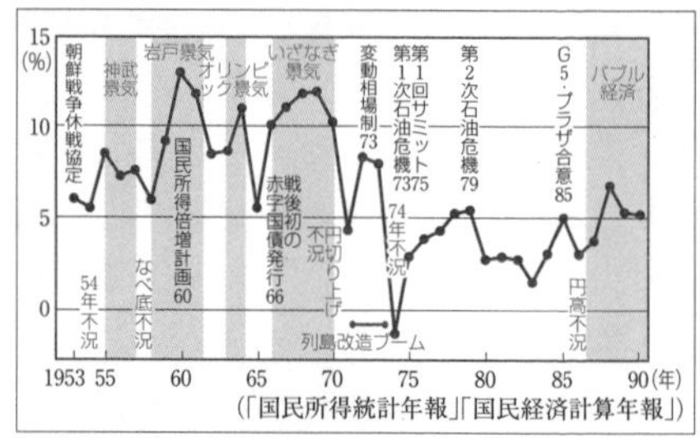

▲戦後の経済成長率(実質)の推移

② **高度経済成長**…高度経済成長期の日本経済は，**神武景気**・**岩戸景気**・**オリンピック景気**・**いざなぎ景気**という4回の大型景気を迎えた。

- ✔**設備投資・技術革新**　大企業による積極的な**設備投資**と，欧米の先端技術の導入による**技術革新**が高度経済成長を支えた。
- ✔**日本的経営**　終身雇用・年功賃金・労資協調などを確立した。
- ✔**産業構造の高度化**　第一次産業の比率が低下し，第二次・第三次産業の比重が高まった。工業生産額も**重化学工業**が主力となった。
- ✔**エネルギー革命**　石炭から石油へのエネルギーの転換が進み，石炭産業は衰退した。三井鉱山三池炭鉱では人員整理に反対する大争議がおこった。
- ✔**農業**　1961年，**農業基本法**が公布された。農薬・化学肥料の普及や機械化によって農家の所得が増加した。

③ **貿易・資本の自由化**…1960年代後半以降に大幅な**貿易黒字**が続いた。

- ✔輸出の中心は鉄鋼・船舶・自動車。自動車産業は対米輸出を開始した。
- ✔1963年には**GATT**(関税及び貿易に関する一般協定)**11条国**❶に移行した。1964年には**IMF**(国際通貨基金)**8条国**❷への移行とOECD(経済協力開発機構)加盟により，為替と資本の自由化を実施した。

> **重要ファイル CHECK**
> - 高度経済成長期の1968年，日本は資本主義国でGNP世界第2位になった。
> - 大企業の大型設備投資と技術革新で，「投資が投資を呼ぶ」好景気になった。

❶[GATT11条国]　国際収支を理由として輸入制限をすることができない国。
❷[IMF 8 条国]　国際収支を理由として為替の制限を行うことができない国。

02 国民生活の向上 ★★

① **太平洋ベルト**…太平洋側を中心に製鉄所や石油化学コンビナートが建設された。関東地方から九州地方北部まで，帯のように工業地帯・地域が連なる**太平洋ベルト**が形成され，産業と人口が集中した。

② **大量消費社会**…1950年代中頃から「**三種の神器**」，1960年代後半から「**新三種の神器(3C)**」と呼ばれる電化製品や耐久消費財が各家庭に普及した。**大量消費社会**が到来し，1970年頃には国民の８～９割が「**中流意識**」をもつようになった。

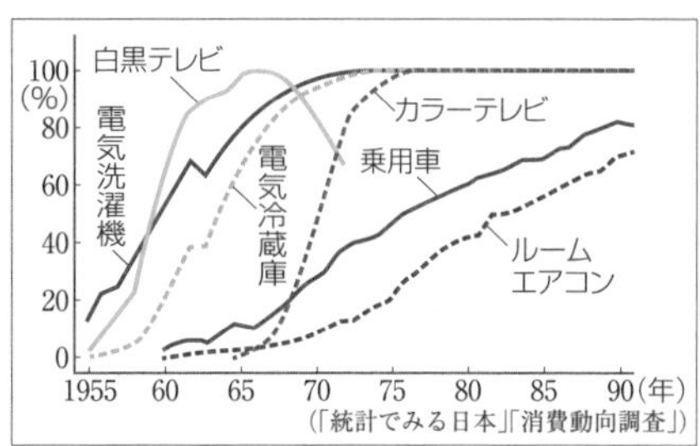

▲耐久消費財の普及率

✔「三種の神器」　白黒テレビ・電気洗濯機・電気冷蔵庫。

✔「新三種の神器(3C)」　カー(自動車)・カラーテレビ・クーラー。

③ **流通・交通**…スーパーマーケットが**流通革命**によって成長し，名神・東名など高速道路網の拡充によって**モータリゼーション**がおこった。

03 経済成長の弊害 ★★

① **過疎化**…労働力が農村から都市へと移動し，農村の**過疎化**がおこった。兼業農家が増え，「**三ちゃん農業**」❸という言葉が生まれた。一方，増えすぎた米の生産をおさえるために**減反政策**が開始された。大都市では人口の過密化が進展し，交通渋滞や騒音，土地価格の上昇などをもたらした。

② **公害問題**…経済成長を優先した結果，対策が遅れた**公害**が社会問題となった。1967年に**公害対策基本法**❹が制定され，1971年には**環境庁**❺が発足した。**四大公害訴訟**はいずれも被害者側が勝訴した。

✔**四大公害病**　**新潟水俣病**(新潟県阿賀野川流域)・**四日市ぜんそく**(三重県四日市市)・**イタイイタイ病**(富山県神通川流域)・**水俣病**(熊本県水俣市)。

③ **革新自治体**…高度経済成長の弊害に不満をもつ人々の支持を得て，各地で日本社会党や日本共産党などに支援された**革新自治体**が誕生した。1967年には，東京都知事にこの両党が推薦する美濃部亮吉が当選した。

---

❸[**三ちゃん農業**]　じいちゃん・ばあちゃん・かあちゃんによる農業。

❹[**公害対策基本法**]　企業・国・地方公共団体の責務を明記した。1993年，環境基本法へ。

❺[**環境庁**]　2001年，中央省庁改編によって環境省となった。

102. 経済大国への道

入試重要度 B

01 1970年代の国際経済問題 ★★

① **ニクソン=ショック**…1960年代後半，アメリカは，ベトナム戦争での膨大な戦費支出，経済成長著しい日本や西ドイツからの輸入増などにより，ドルの海外流出が続き，金準備高も減少した(**ドル危機**)。国際収支の悪化を食い止めるために，1971年8月にニクソン大統領は金とドルとの交換停止を発表した。これを**ニクソン=ショック**という。

② **固定相場制へのゆらぎ**…ニクソン=ショック後，金・ドル交換停止で基軸通貨としてのドルの地位はゆらいだ。同年12月，ワシントンで先進10カ国の会議が開催され，円は1ドル=360円から308円に切り上げられた(**スミソニアン体制**)。しかし，新国際経済体制への不安は解消されず，その後もドルの下落は続き，1973年には日本や西欧諸国は**変動相場制**に移行した。

③ **第1次石油危機**…1973年，**第4次中東戦争**を背景に，アラブ石油輸出国機構(OAPEC(オアペック))は原油輸出を制限し，原油価格を4倍に引き上げた。こうしておこった**第1次石油危機**によって，原油の輸入を中東地域に依存していた日本経済は大打撃を受けた。

④ **サミット**…第1次石油危機をきっかけに世界経済は減速した。この事態に対処するため，1975年に米・日・西独・英・仏・伊の6カ国の首脳により，第1回の**先進国首脳会議**(**サミット**)がフランスのランブイエで開かれた。

重要ファイル CHECK
- 1971年，ニクソン大統領は金・ドル交換停止を発表した。
- 1975年，第1回の先進国首脳会議(サミット)がフランスで開催された。

02 高度経済成長から安定成長へ ★★

① **田中角栄内閣**(たなかかくえい)…佐藤栄作(さとうえいさく)内閣にかわり，1972年に**田中角栄**内閣が成立した。

✔**日中共同声明** 1972年に訪中し，**日中国交正常化**を実現させた。この声明により，日中間の不正常な状態が終結し，日本は中華人民共和国を中国における唯一の合法的政府と認めた。

日中共同声明
日中両国は，一衣帯水の間にある隣国であり，長い伝統的友好の歴史を有する。両国国民は，両国間にこれまで存在していた不正常な状態に終止符を打つことを切望している。戦争状態の終結と日中国交の正常化という両国国民の願望の実現は，両国関係の歴史に新たな一頁を開くこととなろう。

✔「日本列島改造論」　公共投資を中心とする経済成長政策を進めたが，過剰な土地投機によって，地価の暴騰を招いた。

✔**第1次石油危機**　原油価格の高騰で**狂乱物価**(きょうらん)，スタグフレーションが発生した。1974年には戦後初の**マイナス成長**になり，高度経済成長が終わった。

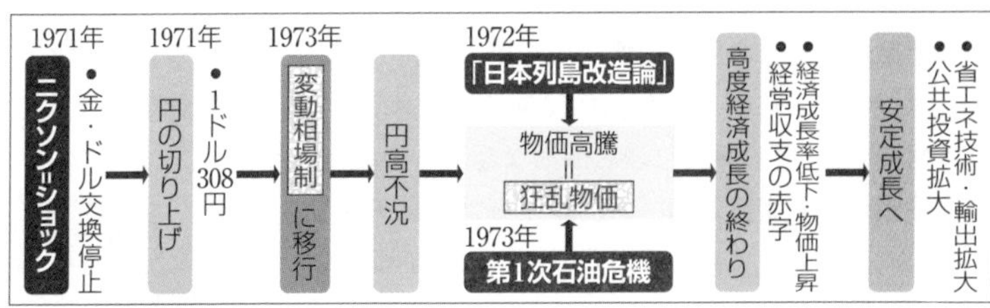

② 1970～80年代の内閣

✔**三木武夫内閣**(みきたけお)　1976年，田中元首相が**ロッキード事件**[1]で逮捕された。

✔**福田赳夫内閣**(ふくだたけお)　1978年，**日中平和友好条約**を締結した。

✔**大平正芳内閣**(おおひらまさよし)　1979年，元号法公布。イラン革命に伴う第2次石油危機。

✔**鈴木善幸内閣**(すずきぜんこう)　1981年，第2次臨時行政調査会を設置した。

✔**中曽根康弘内閣**(なかそねやすひろ)　「戦後政治の総決算」を掲げ，行財政改革に取り組んだ。電電公社(でんでんこうしゃ)(現NTT)・専売(せんばい)公社(現JT)・国鉄(現JR)の三公社民営化を実現させ，1987年，防衛費のGNP比1％枠を突破させた。

✔**竹下登内閣**(たけしたのぼる)　1989年，**消費税**(3％)を導入した。**リクルート事件**で退陣した。

> **重要ファイル CHECK**
> ・田中内閣は1972年に訪中し日中国交正常化を実現させた。
> ・中曽根内閣は三公社の民営化を断行し，新自由主義的な経済政策を進めた。

03 貿易摩擦とバブル経済 ★★

① **貿易摩擦**…日本は**経済大国**となり，貿易黒字も大幅に拡大して，欧米諸国との間に**貿易摩擦**が生じた。1985年，5カ国大蔵大臣・中央銀行総裁会議(G5)の**プラザ合意**[2]で円高に移行させたが，日米貿易摩擦は解消しなかった。アメリカは1980年代，日本に自動車などの輸出自主規制や農産物の輸入自由化を迫った。**日米構造協議**の結果，日本は1991年に牛肉・オレンジの輸入自由化，1993年に**米**市場の部分開放を決定した。

② **バブル経済**…1980年代後半から円高不況下の超低金利による内需主導政策により地価・株価が暴騰し，のちに「**バブル経済**」と呼ばれる状況になっていった。

---

❶[ロッキード事件]　アメリカのロッキード社からの航空機輸入をめぐる汚職事件。

❷[プラザ合意]　ドル高の是正と，為替(かわせ)市場への国際的協調介入などで合意。

103. 現代の政治・経済

入試重要度 C

01 冷戦終結から地域紛争 ★★

① **新冷戦と米ソの経済危機**…1979年のソ連のアフガニスタン侵攻により，米ソは「新冷戦」に突入した。1980年代，アメリカは「双子の赤字」(財政赤字・貿易赤字)に苦しみ，ソ連も深刻な経済危機に見舞われた。

② **冷戦終結と東欧革命**…1985年から**ゴルバチョフ**が**ペレストロイカ**と呼ばれる内政改革や積極外交を進めたことで，米ソは歩み寄りを見せた。

▲マルタ会談

✔**冷戦終結**　1987年，米ソは**中距離核戦力(INF)全廃条約**を締結し，1989年には両国首脳がマルタ島で「**冷戦の終結**」を宣言した。

✔**東欧革命**　ソ連の自由化に刺激され，東欧諸国が東側陣営から離脱した。1989年，「**ベルリンの壁**」が壊され，翌1990年に**東西ドイツが統一**された。1991年末には**ソ連が解体**し，ロシア連邦やウクライナなどに分かれた。

③ **地域紛争と日本**…冷戦終結後，各地で紛争・内戦がおこった。1991年の**湾岸戦争**[1]をきっかけに，日本は翌1992年に**国連平和維持活動(PKO)協力法**を成立させ，停戦監視要員などとして自衛隊をカンボジアに派遣した。

02 55年体制の終結と平成不況 ★★

① **国民の政治不信**…元号が昭和から**平成**に改まった1989年，竹下登内閣が**リクルート事件**で総辞職した。その後も，政官財の癒着による佐川急便事件・ゼネコン汚職事件(宮沢喜一内閣)がおこり，国民の政治不信が高まった。

② **非自民連立内閣**…自民党の長期政権にかわって，1993年に日本新党の**細川護熙**を首相とする，日本共産党を除く非自民８党派の連立内閣が誕生し，55年体制は崩壊した。細川内閣は衆議院に**小選挙区比例代表並立制**を導入した。

③ **政党の再編**…細川内閣を継いだ羽田孜内閣が短命に終わると，社会党の**村山富市**を首相とする自民党・社会党・新党さきがけの連立政権が誕生した。社会党は，日米安保・自衛隊・消費税を容認するなど，党の基本路線を大幅修正した。一方，野党側も合同して，新進党を結成した。

[1] [湾岸戦争]　クウェートに侵攻したイラクに，米軍中心の多国籍軍が武力制裁を加えた。日本は多国籍軍に多額の資金援助を行ったが，内外から日本の「国際貢献」のあり方が問われた。

④ **自民党首班内閣の復活**…村山内閣退陣後，自民党の**橋本龍太郎**が内閣を組織した。橋本内閣は行財政改革を推進し，1997年に消費税を3％から5％に引き上げた。次の**小渕恵三**内閣は**新ガイドライン関連法**を成立させた。

⑤ **長期の不況**…「**バブル経済**」が1991年，一気に崩壊した。1993年には実質経済成長率が1％を下回り(**平成不況**)，さらに金融機関の経営悪化が実体経済に及び，複合不況となった。企業はリストラを進めたが，雇用不安が広がった。

> **重要ファイル CHECK**
> - 米ソは経済危機から歩み寄り，1989年に「冷戦の終結」を宣言した。
> - 日本は「バブル経済」が1991年に崩壊し，やがて複合不況になった。

03 21世紀の日本と現代の諸課題 ★★

① **20世紀末の日本**…1995年，**阪神・淡路大震災**や地下鉄サリン事件がおき，沖縄では米兵による小学生暴行事件を機に米軍基地縮小を求める運動が高まった。

② **21世紀の日本**

- ✔**構造改革**　2001年に成立した**小泉純一郎**内閣は「**小さな政府**」をめざし，新自由主義の経済政策を進めた。大胆な構造改革と**規制緩和**で，「**失われた10年**」(長期不況)を脱しようとしたが，所得格差・地域格差を拡大させた。
- ✔**民主党政権**　**リーマン=ショック**による**世界金融危機**が拡大するなか，2009年の総選挙で民主党が圧勝し，鳩山由紀夫内閣が成立した。しかし短命に終わり，続く菅直人内閣も2011年の**東日本大震災**のあと，総辞職した。
- ✔**戦後レジームからの脱却**　2012年に発足した第2次**安倍晋三**内閣は「戦後レジーム(戦後体制)からの脱却」をスローガンに掲げた。2015年，**集団的自衛権**の行使を可能にするため，**安全保障関連法案**を成立させた。
- ✔**令和へ**　2019年に元号が令和に改められた。2020年には新型コロナウイルス感染症が世界的に流行し，日本では東京オリンピック・パラリンピックの開催が1年延期されるなど，日常生活や経済活動に多大な影響を及ぼした。

③ **現代の諸課題**…2015年，国連は**持続可能な開発目標**(**SDGs**)を採択し，貧困・差別の解消など17の目標を設定した。日本も積極的に取り組んでいる。

- ✔**少子高齢化**　日本は少子・高齢社会に突入しており，介護保険制度や後期高齢者医療制度などを整備している。労働人口の減少も課題。
- ✔**環境・エネルギー**　1997年の**京都議定書**，2015年の**パリ協定**の採択により，各種のリサイクル法が制定された。2011年の福島第一原子力発電所の事故で原子力発電の安全性がゆらぎ，太陽光・風力・地熱・バイオマスなど，**再生可能エネルギー**への関心が高まっている。

104. 戦後〜現代の文化

入試重要度 C

01 占領期の文化 ★★

① **自由・民主化の理念**…終戦後はGHQの一連の改革により，思想・言論に対する統制が取り除かれ，個人の解放・民主化という新しい理念が広がった。アメリカ的な生活様式や大衆文化が流れこみ，自由な気風も広がった。

② **新聞・雑誌の発刊**…多くの新聞・雑誌が発刊され，民主化を促進した。総合雑誌『世界』『思想の科学』などが創刊され，『中央公論(こうろん)』『改造』なども復刊された。

③ **学問・科学**

✔**社会科学**　皇国史観(こうこく)による制約がなくなり，マルクス主義の思想や実証的な研究が活発になった。政治学の**丸山真男(まるやままさお)**，経済史学の大塚久雄(おおつかひさお)，法社会学の川島武宜(かわしまたけよし)らの著作は，学生・知識人に大きな影響を与えた。

✔**自然科学**　理論物理学者の**湯川秀樹(ゆかわひでき)**が，1949年に日本人で初めて**ノーベル賞**を受賞した。学界の代表機関として**日本学術会議**が設立された。

✔**考古学・文化財**　登呂(とろ)遺跡(弥生(やよい)時代)や岩宿(いわじゅく)遺跡(旧石器時代)の発掘により，考古学がさかんになった。また，1949年に法隆寺金堂壁画(ほうりゅうじこんどうへきが)が焼損したことをきっかけに，翌1950年，**文化財保護法**が制定された。

④ **戦後の文学**…既成のモラルや常識に反する**太宰治(だざいおさむ)**や**坂口安吾(さかぐちあんご)**らの作品が人々に衝撃を与えた。戦争体験を斬新な手法で描いた大岡昇平(おおおかしょうへい)と野間宏(のまひろし)は，戦後派文学(アプレゲール)と呼ばれた。1950年代には，遠藤周作(えんどうしゅうさく)に代表される「第三の新人」が活躍した。

⑤ **大衆文化**…終戦直後，並木路子(なみきみちこ)の「リンゴの唄(うた)」が流行し，続いて**美空(みそら)ひばり**が活躍した。映画では，溝口健二(みぞぐちけんじ)や**黒澤明(くろさわあきら)**らの作品が国際的に高く評価された。ジャズ音楽やプロ野球も人気になった。NHKのラジオ放送が再出発し，1951年には民間放送も始まった。

社会科学	
丸山真男	『日本政治思想史研究』
大塚久雄	『近代資本主義の系譜』
川島武宜	『所有権法の理論』
文学	
太宰治	『斜陽』『人間失格』
坂口安吾	『白痴(はくち)』『堕落論』
大岡昇平	『俘虜記(ふりょき)』
野間宏	『真空地帯』
遠藤周作	『沈黙』『海と毒薬』
映画	
溝口健二	『雨月物語』『山椒太夫(さんしょうだゆう)』
黒澤明	『羅生門(らしょうもん)』『生きる』

▲占領期の文化

> **重要ファイル CHECK**
> • 戦後，アメリカ的な生活様式や大衆文化が流入した。
> • 自由な気風が広がり，実証的な研究や常識に反する文学が発展した。

02　現代の生活・文化　★★

① 高度経済成長期の生活・文化

✔**大衆消費社会**　「消費は美徳」という風潮が広がり，外食産業やレジャー産業も発達した。都市部への人口流入，**核家族**の増加などにより，コンクリート造の集合住宅が増え，三大都市圏には**ニュータウン**が建設された。

✔**マスメディアと文学**　1953年に**テレビ放送**が開始され，映画産業が衰退した。新聞・出版点数が激増し，社会派推理小説の**松本清張**，歴史小説の**司馬遼太郎**らが人気になり，三島由紀夫や大江健三郎らも登場した。

✔**科学技術の発達**　朝永振一郎や江崎玲於奈がノーベル物理学賞を受賞した。政府は，原子力・宇宙開発に力を入れ，1960年代半ば以降，各地に原子力発電所を建設した。

▲東海道新幹線の開通式

✔**交通網の整備**　1964年に**東海道新幹線**が開通し，翌1965年に名神高速道路，1969年に東名高速道路が開通した。その後，新幹線・高速道路は全国に拡張され，空港や連絡橋の建設も進んだ。

▲東京オリンピック（1964年）

✔**国家的イベント**　1964年に**東京オリンピック**，1970年に大阪で**日本万国博覧会**（**大阪万博**）が開催され，日本の経済・文化の発展を世界に示す国家的イベントになった。

② 21世紀の生活・文化

✔**都市・地方の再生**　人口減少に伴い，都市部では単身世帯が増えている。地方では，社会生活の維持が困難な地域（限界集落）が増えており，都市機能を中心部に集約させるコンパクトシティの構想も進められている。

✔**グローバル化と情報化**　**情報通信技術**の飛躍的な発達により，さまざまな分野でグローバル化が急速に進んでいる。携帯電話（スマートフォン）の高性能化やSNS（ソーシャル・ネットワーキング・サービス）の普及などで，消費行動やコミュニケーションのあり方も変容しつつある。

✔**ポップカルチャー**　漫画・ゲーム・ファッションなどのポップカルチャーが広がり，とくに日本の漫画（アニメ）は海外でも人気になっている。

CHECK TEST

□① 連合国軍による対日占領政策は，［　　］方式で行われた。	間接統治
□② 対日占領政策の基本方針は，民主化と［　　］であった。	非軍事化
□③ ポツダム宣言受諾後に成立した［ a ］内閣はGHQと対立し，1945年10月に［ b ］内閣が発足した。	a 東久邇宮稔彦 b 幣原喜重郎
□④ 労働者の権利を保障するため，労働組合法・労働関係調整法・［　　］の労働三法が制定された。	労働基準法
□⑤ 第２次農地改革によって，［　　］制は解体された。	寄生地主
□⑥ GHQ草案を帝国議会で修正・可決された日本国憲法は［ a ］に公布され，［ b ］に施行された。	a 1946年11月3日 b 1947年5月3日
□⑦ 民法も改正され，［　　］制度が廃止された。	戸主
□⑧ 1947年４月の総選挙の結果，社会党の［　　］内閣が成立したが，短命に終わった。	片山哲
□⑨ 資材や資金を石炭・鉄鋼に集中させる［ a ］を採用し，基幹産業への資金供給のために［ b ］を設立した。	a 傾斜生産方式 b 復興金融金庫
□⑩ 戦後，西側諸国が［ a ］条約機構を結成し，東側諸国が［ b ］条約機構を結成したことで，冷戦が激化した。	a 北大西洋 b ワルシャワ
□⑪ 日本に対し，アメリカの銀行家［ a ］は単一為替レート設定を，財政学者［ b ］は直接税中心の税制改革を勧告した。	a ドッジ b シャウプ
□⑫ 朝鮮戦争がおこると，GHQの指令で［　　］が新設された。	警察予備隊
□⑬ 1951年，吉田茂内閣は［　　］の立場をとり，連合国48カ国とサンフランシスコ平和条約を結んだ。	単独講和
□⑭ 1952年，血のメーデー事件を契機に［　　］が制定された。	破壊活動防止法
□⑮ 1956年10月，鳩山一郎内閣は［ a ］に調印し，同年末に日本の［ b ］を実現させた。	a 日ソ共同宣言 b 国際連合加盟
□⑯ 1960年，［　　］内閣はアメリカと新安保条約を調印した。	岸信介
□⑰ 1965年，佐藤栄作内閣は韓国と［　　］を結んだ。	日韓基本条約
□⑱ 1972年，［　　］が日本に返還された。	沖縄
□⑲ 1960年代後半から，カー(自動車)・［　　］・クーラーの「新三種の神器(３Ｃ)」が普及した。	カラーテレビ
□⑳ 公害が社会問題になるなか，1967年に［ a ］が制定され，1971年に［ b ］が発足した。	a 公害対策基本法 b 環境庁

□㉑ 1973年の第四次中東戦争によって，[　　　]がおこった。 (第1次)石油危機

□㉒ 日本と欧米諸国の[　a　]が激化するなか，1985年，Ｇ５において[　b　]がなされ，円高が急激に進行した。 a 貿易摩擦　b プラザ合意

□㉓ 1991年の[　　　]戦争を機にPKO協力法が制定された。 湾岸

□㉔ 1993年，[　a　]を首相とする，日本共産党を除く非自民連立内閣が誕生し，長らく続いてきた[　b　]が崩壊した。 a 細川護熙　b 55年体制

□㉕ 1991年に「[　　　]」が崩壊し，日本は長期の不況に陥った。 バブル経済

□㉖ 1949年，物理学者の[　　　]が，日本人として初めてノーベル賞を受賞した。 湯川秀樹

□㉗ 21世紀に入り，さまざまな分野で[　　　]化が進んでいる。 グローバル

思考力問題にTRY

✓**戦後の冷戦期，東西両陣営は，軍事力だけでなく経済面においても，他方に対する優位を確保しようと競い合った。右のグラフは，アメリカ合衆国，ソ連・ロシア，日本のそれぞれの国の１人あたりGDPを示したものである。グラフに該当する国について述べた文として最も適当なものを次のア～エから１つ選べ。** 【共通テストサンプル問題】

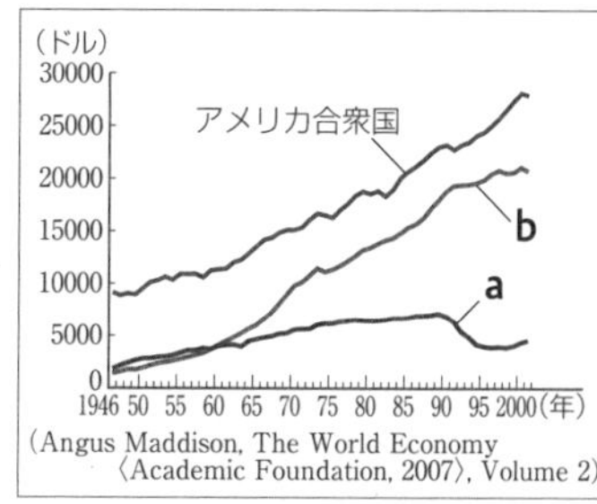

(Angus Maddison, The World Economy〈Academic Foundation, 2007〉, Volume 2)

ア **a** のグラフにおける1990年代前半の急激な下降は，バブル経済の崩壊によるものと考えられるので，**a** は日本である。

イ **a** のグラフにおける1990年代の急激な下降と緩やかな上昇は，天安門事件に対する経済制裁と改革開放政策の推進によるものと考えられるので，**a** はソ連・ロシアである。

ウ **b** のグラフにおける1950年代後半から1970年代前半にかけての著しい上昇は，高度成長期に相当すると考えられるので，**b** は日本である。

エ **b** のグラフにおける1950年代以降の上昇は，アメリカ合衆国との競合の過程に相当し，1990年代前半の上昇の鈍化は，体制の崩壊によるものと考えられるので，**b** はソ連・ロシアである

解説 1950年代後半から1970年代初頭にかけて，日本は高度経済成長というめざましい経済発展を遂げた。したがって，**b** が日本。1973年にGDPが下がっているのは，第１次石油危機の影響である。**イ**の天安門事件と改革開放政策は，中国に関する事項。

解答 ウ

▸FOCUS! 女性の地位はどう変化してきたのか？

「元始，女性は実に太陽であった。真正の人であった」

平塚らいてう(**明**)は1911年，女性文芸誌『**青鞜**』の創刊号に，こう始まる序文を掲載した。さらに，「今，女性は月である。他に依って生き，他の光によって輝く，病人のやうな蒼白い顔の月である」と続けた。

▲『青鞜』創刊号の表紙

一気に古代まで遡ると，3世紀初め，争い合っていた30の小国をまとめたのは女性の巫女だった。諸国の代表が話し合い，**卑弥呼**を**邪馬台国**の女王に立てると，争乱はおさまった。しかし，卑弥呼が亡くなり男が王になると，再び国は乱れた。そこで卑弥呼の宗女(同族の女性)**壱与**(台与？)を王に立てると，国はおさまったという。乱れた国を平定させた太陽のような女性が，なぜ蒼白い月へと変わっていったのだろうか。

▶ 最初の僧は女性

古代日本人の考えに大きな影響を与えた思想は，**仏教**である。**釈迦**がインドで創始した仏教は，**女性差別的**な教えを含む古代インドの信仰を吸収しながら変容していった。仏教経典のなかに，女性は男性よりも罪深い，という女人罪業観を説くものが見られるようになったのである。

6世紀半ば，日本に**百済**から仏教が伝来した当初，こうした女性差別観は希薄だった。それどころか，最初に正式な僧侶になったのは男性ではなく，女性(**善信尼**)であった。彼女は司馬達等の娘で，584年に出家して善信尼と称するようになり，仏教受容派の豪族**蘇我馬子**の保護を受けた。その後，善信尼は百済に渡って**戒律**を学び，帰国後，奈良の桜井道場で尼僧の育成にあたった。飛鳥時代には，最初の仏教文化が花開いた。

▲飛鳥寺(法興寺)
蘇我馬子が自宅を寺院にした。596年に完成。本格的な伽藍をもつ。

▶ 女人罪業観の拡大

奈良時代に入っても，あからさまな女人罪業観は見られなかった。この頃まで女性の天皇も多く，6世紀末の推古天皇から8世紀の称徳天皇まで，約170年の間に8代6人の女帝が即位した。聖武天皇の皇后(**光明皇后**)が各地に**国分尼寺**を建てると，尼僧は国の安寧を願う国家祈禱に従事した。称徳天皇の治世は，**道鏡**らの僧が政治に口出しする一方，尼僧が最も活躍した時代でもあった。まだ，女性は輝いていたのである。

かげりが見えたのは，平安時代である。国家仏教としての公的な役割を男僧が担うようになり，尼僧の排除が進んだ。その仕事も国家祈禱から洗濯へと変わっていった。平安時代中期になると，貴族女性の政治的地位は低下し，女人罪業観が広まっていった。一方，罪深い女性でも救われるという女人救済論がおこったが，差別は解消されず，**女人結界**(**女人禁制**)の地も増えていった。鎌倉時代，曹洞宗を開いた**道元**は女人罪業観を批判し，高野山や比叡山の女人結界を破却するよう，強く説いた。

▲高野山の女人堂
金剛峯寺の入り口にある。女性はここで宿泊し，境内には入れなかった。女人禁制が解かれたのは1872年。

▶ 太陽を取り戻す！

女性の権利については，鎌倉時代の初めまで幅広く認められていた。家督を継ぐのは原則として男性だけだったが，夫婦の財産は別で，相続権は女性や養子にもあった。また，幕府から**地頭**に任命された女性や，鎧をつけて合戦に参加した女性も少なくなかった。安芸国の小早川氏の一族で，地頭に任命された女性は，所領内の訴訟の裁決も行っていた。ところが鎌倉時代後期になると，嫁入婚が一般的になり，所領などの財産も家長が**単独相続**するようになり，女性の地位は，権利面でも低下していった。

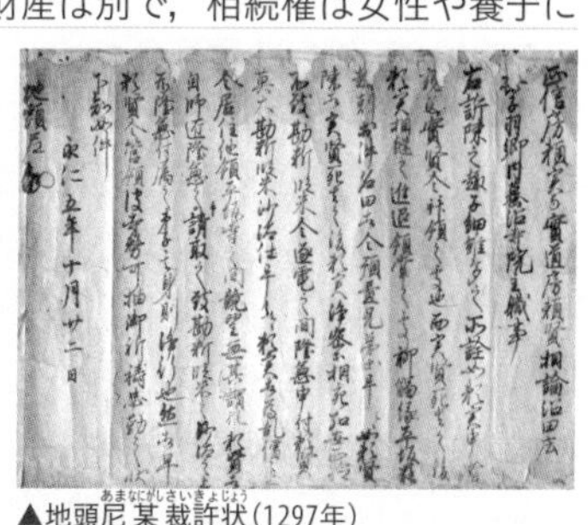
▲地頭尼某裁許状(1297年)

室町〜江戸時代にかけても武士の世が続き，**男尊女卑**や**家長**(**戸主権**)**尊重**の考えは社会に広く浸透していった。明治時代になっても，良妻賢母を説く教育が主流で，女性は蒼白い月のままだった。大正時代に入り，さまざまな職業に女性が進出すると，平塚らいてうは男性本位の社会に異議を唱えたのである。

「**私共は隠されて仕舞った我が太陽を今や取戻さねばならぬ**」

冒頭の序文に続く，この呼びかけに多くの女性が共鳴し，**女性解放運動**に加わっていったのだった。

表現力
PLUS.7
シベリア出兵と米騒動

Q 寺内正毅内閣のとき，米騒動が発生し，内閣の責任を追及する世論が高まった。当時の時代背景を踏まえ，米騒動について，90字以内で説明せよ。

【九州大】

解説

① シベリア出兵

寺内正毅内閣は1916年10月，官僚を中心に成立した。寺内は超然主義の立場で，当時広まっていた大正デモクラシーの風潮も敵視していた。ヨーロッパでは**第一次世界大戦**が長期化し，その最中の1917年に**ロシア革命**がおこった。帝政が崩壊し，ソビエト政権が成立すると，その波及を恐れたアメリカ・イギリス・フランスと日本は，**シベリア出兵**を企てたのである。

②「越中女一揆」

日本国内は大戦景気にわき，米の消費量が増えていた。シベリア出兵のうわさが広がると，投機目的の商人たちが米を買い占め，米価が急騰した。これに怒った**富山県の漁村（魚津村）の主婦たち**が1918年７月，米倉や役場におしかけ，県外への米の移出を差し止めようとした。これが**米騒動**の始まりである。主婦たちの嘆願は連日に及び，「越中女一揆」として報道された。

▲米騒動発祥の地（旧十二銀行米倉）

③ 米騒動の影響

「越中女一揆」に刺激された北陸各地の困窮民が米屋・商家・警察などを襲撃し，やがて全国的な民衆運動（暴動事件）へと拡大していった。寺内内閣は事態を収拾しようと，軍隊を出動させたが，騒動は２か月近くも続いた。寺内内閣は責任をとって退陣。米騒動に衝撃を受けた政府の**元老**は，華族でも藩閥出身でもない**原敬**を首相に推挙したのだった。

A **大戦景気で食糧の需要が高まるなか，シベリア出兵を見込んだ商人が投機目的で米を買い占め，米価が急騰した。富山の漁村の主婦による抗議行動が報道されると，全国に米騒動として拡大した。**（88字）

表現力
PLUS.8

GHQの指令による農地改革

Q 第二次世界大戦後，連合国軍最高司令官総司令部(GHQ)の方針に基づいて実施された農地改革について，以下の語をすべて用いて，250字程度で説明せよ。 【津田塾大－改】

〔 第1次農地改革案　　不在地主　　自作農創設特別措置法 〕

解説

① 農地改革の目的と第1次農地改革案

近世以降の日本の農村では，自らは農作業を行わない地主(寄生地主)が，土地をもたない小作人に耕作させ，高額の小作料をとるという**寄生地主制**が定着していた。GHQはこの寄生地主制が農村に貧困をもたらし，ひいては日本の侵略戦争の原因の1つになったと考えていた。

GHQの指令を受けた幣原内閣の**第1次農地改革案**は，在村地主の土地所有を5町歩(約5ha)まで認めるという不徹底な内容だった。また，農地改革を実行する農地委員会には多くの地主がいたため，GHQは改革案を拒否した。

② 第2次農地改革(農地改革の断行)

これを受け，政府は**第2次農地改革**を断行した。要点は，1)不在地主の貸付地(小作地)保有は認めない。2)在村地主の貸付地は1町歩までに制限(北海道は4町歩)。3)農地委員会の委員は，農民の各階層から選挙で選出。4)農地改革で残った小作地の小作料は，国が定めた額を「金納」するというもの。**不在地主の全貸付地と在村地主の1町歩(北海道は4町歩)を超える貸付地は，国が強制的に買い上げて，小作人に安く売り渡す**ことにした。農地改革の結果，これまで半分近くを占めていた小作地は，1割ほどに減った。

A GHQは農村の民主化をはかるため，日本政府に寄生地主制の解体を指示した。しかし政府の第1次農地改革案は，在村地主の土地所有を5町歩まで認めるという不徹底な内容だった。GHQはこの案に同意せず，再検討を求めた。そこで政府は自作農創設特別措置法を制定し，国が強制的に不在地主の全貸付地と在村地主の1町歩(北海道は4町歩)を超える貸付地を買い上げ，小作人に安く売り渡すという第2次農地改革を断行した。農地改革で残った小作地の小作料は，国が決めた定額での金納になった。これにより多くの自作農が生まれ，寄生地主制は解体された。(257字)

1 日中関係史

入試重要度 ▶ A

前1C頃	倭には100余りの小国が存在(『漢書』地理志)
57	倭の奴国が後漢に朝貢(『後漢書』東夷伝)
239	邪馬台国の卑弥呼が魏に朝貢(『魏志』倭人伝)
478	倭王武が宋に遣使・上表(『宋書』倭国伝)
607	厩戸王(聖徳太子)が**小野妹子**を遣隋使として送る(『隋書』倭国伝)
630	最初の**遣唐使**として**犬上御田鍬**を派遣
754	**鑑真**が律宗を伝える
894	**菅原道真**の建議で遣唐使中止
1019	刀伊の入寇
1180	平清盛が大輪田泊を修築して日宋**貿易**を奨励
1274	文永の役
1281	弘安の役
1325	鎌倉幕府が建長寺船を元に派遣
1342	足利尊氏が天龍寺船を元に派遣
1401	足利義満が第1回**遣明船**を派遣
1404	明との**勘合貿易**開始
1411	**足利義持**が勘合貿易中断
1432	**足利義教**が勘合貿易再開
1523	**寧波の乱**
1547	最後の勘合船

1 『漢書』地理志(左)と『後漢書』東夷伝(右)

建武中元二年❶、倭の奴国、貢を奉じて朝賀す。使人自ら大夫と称す。倭国の極南界なり。光武、賜ふに印綬❷を以てす。安帝の永初元年❸、倭の国王帥(師)升等、生口❹百六十人を献じ、請見を願ふ。桓霊の間❺、倭国大いに乱れ、更相攻伐して歴年主なし。(原漢文)

❶五七年 ❷印は「漢委奴国王」の金印といわれている。綬は印に通し身につけるための組ひも ❸一〇七年 ❹生きている人、奴隷であろうといわれる ❺後漢の桓帝・霊帝の頃(一四七～一八九年)

夫れ楽浪海中に倭人有り、分れて百余国と為る。歳時を以て来り献見すと云ふ。(原漢文)

2 『魏志』倭人伝

倭人は帯方❶の東南大海の中に在り、山島に依りて国邑を為す。旧百余国、漢の時朝見❷する者あり。今使訳❸通ずる所三十国。……其の国、本亦男子を以て王と為す。住まること七、八十年。倭国乱れ、相攻伐して年を歴たり。乃ち共に一女子を立てて王と為す。名を卑弥呼と曰ふ。鬼道❹を事とし、能く衆を惑はす。年已に長大なるも、夫壻❺無し。男弟有り、佐けて国を治む。……景初二年❻六月、倭の女王、大夫難升米等を遣し郡に詣り、天子に詣りて朝献せんことを求む。……その年十二月、詔書して倭の女王に報じて曰く「……今汝を以て親魏倭王と為し、金印紫綬を仮し、装封して帯方の太守に付し仮授せしむ。……」と。……卑弥呼以て死す。大いに冢❼を作る。径百余歩、徇葬❽する者、奴婢百余人。(原漢文)

❶後漢末に楽浪の南半を割いて設けた郡 ❷朝貢し謁見する ❸使節 ❹呪術 ❺夫 ❻三年(二三九年)の誤り ❼墳丘 ❽殉死

3 勘合貿易

朝貢船と倭寇の船とを区別するため，**勘合**という渡航証明書が発行された。これをもつ船が**勘合船**である。

▲勘合船

1592 文禄の役
1597 慶長の役
1871 **日清修好条規**
1874 台湾出兵
1885 **天津条約**
1894 甲午農民戦争(東学の乱)の事後処理をめぐり**日清戦争**
1895 **下関条約**
1915 **二十一カ条の要求**
1917 **石井・ランシング協定**
1919 五・四運動
1922 **九カ国条約**
1923 石井・ランシング協定廃棄
1927 **山東出兵**
1928 **張作霖爆殺事件(満洲某重大事件)**
1931 **柳条湖事件**→**満洲事変**
1932 **満洲国**建国
1933 国際連盟がリットン調査団報告により日本の撤兵勧告
1934 満洲国で帝政実施(皇帝溥儀)
1936 西安事件
1937 **盧溝橋事件**→**日中戦争**
1938 近衛声明
1949 中国共産党による中華人民共和国成立→台湾には国民政府による中華民国
1952 台湾と日華平和条約
1962 準政府間貿易(LT貿易)
1972 日中共同声明により台湾との国交断絶
1978 日中平和友好条約
2012 尖閣諸島国有化

4 下関条約

永地秀太筆「下関講和談判」(部分) 聖徳記念絵画館蔵

日清戦争の講和条約。日本全権**伊藤博文**・**陸奥宗光**と清全権**李鴻章**が下関で会談した。

5 満洲事変

柳条湖での南満洲鉄道爆破を機に，**関東軍**が東三省(奉天・吉林・黒竜江)を占領。1932年には**満洲国**の建国を宣言した。

6 日中戦争

1937年７月７日の**盧溝橋事件**に端を発した日中間の戦争。近衛内閣は戦線を拡大し，年末には国民政府の首都**南京**を占領した。

2 日朝関係史

入試重要度 ▶ A

前108 漢の武帝が楽浪など4郡設置
391 倭が高句麗と戦い敗北(広開土王〈好太王〉碑の碑文)
538 百済の聖明王が欽明天皇のときに仏像・経論を伝える
562 加耶(加羅)滅亡
660 唐と新羅の連合軍により百済滅亡
663 **白村江の戦い**で日本，唐と新羅の連合軍に敗北
676 **新羅**が朝鮮半島統一
936 **高麗**が朝鮮半島統一
1274 文永の役
1281 弘安の役
1392 李成桂が朝鮮を建国
1398 朝鮮から幕府に遣使
1401 足利義満が朝鮮に遣使
1419 **応永の外寇**
1443 嘉吉条約
1510 **三浦の乱**
1592 **文禄の役**
1597 **慶長の役**
1607 **朝鮮通信使**が初来日
1609 対馬藩宗氏と**己酉約条**を結ぶ。釜山に倭館が設置され宗氏は外交上特別な地位を得る
1873 **征韓論争**
1875 **江華島事件**
1876 **日朝修好条規**

1 朝鮮半島情勢

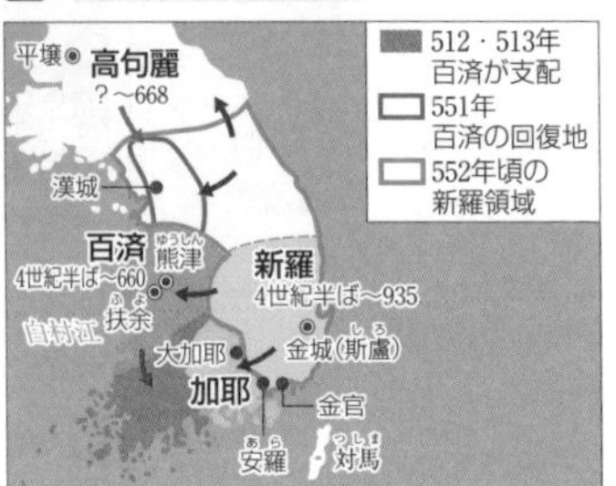

高句麗の圧迫で百済や新羅が**加耶**に進出し，支配下におさめたため，加耶と結びつきのあったヤマト政権の朝鮮半島での勢力は後退した。

2 朝鮮侵略

(佐賀県重要文化財)

▲**名護屋城** 朝鮮侵略の基地として，肥前(佐賀県)に築城された。

▲**李舜臣** 亀甲船で日本軍を撃破した。

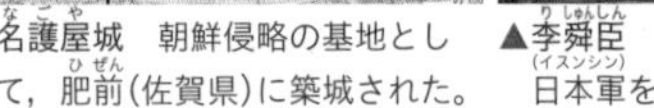

3 朝鮮通信使

対馬藩の**宗氏**の仲立ちによる国交回復後，慶賀の使節として，将軍の代がわりごとに派遣された。江戸時代を通じて計12回の使節が来日した。

1882 壬午軍乱
1884 甲申事変
1885 天津条約
1889 防穀令
1894 甲午農民戦争(東学の乱)
1895 下関条約。閔妃殺害事件
1904 日韓議定書・第1次日韓協約
1905 第2次日韓協約
1906 漢城に統監府設置。初代統監に伊藤博文が就任
1907 ハーグ密使事件→第3次日韓協約
1909 伊藤博文暗殺
1910 韓国併合条約を締結し，韓国を植民地化
　　土地調査事業の開始
　　朝鮮総督府設置(初代総督寺内正毅)
1919 三・一独立運動
1923 関東大震災→朝鮮人殺害事件
1939 国民徴用令
1940 創氏改名実施
1948 大韓民国成立
　　朝鮮民主主義人民共和国成立
1950 朝鮮戦争→特需景気
1953 板門店で休戦協定
1965 日韓基本条約
1988 ソウルオリンピック
1998 北朝鮮がテポドン1号発射
2000 初の南北首脳会談
2002 日韓共催サッカーワールドカップ
　　日朝平壌宣言→拉致被害者帰国
2003 第1回6カ国協議開催
2006 北朝鮮が核実験を強行

4 朝鮮総督府

韓国併合後，1926年に建てられた朝鮮支配の中枢。現役の陸・海軍大将が総督を務めた。朝鮮総督府は1945年，日本の敗戦とともに廃止された。

5 三・一独立運動

1919年3月1日，京城(ソウル)のパゴダ公園で「独立宣言」が発表され，人々は「独立万歳」を叫んだ。この動きは全国に広まったが，原敬内閣が派遣した軍隊・警察によって鎮圧された。

6 特需景気

日本は朝鮮戦争によって，大量の軍需物資を受注した。日本経済は**特需景気**にわき，1951年の鉱工業生産は戦前の水準を上回った。

3 ｜ 日米関係史

入試重要度 ▶ A

1837 **モリソン号事件**
1846 米使節ビッドルが浦賀に来航
1853 米使節**ペリーが浦賀に来航**
1854 **日米和親条約**
1858 **日米修好通商条約**
1860 遣米使節新見正興が条約批准に出発(咸臨丸同行)
1864 四国艦隊下関砲撃事件
1871 岩倉具視らによる欧米視察
1878 寺島宗則の条約改正交渉
1905 **桂・タフト協定**
1906 日本人移民排斥運動の激化
1911 小村寿太郎が日米通商航海条約調印(関税自主権の回復)
1917 **石井・ランシング協定**
1921 **ワシントン会議－四カ国条約**
1922 **ワシントン海軍軍備制限条約**
九カ国条約
1930 **ロンドン海軍軍備制限条約**
1941 日米交渉(駐米大使野村吉三郎と米国務長官ハル)開始もハル=ノート提示で決裂
真珠湾攻撃→**太平洋戦争**
1942 ミッドウェー海戦
1945 沖縄戦→広島・長崎に原子爆弾→**ポツダム宣言受諾**→**マッカーサー**来日。GHQの間接統治

1 ペリーの来航

写真は1854年，横浜に上陸したペリー一行の様子。

2 軍備制限条約

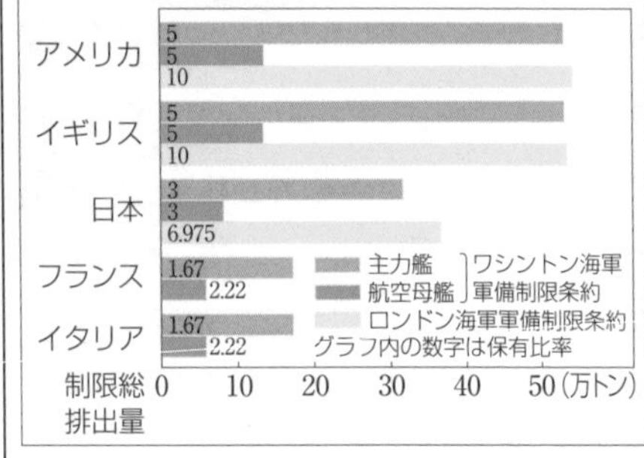

ワシントン海軍軍備制限条約では主力艦の保有比率が，**ロンドン海軍軍備制限条約**では補助艦の保有比率が定められた。

3 太平洋戦争

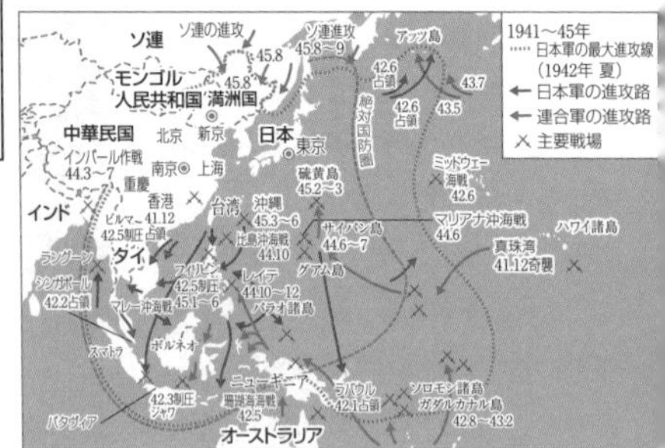

1949 ドッジ=ライン
シャウプ勧告
1951 **サンフランシスコ平和条約**
日米安全保障**条約**
1952 日米行政**協定**
1953 奄美(あまみ)群島返還
1954 **MSA協定**
1960 **日米相互協力及び安全保障条約・日米地位協定**
1968 小笠原諸島**返還**
1969 日米共同声明
1971 沖縄返還協定調印
ニクソン=ショック
1972 沖縄**返還**
1973 変動相場制導入
1978 日米防衛協力のための指針
1985 プラザ合意
1989 **日米構造協議**
1991 湾岸戦争
牛肉・オレンジ輸入完全自由化
1993 **日米包括経済協議**・米市場部分開放
1995 米兵が小学生に暴行(沖縄)
1996 日米安保共同宣言
普天間(ふてんま)基地全面返還合意
1999 **新ガイドライン関連法**
2001 米で同時多発テロ事件→テロ対策特別措置(そち)法
2003 イラク戦争
有事関連三法
2006 在日米軍再編のロードマップ発表
2008 リーマン=ショック→世界金融危機の日本波及

4 サンフランシスコ平和条約と日本の領土

条約により日本は，朝鮮・台湾(たいわん)・南樺太(からふと)・千(ち)島(しま)列島などを放棄した。**南西諸島・小笠原(おがさわら)諸島**は**アメリカの施政権下**に置かれた。

5 アメリカ軍の日本駐留

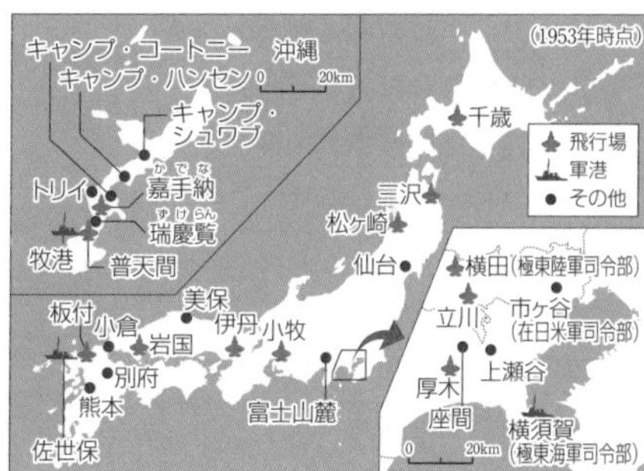

日米安全保障条約・日米行政協定により，日本はアメリカ軍の駐留や軍事基地の使用を承認した。

6 貿易摩擦

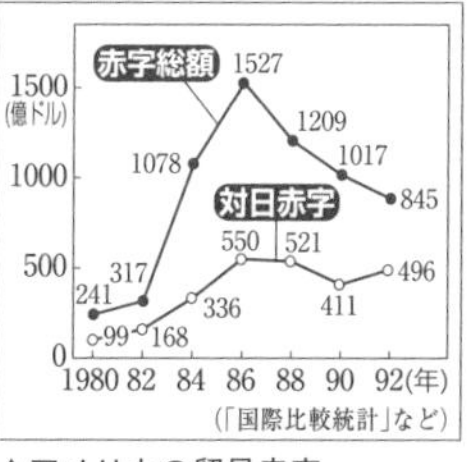

▲アメリカの貿易赤字

1980年代以降，日本の貿易黒字が増加する一方，アメリカは「双子の赤字」(財政・貿易赤字)に苦しみ，**貿易摩擦**が発生した。

4 北海道・日露関係史

入試重要度 ▶ B

1457	**コシャマインの戦い**
1599	蠣崎氏が松前氏と改姓
1604	松前氏が徳川家康から蝦夷との交易権を認められ**松前藩**を形成→**商場知行制**成立
1669	**シャクシャインの戦い**
18C前半	**場所請負制度**成立
1786	**最上徳内**が**蝦夷地・千島探検**
1789	クナシリ・メナシの蜂起
1792	**ラクスマン**が**根室**に**来航**
1804	**レザノフ**が**長崎に来航**
1807	幕府が**松前藩**と**蝦夷地**を直轄地とし松前奉行設置
1808	**間宮林蔵**が**樺太探検**
1811	**ゴローウニン事件**
1813	ゴローウニンと高田屋嘉兵衛との人質交換
1853	**プチャーチンが長崎来航**
1854	**日露和親条約**
1858	**安政の五カ国条約**
1868	**五稜郭の戦い**
1869	蝦夷地を**北海道**と改称し開拓使設置
1874	**屯田兵**制度
1875	**樺太・千島交換条約**
1876	札幌農学校を開校
1881	**開拓使官有物払下げ事件**
1882	開拓使を廃して函館・札幌・根室の3県を設置
1886	3県を廃して北海道庁を設置

1 北方探検

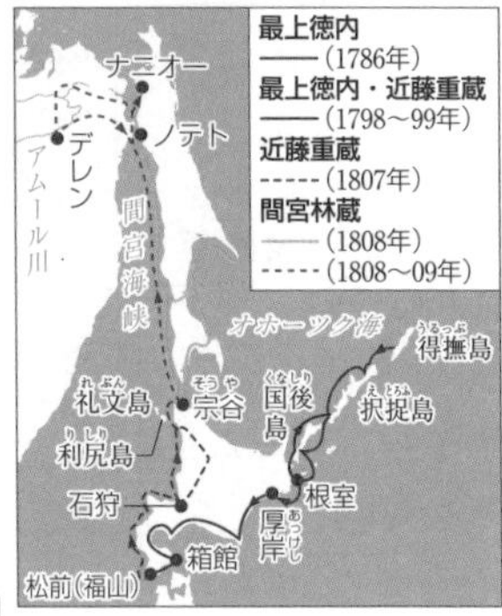

幕府は**間宮林蔵**らに千島・樺太などの探検を命じた。この探検で，間宮林蔵は大陸と樺太の間の海峡を発見し，**樺太**が島であることを確認した。

2 列強の接近

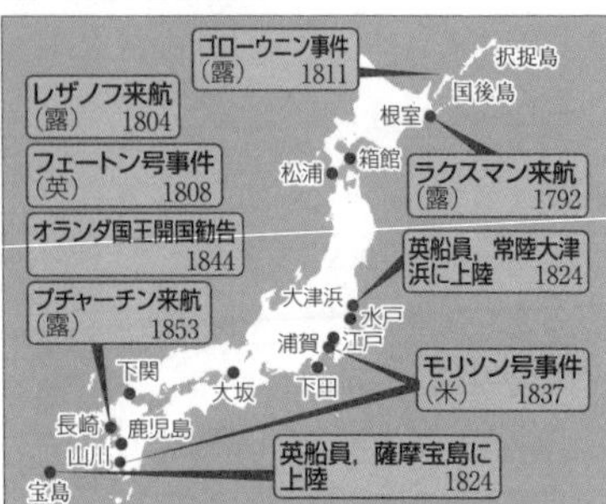

3 明治初期の日本の領土

樺太・千島交換条約を結び，樺太をロシア領千島全島を日本領とした。

1891	大津(おおつ)事件
1895	**三国干渉(かんしょう)**
1899	**北海道旧土人保護法**
1904	**日露戦争**
1905	**ポーツマス条約**
1907	第 1 次日露協約
1910	第 2 次日露協約
1912	第 3 次日露協約
1916	第 4 次日露協約
1917	**ロシア革命**
1918	**シベリア出兵**
1920	尼港(にこう)(ニコラエフスク)事件
1922	シベリア撤兵完了
1925	**日ソ基本条約**
1938	張鼓峰(ちょうこほう)事件
1939	ノモンハン事件
1941	**日ソ中立条約**
1945	ヤルタ会談
	ソ連の対日参戦
1956	**日ソ共同宣言**
1972	札幌冬季五輪
1980	日本がモスクワ五輪不参加
1988	青函(せいかん)トンネル開通
1993	日ロ東京宣言
1997	**アイヌ文化振興法**
	クラスノヤルスク合意
1998	モスクワ宣言
2001	イルクーツク声明
2003	日ロ行動計画
2008	北海道洞爺(とうや)湖サミット
2019	**アイヌ施策推進法**
2020	民族共生象徴空間「ウポポイ」の開業
2022	ロシアがウクライナ侵攻

4 日露戦争

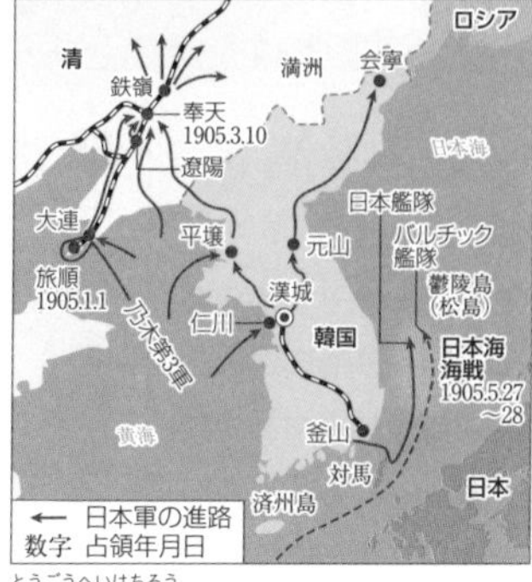

東郷平八郎(とうごうへいはちろう)が指揮した**日本海海戦**で，日本はロシアのバルチック艦隊を全滅させた。

5 ポーツマス条約

白滝幾之助筆「ポーツマス講和談判」(部分) 聖徳記念絵画館蔵

日露戦争の講和条約。アメリカ大統領**セオドア=ローズヴェルト**の仲介で日本全権**小村寿太郎**(こむらじゅたろう)とロシア全権**ウィッテ**が**ポーツマス**で会談した。

6 日ソ共同宣言

▲共同宣言に署名する日ソ両首相

5 | 沖縄史

入試重要度 ▶ B

1429	中山王尚巴志が琉球を統一し**琉球王国**を建国
1609	島津家久が尚寧王を捕らえ琉球征服→薩摩藩の属国化
1634	**慶賀使**・**謝恩使**を初めて江戸に派遣
1853	ペリーが琉球王国の那覇に寄港
1871	琉球漂流民殺害事件
1872	琉球**藩**設置→**尚泰**を藩王に
1874	**台湾出兵**
1879	琉球藩廃止→**沖縄県設置**（**琉球処分**）
1890	府県制・郡制実施
1892	奈良原繁知事の県政開始
1899	謝花昇が沖縄倶楽部結成
1912	沖縄で初の衆議院議員選挙
1945	**沖縄戦**により全島が米軍占領下へ
1951	**サンフランシスコ平和条約** **日米安全保障条約**により米軍駐留の継続
1952	**日米行政協定** 琉球政府の設置
1953	奄美群島の日本復帰
1960	**日米相互協力及び安全保障条約・日米地位協定** 沖縄県祖国復帰協議会結成
1965	**佐藤栄作首相が沖縄訪問**

1 沖縄戦

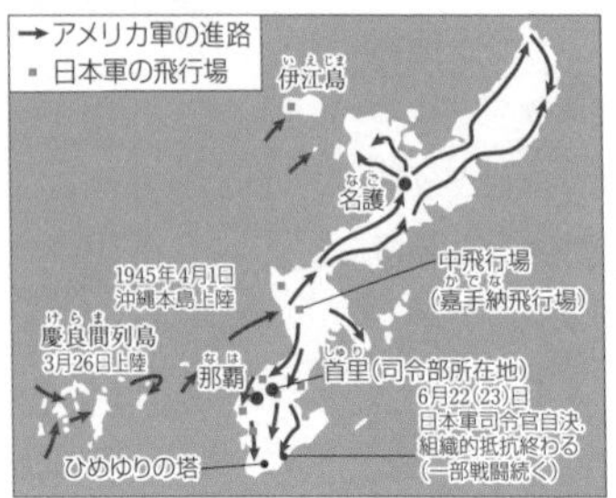

日本軍約10万人はほぼ全滅した。民間人約10万人も戦いに巻き込まれて死亡した。

2 サンフランシスコ平和条約

吉田茂首相が平和条約に調印し，日本は主権を回復したが，南西諸島・小笠原諸島は日本の主権回復後も，アメリカの施政権下に置かれた。

3 佐藤栄作首相の沖縄訪問

（沖縄県公文書館）

戦後初めて，首相が沖縄の地を踏んだ。佐藤首相は「沖縄が祖国に復帰しない限り，日本の戦後は終わらない」と述べた。

1968 初の琉球政府主席公選で屋良朝苗当選
1969 佐藤・ニクソン会談で「核抜き・本土なみ」の沖縄返還合意
1971 **沖縄返還協定**調印
1972 **沖縄の日本復帰**
沖縄開発庁設置
1975 沖縄国際海洋博開催
1995 米軍兵士による少女暴行事件→沖縄県民総決起大会
大田昌秀知事が米軍基地強制使用手続きの代理署名拒否
1996 日米政府による**普天間基地**全面返還合意
沖縄県で**米軍基地縮小・日米地位協定見直し**を問う住民投票
2000 **九州・沖縄サミット**
「琉球王国のグスク及び関連遺産群」が世界文化遺産に登録
2001 中央省庁再編により沖縄開発庁が内閣府に統合され，沖縄振興局を設置
2004 米軍ヘリ墜落事件
2006 在日米軍再編のロードマップ発表－米軍普天間飛行場を名護市辺野古沖へ移設
2010 普天間基地の辺野古移設で日米同意
尖閣諸島中国漁船衝突事件
2012 尖閣諸島国有化
2019 首里城焼失

4 日本復帰直後の沖縄の米軍基地

沖縄の米軍基地は日本復帰直後も15％程度しか減少していない。現在，日本の米軍基地の約70％は沖縄にあり，沖縄本島の約15％を米軍基地が占めている。

5 普天間基地移設問題

◀普天間基地（沖縄県宜野湾市）

1995年の米兵の少女暴行事件を機に，基地問題の本格的な対話が始まり，1996年に普天間基地の全面返還が合意された。2010年鳩山由紀夫内閣は**普天間基地**の県外移設交渉に失敗，菅直人内閣は名護市**辺野古**移設でアメリカと合意した。

6 九州・沖縄サミット

沖縄県名護市の「万国津梁館」でＧ８による首脳会合が行われた。

6 軍事史

入試重要度 ▶ B

★**律令官制…兵部省**
★**鎌倉幕府の機構…侍所**
★**建武政府の職制…武者所**
★**室町幕府の機構…侍所**
★**江戸幕府の職制…旗本・御家人と諸大名の軍役**

1869 **明治中央官制…兵部省**
1871 **薩摩・長州・土佐藩からの御親兵。**四鎮台
1872 兵部省→**陸・海軍省に分離**
御親兵→近衛兵へ移行
徴兵告諭布告
1873 六鎮台に増設。**徴兵令**…20歳以上の男子，国民皆兵
各地で**血税一揆**が頻発
1878 竹橋事件(近衛兵による反乱)
陸軍参謀本部設置
1882 **軍人勅諭**発布
1885 **内閣制度**…陸・海軍省を踏襲
1888 鎮台を廃止して**師団**を設置
近衛兵を**近衛師団**と改称
1893 **海軍軍令部**設置
1900 **軍部大臣現役武官制**
1907 帝国国防方針**策定**(陸軍…25個師団，海軍…八・八艦隊計画)
1912 **2個師団増設問題**
1913 **軍部大臣現役武官制改正**
1915 2個師団増設実現
1922 **ワシントン海軍軍備制限条約**

1 兵部省から陸・海軍省へ

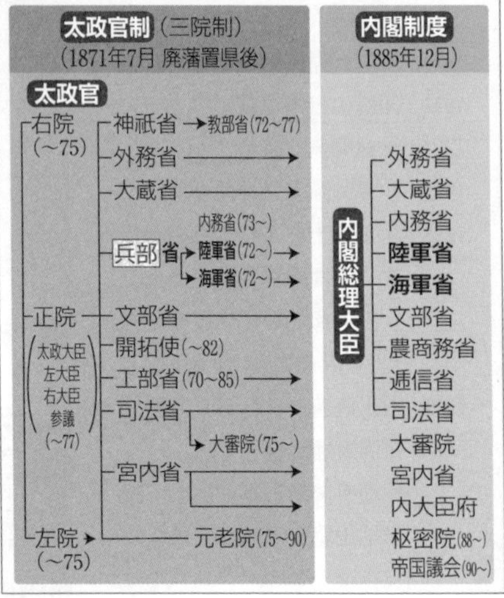

2 徴兵令

▲徴兵免役条項の解説小冊子

▲徴兵検査

3 軍人勅諭

一 軍人ハ忠節を尽すを本分とすへし。……
一 軍人ハ礼儀を正くすへし。……
一 軍人ハ武勇を尚ふへし。……
一 軍人ハ信義を重んすへし。……
一 軍人ハ質素を旨とすへし。……

1925	4個師団削減
1927	ジュネーヴ軍縮会議
1930	**ロンドン海軍軍備制限条約**
1936	**軍部大臣現役武官制復活** 帝国国防方針の改定
1950	**警察予備隊**
1951	日米安全保障条約
1952	警察予備隊→保安隊に移行
1953	池田・ロバートソン会談
1954	**MSA協定**。防衛二法で**防衛庁・自衛隊発足**
1957	国防会議「国防の基本方針」
1960	**日米相互協力及び安全保障条約**
1967	武器輸出三原則
1971	非核三原則の採択
1976	**防衛費**のGNP比1%枠の設定
1978	日米防衛協力のための指針
1987	防衛費のGNP比1%枠突破
1992	**PKO協力法**→自衛隊カンボジアPKO派遣
1996	日米安保共同宣言
1997	新ガイドライン
1999	**新ガイドライン関連法**
2001	テロ対策特別措置法
2003	**有事関連三法**。イラク人道復興支援特別措置法
2004	**有事関連七法**
2007	防衛庁→**防衛省**へ移行
2008	新テロ対策特別措置法
2009	海賊対処法
2014	防衛装備移転三原則
2015	**安全保障関連法→集団的自衛権**

4 警察予備隊

朝鮮戦争が始まった直後に，GHQの指令で設置された。

5 日本の防衛関係費の推移

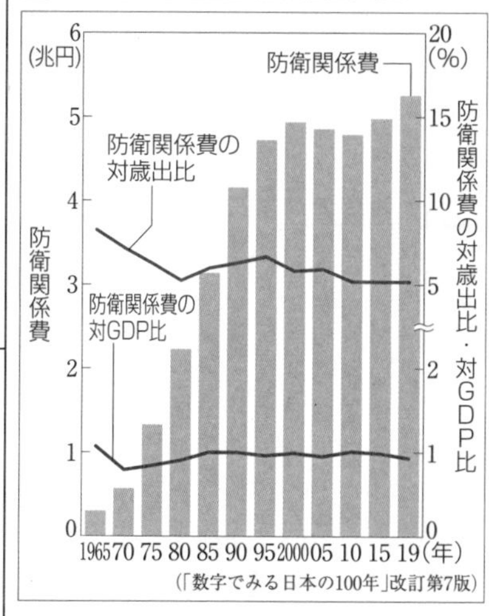

（「数字でみる日本の100年」改訂第7版）

6 主な国の国防費

国名	国防支出総額（億ドル）	対GDP比（%）
アメリカ	7540	3.3
中国	2073	1.2
イギリス	716	2.3
ロシア	458	2.8
日本	493	1.0
フランス	593	2.0
ドイツ	561	1.3

(2021年)　　(2022/23年版「世界国勢図会」)

テーマ史編

7 | 職制史

入試重要度 ▶ B

1 鎌倉幕府の職制

- 侍所の初代別当には東国御家人の**和田義盛**が任じられた。
- 公文所(政所)の初代別当には**大江広元**，問注所の初代執事には**三善康信**が任じられた。
- 政所別当となった**北条義時**は侍所の別当も兼ねて権力を掌握した。その地位は**執権**と呼ばれた。
- 承久の乱後，京都守護にかわり，**六波羅探題**が置かれた。
- **北条泰時**は執権を補佐する**連署**を置き，有力御家人を**評定衆**に任命し，合議に基づく政治を開始した。

将軍 1192年
- 執権 1203年
- 連署 1225年

中央(鎌倉)
- 侍所 1180年…軍事・警察・御家人の統率
- 公文所 1184年
  - → 政所 1191年…一般政務・財政
- 問注所 1184年…訴訟・裁判
- 評定衆 1225年 政務会議 ― 引付衆 1249年 所領訴訟
- 京都守護 1185年
  - → 六波羅探題 1221年…朝廷の監視・京都の警備・西国の統治
- 鎮西奉行 1185年
  - → 鎮西探題 1293年…九州の御家人の統率
- 奥州総奉行 1189年…奥州の御家人の統率

地方
- 守護 1185年…御家人統率・大犯三カ条
- 地頭 1185年…荘園・公領の管理

2 建武政府の職制

- **建武の新政**…**後醍醐天皇**は，幕府や院政だけでなく，摂政や関白も否定して天皇への権限集中をめざした。しかし，諸国には国司・守護が併置され，旧幕府系の武士が重用された。
- **武士の不満**…建武の新政は，それまで根づいていた武士の社会の慣習を軽んじたため，武士は不満をもった。
- **建武の新政の崩壊**…1335年に**中先代の乱**を平定するために，**足利尊氏**は関東に行き，天皇に反旗を翻すと，新政は崩壊に向かった。

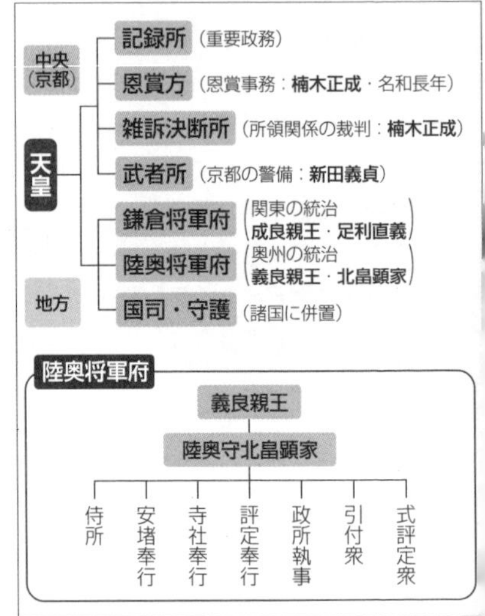

3 室町幕府の職制

- **管領**には，足利氏一門の**細川**・**斯波**・**畠山**の３氏(**三管領**)が交代で任命された。侍所の長官(所司)も，**赤松**・**一色**・**山名**・**京極**の４氏(**四職**)から任命されるのが慣例であった。
- 三官領や四職に任命される有力な守護は，重要な政務を担い，幕府の政治を動かした。それ以外の守護は，領国を**守護代**に治めさせ，自身は在京していた。
- 室町幕府には，**鎌倉府**・**九州探題**・**奥州探題**・**羽州探題**といった地方機関があり，とくに鎌倉府は権限が大きかった。

三管領 細川・斯波・畠山氏

将軍
- 中央(京都)
  - **管領**
    - **評定衆** ― **引付**(所領の訴訟を審理)
    - **政所**(将軍家の家政・財政)
    - **侍所**(京都の警備・刑事裁判)
      - **四職** 赤松・京極・山名・一色
- 地方
  - **守護** ― **地頭**
  - **九州探題**(九州諸将を統制)
  - **奥州探題**(奥羽の軍事・民政)
  - **羽州探題**(奥州探題から分離 出羽国の軍事・民政)
  - **鎌倉府**〔**鎌倉公方**〕―**関東管領**(10国統轄〈伊豆・甲斐・関東8国〉)
    - **評定衆**
    - **政所**
    - **侍所**
    - **問注所**

4 江戸幕府の職制

- ３代将軍**徳川家光**の頃までに整備された。
- 初めは**年寄**と呼ばれて幕府の中枢に位置していた**老中**が，政務の統括にあたった。
- **大老**は臨時の最高職であり，重要事項の決定のみ合議に加わった。
- **寺社奉行**・**町奉行**・**勘定奉行**は三奉行と呼ばれた。
- 地方組織では，**京都所司代**が最も重要な役職であった。

◀徳川家光　３代将軍家光は，幕府制度の整備のほか，参勤交代の制度化や鎖国の完成に力を注いだ。

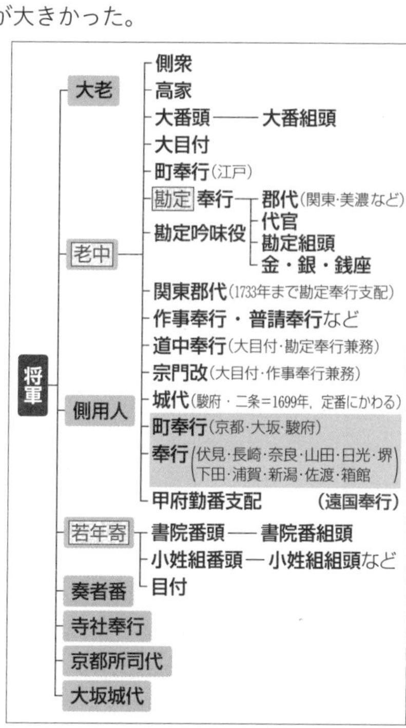

8 土地制度・税制史

入試重要度 ▶ A

646 **改新の詔＝公地公民制…田荘・部曲を廃止**

670 **庚午年籍**

690 **庚寅年籍**

701 **大宝律令**

★**班田収授法…口分田**

★**田地…輸租田・不輸租田**

★**税制…租・調・庸・雑徭**

★**課役以外の負担…兵役・仕丁・出挙・義倉**

8～9C **初期荘園＝自墾地系荘園**など

722 **百万町歩の開墾計画**

723 **三世一身法**

743 **墾田永年私財法**

765 加墾禁止令

772 加墾禁止令廃止

801 一紀一班

9C 勅旨田(各地)の増加

823 大宰府に公営田を設置

879 畿内に官田を設置

902 **延喜の荘園整理令**…記録上最後の班田実施

11C頃 **寄進地系荘園の成立**

1069 **延久の荘園整理令**

11C頃 **知行国制度…八条院領・長講堂領**

12C 関東御領・関東知行国

1185 **源頼朝**，荘園・公領に地頭設置

1221 **承久の乱**→幕府は上皇方から3000余箇所の所領を没収

1 律令制下の農民の負担

物納税	租	稲(収穫の約３％)
	調	地方の特産物(絹・麻の布，魚・貝・海藻)
	庸	麻の布など　本来は都で10日間の労役(歳役)
労働税	雑徭	年間60日を限度とする労役
	兵役	諸国の軍団で兵士として訓練
	衛士	１年間都の警備
	防人	３年間北九州の警備

2 寄進地系荘園と公領(国衙領)

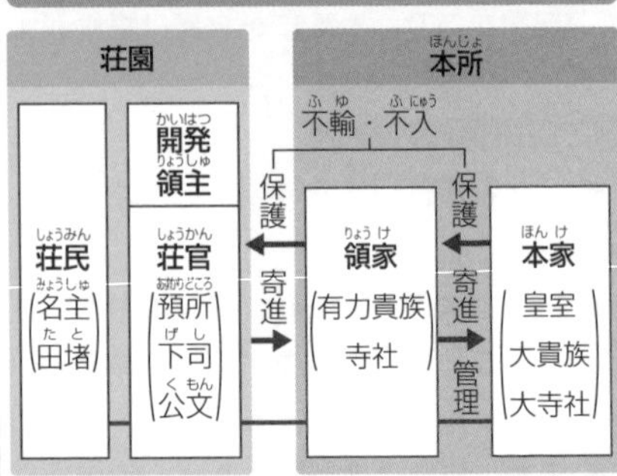

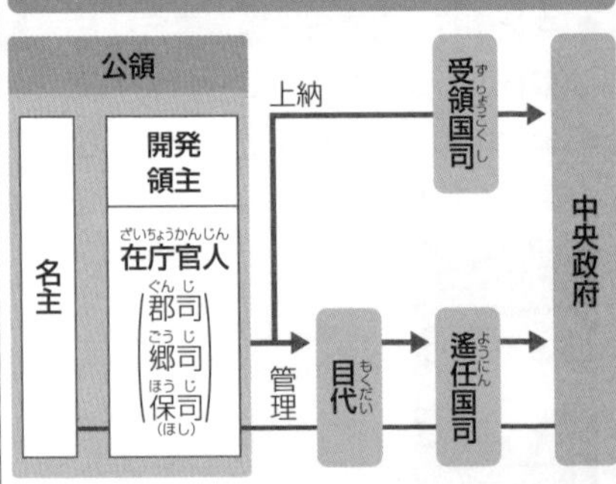

1223 新補率法
13C 地頭請・下地中分が行われる
1297 永仁の徳政令
1352 半済令
14C 守護請がさかんに行われる
15C 室町幕府財政基盤…御料所・段銭・棟別銭・土倉役・酒屋役・関銭・津料
16C 戦国大名による関所の撤廃
1582 太閤検地の開始→荘園制の崩壊
17C 江戸幕府財政基盤…幕領・旗本領
1643 田畑永代売買の禁止令
1673 分地制限令
17C 農民負担…本途物成・小物成・高掛物・国役・伝馬役
1722 上げ米の実施
新田開発の奨励
1872 田畑永代売買の禁止令解除
1873 **地租改正条例…地価の３％**
1877 地租2.5％に引き下げ
1887 所得税新設
1917 所得税の収入が地租を抜く
1924 小作調停法
1938 農地調整法
1945 **第１次農地改革**
1946 **第２次農地改革**
1949 シャウプ勧告
1961 農業基本法
1989 消費税導入（３％）
1997 消費税５％に引き上げ
2014 消費税８％に引き上げ
2019 消費税10％に引き上げ

3 地租改正

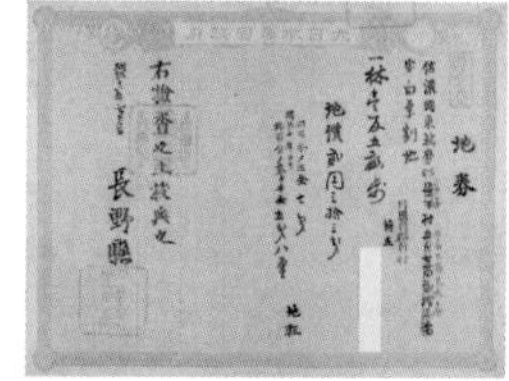
▲地券

	改正前		改正後
課税基準	収穫高	➡	地価
納税方法	物納	➡	金納
税率	収穫高に対する割合	➡	地価の３％（定額比）
納入者	耕作者（本百姓）	➡	土地所有者（地主・自作農）

▲地租改正前後の変化

4 農地改革

	第１次農地改革	第２次農地改革
法律	1945年12月 農地調整法改正公布（1946年２月実施）	1946年10月 農地調整法改正・自作農創設特別措置法公布
不在地主	認めない	認めない
在村地主	隣接市町村在住者を含む。５町歩以内	農地のある市町村在住者。１町歩（北海道４町歩）
面積計算単位	個人単位	家族単位
自作農保有制限	なし	３町歩（北海道12町歩）
譲渡方式	地主・小作農の協議	国家買収，小作農へ売り渡す
農地委員会	地主・自作・小作各5名	地主３・自作２・小作５名
小作料	金納（物納も認める）	金納（収穫価格の25％以内）
	⬇	⬇
結果	地主制を温存するものとGHQが非難。実行不可能に終わる	自作農を創設，地主制解体。全国の小作地は１割程度にまで減少

▲２次にわたる農地改革とその結果

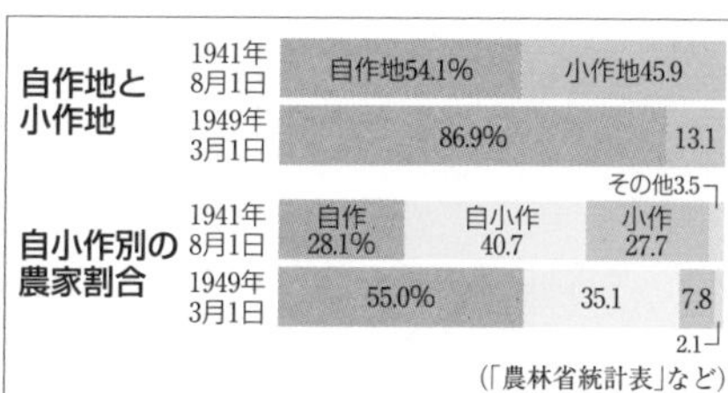

▲農地改革による変化

9 貨幣・金融史

入試重要度 ▶ B

7C 富本銭

708 和同開珎

711 蓄銭叙位令

958 乾元大宝(最後の本朝十二銭)

13C 鎌倉時代…宋銭輸入

★金融業者…借上・頼母子

★為替…割符という為替手形で決済

14C 室町時代…明銭輸入

★明銭…洪武通宝・永楽通宝・宣徳通宝

★撰銭…撰銭令で規制

★金融業者…土倉・酒屋

1588 天正大判

17C 江戸時代

★金貨…大判・小判。慶長小判→元禄小判→正徳小判

★銀貨…秤量貨幣・南鐐二朱銀(1772年)

★銭貨…寛永通宝(1636年)

★交換比率…金1両=銀50匁=銭4貫(1609年)→金1両=銀60匁=銭4貫(1700年)→三貨制度

★藩札…越前藩が初(1661年)

★両替商…本両替・銭両替・大坂の十人両替

★豪商…鴻池家・三井家・住友家・淀屋辰五郎・紀伊国屋文左衛門

1 富本銭(左)と和同開珎(右)

2 借上

3 江戸時代の貨幣

▲慶長丁銀

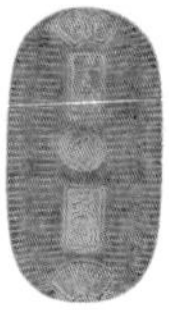

▲慶長小判

▲寛永通宝

▲藩札

小判1両の重さ (匁)

鋳造年	金の含有量
1600＝慶長小判	84.3%
1695＝元禄小判	57.4%
1710＝宝永小判	84.3%
1714＝正徳小判	84.3%
1716＝享保小判	86.8%
1736＝元文小判	65.7%
1819＝文政小判	56.4%
1837＝天保小判	56.8%
1859＝安政小判	56.8%
1860＝万延小判	56.8%

1匁＝約3.75g

▲金銀成分の比較

★幕末…金銀比価問題

・日本　金1：銀5

・海外　金1：銀15

→金貨海外流出→万延小判

1868 太政官札

1869 民部省札

1871 **新貨条例**…貨幣制度の統一，**金本位制**の確立，円・銭・厘の十進法

1872 **国立銀行条例**

1873 **第一国立銀行**

1879 国立銀行が153行に至る

1880年代 **松方財政**

1882 **日本銀行設立**

1885 **銀兌換銀行券**…銀本位制

1897 **貨幣法**…金本位制

1917 **金輸出禁止**

1927 **金融恐慌**…田中義一内閣が**モラトリアム**(支払猶予令)実施

1930 **井上準之助**による**金輸出解禁**

1931 **高橋是清**による**金輸出再禁止**。円の金兌換停止→**管理通貨制度**へ

1944 ブレトン=ウッズ協定

1946 **金融緊急措置令**

1949 ドッジ=ライン

1971 ニクソン=ショック

スミソニアン協定

1973 **変動相場制**に移行

1976 キングストン合意

1985 **プラザ合意**

1987 ルーヴル合意

2008 世界金融危機

4 貨幣制度

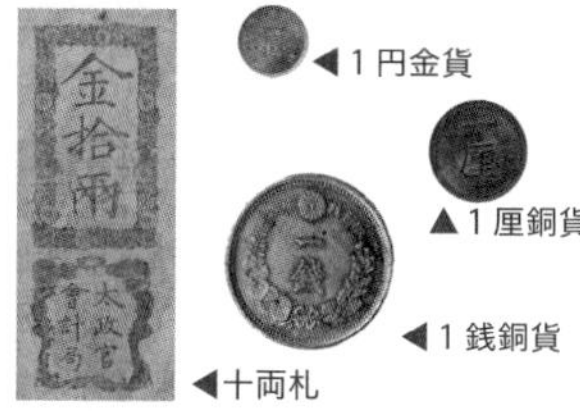

◀1円金貨　▲1厘銅貨　◀1銭銅貨　◀十両札

5 第一国立銀行

6 各国の金解禁

国名	金輸出禁止	解禁	再禁止
日本	1917.9	1930.1	1931.12
イギリス	1919.4	1925.4	1931.9
アメリカ	1917.9	1919.7	1933.4
ドイツ	1915.11	1924.10	1931.7
フランス	1915.7	1928.6	1936.9
イタリア	1914.8	1927.12	1934.5

(「近現代日本経済史要覧」)

7 戦後の通貨発行高と物価指数

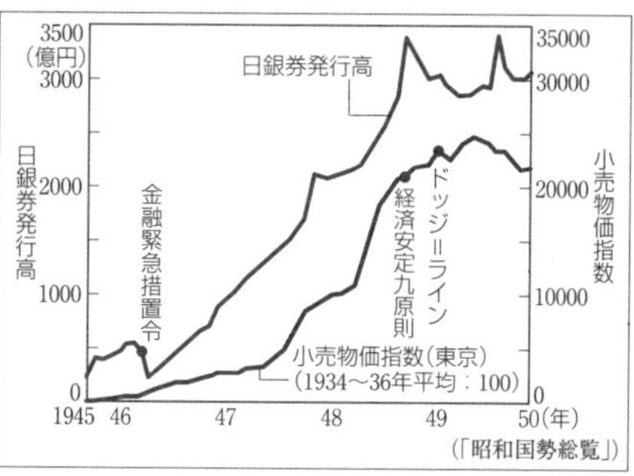

(「昭和国勢総覧」)

10 | 農業史

入試重要度 ▶ B

弥生
- ★**水稲耕作**…ジャポニカ種
- ★湿田利用→灌漑による乾田
- ★籾を直播→田植え
- ★**石包丁**で**穂首刈り**→鉄鎌で根刈り
- ★木臼・竪杵による脱穀，高床倉庫による貯蔵，耕作は木製農具(**木鋤・木鍬・田下駄**・田舟・大足)

古墳
- ★**農耕儀礼**…祈年の祭り・新嘗の祭り

奈良
- ★**班田収授法**… **6歳**以上の男女に**口分田**
- ★**農民の抵抗**…偽籍・浮浪や逃亡・私度僧

平安
- ★**田堵**…大規模経営の大名田堵→**開発領主**
- ★**農民階層**…名主・作人・下人や所従

鎌倉
- ★**二毛作の開始**…畿内・瀬戸内海沿岸で二毛作(米の裏作に麦を栽培)
- ★**農具・肥料**…**牛馬耕**・刈敷・草木灰

室町
- ★**二毛作の普及**…畿内では米・麦・そばの三毛作
- ★**品種改良**…早稲・中稲・晩稲，大唐米
- ★**肥料・農具**…**刈敷・草木灰・下肥**，竜骨車
- ★**商品作物**…桑・苧(からむし)・楮・漆・藍・茶

1 弥生時代の農具

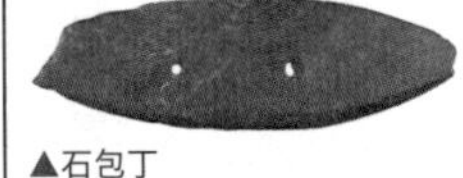

▲石包丁

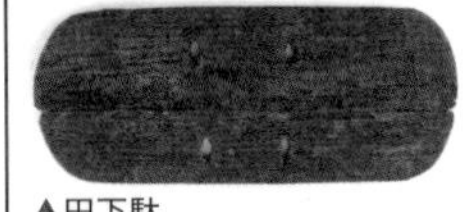

▲田下駄

◀鋤

2 農民階層

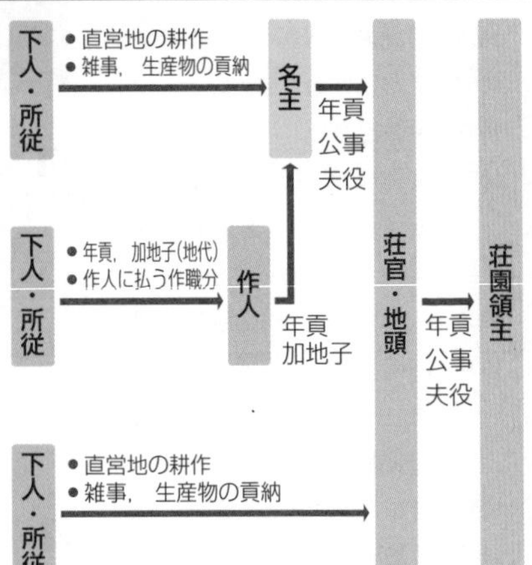

3 牛耕

安土桃山	★**太閤検地**…石高制(天正の石直し)，一地一作人の原則，耕作者を**検地帳**に登録
江戸	★**農村組織**…**村方三役**(**名主**・**組頭**・**百姓代**)，**五人組**，結
	★**新田開発**…町人請負新田
	★**農具改良**…備中鍬・千歯扱・唐箕・千石簁・踏車
	★**金肥**…干鰯・油粕・〆粕
	★**商品作物栽培**…四木(桑・漆・楮・茶)，三草(麻・藍・紅花)，木綿，藺草
	★**農書**…『農業全書』(宮崎安貞)
1872	田畑永代売買の禁止令解除
1873	**地租改正条例**
1918	**米騒動**
1922	日本農民組合
1930～31	**農業恐慌**
1938	農地調整法
1939	米穀配給統制法
	小作料統制令
1940	米の供出制
1942	食糧管理法
1945	**第1次農地改革**
1946	**第2次農地改革**
1961	農業基本法
1970	減反政策開始
1991	**牛肉・オレンジ輸入自由化**
1993	**米市場部分開放**
1995	新食糧法施行
1999	食料・農業・農村基本法
2018	減反政策廃止
	TPP11協定調印・発効

4 検地帳(左)と検地の様子(右)

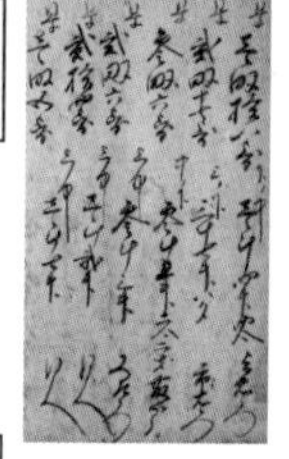
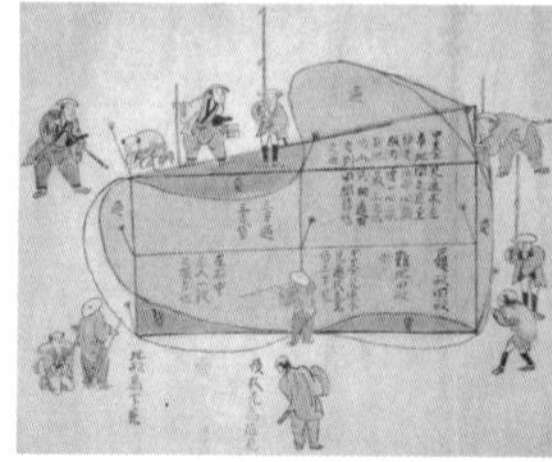

5 農具改良

備中鍬

千歯扱

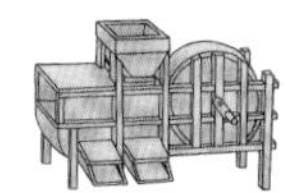
唐箕

千石簁

踏車

からさお

6 米騒動

7 農業恐慌による農産物価格の下落

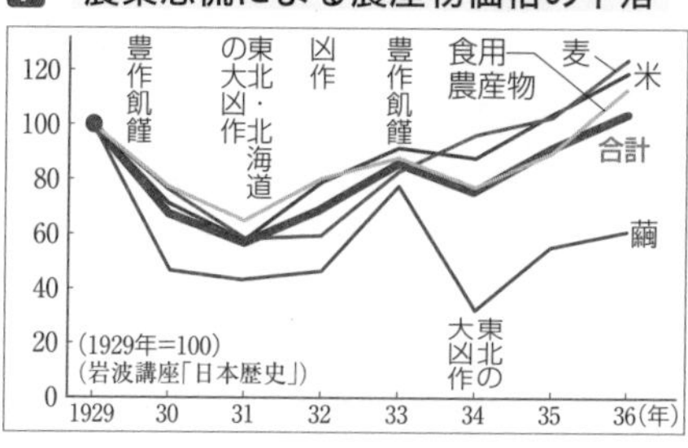

11 | 身分制度・家族制度・女性史

入試重要度 ▶ C

古代　律令制下の身分制度

- ★**天皇**…皇親(天皇の親族)
- ★**良民**…上級官人(貴族)・下級官人・公民
- ★品部・雑戸(雑色人)
- ★**賤民(五色の賤)**…**官有**－陵戸・官戸・公奴婢(官奴婢),**私有**－家人・私奴婢
- ★**家族制度**…妻問婚・婿入婚・嫁入婚

中世　武士団構造と被差別民

- ★**武士団の構造**…棟梁・惣領・家子・郎等・下人や所従
- ★**被差別民**…非人・河原者
- ★**家族制度**…**惣領制**－分割相続→**嫡子単独相続**へ

近世　★江戸時代の身分

- ・**武士**…将軍・大名(親藩・譜代・外様)・旗本・御家人
- ・**百姓**…農業・林業・漁業
- ・**職人**…多様な手工業
- ・**町人**…商業・金融など
- ★**村と百姓**…**村方三役**(名主・組頭・百姓代),**本百姓**,水呑,名子・被官
- ★**町と町人**…町役人(町年寄・町名主・月行事),町人(地主・家持),地借や借家・店借
- ★**被差別民**…かわた・非人
- ★**家族制度**…家父長制・長子単独相続・男尊女卑

1 律令制下の身分制度

皇族				
良民	官人	上級	五位以上(貴族)	
		下級	六位以下	
	公民		一般農民。戸籍・計帳に登録され,口分田班給。租・調・庸などを負担	
	雑色人		品部・雑戸(官庁に所属する手工業者)	
賤民(五色の賤)	(官有)		(私有)	
	陵戸	陵墓の守衛	家人	貴族・有力者の隷属民。口分田は良民の3分の1
	官戸	官司で雑役に従事		
	公奴婢(官奴婢)	官有奴隷。売買の対象	私奴婢	私有奴隷。売買の対象

2 江戸時代末の身分別人口構成

総人口 37万2154人

百姓	武士	町人	神官・僧侶など	その他
76.4%	9.8	7.5	1.9	4.4

※1849年秋田藩の例　　(関山直太郎「近世日本の人口構造」)

3 百姓・町人の統制

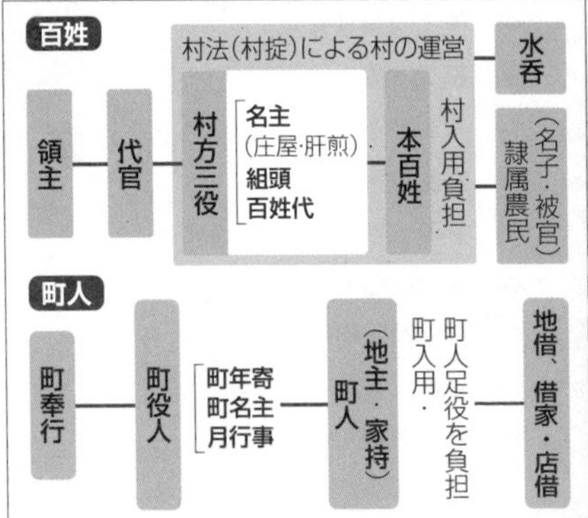

近代　★四民平等

- **華族**…公家・藩主
- **士族**…藩士・旧幕臣
- **平民**…百姓・町人

1871　「**解放令**」

1874　官立女子師範学校

1885　大阪事件（女性民権家の景山〈福田〉英子らを逮捕）

1886　甲府雨宮製糸工場の女工スト
　　　日本キリスト教婦人矯風会

1889　**民法典論争**

1896～98　修正民法

1900　**津田梅子**，**女子英学塾**設立

1904　**与謝野晶子**が「君死にたまふこと勿れ」を発表

1911　**青鞜社**（**平塚らいてう〈明〉**ら）

1920　**新婦人協会**（**平塚らいてう**，**市川房枝**ら）

1921　**赤瀾会**

1922　治安警察法第５条改正

1924　**婦人参政権獲得期成同盟会**（翌年婦選獲得同盟と改称）

1925　普通選挙法

1942　大日本婦人会

1945　新選挙法－初の**女性参政権**

1946　衆議院議員総選挙－39人の女性議員誕生

1947　民法改正

1979　女子差別撤廃条約採択

1985　**男女雇用機会均等法**

1997　男女雇用機会均等法改正

1999　男女共同参画社会基本法

2016　選挙権年齢が**満18歳以上**に

2022　成年年齢が満18歳以上に

4　民法典論争

▲ボアソナード

ボアソナード起草の民法が公布されたが，自由主義的な内容に，穂積八束は「民法出デヽ忠孝亡ブ」と批判，激しい議論となった。その結果，施行は延期され，ドイツ民法を参考にした新民法が公布・施行された。

5　『青鞜』創刊号の表紙（左）と宣言（右）

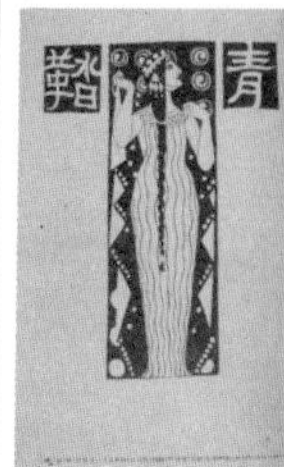

元始，女性は実に太陽であった。真正の人であった。今，女性は月である。他に依って生き，他の光によって輝く，病人のやうな蒼白い顔の月である。……私共は隠されて仕舞った我が太陽を今や取戻さねばならぬ。

6　新婦人協会の結成

7　女性参政権

◀投票する女性

新選挙法で，**満20歳以上の男女**に選挙権が与えられた。

12 宗教史

入試重要度 ▶ B

538 仏教伝来538年説『上宮聖徳法王帝説』など

552 仏教伝来552年説『日本書紀』

594 仏教興隆の詔

604 **憲法十七条**…仏・法・僧の崇敬

607 **法隆寺建立**

6～7C 氏寺の建立…飛鳥寺（法興寺）・**広隆寺**

8C 国家仏教の進展…護国三部経（金光明〈最勝王〉経・仁王経・法華経）

741 **国分寺建立の詔**

743 **大仏造立の詔**

★**南都六宗**…**三論宗**・**成実宗**・**法相宗**・**倶舎宗**・**華厳宗**・**律宗**

★**七大寺**…西大寺・東大寺・興福寺・元興寺・薬師寺・大安寺・法隆寺

752 **東大寺大仏開眼供養**

753 鑑真来日

805 最澄が帰国し**天台宗**を開く…**比叡山**に**延暦寺**を建立

806 空海が帰国し**真言宗**を開く…**高野山**に**金剛峯寺**を建立

9C 神仏習合。修験道

10C **空也**…「**市聖**」と呼ばれ，六波羅蜜寺を建立

源信（恵心僧都）…『**往生要集**』

11C 本地垂迹説

1 法隆寺釈迦三尊像（左）と広隆寺弥勒菩薩像（右）

2 大仏造立の詔（左）と東大寺大仏（右）

菩薩の大願を発して盧舎那仏の金銅像一軀を造り奉る。……夫れ天下の富を有つ者は朕なり。天下の勢を有つ者も朕なり。此の富勢を以てこの尊像を造る。事や成り易き，心や至り難き。……

3 比叡山延暦寺（左）と高野山金剛峯寺（右）

4 空也

六波羅蜜寺（京都）の空也上人像。**空也**が**念仏**を唱えると，「南無阿弥陀仏」の音声が小仏に姿を変えたということを表現している。

1052	末法思想による末法の世に突入→翌年，**平等院鳳凰堂**が落成
1175	**法然**が**浄土宗**を開く
1191	**栄西**が帰国し**臨済宗**を広める
1224	**親鸞**が**浄土真宗**(一向宗)を開く
1227	**道元**が帰国し**曹洞宗**を開く
1253	**日蓮**が**日蓮宗**(法華宗)を開く
1274	**一遍**が**時宗**を開く
13C	**度会家行**が**伊勢神道**(度会神道)を創始…**神本仏迹説**
15～16C	吉田兼倶が唯一神道を大成
1536	天文法華の乱
1549	**ザビエルの鹿児島上陸**
1571	信長が**比叡山延暦寺を焼討ち**
1580	信長が顕如と和解(**石山合戦**)
1582	**天正遣欧使節**
1587	**バテレン追放令**
1596	**26聖人殉教**
1601～16	寺院法度
1612	幕領に**禁教令**
1665	諸宗寺院法度 諸社禰宜神主法度
19C	教派神道(黒住教・天理教・金光教)
1868	**神仏分離令**により**廃仏毀釈**
1870	**大教宣布の詔**
1873	明治政府がキリスト教公認
1891	**内村鑑三不敬事件**
1945	神道指令
1946	昭和天皇の人間宣言 日本国憲法公布(信教の自由，政教分離)

5 平等院鳳凰堂(左)と鳳凰堂阿弥陀如来像(右)

6 ザビエルとキリシタンの増加

▲フランシスコ=ザビエル

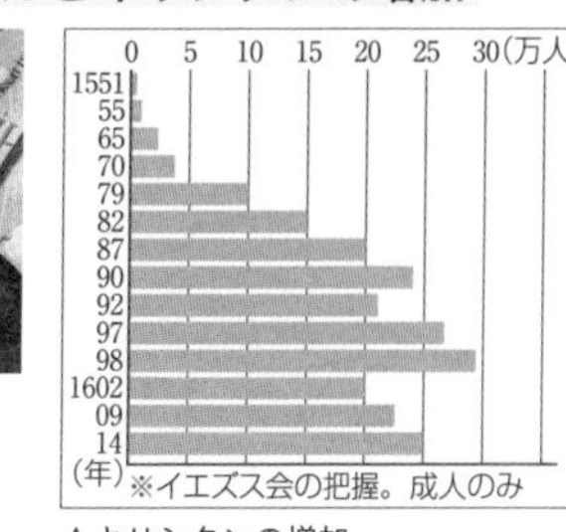

▲キリシタンの増加

7 バテレン追放令

一　日本ハ神国たる処，きりしたん国より邪法を授け候儀，太以て然るべからず候事。

一　其国郡の者を近付け門徒になし，神社仏閣を打破るの由，前代未聞に候。

一　伴天連，其知恵の法を以て，心ざし次第に檀那を持ち候と思召され候へハ，上の如く日域の仏法を相破る事曲事に候条，伴天連の儀，日本の地ニハおかせられ間敷候間，今日より廿(二十)日の間ニ用意仕り帰国すべく候。……

8 日本26聖人殉教記念碑

サン=フェリペ号事件後，豊臣秀吉はキリスト教宣教師ら26名を捕らえ，長崎で処刑した。

13 教育・学問史

入試重要度 ▶ B

奈良 ★中央…大学，地方…国学

平安 ★大学別曹…弘文院・勧学院・学館院・奨学院

★綜芸種智院(空海)

鎌倉 ★金沢文庫

室町 ★足利学校。『庭訓往来』

江戸 ★聖堂学問所→昌平坂学問所

★藩校(藩学)…養賢堂・明徳館・興譲館・日新館・弘道館・致道館・明倫館・時習館・造士館

★私塾…蘐園塾・芝蘭堂・藤樹書院・古義堂・懐徳堂・適々斎塾(適塾)・花畠教場・松下村塾・鳴滝塾・咸宜園

★郷校(郷学)…閑谷学校

★寺子屋

1868 福沢諭吉が私塾を**慶応義塾**に改称

1871 **文部省**設置

1872 **学制**公布

1875 新島襄が**同志社英学校**(のち同志社大学)を創設

1877 東京大学設立

1879 **教育令**

1880 改正教育令

1882 大隈重信が**東京専門学校**(のち早稲田大学)を創設

1885 内閣制度(**森有礼**が初代文部大臣)

1886 **学校令**。検定教科書制度

1 足利学校

2 江戸時代の主な学者

時期	分野	学者
元禄期	朱子学	藤原惺窩，林羅山，林鵞峰，林鳳岡，木下順庵，新井白石，室鳩巣，山崎闇斎
	陽明学	中江藤樹，熊沢蕃山
	古学	山鹿素行，伊藤仁斎，荻生徂徠，太宰春台
	諸学問	徳川光圀(歴史)，貝原益軒(本草)，吉田光由・関孝和(和算)，渋川春海(暦)，契沖・北村季吟(国文)
宝暦・天明・化政期	蘭学	青木昆陽，前野良沢，杉田玄白，大槻玄沢，宇田川玄随，稲村三伯，平賀源内
	国学	戸田茂睡，荷田春満，賀茂真淵，本居宣長，塙保己一，平田篤胤
	その他	伊能忠敬，志筑忠雄，緒方洪庵，佐久間象山

3 義務教育制度の移り変わり

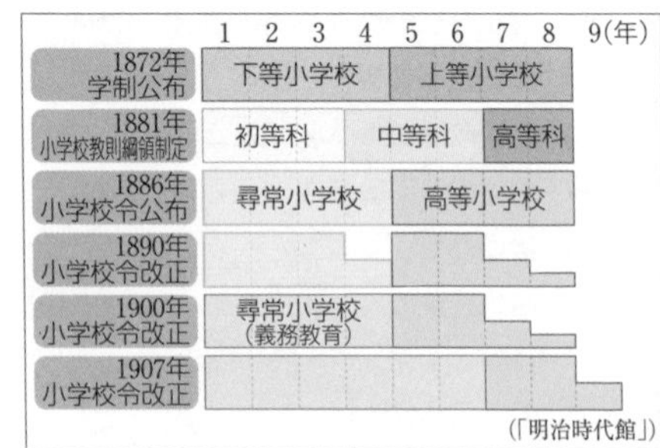

(「明治時代館」)

- 1890 小学校令改正。**教育勅語**(ちょくご)
- 1891 **内村鑑三不敬事件**(うちむらかんぞう ふけい)
- 1903 小学校で**国定教科書制度**
- 1907 **義務教育を 6 年間に延長**
- 1918 大学令。高等学校令改正
- 1923 盲学校及聾唖(ろうあ)学校令
- 19C末～20C初 自由教育運動
- 1937 教育審議会
- 1941 国民学校**令**
- 1943 中等学校令・高等学校令改正…修業期間短縮
  学徒出陣
- 1944 **学童疎開**(そかい)
- 1945 文部省が教科書の戦時教材の**墨塗り**を指示
  修身(しゅうしん)・日本歴史・地理の授業を一時停止
- 1946 第 1 次アメリカ教育使節団
  教育刷新委員会
- 1947 **教育基本法・学校教育法**
- 1948 **教育委員会法…公選制**の教育委員会
- 1950 第 2 次アメリカ教育使節団
  文部省による国旗掲揚と君が代斉唱通達
- 1952 中央教育審議会
- 1954 教育二法
- 1956 教育委員会法改正…**任命制**へ
- 1979 共通一次試験実施
- 1984 臨時教育審議会
- 1990 大学入試センター試験実施
- 2006 改正教育基本法
- 2010 公立高校など授業料無償化
- 2021 大学入学共通テスト実施

4 学徒出陣

5 学童疎開

写真は疎開先に列車で向かう児童たち。児童たちは寺などで集団生活を送った。

6 戦後の学校教育

▲青空教室　空襲により校舎が焼けたため，青空のもとで授業を行った。

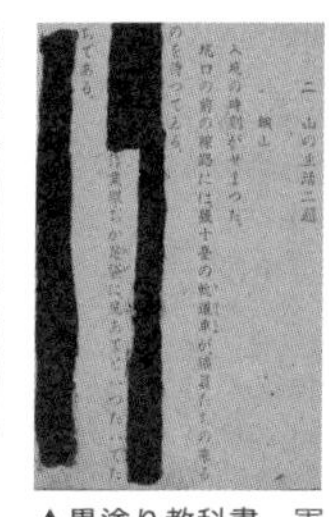

▲墨塗り教科書　軍国主義的表現を墨で塗りつぶした。

7 教育基本法・学校教育法

教育基本法	教育の機会均等・男女共学・義務教育 9 年制などを規定
学校教育法	六・三・三・四制の新しい学校制度が発足

索引

※赤字は人名

あ

い

か

き

く

け

こ

さ

し

す

せ

そ

た

ち

つ

て

ぬ・ね

の

は

ひ

ふ

む

め

も

や

ゆ

よ

ら

り

れ

ろ

わ

装丁デザイン　ブックデザイン研究所
本文デザイン　未来舎
図　版　デザインスタジオエキス.

写真提供〈敬称略〉
秋田県玄福寺(写真提供：秋田県立博物館)　朝日新聞社　明日香村教育委員会　アフロ　和泉市久保惣記念美術館　一乗寺(画像提供：奈良国立博物館)　伊那市創造館　茨城県立図書館(茨城県立歴史館保管)　大阪城天守閣　大迫秀樹　沖縄県公文書館　沖縄県立博物館・美術館　奥村彪生(写真提供：奈良文化財研究所)　川崎市市民ミュージアム　共同通信イメージズ　宮内庁三の丸尚蔵館　県立長野図書館　興福寺(撮影：飛鳥園)　広隆寺(撮影：飛鳥園)　国営吉野ヶ里歴史公園　国文学研究資料館　国立国会図書館　国立歴史民俗博物館　金剛峯寺　さいたま市立漫画会館　佐賀県立名護屋城博物館　時事通信フォト　静岡市立登呂博物館　清水建設株式会社　写真AC　正倉院正倉　勝林寺(東京)　神護寺　真宗大谷派難波別院　真正極楽寺　スミソニアン博物館　太宰府天満宮　田原市博物館　中宮寺(画像提供：奈良国立博物館)　東京大学史料編纂所　東京都現代美術館/DNPartcom　東寺(写真提供：便利堂)　東禅寺(画像提供：三原市教育委員会)　東北歴史博物館　徳川記念財団　徳川美術館所蔵©徳川美術館イメージアーカイブ/DNPartcom　奈良市教育委員会　奈良文化財研究所　日光山輪王寺　日本学士院　日本銀行金融研究所貨幣博物館　日本近代文学館　東大阪市立郷土博物館　ピクスタ　美術同人社　平等院　文化庁(写真提供：埼玉県立さきたま史跡の博物館)　法政大学図書館　防府天満宮　法隆寺(撮影：飛鳥園)　法隆寺(写真：首藤光一/アフロ)　毎日新聞社　松山市教育委員会　御寺泉涌寺　みどり市大間々博物館　明治神宮聖徳記念絵画館　文部科学省　大和市役所　六波羅蜜寺　早稲田大学演劇博物館　Colbase(https://colbase.nich.go.jp/)　Kobe City Museum/DNPartcom　MOA美術館

高校 図解で総まとめ 日本史

編著者　高校教育研究会　発行所　受験研究社

発行者　岡　本　泰　治　©株式会社　増進堂・受験研究社

〒550-0013 大阪市西区新町2―19―15
注文・不良品などについて：(06)6532-1581(代表)／本の内容について：(06)6532-1586(編集)

Printed in Japan　寿印刷・高廣製本
落丁・乱丁本はお取り替えします。